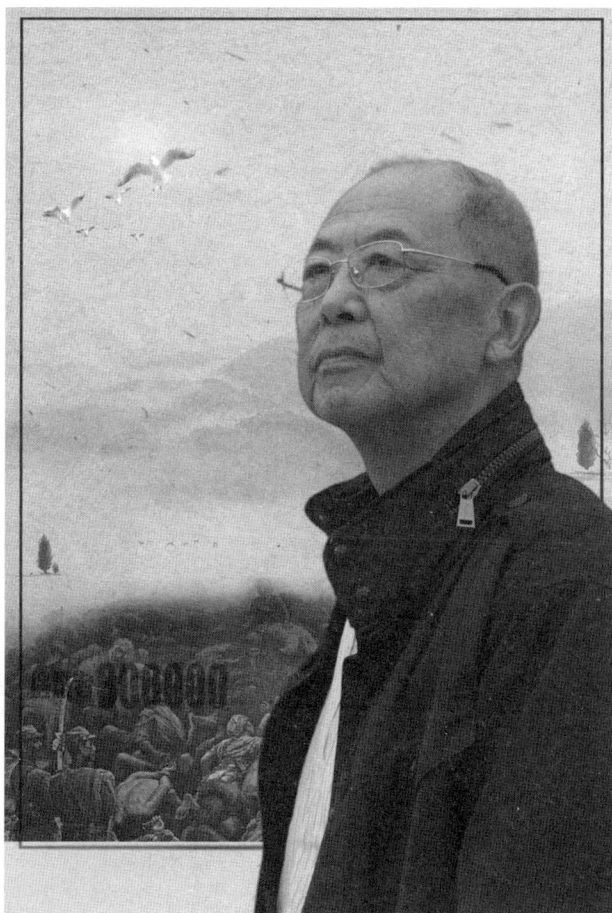

作者照片

国家社科基金抗日战争研究专项工程项目
"南京大屠杀档案文献与研究资料的搜集整理和数据库建设"
（批准号：19KZD003）；
国家记忆与国际和平研究院重点项目

"数"说
南京大屠杀

孙宅巍　编著

江苏人民出版社

图书在版编目(CIP)数据

"数"说南京大屠杀 / 孙宅巍著. --南京：江苏
人民出版社，2024.1
  ISBN 978 - 7 - 214 - 28441 - 9

  Ⅰ.①数… Ⅱ.①孙… Ⅲ.①南京大屠杀-史料
Ⅳ.①K265.606

中国国家版本馆 CIP 数据核字(2023)第 235054 号

书　　　　名	"数"说南京大屠杀	
编 著 者	孙宅巍	
责 任 编 辑	汪意云	
装 帧 设 计	刘葶葶	
责 任 监 制	王　娟	
出 版 发 行	江苏人民出版社	
地　　　　址	南京市湖南路 1 号 A 楼,邮编:210009	
照　　　　排	江苏凤凰制版有限公司	
印　　　　刷	江苏凤凰新华印务集团有限公司	
开　　　　本	718 毫米×1 000 毫米　1/16	
印　　　　张	25.5　插页 4	
字　　　　数	432 千字	
版　　　　次	2024 年 1 月第 1 版	
印　　　　次	2024 年 1 月第 1 次印刷	
标 准 书 号	ISBN 978 - 7 - 214 - 28441 - 9	
定　　　　价	128.00 元(精装)	

(江苏人民出版社图书凡印装错误可向承印厂调换)

序　言

我自 1983 年调入江苏省社会科学院历史研究所以来，迄今已 40 年整。 40 年中，主要"打了一口井"，这口井便是侵华日军南京大屠杀。 研究中，我特别注意分类搜集有关南京大屠杀方方面面的资料。 日积月累，我独家保存了一只较为完整的"工具箱"，"工具箱"中有与南京大屠杀有关的各种数字、资料的最新完整统计。 现我年已八旬，生命也临近终点，总觉得，应当将这些用 40 年心血积聚起来的资料贡献给学术界，贡献给社会，贡献给南京大屠杀研究的后来者，让人们从我的肩上，踏上学术研究的新台阶，攀登新的学术高峰。

本书取名"'数'说南京大屠杀"，"数说"者，用数字来讲述之谓也。 全书九编，计从九个方面用扎扎实实的数字来揭示南京大屠杀的真相。 "数说"是一个新的创意，九个方面的"数说"，包含了以下几个方面的新意：一是，有些数字的归纳和统计，属首次提出。 如南京大屠杀中的 872 次屠杀暴行、165 件市民自行对遇难者尸体收埋的案例、遇难的 77 名军警名单、西方人士原件未编有完整连续序号的 129 件日军暴行等。 它们的提出，从一个新的视角坐实了南京大屠杀暴行的巨大规模和悲惨景象。 二是，有些数字的提出，进一步扩充和丰富了既有的研究成果。 如将南京沦陷前的战斗，从以往仅分作外围阵地与复廓阵地叙述，改为推出前哨战、阵地战与突围战共 27 次战斗；将南京沦陷前后的难民收容所，从原有公认的 25 座、26 座，扩展至"安全区"内外、长江南北两岸共 41 座；将遇难者纪念碑的统计，从以往只列入官方先后建立的 19 座，展延至历史上出现过的及官方、民间分别建立的共 25 座。 这些数字的拓展，集中反映了学术界在相关方面研究的深化与提升。 三是，有些数字的重订，纠正了前人研究的不足与认知的偏差。 如南京战役中 11 支建制部队的人员变化，谭道平先生在《南京卫戍战史话》中列出的数字[1]，较之实际人数明显偏少，且与相关部队"战斗详报"中的精确数

1　谭道平：《南京卫戍战史话》，东南文化事业出版社 1946 年版，第 93—95 页。

字有较大出入；对于南京战役中牺牲的将军，以往一些书刊上将牺牲后获追赠少将衔者均予列入，有的将条例中与军职对应的少将衔级即认定为"将军"。这类数字的订正，使人们对南京大屠杀相关史实的认定更为精准。

南京沦陷前的战斗，是南京大屠杀的重要历史背景。战役的时空范畴，与南京大屠杀的时空范畴存在着相互承接或部分重叠的现象，战役的参战人数与牺牲官兵也在很大程度上影响到南京大屠杀的规模。

我在著述《南京保卫战史》和编撰《南京保卫战全史》的基础上，根据最新发现的资料，基本厘清了参加南京战役的 11 支不同建制部队的参战人数、损失人数与最终撤退至后方的人数。参加战斗的各支部队，究竟来到南京时有多少官兵？战斗与撤退中损失了多少官兵？最终又有多少官兵安全撤退到后方？在军史档案中，只有少数几支部队有这方面完整的记录；其他多支部队兵员的变化均无现成的记录可循。这一人数变化的综合统计，是深入研究沦陷前的战斗与南京大屠杀历史的基础性资料。

南京战役究竟进行了多少次战斗？它们的基本史实如何？通过"27 次战斗"的列举，更加体现了对南京沦陷前后战斗的完整性，呈现了战役的真实全貌。这些战斗与南京大屠杀直接关联，因为每个地点战斗的结束，都是侵华日军对该地区无辜平民屠杀的开始。

关于南京沦陷前在战斗中牺牲的中国将领，本书严格对照原国民政府的褒恤档案，将此役中牺牲的将军定为 8 名；另又根据军史档案列出 13 名牺牲的正团职以上指挥员。正团职以上指挥员在战役战斗中的地位与作用自不待言。本书明确列出战役中牺牲的 21 名重要将领，将有助于真实地再现中国军人在战斗中表现出的伟大抗战精神。

侵华日军的屠杀暴行是南京大屠杀史实的主体内容。数十年来，国际上，尤其是日本右翼势力所争论者，主要也是死难者的人数。

为清楚揭示侵华日军在南京大屠杀事件中的屠杀暴行，本书首次向社会推出"872 次屠杀暴行"这一惊人的数字，其中含 160 次集体屠杀（以 10 人以上的屠杀定义为"集体屠杀"进行统计）与 712 次分散屠杀。笔者之所以不厌其烦地将每次屠杀事件的地点均予一一列出，是为了证明一个血腥的事实：侵华日军在南京城郊，确实是进攻到哪里就屠杀到哪里。872 这一数字，足以诠释"尸横遍野""尸满大街小巷"的惨象。

　　为了对"30万"这一南京大屠杀的巨大规模进行实证，笔者在书中特对死难者尸体收埋与处理的四个渠道分别进行统计。其中，8家慈善团体共收埋了近20万具尸体，8个市民群体共收埋4万多具尸体，6个伪政权机构共收埋了1.6万具尸体；此外，书中首次列举了165件市民自行收埋死难者尸体的记录与35宗日军动用部队和强令市民收埋、毁灭、处理尸体的记录。上述各种记录与统计，足以印证"30万"这一死难者的规模与层级是确定无疑的。

　　说及遇难者的数字，人们十分关心遇难者的名单。经过长期的努力，现在已有一万多个名单镌刻在纪念馆的哭墙上。但是，另一个问题一直令研究者苦恼，那就是，究竟能列出多少死难军警的名单？从宏观上说，在南京大屠杀30万死难者中，应有八九万名军人，然而能够拿出多少军警名单，这项工作还没有人做过。笔者经常在国内外学术研讨会上被问到这个问题，但是由于资料欠缺，搜寻这种名单有很大的难度。在现已公布的遇难者名录中，很难鉴别哪些是军人。同样，在现已公布的南京保卫战殉国将士名单中，又很难区别战斗中阵亡与放下武器后横遭屠杀的具体情况。我们不求能拿出全部被屠杀军人的名单，但有名单与没有名单，其社会影响、实证效果是绝对不同的。本书中，笔者通过各种资料，首次列举出南京大屠杀死难者中的52名军人和25名警察的姓名。这项工作填补了以往研究中的一项空白。当然，这仅仅是开始，希望也相信今后在这方面的研究能有更大的进展。

　　南京安全区及其领导机构国际委员会的成立与活动，是南京大屠杀研究中的一项重要内容。一群热心慈善事业、对南京人民饱含深情的西方人士，为保障难民的安全与生活，于1937年11月22日成立了以德国西门子洋行驻南京代表约翰·拉贝为主席，由15名委员组成的国际委员会；12月8日正式开放了南京城区西北角、占地3.86平方公里的安全区（又称"难民区"）。南京安全区的设立，使苦难中的南京市民得到了一份保护。但是，日本侵略军无视南京安全区的存在，以搜寻"便衣兵"为由，在安全区内任意烧、杀、淫、掠，制造了大量的血腥暴行，使得"安全区"并不安全。近年来，学术界对这方面的研究成果迭出。本书对安全区内外存在过的难民收容所与国际委员会就侵华日军暴行提出的报告，进行了新的挖掘，有了许多新的发现。

　　关于南京大屠杀期间出现的众多难民收容所，迄今无完整的统计。因为这些难民收容所，有设在安全区内的，也有设在安全区范围之外的；有隶属于安全区国际委员会管理的，也有远离安全区并未接受国际委员会管理的；有在安全区国际委员会指导下建立起来的，也有难民们自发组建的。 在以往研究中，提起难民收容所，一般都以拉贝先生在日记中所提 25 座或 26 座为准。 现经笔者努力搜寻，共发现各种类型、安全区内外、长江两岸的难民收容所 41 座。"41 座"难民收容所的提出，当然不可能是最终的数字，但是这一对难民收容所数字的更为完整的记录，将有助于研究者对于南京大屠杀期间难民生活状况、组织模式的认识与了解。

关于安全区国际委员会就侵华日军暴行向日方提出的报告，其中大部分编有自然序号。 但在徐淑希先生编辑的《南京安全区档案》、英国记者田伯烈所著《外人目睹中之日军暴行》及安全区国际委员会主席拉贝先生的日记《拉贝日记》中，均采取了选择其中的一部分加以摘编，无法看到这一编有序号报告的完整面貌。 笔者在书中利用国际委员会相关人士的文献，向读者完整地展现了"原件编有序号的 470 件日军暴行"。 与此同时，笔者又发现，除上述编有序号的 470 件日军暴行报告外，还有大量未规律编序的日军暴行报告与记录，散见于各国际委员会委员、国际红十字会南京委员会委员的日记、书信之中。 笔者经仔细搜寻、梳理，共得 129件。 上述 599 件编序及未编序的日军暴行报告，是第三方人士对南京大屠杀中日军暴行客观、真实的记录。 这些报告与记录，大多有时间、有地点、有报告者姓名，是日军暴行的有力见证。

建立在南京城郊各地的南京大屠杀遇难者纪念碑，是人们对南京大屠杀暴行的一种固化了的记忆，它们记录与承载着一段沉重的历史。 对于建立在各处的纪念碑，本书完整地列出了中华人民共和国成立前建立的 3 座纪念碑、1985 年后建立的19 座公立纪念碑，以及 21 世纪后建立的 3 座民间纪念碑。 这 25 座纪念碑，向人们诉述着南京大屠杀期间发生在各个地点的血腥暴行。 它们是 25 面历史的镜子，时时教育人们不忘历史，谴责暴行；反对侵略，祈愿和平。

社会对南京大屠杀暴行的记忆，离不开数字记忆。 本书中所编九类数字，均是凝固了的历史，除纪念碑可能再有新建外，这些数字本身已不会再有变化。 但是人们对它们的认识、探索与梳理，却是动态的。 每一类数字都会因新鲜资料的发现与研究的深入，而不断变化、增加或修正。 对这些数字的研究和统计，没有终点，只会在已有成果的基础上不断挖掘新的资料，不断叠加，形成新的更为完整的统计谱系，从而更加接近南京大屠杀史实的真相和原貌。 它们似一条流动的长河，永不停息，永无止境。 随着河水的流动，历史的真相便会愈加清晰。 希望本书能具有完整性、实证性、浓缩性、准确性与工具性的功能和效果；希望书中的各项统计数字都能走在当今南京大屠杀学术研究的前沿，超越既往的各类相关统计。

在第 10 个南京大屠杀死难者国家公祭日前夕，谨以此书，献给 30 万南京大屠杀死难者的英灵，以慰逝者，以警世人。

孙宅巍
2023 年 8 月于南京

目　录

第九编

25座遇难者纪念碑

373

第一编

南京大屠杀前 11 支守军部队的参战、损失、保存人数

一、第 2 军团（含第 41 师、第 48 师）

该军团自 1937 年 12 月初由汉口赶赴南京参战，时计有官兵近 17000 名，经杨坊山、银孔山、乌龙山与日军激战，共有 1112 名受伤、3966 名阵亡，合计损失官兵 5078 名。12 月 12 日夜，该部自乌龙山江边有序渡江，撤退中基本无损失，沿途收容其他部队散兵与要求参军之壮丁，在安徽寿县清点，计撤退至后方官兵 11851 名。[1]

二、第 66 军（含第 159 师、第 160 师）

该军至南京参战时，约有 10000 人，经参加汤山地区战斗与突围，共损失约 1700 人。在集中江西、湖南后方整训时，其分由林伟俦、莫福如、郭永镳等率领安抵者，加上沿途散失后又陆续归队者，计有第 160 师官兵 3400 人、第 159 师官兵 4891 人，合计为 8291 人。[2]

三、第 71 军（含第 87 师）

该军至南京参战时，约有 10000 人，经东南阵地激战与撤退损失几近全军覆没，损失达 9700 人，仅保存 300 余人。[3]

1　《徐源泉致蒋介石密电》(1937 年 12 月 23 日)，见中国第二历史档案馆编《抗日战争正面战场》(上)，江苏古籍出版社 1987 年版，第 418—419 页，原文略有改动。参战官兵数系根据所报战斗损失数与安全撤退数相加推算。

2　孙宅巍：《南京保卫战》，南京出版社 2014 年版，第 235 页。

3　《南京各军师突围概述》，见马振犊等编《南京大屠杀史料集》第 2 册《南京保卫战》，江苏人民出版社 2005 年版，第 109 页。

四、第72军（含第88师）

该军参战兵力为12000人，经雨花台激战与撤退不善，计损失9000人。其第264旅新任旅长廖龄奇率领不足2000人渡江，辗转多地后到达到达开封者1573人；第262旅旅长吴求剑率千余人渡江北撤；孙元良军长所率600余人在龙潭附近渡江。上述三股第88师残部，安全撤至后方者应合共有3000人左右。[1]

五、第74军（含第51师、第58师）

该军投入南京战役之兵力为17000人，经淳化、秦淮河西之激战，计损失12000人，安全撤退至后方人数为5000人。[2]

六、第78军（含第36师）

该军参战时兵力为11968人。战役中仅有少量部队参加东郊战斗，但因撤退不善，渡江撤退时损失惨重，总计伤亡及生死不明官兵为7188名。渡江后清点，计收容军官486名、士兵4451名，计为4937名。[3]

七、第83军（含第154师、第156师）

该军计有5500人参加南京之战。经参加光华门等战斗，旋又跟随第66军由太

---

1 《俞济时电蒋中正奉命于开封收容五十一师官兵枪械各情并拟早日从事整训》（1937年12月21日），台北"国史馆"藏档案，数位典藏号002-090105-00002-384；《孙元良电蒋中正率领该部业抵开封集结整理待命》（1937年12月18日），台北"国史馆"档案，数位典藏号002-090105-00002-386；《顾祝同电蒋中正据孙元良称该军首都战后官兵伤亡情形》（1938年2月2日），台北"国史馆"藏档案，数位典藏号002-080200-00281-018。
2 孙宅巍：《南京保卫战》，南京出版社2014年版，第273页。
3 《陆军第七十八军南京之役战斗详报》，中国第二历史档案馆藏，档案号七八七/7590。

平门出城突围,计损失 3500 人左右,抵达南陵后方整训时,共收容得一二千人。[1]

八、 教导总队

该部在南京参战时,共有兵员 30000 余人。经坚守紫金山及其附近阵地连日激战,损失大部,计伤亡、失踪近 28000 人。原有 3 个旅撤至河南开封者,计为 2200 人。[2]

九、 第 103 师

该部经历江阴、镇江激战后,到达南京时约为 7000 人。又经参加防守中山门至光华门间的城垣战斗,加之撤退混乱,损失惨重,计达 6000 人左右。该部撤至武汉的官兵仅为 1000 人。[3]

十、 第 112 师

该部自镇江撤至南京时,约有 4000 人。经参加紫金山战斗,损失殆尽,加之撤退混乱,几全部损失。仅有四五十人生还。[4]

------

1 刘绍武:《第八十三军南京突围记》,见全国政协文史资料研究委员会《南京保卫战》编审组编《南京保卫战》,中国文史出版社 1987 年版,第 254 页。
2 《桂永清、戴笠、陈果夫等有关淞沪会战的电文》,中国第二历史档案馆藏,档案号七八七/7449;吴幼元:《在南京保卫战中的教导总队》,见廖利明编《南京保卫战文史资料》,南京出版社 2019 年版,第 366 页。教导总队副总队长兼第 1 旅旅长周振强认为,该部经渡江撤退,于 12 月 14 日达至滁县时,共收容官兵 4000 余人(周振强:《教导总队在南京保卫战中》,见全国政协文史资料研究委员会《南京保卫战》编审组编《南京保卫战》,中国文史出版社 1987 年版,第 169 页)。
3 田兴翔:《南京大屠杀脱险记》,见张连红编《南京大屠杀史料集》第 3 册《幸存者的日记与回忆》,江苏人民出版社 2005 年版,第 424 页。
4 《陆军第一百一十二师抗战八年中重要战役经过概要》,中国第二历史档案馆藏,档案号七八七/6557。

十一、宪兵部队

该部参加南京保卫战时,共有官兵6452人。部分部队参加了光华门、棉花堤等战斗,又经混乱撤退造成惨重损失,计损失官兵3850人。安全撤至后方者约为2600人。[1]

---

1 宪兵司令部编:《宪兵忠烈纪要》,宪兵司令部1946年12月印行;张慧卿编:《南京保卫战历史文献(1937—1949)》,南京出版社2019年版,第338页。

第二编

南京大屠杀前进行的 27 次战斗

一、前哨战

1. 白兔、上葛前哨战

白兔镇与上葛村分别位于句容城的正东与西南,是南京保卫战中的东线最前哨阵地。

攻击白兔镇的日军部队为第 16 师团。该部在沿京沪线西进攻占丹阳后,便离开铁路线,沿丹阳—句容—汤山公路前进。其步兵第 9 联队与第 20 联队于 1937 年 12 月 3 日逼近白兔镇。日方报道称,"敌人在白兔镇构筑了无数碉堡阵地。这里作为南京防御的咽喉部位,敌人的抵抗十分顽强……在该镇前方的丘陵地带,大野、片桐部队仍在与敌激战。"[1] 中方在句容之白兔镇、上葛村一线的守军,原为第 112 师,后于 12 月初改由第 66 军第 160 师部队防守。《南京卫戍军战斗详报》称,12 月 4 日,"句容以东四十里处……发现便衣敌军,与我派在前方之游击队接触。"[2] 据《申报》12 月 5 日报道:"至西进围攻句容之日军,亦同在白兔镇东遭遇我军极大之阻力,并发生恶战"[3]。

攻击上葛村的日军部队为第 9 师团。该部沿京沪线西进攻占常州后,即离开铁路线,进入常州—金坛—天王寺—淳化公路。其步兵第 36 联队胁坂次郎大佐所部,于 12 月 4 日中午通过天王寺,向上葛村方向西进。日军上海派遣军参谋长饭沼守于 12 月 4 日的日记中指称,第 9 师团先头部队于该日上午 9 时在天王寺东 2 公里的西王岗,下午 4 时左右在二圣桥。[4] 而西王岗、二圣桥均在上葛村之附近。《南京卫戍军战斗详报》称:12 月 4 日,"天王寺西北上葛村附近"发现日军便衣兵,并与中方前哨部队接触。[5]

1　《夺取郎溪后迅猛进击》,载《东京日日新闻》1937 年 12 月 4 日(星期六)夕刊,见王卫星编,何慈毅、李斌等译《南京大屠杀史料集》第 58 册《〈东京日日新闻〉与〈大阪每日新闻〉报道》,江苏人民出版社 2010 年版,第 115 页。大野部队为由大野宣明大佐所率步兵第 20 联队,片桐部队为由片桐护郎大佐所率步兵第 9 联队。

2,5　《南京卫戍军战斗详报》,中国第二历史档案馆藏,档案号七八七/7593。

3　马振犊等编:《南京大屠杀史料集》第 2 册《南京保卫战》,江苏人民出版社 2005 年版,第 95 页。

4　佐藤振寿:《步行随军》,见张宪文、吕晶编《见证与记录:南京大屠杀史料精选(日方史料)》,江苏人民出版社 2014 年版,第 510 页。

白兔、上葛前哨战,规模不大,伤亡不多,属大战前双方前哨部队的侦察、游击战斗性质。此前哨战发生于南京保卫战东线阵地前方之最前端,作为侦察日方动态,为正面阵地部队提供信息,以小规模接触预警后方部队作好战斗准备,有着特殊的意义。

2. 湖熟、索墅前哨战

湖熟镇、索墅镇位于南京东南郊区,江宁县之东部,东与句容县接壤。索墅镇居湖熟镇之北。该二地均为南京保卫战中东南方向之前哨阵地。

攻击湖熟、索墅之日军为其第9师团第18旅团下辖的步兵第36联队,联队长胁坂次郎大佐。中方守军为第51师之第301团,代团长纪鸿儒。据《陆军第五十一师于卫戍南京战斗之经过》记载,12月4日下午2时,来自两个方向的日军部队出现在第51师阵地附近:"由土桥、索墅西犯之敌约五百余人,炮四门,与我淳化前进部队接触。同时由天王寺西犯之敌骑百余,后续步兵五百余人,则直趋湖熟,亦与该处警戒部队接触。"[1]12月5日,守军与日军骑兵部队展开第一次交火,并且在这次战斗之中予敌人以杀伤。中方战斗详报称:"湖熟镇方面敌骑颇为活跃,与我在该处之五十一师前进部队接触,当被击毙数名。索墅镇及禄口镇亦有敌骑、敌探出没无常。"[2]经"终日激战",并持续至6日下午,"我湖熟之连仅剩二十余人,遂突围退出,其余官兵均与阵地共殉"。[3]

日军部队于12月6日晨到达索墅镇后,即出动兵力向淳化镇第51师阵地实施所谓"威力搜索"。为了避免来犯日军过早逼近淳化镇一带野战阵地,守军第51师随即派出兵力,驱逐了自索墅镇前来实施武力侦察的日军。在这次小规模反击作战中,守军初战告捷,"得敌旗数面,枪十余支,斩获颇多"[4]。

湖熟、索墅前哨战中,中国军队迫使湖熟、索墅日军停在原地一天,迟滞了日军对淳化阵地的进攻,并且造成日军30余人的伤亡。

3. 秣陵关前哨战

秣陵关位于南京城正南郊、湖熟镇之西,为南京外围东南主阵地之前哨。

攻击秣陵关之日军为其第114师团第127旅团步兵第102联队,联队长千叶小太郎大佐。中方则由王耀武所率第51师派出警戒部队,"监视敌情,并与各友军保持

1,3《陆军第五十一师于卫戍南京战斗之经过》(1938年1月),中国第二历史档案馆藏,档案号七八七/7592。
2,4《南京卫戍军战斗详报》,中国第二历史档案馆藏,档案号七八七/7593。

联络"[1]。

　　秣陵关战斗于 12 月 6 日打响。据日军第 114 师团作战经过概要记载,12 月 6 日,第 114 师团"主力从溧水—秣陵关公路方向"向南京发起追击。[2] 7 日,日军以装甲车开道,向秣陵关阵地发起猛烈攻击。守军为阻止日军装甲车队之前进,则放火燃烧秣陵关西北的桥梁。可惜此举因日军装甲车队急速通过,未获成功。日军独立轻装甲车第 2 中队中队长藤田实彦回忆称:"如果我们的工兵弟兄及侦察战车的行动哪怕就是再慢一分钟的话,我们的战车队就会又被敌人甩下,白白浪费许多时间。"他还说,中国军队"从早上开始就顽强地抵抗,直到下午 4 时还不打算逃跑"。[3] 日军步兵第 66 联队第 1 大队的战斗详报载:12 月 7 日下午 2 时 20 分前后,中国军队仍在秣陵关西北方的河岸顽强抵抗,他们"凭借房屋用机枪、步兵炮、手榴弹进行抵抗",致使日军"各官兵冒着投掷来的手榴弹,或冲进屋内,或冲上楼梯,在各处展开白刃战"[4]。

　　秣陵关经终日激战,于 12 月 7 日下午失守,导致日军在当晚即迫近牛首山、将军山一带外围主阵地,并发起夜袭。

二、 阵地战

1. 句容城战斗

　　句容位于南京之东南方,是南京保卫战中东南主阵地之前卫位置,加之有 1934 年建成的句容机场设于该地区,战略地位尤显重要。

　　攻击句容之日军部队,为其沿京杭国道向南京攻击前进的第 16 师团之步兵第 33 联队、第 9 联队、第 38 联队各部队,联队长分别为野田谦吾大佐、片桐户郎大佐、助川静二大佐;第 9 师团步兵第 36 联队,联队长胁坂次郎大佐。驻守句容之中方部

---

1 《陆军第五十一师于卫戍南京战斗之经过》(1938 年 1 月),中国第二历史档案馆藏,档案号七八七/ 7592。

2 《第一一四师团作战经过概要》,见王卫星、雷国山编《南京大屠杀史料集》第 11 册《日本军方文件》,江 苏人民出版社 2006 年版,第 222 页。

3 藤田实彦:《战车战记》,见王卫星编、叶琳等译《南京大屠杀史料集》第 33 册《日军官兵回忆》,江苏人民 出版社 2007 年版,第 260—261 页。

4 《步兵第六十六联队第一大队的战斗详报》,见王卫星、雷国山编《南京大屠杀史料集》第 11 册《日本军 方文件》,江苏人民出版社 2006 年版,第 238—239 页。

队为第 160 师第 478 旅,旅长邓志才,奉令率第 955、959 团坚守该处阵地。自 12 月 5 日起,日军以步兵第 33 联队、第 9 联队、第 38 联队攻击句容(县城)东面阵地;以第 9 师团步兵第 36 联队等部队,攻击句容(县城)南面阵地。上午 11 时,守军第 160 师潜 伏于句容东端的便衣队,又与百余个日军发生接触。13 时,日军数百名突破守军句 容防守阵地,进入句容,并向万家边、朱家下、邵家村等阵地施行威力搜索。当晚,日 军步兵 3 个联队以一部向守军前进阵地正面攻击,主力向土桥镇、牧马场前进包围; 另一部由土桥镇转向新塘市迂回,企图截断守军句容部队归路。防守句容之第 478 旅,遂陷重围。

6 日,被围困的守军第 478 旅官兵,与日军整日血战,进行了殊死的搏击。日军 战史记称:"敌人在高地上架设了数道约三百米宽的铁丝网,并在各要点构筑了机枪 掩体。"当日军夺取了前沿阵地后,"敌人凭借第二线阵地继续顽强抵抗",使"向南京 急速挺进的师团在此遇到了预想不到的阻碍。"[1]邓志才旅长报告称:"步炮联合之敌 五六千人,于六日拂晓将我阵地四面包围,水泄不通,敌机二十余架不断轰炸,敌炮亦 同时向我猛烈轰击,步兵则轮回向我阵地后方冲击。"[2]至黄昏后,第 478 旅自主决定 突围;由中校团附刘栋才率兵 1 营,向土桥方面佯攻,俟主力突出重围后,方随队尾跟 进;第 955 团选择日军兵力较为薄弱的京杭国道以南地区,奋勇冲击,突破日军包围; 第 959 团一部于主力右侧拒止日军攻击,掩护主力转移。至 7 日凌晨 3 时,该第 478 旅终突出重围,到达白家场附近集中。报载:守卫句容之部队,"在日军四面包围中, 抗战三日,牵制日军前进,收得极大效果……该两团忠勇士兵,以牺牲过重,弹药亦将 用尽,乃由梁卓芬及翟洪宇两团长命令,以最后之弹粒冲出重围。"[3]第 478 旅在此次 抗敌突围战斗中,共歼灭敌军 300 余名,而该部官兵亦伤亡 300 余人。日军第 16 师 团步兵第 38 联队的"战记"中亦称:"敌军一边退却,一边还利用宝华山等高地迅速做 好了防御的准备。其实,敌人从一开始就在进行顽强的防御战,所以,不难想象我军 在这里的山地战有多么艰难。"[4]

---

1 岛田胜巳:《步兵第三十三联队史》,见王卫星编、刘军等译《南京大屠杀史料集》第 56 册《日军文献》(上), 江苏人民出版社 2010 年版,第 270 页。

2 《陆军第一百六十师锡澄、南京两役战斗详报》,中国第二历史档案馆藏,档案号七八七/7582。

3 《京郊我军奋勇抗战 现坚守第一道防线》,载《大公报》1937 年 12 月 9 日。

4 野口俊夫:《奈良联队战记》,见王卫星编、刘军等译《南京大屠杀史料集》第 56 册《日军文献》(上),江 苏人民出版社 2010 年版,第 334 页。

2. 汤山镇战斗

汤山镇位于南京城东郊,是日军沿京杭国道攻击南京的必经要冲。日军攻击汤山的部队为第 16 师团之第 19 旅团所辖步兵第 9、第 20 联队,以及第 30 旅团所辖步兵第 33 联队,联队长分别为片桐户郎大佐、大野宣明大佐、野田谦吾大佐。中方守军为第 66 军叶肇部与第 83 军邓龙光部。

12 月 7、8 日间,中日双方部队在汤山附近发生激战。7 日,日军第 16 师团部从句容进驻陆军炮兵营房之后,遭到中国军队的火力反击。师团长中岛今朝吾也被击伤。该师团参谋木佐木久在 12 月 7 日日记中称:"面对早已等候在阵地里的敌军,我们毫无战术,这是一场无序而混乱的战斗。敌军炮弹狂轰滥炸而指挥部却束手无策,实在不能令人满意。师团长负伤,军医部长慌忙赶来,却被训斥。"[1] 当天,南京守军设于汤山镇前面的第一线阵地,受到来自炮兵营房优势日军的攻击,多处被突破,不得已于入暮后撤退至第二线,固守汤山及汤山镇。

8 日,日军复以主力及炮兵机械化部队进攻汤山之第二道防线,与守军发生激烈混战。第 66 军及刚调至汤山后方之第 83 军部队,在此协力坚守,顽强打击敌军。在汤山附近的一个山头上,大约 300 名守军战斗到几乎只剩下一个人。美国《纽约时报》著名记者提尔曼·德丁,当时在这个被包围的山头附近目睹了中国军人的悲壮战斗。他在一篇快讯中报道:"300 名中国军人被日军围困在离南京 12 英里的汤山公路边一座锥形山峰上,经昨天一整天激战,伤亡殆尽,几乎只剩一个人。""中国军队竭尽全力反击。他们只有自动手枪,弹药很快打完。一小群士兵冒着杀伤力极强的机枪火力,从进攻者之间的空隙往外冲,和笔者在一起的个别人活着冲了出来。"[2] 日军新闻中也记载了中国军队在汤水镇的顽强坚守,称:"死守南京的敌人盘踞在汤水镇附近,利用迫击炮、速射炮顽强抵抗。并且在高地修筑了永久的阵地,射程极其准确,我军不敢轻视。"[3] 下午 4 时,在南京卫成长官司令部颁发的"卫参作字第 28 号命令"中仍称,"有步兵千余、炮数门之敌,及战车十余辆,与我汤水镇 66A 阵地部队混战

---

1 《木佐木久日记》(1937 年 12 月 7 日),见张宪文、吕晶编《见证与记录:南京大屠杀史料精选(日方史料)》,江苏人民出版社 2014 年版,第 515 页。

2 《火焰蔓延逼遍　机枪扫射士兵》,见张生编《南京大屠杀史料集》第 6 册《外国媒体报道与德国使馆报告》,江苏人民出版社 2005 年版,第 56 页。

3 《确保城外要地　冒着朝霭一齐进击》,载《东京日日新闻》1937 年 12 月 9 日。

中。"[1] 同日,南京卫戍军总部下达转移阵地命令:第 83 军之第 156 师及第 36 师之 1 团,在青龙山、龙王山一线掩护撤退;第 66 军撤至燕子矶、大水关附近集结整理待命。于是,汤山阵地遂为日军占领。

3. 孟塘、大胡山战斗

孟塘、大胡山位于汤山镇北方,是守军汤山前进阵地与后方联系的重要据点。日军参加此一地区战斗的部队,乃为沿京杭国道攻击前进之第 16 师团第 19 旅团所辖步兵第 9、第 20 联队,以及第 30 旅团所辖步兵第 38 联队。该部欲夺取并巩固汤山、阵地,必须同时攻占其外围据点孟塘、大胡山等地。中方则有多支部队在此参战,计有:第 2 军团之第 41 师丁治磐部、第 66 军之第 160 师叶肇部、第 36 师之补充第 2 团李牧良部等。

自日军于 12 月 5 日侵占句容后,在中日双方激烈争夺句汤线的同时,位于汤水镇以北的孟塘、大胡山一带,也发生了持续数日的血战。上述守军第 41 师、第 160 师及第 36 师之补充第 2 团,以及配属的战车、炮兵部队,在该处顽强战斗,坚守阵地,阻滞了日军的攻击行动。

6 日上午 10 时,从句容向牧马场前进之日军,突有一部由九华山北麓侵入孟塘,并利用凹地,继续西进,至下午 2 时,其先头部队,已进抵高家庄、大胡山附近。南京卫戍军总部遂命第 2 军团之第 41 师由北,第 66 军由南,向孟塘、大胡山间凹地围攻;同时命第 36 师之补充第 2 团,配属战车防御炮等驰援。第 41 师之第 246 团进至石洞山附近,即与日军遭遇,发生激战,经肉搏终日,方占领石洞山,但同时亦遭敌围困,在众寡悬殊的险恶情况下,顽强抵抗,壮烈牺牲。

7 日拂晓,第 41 师之第 242 团奉命向石洞山左翼增援,与被围困之第 246 团共同对敌激战。经反复冲锋,该 2 团夺得鸟山、丁家山、鸡笼山、东山头等处,毙日军甚多,但守军亦伤亡过半。复经终日激战,双方在孟塘、大胡山一线遂成相持局面。日军步兵第 38 联队军史记载:"防守的敌军在那些丘陵上构筑了无数的新式碉堡,并根据以往的演习,在有利的阵地向我军猛烈射击。该山地的攻防战十分激烈,持续了很长时间。"[2] 夜 12 时,南京卫戍军总部发出"卫参作命第 25 号"命令,要求各支部队务于 8

---

1 《第二军团京东战役战斗详报》(1937 年 12 月),见中国第二历史档案馆编《南京保卫战档案》第 8 册,南京出版社 2018 年版,第 348—349 页。
2 《奈良联队战记》,见王卫星编、刘军等译《南京大屠杀史料集》第 56 册《日军文献》(上),江苏人民出版社 2010 年版,第 328 页。

日内将当面之敌歼灭。

8 日,各支一线部队均于午前开始,分别向当面之敌发起攻击。第 160 师自拂晓起全线开始攻击。至上午 9 时,大胡山方面略有进展,防守孟塘的第 956 团 1 营被四面包围,官兵全部牺牲,营长刘厚阵亡,而该师"官兵咸抱与阵地共存亡之决心,不稍后退"[1]。第 41 师,于 8 日午前 6 时开始攻击,在东西斗山、丁家山一带与日军争夺激烈。据战史档案记载:该处"终日肉搏,旋失旋得,该师官兵伤亡甚伙,迄至十八时仍固守原阵地"[2]。第 36 师之补充第 2 团,配以轻战车 7 辆,于 8 日拂晓,向复兴桥及大、小胡山之日军发起攻击;至 10 时许,经连续数次冲锋,攻占马基山。但此时日军大部增援到达,当晚,该团在掩护两翼友军撤退后,于夜 12 时许,奉令开回南京,归还第 36 师建制。

基于当日上午汤山阵地即为敌突破,而孟塘、大胡山一线,在激战终日后,人员又遭严重损失,南京卫戍军总部为集中兵力,固守南京起见,于当晚下达命令,重新调整南京外围阵地的部署,孟塘、大胡山一线阵地亦决撤守。

4. 淳化战斗

淳化地处南京东南主阵地之中部,为日军自东南面攻击南京必经之战略据点。日军攻击此阵地的主要部队为自句容一路攻击前进的第 9 师团步兵第 36 联队。中方坚守淳化阵地的主力为第 51 师所属各团。

日军步兵第 36 联队在 12 月 6 日攻占湖熟、索墅等前哨阵地后,随即对淳化镇进行威力搜索,大批日机竟日轮番在淳化镇阵地施行猛烈轰炸。7 日晨,由湖熟北进之日军对淳化正面,发动猛烈攻击,战况异常激烈。第 51 师的作战记录称:"七日晨,由湖熟北进之敌约五百余人,由咸墅、李墅攻击我宋墅、下王墅之阵地,并向方山迂回,与我三〇二团接触。复以一部约二百余人向上庄攻击,企图由左翼窜入,威胁淳化之侧背,对淳化正面则以炮火飞机竟日轰炸。其步兵又复猛烈攻击,战况异常激烈。"[3] 当日,第 51 师并将原先作为预备队部署在后方上坊镇一带的第 306 团一部,投入一线作战,从位于方山东北五公里左右的宋墅出发,向方山东麓的下王墅发动猛烈反击,经彻夜激战,夺回了一度被日军攻入的下王墅阵地。其战斗详报记载:"我军亦伤

---

1 《陆军第一百六十师锡澄、南京两役战斗详报》,中国第二历史档案馆藏,档案号七八七/7582。
2 《第二军团京东战役战斗详报》,中国第二历史档案馆藏,档案号七八七/7591。
3 《陆军第五十一师于卫戍南京战斗之经过》(1938 年 1 月),中国第二历史档案馆藏,档案号七八七/7592。

亡过重,左翼依托空虚。敌复以精锐部队向我猛烈攻击,我即以三〇一团之一部对左翼形成勾形配备,以确实掩护左侧背,以三〇六团之一部增加宋墅对下王墅之敌攻击前进,恢复原有阵地,彻夜激战,敌卒退出下王墅。"[1] 日军步兵第 36 联队分队长山本武在其 12 月 7 日的日记之中,亦曾记录下了日军派出"敢死队",但仍毫无效用的窘境:"淳化镇的敌人依然顽强,特别是在用混凝土构筑的碉堡阵地上。就算陆续派出敢死队实施突击,也只是徒增牺牲。心急如焚的大队长山崎大尉亲自率领一个小队试图进行攻击并夺取阵地,但只能在碉堡的射击死角待着,陷入了进退两难、无计可施的境地。"[2]

8 日,淳化战斗达到白热化程度。这天清晨,日军即由湖熟开来 2000 余人,炮 10 余门,参加下王墅至淳化间的战斗;同时,以主力部队由上庄抄袭破口山,切断守军之归路。其正面部队,则在飞机、炮兵、坦克的掩护下,向淳化发起猛攻,"战况之烈,炮火之密,前所未有"。守卫宋墅、淳化的第 51 师部队,"虽在硝烟弹雨中仍拼死撑持,与敌肉搏冲锋,杀声振天"[3]。据日军《第九师团战史》记载:"8 日拂晓,师团将所属炮兵全部在阵地上展开,以掩护步兵再次进攻。敌我双方的炮战极为猛烈。我第一线官兵冒着枪林弹雨,一步步地逼近淳化镇敌军阵地","第三十六联队第二、第三大队,于下午 2 时 50 分进抵淳化镇西侧,转而继续追击时,遭到山下村附近敌军的猛烈射击及数次反攻。"[4]《申报》报道 8 日战况为:晨 5 时,敌主力千余名,由坦克 30 余辆掩护,自淳化镇西方向该镇发起攻击;守军首以反坦克炮向敌坦克猛射,继以机枪堵截,经激战 3 小时,300 余官兵牺牲或负伤;日军始终未能得逞,并被击毁坦克 5 辆,遗尸百余具、轻机枪两挺、步枪 50 余支,伤者随余部退去。[5] 据战史资料记载,在是日战斗中,第 51 师损失严重,第 301 团代团长纪鸿儒负重伤,连长伤亡 9 人,排长以下伤亡 1400 余人。[6]

8 日晚,第 51 师奉到唐生智司令长官的命令,放弃淳化、方山阵地,向河定桥、麻田之线转移。当晚,由驻于管头附近的第 305 团作掩护,该师第一线部队遂从淳化阵

1,3,6《陆军第五十一师于卫戍南京战斗之经过》(1938 年 1 月),中国第二历史档案馆藏,档案号七八七/7592。

2 《步兵第三十六联队战斗详报》,见王卫星编、叶琳等译《南京大屠杀史料集》第 32 册《日本军方文件与官兵日记》,江苏人民出版社 2007 年版,第 150 页。

4 《第九师团战史》,见王卫星编、刘军等译《南京大屠杀史料集》第 56 册《日军文献》(上),江苏人民出版社 2010 年版,第 114 页。

5 《日军三路攻首都 淳化镇昨晨大战》,载《申报》1937 年 12 月 9 日。

地后撤。事后,南京卫戍司令长官唐生智、副司令长官罗卓英、刘兴,在写给蒋介石的报告中称:第 51 师"淳化镇之役,力战三日夜,毙敌颇众","惟于八日晚撤退蒙重大之损失"[1]。

5. 牛首山、将军山战斗

牛首山阵地位于南京南部,淳化、方山防线之右侧,山高 242.9 米,双峰角立,状如牛首,形势十分险要。将军山在其东北,山高 150 余米。两高地上皆为岩石,构筑有水泥碉堡和机枪掩体等坚固工事,并有纵横交错的壕沟相连。进攻该阵地的日军部队,先为第 10 军所属之第 114 师团,后该军第 6 师团谷寿夫部由第 114 师团后方赶到,遂改由第 6 师团主攻。第 6 师团之步兵第 45 联队竹下义晴部主攻牛首山,其步兵第 13 联队冈本保之部主攻将军山。中方南京卫戍军组建后,被部署于南部一带阵地的部队为第 74 军俞济时部。俞将所辖第 51 师和第 58 师布防于淳化至牛首山一线,其第 51 师防守左翼淳化、方山间阵地,第 58 师则防守右翼牛首山、将军山阵地。

12 月 7 日,日军从早至晚,以陆空联合部队,向牛首山阵地发动持续猛攻。中央通讯社对第 58 师坚守牛首山的战况报道说:"我居高临下,以手榴弹及钢炮弹阻截敌机械化部队。我某一营死守山前高地,为敌射击之的,牺牲殆尽,另一营立即挺至,继续奋战。敌机二三十架在殷巷镇与高井巷间滥事投弹,终日未息。我营长阵亡两员,伤一员,团长轻重伤各一,士兵死亡数百;同时敌亦死伤三百余人,遗坦克车五辆。"[2]

8 日一早,日军步兵第 13 联队,又以 40 余辆坦克为先导,向将军山附近猛扑。守军以反坦克炮射击,毁其 6 辆,迫敌后退。此后战况沉寂,但右侧部队因受敌部队有力攻击,战况惨烈,团长石补天受重伤,营长张介夫、姚永发阵亡,官兵伤亡 800 余人,故战线渐呈不支状态,下午起由江宁镇向板桥镇后移。日军战史与官兵回忆资料中,记录了该日牛首山、将军山战斗之实况。其步兵第 45 联队第 2 中队战记写道:12 月 8 日,石原伍长在冲上牛首山第一高地后,由于分队长受伤,便接任敢死队指挥,"在冲向第二高地时,遭到五六十个敌兵两次猛烈的反击";"第三高地的敌军抵抗甚为顽强,还有来自牛首山山顶左边和庙宇附近的俯射,以及左右两侧猛烈的交叉火

1 秦孝仪主编:《中华民国重要史料初编——对日抗战时期》第二编《作战经过》第 2 册,台北中国国民党"中央"委员会党史委员会、"中央"文物供应社 1981 年版,第 224 页。
2 《首都东南郊大激战 我第一线防务巩固》,载《大公报》1937 年 12 月 9 日。

力"[1]。其第 6 师团战史,则详细描述了步兵第 13 联队攻占将军山的艰难战况。该战史写道:"从主干道两侧的将军山以及隐龙山附近,敌人的枪炮弹如雨点般飞来,联队不易展开。井上轻装甲车中队的两三辆装甲车也被正面牛首山方向射来的炮弹击中起火。""12 月 8 日夜,步兵第十三联队与敌军反复进行了夜袭和反击,激战持续了一整夜。半夜时分,我军终于夺取了将军山和隐龙山。"[2]

8 日晚,南京卫戍军总部下令收缩防御阵地,命令第 74 军的防御正面由淳化—牛首山一线,收缩至河定桥—牛首山一线;第 58 师则奉命继续坚守牛首山。在南京卫戍军下达收缩防御阵地的命令后,9 日,在这里又进行了整日的血战。自拂晓起,日军向牛首山阵地重又发动新的攻势。第 58 师官兵严守阵地,与敌血战终日,终因其右侧部队过早撤退,使第 58 师阵地益显孤立。入晚,卫戍军总部命令该师撤退,与第 51 师联合担任双闸镇至宋家凹一线的守备。

牛首山、将军山阵地的丢失,使首都南部雨花台阵地失去了最后一道屏障,而直接暴露在日军的面前。但是,中国军队在牛首山、将军山的英勇战斗,无疑是南京保卫战中光荣的篇章之一。

6. 雨花台战斗

地处中华门外的雨花台,是南京南线正面的重要防御阵地。台高 100 米,长约 3500 米,由西向东,分有石子岗、凤台岗、梅岗三处主要山岗。因该处为城南制高点,被称为南京的南大门,历来为兵家必争之地。

参加攻击这一阵地的日军,自东而西,依次为右路之第 9 师团,中路之第 114 师团,左路之第 6 师团,师团长分别为吉住良辅中将、末松茂治中将、谷寿夫中将。守军为第 72 军,即第 88 师孙元良部,左与第 87 师等部、右与第 51 师阵地相邻。其第 262 旅朱赤部为右翼,第 264 旅高致嵩部为左翼。

12 月 9 日上午,日军第 9 师团之步兵第 19 联队向雨花台阵地东侧之白壁高地发起进攻,遭守军奋勇还击,将其击退。下午,日军又增调部队,再次发起进攻。守军第 264 旅旅长高致嵩亲率第 528 团 2 个营增援,激烈的战斗经夜不息,使日军陈尸遍地,而守军第 264 旅也付出了很大伤亡代价。据参加进攻该处的日军第 9 师团步兵

---

1 日步兵第四十五联队第一大队第二中队:《石原伍长的奋战》,见曹大臣编、罗文文等译《南京大屠杀史料集》第 62 册《日军第六师团官兵回忆》,江苏人民出版社 2010 年版,第 280 页。

2 《熊本兵团战史——支那事变》,见王卫星编、刘军等译《南京大屠杀史料集》第 56 册《日军文献》(上),江苏人民出版社 2010 年版,第 418—419 页。

第 19 联队士兵官部一三描述："敌人的抵抗极为顽强,迫击炮弹、手榴弹交织成火力网,多次拼命进行反击,我军伤亡不断。"[1]

日军步兵第 19 联队于 10 日晨,再次向雨花台东侧发起猛烈进攻,遭到守军 3 个火力点的顽强抵抗。经整日激战,方在付出重大伤亡之后,占领了白壁高地的东侧。是日,在雨花台西南侧的安德门阵地,日军继占领牛首山后,复以第 6 师团之步兵第 47 联队、第 23 联队和第 13 联队联合发起集团进攻。守军第 88 师部队官兵奋勇血战,一天中连续组织 5 次反冲击,使进攻日军伤亡惨重,"仍活着的士兵们以战友的尸体为沙袋,依靠刺刀和手榴弹战斗到了最后"[2]。主攻该阵地之步兵第 47 联队战史称此为""82 高地血淋淋的攻防战""一场你死我活混乱的白刃战"[3]。该联队少尉仓迫俊男形容:"敌方部队黑压压地压将过来","敌军趁着黑暗大举向 82 高地进攻,企图夺回阵地。轻机枪喷着火舌,手榴弹下雨一般砸下来。打退下去又攻上来,敌军十分顽强。"在这次守军的突袭中,双方伤亡都十分惨重。仓迫俊男描写道:"时松、山添、佐佐木等各小队长皆横卧于布满白霜的石头上","漫山遍野都是佩戴第八十八师臂章的敌兵尸体"。[4]

在日军第 6 师团右翼的第 114 师团,于 10 日下午 6 时发布了攻击雨花台东侧及中华门、通济门的作战命令。该命令将师团兵力,以周家凹—鲜鱼宁—周家楼子为界分作左右两翼,自当晚起,即开始向前方阵地发动连续不断的猛烈攻击。

11 日,雨花台阵地战斗更加惨烈。守军第 264 旅已将预备队第 528 团与所附工兵 1 营都调上第一线参加战斗,反复冲杀,一次次地击退日军之进攻。与第 264 旅并肩战斗的第 262 旅,也打退了日军的多次集团冲锋,使日军伤亡惨重,遗尸累累。是日下午,第 88 师雨花台右翼阵地为日军突破。当夜,南京卫戍司令长官部命令第 88 师缩短战线,固守城外主要阵地。该师遂奉命收缩阵地,固守雨花台与中华门附近城垣。

经过 3 日激战,日军于 12 日晨,集中大批轰炸机与数十门重炮,配合数千步兵,以绝对优势兵力,分三路向雨花台阵地发起集团冲锋。据军事档案记载是日战况:

1　宫部一三:《风云南京城》,见王卫星、叶琳等译《南京大屠杀史料集》第 33 册《日军官兵回忆》,江苏人民出版社 2007 年版,第 33 页。

2　《大分第四十七联队奋战记》,见曹大臣编、罗文文等译《南京大屠杀史料集》第 62 册《日军第六师团官兵回忆》,江苏人民出版社 2010 年版,第 103 页。

3　同上文,见上书,第 100 页。

4　仓迫俊男:《回忆 82 高地激战》,见上书,第 412—413 页。

"敌挟战车、飞机、大炮及精锐陆军不断施行猛攻,我二六二旅旅长朱赤、二六四旅旅长高致嵩,团长韩宪元、李杰、华品章,中校参谋赵寒星,营长黄琪、符仪廷、周鸿、苏天俊、王宏烈、李强华各率部反复肉搏,奋勇冲杀,屡进屡退,血肉横飞。上午韩团长宪元,营长黄琪、周鸿、符仪廷先后殉难;下午旅长朱赤、高致嵩,团长华品章,营长苏天俊、王宏烈、李强华亦以弹尽援绝,或自戕或阵亡,悲壮惨烈。"[1] 其第527团团长李杰率部,突围至飞机场,被敌击伤自杀。该师官兵,大部殉国。雨花台阵地于当日午后遂告失守。

守军第88师广大官兵,在坚守雨花台阵地的战斗中,发扬了崇高的爱国主义精神,付出了巨大的牺牲。在雨花台失陷后,又因未能组织好撤退转移,致再次遭到不必要的牺牲伤亡。

7. 光华门战斗

光华门位于南京城之东南部,城墙外有护城河流经。这里系复廓阵地南线之左翼,是保卫战战斗最激烈的阵地之一。主攻光华门阵地的日军为步兵第36联队胁坂次郎部。由于这里是南京守军南线和东线阵地的结合部,因此先后有教导总队、第87师、第88师、第156师和宪兵部队等多支部队同时或交替参加防守。

日军步兵第36联队于12月8日攻占淳化镇后,趁守军第51师已撤守河定桥,而刚奉命赶到光华门外公路一线的第87师立足未稳之际,以步兵2000余名、坦克10余辆,占领高桥门、七桥瓮及中和桥,于9日拂晓进至光华门外。此时光华门仅有少数部队防守,守军见情势紧急,遂将城门紧闭。日军立即命令师团炮兵、联队炮以全部炮火掩护爆破班对城墙实施爆破,但在守军的阻击下未能成功。经终日激战,光华门城门屡遭日军炮击,曾几度被击穿,又迅被修复,并将突入城内的少数日军予以消灭。不过,还是有部分日军钻入城门洞内,潜伏下来,造成对守军的威胁。守军宪兵教导第2团于9日奉命,组织一个加强排,从清凉山驻地赶往光华门增援。该部配合教导总队谢承瑞团,与日军激烈交火,终将进攻日军击退。在光华门城外的守军,则于当天午后到夜晚,在防空学校和中和桥附近,不断组织营、团规模的突袭,与日军猛烈交火,使攻击光华门的日军腹背受敌。

10日,是日军对守城官兵拒不投降,滥施报复,发起总攻的日子,光华门的战斗更为惊心动魄。这一天,在敌人持续不断的轰击下,光华门两侧的城墙已被轰开两个

---

1 《南京卫戍军战斗详报》,中国第二历史档案馆藏,档案号七八七/7593。

缺口。午后,日军一部在坦克掩护下,突破了光华门右翼第 87 师之第 259 旅阵地;另一部约百余人在密集火力掩护下,突入光华门正面阵地约百米,占据桥南街道两侧房屋作据点,掩护后续部队扩大战果。有部分日军从城墙缺口处猛冲爬城,企图攻入城内。守军教导总队第 2 团及军士营、战车防御炮连努力反攻,与日军奋勇拼搏,将其击退。日军步兵第 36 联队在 10 日的"战斗详报"中记称:"我冲入城门内之官兵由于受到敌机枪从城门内外的射击,以及敌从城墙上猛投手榴弹,不断出现伤亡。"[1] 经竟日血战,大股进攻光华门的日军虽已被消灭或逐走,但还有少数日军盘踞在通光营房里和潜伏在城门洞圈里,从而对守军构成了来日战斗中的威胁。各支守军采用了多种方法,来歼灭这些蜷缩在城门洞圈中的日军。教导总队第 2 团团长谢承瑞率部,先将汽油桶从城墙上摔下,点火燃烧,后又亲率敢死队冲出城门,给日军以严重杀伤。该部作战参谋刘庸诚叙述:"谢团长亲率战士背着汽油桶放到城墙箭楼处。半夜,把汽油桶的口松开丢在城门洞口,立即投下火种,摔破的汽车桶里溢出的油,迅速燃烧起来。……这时,谢团长亲自率一排英勇的战士,突然把城门打开,十几挺轻机枪一齐向敌兵射击,多数均立遭击毙。"[2] 奉命赶来增援的第 156 师官兵,这一天也以同样的方法,向潜伏在城门洞圈里的日军进行有效突袭。据《南京卫戍军战斗详报》记载:"是夜,一五六师选敢死队坠城,将潜伏城门洞内之少数敌军焚毙,将盘踞通光营房之敌歼灭,光华门及通济门方面遂得转危为安。"[3] 这数十名英勇的敢死队员,在歼灭和追击日军的过程中,一个也没有生还,全部为国捐躯。

11、12 日间,日军仍在不断通过攀爬城墙与潜伏在城洞圈中,进行光华门争夺战。双方展开拉锯战,但日军一直未能占领光华门城头。战斗进行到 12 日,对光华门城墙的争夺更趋激烈,日军伤亡惨重。但直至唐生智下达撤退令时,该城门仍在守军手中。直到 12 日下午南京卫戍总部下达撤退令后,日军步兵第 36 联队及其于左翼协助进攻的第 19 联队,方艰难地登上了已无防守的光华门城头。当日军在坦克车的引导下蜂拥入城时,许多守军仍在进行着最后的生死搏斗。

在历经数日的光华门争夺战中,南京守军一直坚守城头,勇敢拼搏。光华门战斗不愧是整个南京保卫战中成功守卫阵地的范例。

1 《步兵第三十六联队战斗详报》,见王卫星编、叶琳等译《南京大屠杀史料集》第 32 册《日本军方文件与官兵日记》,江苏人民出版社 2007 年版,第 163 页。
2 刘庸诚:《南京抗战纪要》,见全国政协文史资料研究委员会《南京保卫战》编审组编《南京保卫战》,中国文史出版社 1987 年,第 184 页。
3 《南京卫戍军战斗详报》,中国第二历史档案馆藏,档案号七八七/7593。

8. 雨花门、武定门战斗

雨花门、武定门均位于南京城南中华门之东侧,自中华门向东,依次为武定门、雨花门,再往东则为通济门。城墙外有秦淮河环绕。南京保卫战中,当中日两军在中华门发生激烈厮杀的同时,中华门东侧雨花门至武定门一线的战斗也在进行。攻击雨花门一线的日军部队为第 114 师团第 128 旅团所属步兵第 150 联队和第 115 联队,第 3 师团所属步兵第 68 联队以及配属的野炮兵第 120 联队等部,联队长分别为山本重熹中佐、矢崎节三大佐、鹰森孝大佐、大塚升中佐。坚守这一线阵地的中国守军为第 88 师、第 87 师、第 159 师等部,师长分别为孙元良、沈发藻、谭邃。

横亘在雨花门前如曾家门、周家凹等一线高地,形成了守卫雨花门的天然屏障。12 月 12 日,日军步兵第 115 联队即以周家凹东侧高地为目标,并明确指示各部确认攻击前进的方向后,开始攻击突进。其时据守周家凹高地以及城墙上的中国守军,则以猛烈炮火进行回击。据参战的日军官兵回忆:"敌人几近疯狂,从村庄里、城墙上向我军胡乱射击。"[1] 战斗愈发激烈,守军的迫击炮弹不断向日军阵地轰击,双方僵持于周家凹高地一线。位于日军步兵第 115 联队右翼的步兵第 150 联队,于上午 9 时 30 分一举攻占了曾家门一线高地,这里距离南京城墙仅有两公里之遥。此时的雨花门、武定门均铁门紧闭,门前严严实实地堆满了沙袋,守军居高临下巧妙地利用有利地形和坚固的碉堡,以及侧防工事向河对岸的日军猛烈射击,以阻止日军渡河。为了掩护步兵进攻,日军炮兵部队对雨花门城墙进行了破坏性炮击,密集的枪炮声、爆炸声震天动地。"南京城墙上呈现出一幅极为惨烈的战斗景象。"[2] 就在炮击停息的间隙,日军工兵部队便开始抢修横跨在护城河上的已经被守军破坏的铁路桥。日军的炮火刚一停,守军就在未被击毁的城墙暗堡内向渡河的日军猛烈射击。日军不得不再行炮击对守军进行火力压制。日军战史称这一时间的战斗,"敌我双方的枪炮声达到了南京城外战斗的最高潮"[3]。在日军强大火力的压制下,守军多处城防工事被毁。日军工兵通过两次爆破最终在城门下方炸开了一个可容单列纵队通过的通道。但冲入城内的日军,立即遭到来自城墙上方和城内的守军火力夹击。日军战史写道:"联队刚突入城内,敌军就展开了反击,直到天黑仍无停止的迹象。敌人起初从西北方展开反

---

1 《日支事变从军记——突入南京》,见王卫星编、叶琳等译《南京大屠杀史料集》第 33 册《日军官兵回忆》,江苏人民出版社 2007 年版,第 376 页。

2 《步兵第五十联队史及步兵第一五〇联队史》,见王卫星编、刘军等译《南京大屠杀史料集》第 57 册《日军文献》(下),江苏人民出版社 2010 年版,第 644 页。

3 同上文,见上书,第 648 页。

击,后来又逐渐扩展到正面,其反击始终没有停止。不仅如此,天黑以后,敌军除了在城内反击,甚至还扩展到了城墙上。"[1]12 日晚,虽然南京卫戍司令长官部已经下达撤退命令,雨花门一线的守军已经有部分开始陆续撤退,但是仍然有一部不愿意退却的官兵表示要死守阵地抵抗到底。

与此同时,武定门的争夺战也在激烈进行之中。12 日,从下午 4 时多到深夜,守军连续十几次竭力反击,试图夺回被日军攻占的城墙。经连夜战斗,日军步兵第 150 联队、野炮兵第 120 联队在击退守军的反击之后,于 13 日上午 8 时 30 分占领了武定门。从江宁东山赶到的步兵第 68 联队则在步兵第 150 联队的正面扩大战果,于上午 9 时 30 分占领了武定门两侧城墙。武定门外的攻防战,给日军留下了深刻的印象。日军步兵第 150 联队在其"战斗详报"中称:"蒋介石嫡系的第八十八师和第八十七师配备着许多野炮、迫击炮、机枪,据守在巧妙地利用地形、铁丝网、坚固碉堡、地堡和地点不明的侧防设施构筑的多道阵地中,抵抗极为顽强……城内外,城墙上,军号声遥相呼应,鼓舞其声势浩大的反击,不能不认为有值得赞赏之处,其精神教育也是很彻底的。"[2]

自 12 日上午 11 时日军攻击雨花门始,至 13 日早晨 6 时城墙上的守军停止反击撤退止,中日两军在雨花门至武定门城墙一线,以及城下地区反复争夺拉锯长达 19 个小时,中国守军以伤亡千余人的代价,有效阻止了日军的前进速度,为守军的撤退赢得了宝贵的时间。

9. 中华门战斗

在雨花台北面的城垣阵地是中华门。中华门位于南京城正南。原名聚宝门,辛亥革命后改名。它是南京最为雄伟的一座古城堡,南北长约 128 米,东西宽 90 米,总面积 11720 平方米。前后有四重城门,并筑有藏兵洞 23 个,号称可藏兵三千。由于中华门城墙高大,又有秦淮河在城前横贯东西,便成为阻挡日军从南面进攻南京城的天然堡垒。攻击中华门的日军部队为第 6 师团谷寿夫部以及第 114 师团一部。谷寿夫将坂井德太郎所率第 11 旅团下辖的步兵第 13 联队和第 47 联队,安排在中华门东西两侧攻击位置同时展开进攻,联队长分别为冈本保之大佐和长

---

1 《步兵第五十联队史及步兵第一五〇联队史》,见王卫星编、刘军等译《南京大屠杀史料集》第 57 册《日军文献》(下),江苏人民出版社 2010 年版,第 650 页。

2 《步兵第一五〇联队战斗详报第 6 号》,见王卫星、雷国山编《南京大屠杀史料集》第 11 册《日本军方文件》,江苏人民出版社 2006 年版,第 264 页。

谷川正宪大佐；第 114 师团以其步兵第 102 联队和第 66 联队展开于中华门东侧，与第 6 师团之步兵第 13 联队相呼应，联队长分别为千叶小太郎大佐和山田常太中佐。参加中华门一线防守的中国军队，其左翼为第 87 师王敬久部，右翼为第 51 师王耀武部。

自 12 月 10 日开始，日军即有少数部队突破守军防线，通过军便桥渡河攻击中华门。是日下午，雨花台守军第 88 师防线的部分阵地，为日军攻占。日军遂将炮兵阵地推至该处，掩护坦克和步兵向中华门城垣攻击。日军的炮弹，如雨点般落在城墙上，使守城官兵伤亡严重。

10 日至 11 日间，由于雨花台阵地未被全面突破，日军对中华门外护城河及中华门的突袭尚均为小股规模，故亦未对中华门阵地构成大的威胁。

12 日，随着雨花台阵地的失守，日军开始了对中华门阵地的大规模进攻，战斗至为激烈。这一天，中华门防线的战斗，首先发生在秦淮河上。日军欲攻夺中华门，必先渡过环绕在城门南面的秦淮河。中日两军为渡河和反渡河，展开了一场血战。在部分日军渡过秦淮河后，其炮兵遂以猛烈的炮火，为步兵轰炸开攀登城墙的通道。同时，还有 30 余架日机不断在天空盘旋，将炸弹和宣传品投掷下来，威胁守城军队赶快开城投降。从正午起，开始不断有小股日军冲上城墙，双方在城墙上的战斗十分猛烈。日军一股选择中华门至水西门间一段被炸开的城墙，于上午 9 时许，利用绳梯攀上。守军第 306 团团长邱维达立即命第 3 营营长胡豪，挑选 100 名精壮战士，组织敢死队，务于 1 小时内将突入城墙之日军完全肃清。胡豪领受命令后，迅速组成敢死队，向城墙突破口冲杀过去。他们在全团火力的有力掩护下，不到 1 小时，便将突入之敌全部肃清，并生俘 10 余人。可是，在格斗中，少校团附刘历滋与营长胡豪，不幸中弹牺牲。[1] 据中国军事档案资料记载：是日，卫戍军总部虽派第 154 师去增援中华门方向作战，"但八十八师退入城内之部队混乱异常，云梯、城门撤闭不及，为敌侵入约三百余。"[2] "我三〇六团虽奋力将该敌驱逐，然因受雨花台敌火之瞰制、兵力又极单薄，相持至晚七时，已阵亡营长万琼、胡豪二员，负伤团长邱维达一员，连长以下一千三百余名。"[3]

---

1 邱维达：《淳化阻击战》，见全国政协文史资料研究委员会《南京保卫战》编审组编《南京保卫战》，中国文史出版社 1987 年版，第 150 页。

2 《南京卫戍军战斗详报》，中国第二历史档案馆藏，档案号七八七/7593。

3 《陆军第五十一师于卫戍南京战斗之经过》（1938 年 1 月），中国第二历史档案馆藏，档案号七八七/7592。

在日军第 6 师团左右两翼突袭中华门城堡的同时,位于其左翼的第 114 师团,也对中华门东侧的一段城垣实施了全面的攻击。12 日上午 11 时,该部步兵第 150 联队已进抵距中华门东南城墙 300 米处。其"战斗详报"记载:"敌军从周家凹附近高地及城墙方向用自动武器、野炮及迫击炮向我猛烈射击,我方虽极力压制,但还是出现了数名伤亡人员。"[1] 日方宣称,第 6 师团之步兵第 47 联队于昭和 12 年(即 1937 年)12 月 12 日 12 时,这四个"12"重叠的时刻,"将太阳旗插上了城墙的一角"。到 12 日晚 7 时,据守中华门阵地的第 306 团团长邱维达接到师长王耀武的电话称:"南京全城战况混乱,要作有计划战斗已不可能。为了保持一部分实力作尔后长期作战计,部队完成当前任务后,应相机撤退,浦口以北为撤退方向。"[2] 据日本军方统计,在进攻中华门及其附近城垣的战斗中,其第 6 师团官兵共阵亡 56 人、负伤 300 人;[3] 其第114 师团官兵共阵亡 212 人、负伤 682 人;[4] 两师团共伤亡 1250 人。

坚守中华门附近城垣的战斗,无疑是南京保卫战中最激烈、悲壮的战斗场面之一。中华门及其附近城垣阵地,虽于 12 日午夜后相继失守,但是中国军队的英勇抵抗,沉重地打击了日军的嚣张气焰。

10. 紫金山主峰战斗

紫金山屹立于南京城东北部,呈东西走向,东西长约 7 公里,南北宽约 3 公里。其山势险峻宛若天然要塞,历来为兵家必争之地。作为南京城的制高点,紫金山的得失,攸关全局。进攻紫金山主峰攻击战的日军部队主要是第 16 师团步兵第 33 联队和第 9 师团步兵第 35 联队,联队长分别为野田谦吾大佐、富士井末吉大佐。守卫紫金山阵地与日军血战的中国守军是被称为"蒋介石的铁卫队"之中央陆军军官学校教导总队桂永清部。

12 月 9 日,日军第 16 师团主力在攻占汤山等地后陆续进入下麒麟门附近,进抵南京东侧阵地,遂决定以步兵第 33 联队为右翼进攻紫金山一带高地。步兵第 33 联队以 227 高地即老虎洞阵地为首攻地点。老虎洞为紫金山东面防线的前哨,欲攻克

1　《步兵第一五〇联队战斗详报第 6 号》,见王卫星、雷国山编《南京大屠杀史料集》第 11 册《日本军方文件》,江苏人民出版社 2006 年版,第 253 页。

2　邱维达:《淳化阻击战》,见全国政协文史资料研究委员会《南京保卫战》编审组编《南京保卫战》,中国文史出版社 1987 年版,第 150 页。

3　《第六师团战时旬报第 13、14 号》,见王卫星、雷国山编《南京大屠杀史料集》第 11 册《日本军方文件》,江苏人民出版社 2006 年版,第 277 页。

4　《第一一四师团战斗详报》,见上书,第 228 页。

紫金山第一、二峰，必先攻下老虎洞这个前沿阵地。

10日拂晓，日军集中猛烈炮火轰击老虎洞阵地，紫金山东麓陷入一片火海。守军冒着敌人的猛烈炮火顽强抵抗，在友邻部队的火力支援下，将日军击退。下午，日军利用风向，再次向老虎洞阵地发射大量燃烧弹、烟幕弹、催泪弹，阵地防御工事尽毁，守军营长罗毓峰、连长胡琏等主要干部相继阵亡，全营牺牲大半，入夜后剩余官兵奉命放弃阵地，向第二峰转移，老虎洞阵地遂告失守。与此同时，日军第9师团步兵第35联队也奉命向第二峰次高点发起攻击。该部遭遇到守军的顽强抵抗，弹雨倾泻而下，战斗十分激烈。日联队战史中写道："第9中队不断击退敌军的反击，然后从其阵地侧面继续进攻。经投掷手榴弹、白刃格斗，上午11时占领了紫金山△385.5高地。"[1] 日步兵第33联队方面，于占领老虎洞阵地后，联队长野田谦吾决心扩大一线部队的战果，兵分两路向第二峰进攻。守卫第二峰阵地的教导总队官兵居高临下、据险死守，激战至晚，连续击退日军多次进攻。经一夜激战，日军在付出重大伤亡后，方于11日上午艰难地攻占了第二峰。

12日清晨，日军步兵第33联队第2、3两个大队在速射炮中队炮火的掩护下，向前沿371高地以及第一峰发起了攻击。教导总队在第二峰至第一峰的守备阵地上，构筑了配有迫击炮和重机枪的碉堡和散兵壕，并在前方设置了一道高约两米的屋檐状铁丝网。坚守阵地的教导总队官兵利用坚固工事，以机枪、手榴弹顽强抵抗。在日军密集炮火的轰击下，守军阵地上9个以上的碉堡等机枪掩体被摧毁，官兵伤亡惨重，第一峰阵地于当晚6时失守。负责主攻的日军步兵第33联队在攻占紫金山主峰一线高地的战斗中，共被击毙40人，击伤164人。[2] 第一峰失守后，教导总队官兵又在第一峰至天文台一线进行顽强抵抗，坚守了13个小时又30分钟，至13日7时30分天文台方被日军占领。至此，日军才完全占领了紫金山主峰及其一线高地。事后日军感叹道："据守紫金山的敌军虽然是敌人，但的确很勇猛，他们也战斗到最后一个人。明知结果肯定是死，但还是顽强抵抗，一直奋勇地阻挡我军的进攻。"[3]

战后，在南京卫戍司令长官唐生智、副司令长官罗卓英、刘兴呈送给蒋介石的报

---

1 《步兵第三十五联队上海、南京附近战斗经过概要》，见王卫星、雷国山编《南京屠杀史料集》第11册《日本军方文件》，江苏人民出版社2006年版，第121页。

2 《步兵第三十三联队南京附近战斗详报》，见上书，第87页。

3 《第九师团战史》，见王卫星编、刘军等译《南京大屠杀史料集》第56册《日军文献》(上)，江苏人民出版社2010年版，第121页。

告中,对守卫南京的各部队进行点评时,对于坚守紫金山的教导总队给予了高度的评价,报告称:"守紫金山之部队,亦能沉着勇敢,迨我军退出南京之翌日,犹有一部官兵死守阵地,作壮烈之牺牲。"[1]

11. 中山陵园附近战斗

中山陵园附近阵地位于紫金山以南、京杭国道之西北侧,是沿京杭国道西进攻击南京城的日军部队之必经之地。攻击中山陵园附近阵地的日军部队为第 16 师团步兵第 9 联队片桐护郎大佐所部。与日军对峙的中国守军为教导总队第 3 团,团长李西开。

12 月 10 日,日军部队在战车掩护下,发起了"最猛的一次且带有决定性的攻击",教导总队第 3 团以战车防御炮向敌军战车猛烈射击,当即击毁敌战车数辆,活捉战车兵数名。失去战车掩护的日军,均被守军以步枪及手榴弹击退,"阵前弃尸累累,伤亡惨重"[2]。激战至晚,日军始终无法突破守军阵地,战斗呈胶着状态。

11 日,战斗愈加激烈,双方的战线也愈益靠近,中日两军的距离仅仅相隔 300 米左右。此时,日军对守军阵地进行了更为猛烈的炮击。由服部忠三大尉指挥的日军步兵第 9 联队步兵炮中队,集中 4 门山炮对准守军阵地碉堡进行猛烈射击,将守军炮火暂时压制。下午 5 时,天色已渐昏暗,日军趁机对守军阵地展开突击。当进至守军阵地中央地带时,教导总队第 3 团官兵立即从四面八方对突入阵地的日军进行反击,使该股日军即刻陷入重围之中。在守军的反击下,日军不得不龟缩在战壕里面躲避子弹。激烈的战斗一直持续到 12 日清晨仍未停息。

12 日清晨,日军动用数十架飞机对守军阵地进行猛烈的俯冲轰炸。在日军炮火的狂轰滥炸下,中山陵东侧、灵谷寺及陵园新村 2 营阵地大部分掩体,多被敌穿甲弹击毁,新村许多房屋起火。面对敌机的肆虐,守军在廖仲恺墓附近设置阵地,担任防空、掩护总队指挥部任务的教导总队第 2 团小炮连,以 20 毫米苏罗通机关炮对日机进行猛烈射击,当即击毁日机 1 架。激战一直持续到下午 6 时,战况突然出现逆转。由于紫金山第二峰阵地被敌突破,使中山陵园附近阵地侧背受敌袭击。第 3 团团长李西开命令,该地第 1 营除一部留下节节抵抗阻击日军外,大部退守天堡城、明孝陵东侧高地一带,继续奋战;团预备队第 3 营接替第 2 营防务,在明孝陵东南

---

1 秦孝仪主编:《中华民国重要史料初编——对日抗战时期》第 2 编第 2 册,台北中国国民党"中央"委员会 1981 年编印,第 224 页。
2 石怀瑜:《南京保卫战纪实》,见廖利明编《南京保卫战文史资料》,南京出版社 2019 年版,第 392 页。

高地、梅花山高地及以南地区构筑阵地,阻止敌军前进;同时,将团指挥所转移至廖仲恺墓地南段之团预备指挥所掩蔽部内,继续指挥战斗。[1] 战至黄昏,南京卫戍司令长官部已经下达总退却令,这时仍然有部分教导总队官兵继续坚守在阵地上,誓与阵地共存亡。

在中山陵以东的阵地,与教导总队官兵并肩作战抵御日军的还有一支特殊的武装,这便是总理陵园管理委员会警卫处警卫大队的官兵。由警卫大队副大队长温燕任总指挥,各分队长分率大队卫士协助教导总队防守紫金山各要点,共同抗敌。在12月12日战斗中,分队长刘祥阵亡于五棵松阵地,分队长黄惠三阵亡于中山陵前。他们为警卫中山陵园尽到了自己的职责。

12. 西山战斗

西山高地位于陵园新村西南,是拱卫中山门的最后一道屏障,也是整个紫金山复廓地区中的重要阵地。攻击该阵地的日军部队,为其参加紫金山作战部队之最左翼第16师团步兵第20联队。守备西山阵地的中国守军为教导总队第1旅第1团第1营,营长姚明德。

10日拂晓,西山高地的攻防战正式打响。日军首先以重炮猛烈轰击守军阵地,教导总队官兵也以猛烈炮火回击,双方展开了激烈炮战。与此同时,日军以战车为前导向西山阵地发起冲击,当即被守军战防炮击毁两辆战车,并俘获3人。经整日激战,西山阵地仍在中国守军手中。在日军步兵第20联队下达的命令中称,"敌军依托孝陵卫西部高地山脊及孝陵卫北部高地山脊上的坚固阵地顽强抵抗。"[2]

11日,日军步兵第20联队复增兵力对西山左右两翼阵地展开了更加猛烈的攻势。面对猛烈的炮火,教导总队官兵英勇奋战,击退日军多处进攻。中国守军勇敢的战斗意志,给日军官兵留下了深刻的印象。步兵第20联队上等兵牧原信夫在日记中描述了当日的战况:"自前天以来,已经在西山的敌人阵地一处倾泻了近千发炮弹,但现在该处还有人在用步枪、机关枪朝我方射击。"[3]战事愈加激烈,战况十分危急。营长姚明德急领第3连第1排前往增援,并与营副李维周分赴左右两翼督战。官兵们

1 石怀瑜:《南京保卫战纪实》,见廖利明编《南京保卫战文史资料》,南京出版社2019年版,第392—393页。

2 《步兵第20联队速射炮中队作战命令》,见王卫星编、叶琳等译《南京大屠杀史料集》第32册《日本军方文件与官兵回忆》,江苏人民出版社2007年版,第173页。

3 牧原信夫:《牧原信夫日记》,见王卫星编《南京大屠杀史料集》第8册《日军官兵日记》,江苏人民出版社2005年版,第601页。

看到营长亲临一线,顿时士气大振,终将敌军杀退,阵地转危为安。有日军士兵回忆说:"当时,经历了十倍于我的敌人手榴弹的猛烈反击的洗礼,步枪、机关枪、捷克式机枪的子弹如雨点般飞来。连摆好射击架势的工夫都没有。"[1] 傍晚 6 时,日军步兵第 20 联队突破守军防线,冲上了西山高地。攻占西山高地后的日军惊叹道:"敌人受到如此强大的炮击还能顽强地抵抗到最后,实在令人佩服。"[2] 11 日夜晚至 12 日清晨,教导总队官兵对被占领的阵地又展开了多次反击。日军战史写道:"黎明时,敌军又企图夺回本战场的重要地点——西山高地,我左后方受到五十来名敌兵持续、猛烈的射击和反扑。"[3]

12 日整日,双方的战斗仍然围绕着西山高地至遗族学校一线展开。教导总队官兵除一部退守遗族学校西方高地和中山门东面高地的第二道防线外,一部则坚守西山高地继续抵抗。日军军史记载道:"早上以来,大队主力顶着正面猛烈的弹雨,奋力前进,配属于我部的轻重机枪虽然也全力协助,但前进非常艰难。""我大队在此虽然最终得以完全击退西山高地的敌军,但敌军从遗族学校南北阵地整天向我高地猛烈地集中射击,并且我部还受到来自紫金山方向的猛烈炮击,伤亡惨重。"[4] 延至 13 日凌晨,日军步兵第 20 联队经过夜袭,攻占了教导总队位于遗族学校农场的阵地。至此,东郊一线守军阵地尽失,使失去了屏障的中山门彻底暴露在日军面前。

西山战斗中,守军官兵奋勇争先、浴血作战,给进攻之敌以不同程度杀伤,使其夺取紫金山制高点,并进而快速从东面抵近南京城的企图受到了一定的阻碍。

13. 中山门战斗

中山门位于南京城东,原址为明代所建朝阳门。此处作为城东的重要防线,早在构筑南京城防工事时就在光华门以东至中山门一线的城墙内,开设有钢筋水泥之重机枪掩体 5 座。参与进攻中山门一线的日军部队,则为第 9 师团步兵第 7 联队、第 35 联队和第 16 师团步兵第 20 联队等部,以及配属的炮兵和战车部队,步兵联队之联队长分别为伊佐一男大佐、富士井末吉大佐和大野宣明大佐。守军则由第 87 师沈发藻部、教导总队桂永清部等负责中山门前沿一线阵地的守备,而城墙上的防守则由第

1　山田芳造:《最先登上西山高地》,见王卫星编、叶琳等译《南京大屠杀史料集》第 61 册《日军官兵日记与回忆》(下),江苏人民出版社 2010 年版,第 461 页。

2　牧原信夫:《牧原信夫日记》,见王卫星编《南京大屠杀史料集》第 8 册《日军官兵日记》,江苏人民出版社 2005 年版,第 602 页。

3,4《步兵第二十联队第四中队阵中日志第 5 号》,见王卫星、雷国山编《南京屠杀史料集》第 11 册《日本军方文件》,江苏人民出版社 2006 年版,第 94 页。

103 师副师长戴之奇所部及教导总队一部负责。

12 月 9 日拂晓,日军步兵第 35 联队前进至红土山东边高地。守卫该线阵地的第 87 师第 521 团第 3 营官兵,与来犯日军展开了激烈的厮杀。旋因伤亡较重,退至后方休整,将阵地交由教导总队第 1 旅第 1 团第 3 营接防。此时,日军以战车为前导,对红土山一线阵地再次发起猛攻。教导总队第 1 团第 3 营依托坚固工事顽强抵抗,击退日军多次进攻,并击毁敌战车 1 辆。此后,日军不断增兵,战况愈加激烈,阵地上守军伤亡惨重,作为预备队的第 11 连也加入战斗。后因得军士营增援,暂时稳住阵地。日军进攻受挫后,配属步兵第 35 联队的山炮兵对守军阵地猛烈炮击,阵地大部被摧毁,守军不得不放弃红土山至教导总队营房一线阵地,退守遗族学校农场继续抵抗。同日,同为日军右翼队的步兵第 7 联队也抵进步兵第 35 联队左侧,准备攻击工兵学校附近的守军阵地。

12 月 10 日,占领教导总队营房的日军步兵第 35 联队继续向纵深攻击。当推进至遗族学校农场一线时,遭遇到了守军的顽强抵抗,被阻于阵前前进不得。左翼方面,步兵第 7 联队向工兵学校一线阵地展开攻击。坚守阵地的第 87 师第 260 旅官兵将原先修筑的碉堡工事构成强固闭锁堡。面对来犯日军,每座碉堡充分发挥了独立作战的特性,连续击退日军 3 次进攻。日军原打算当日突破守军阵地进抵城墙下的计划被打破。

11 日上午,日军协助步兵第 35 联队攻击的山炮兵第 9 联队,集中炮火对守军阵地机枪掩体等碉堡工事进行破坏性射击,将守军阵地工事大部击毁。下午 2 时,日军步兵在轻型装甲车的掩护下,强行破坏了铁丝网,一举突入前沿阵地,接着又相继突破第二、三道防线。守军则退守中山门东侧高地继续抵抗,中日两军在中山门前方的高地展开激烈争夺,当日日军始终未能进抵中山门城下。第 103 师第 618 团营长赵旭回忆道:"十二月十一日上午九时,攻占首蓿村之敌,开始炮击中山门约三十分钟后,步兵在其飞机、大炮掩护下,向我中山门猛攻……我六一三团给予反击,战斗极为激烈,下午一时,中山门左右两侧一百多公尺处,被敌炮各轰塌一个缺口,我师预备队适时增援,抢堵缺口。我团预备队也派出一个连,我营派九连向日军左侧射击。我军以劣势装备及血肉之躯,在爱国心鼓舞下,与敌反复冲杀,前赴后继,浴血奋战,激战至下午六时,日军攻夺中山门之目的受挫,中山门仍在我军手中。"[1] 日军步兵第 7 联

1　赵旭:《南京保卫战亲历记》,见廖利明编《南京保卫战文史资料》,南京出版社 2019 年,第 303 页。

队方面的战事则集中在工兵学校一线。坚守工兵学校的是中国军队第 87 师第 260 旅刘启雄部,此时只剩下不到 1 个营的兵力。在激战中,守军阵地前沿防御工事在日军山炮兵中队和步兵炮中队炮火攻击下,被摧毁殆尽。此时,日军以 3 个大队的兵力轮番向守军阵地冲击,经数小时激战,守军所剩无几,工兵学校遂告失守。

12 日,日军重炮兵对中山门一线的炮击更为猛烈,一时间城墙上硝烟弥漫。为了尽快打开突破口,敌人采取了凿锯式的炮击,专门针对城墙的一点进行连续性炮击。在重炮的轰击下,城墙缺口被越打越宽,致使守军已无办法再用沙袋进行封堵。半夜,攻城日军发现枪声稀落下来,判断守军已经撤退。位于步兵第 35 联队右翼的步兵第 20 联队以藤作少尉组成的十余人的校侦察队,率先从中山门城门北侧的破坏口处登上了城墙,由高村少尉"用白色粉笔在中山门上写上了'13 日 3 时 10 分,大野部队占领'的字样"[1]。

13 日凌晨 5 时,待守军撤退后,日军步兵第 7 联队相继占领了后庄一线阵地,并于早上 6 时 25 分,从步兵第 35 联队正面爆破缺口处登上并占领了中山门。

14. 丁家山、仙鹤门战斗

丁家山、仙鹤门位于南京城东北方向,是从紫金山北麓攻击南京的日军部队必经之地。主攻丁家山、仙鹤门阵地的日军部队为攻击紫金山阵地的日军右翼部队步兵第 38 联队助川静二部。中方守卫该线阵地的部队为第 2 军团第 41 师丁治磐部,以及第 160 师之一部。

12 月 6 日,守军第 41 师由武汉乘船甫抵南京,即遵令占领龙王山、栖霞山之线构筑阵地。当日便与日军步兵第 38 联队先头部队发生激战,几经激战终将来犯之敌击退。守军战史写道:"第二四六团进至丁家山、龙江头附近,即与由孟塘方面侵入之敌约七八百人遭遇,该团当占领丁家山一带,驱逐该敌,并威力侦察其后方情况"[2]。

7 日拂晓,日军步兵第 38 联队等部在大小十余门炮的掩护下再次组织兵力来犯,中日两军在射乌山、石洞山、丁家山之线展开激烈厮杀,双方损失均重,但阵地仍在中国守军手中。当夜日军趁着夜色对丁家山再次进行猛烈攻击,中日两军在黑夜中激烈厮杀。

8 日拂晓,日军经竟夜攻击,始终未能夺取丁家山高地。天亮后,日军又一次纠

---

1 犬饲总一郎:《南京攻防战之真相》,见王卫星编、叶琳等译《南京大屠杀史料集》第 33 册《日军官兵回忆》,江苏人民出版社 2007 年版,第 124 页。
2 《第二军团京东战役战斗详报》,中国第二历史档案馆藏,档案号七八七/7591。

集步兵千余人,在强大炮火的掩护下重新来犯,守军奋勇抵抗,战事呈现胶着态势。守军战史写道:"敌步兵约数千人,炮约三十余门,亦于同时攻击我丁家山、石洞山、射鸟(乌)山、狮子山之线,并以一部牵制我拜经台二四一团,互相激战。我毙敌甚多,本军亦伤亡枕藉。"[1]丁家山阵地上的守军迫击炮连续向日军猛烈轰击,其中数发准确命中日军步兵第38联队本部。遭到轰击的日军,其联队的指挥完全被守军的炮击打乱,一时间几乎陷入停顿状态。日军复调集飞机6架、坦克车八九辆前来助战;步兵则更换中队,继续对丁家山进行攻击。经连日血战,守军损失惨重,第242、第246团干部伤亡殆尽,而第245、第241团亦各伤亡二三百名不等。丁家山阵地遂于8日上午11时被日军攻陷。当晚,由于外围各要点相继陷敌,南京卫戍司令长官部下达了退守复廓阵地的命令。由于第48师和第160师在撤退的线路上均要途径仙鹤门地区,这两支中国守军在该处留下了共约500余人的掩护部队阻击日军。

当日军步兵第38联队沿着守军撤退的线路跟踪追击至仙鹤门附近的东西流镇一线高地时,遭遇了守军顽强的抵抗。该处的战斗在日军步兵第38联队战史中被完整地记录下来,称之为"东流镇附近战斗"。东流镇附近战斗于12月9日上午10时许打响,日军步兵第38联队以3个大队的兵力在野炮兵大队、迫击炮队等众多炮火支援下对东西流镇、普陀寺、尧化门车站等处进行轮番攻击。日军战史写道:"在随即应变、敏捷展开的助川部队的攻击之下,敌人节节后退。但是,敌军一部利用东流镇附近的高地迅速形成防御的态势……尽管助川部队进行了周密的部署,但是,战斗仍然会不时陷入僵局。"[2]在不到24小时的战斗中,步兵第38联队竟然消耗榴弹75发、重机枪子弹更是多达2195发,由此可见战事之激烈。

10日凌晨,当掩护任务相继达成后,中国守军分从仙鹤门向尧化门、燕子矶一线退却。

15. 杨坊山、银孔山战斗

紫金山北麓及其左翼的杨坊山、银孔山、太平山等数座山体,共同构成了南京城东北方向的防御圈。京沪铁路线从杨坊山与银孔山之间穿过,故两山为防御圈的核心,其战略地位十分重要。主攻杨坊山、银孔山阵地的日军部队,为第16师团步兵第38联队助川静二所部,以及步兵第33联队之一部。

---

1 《第二军团京东战役战斗详报》,中国第二历史档案馆藏,档案号七八七/7591。
2 《奈良联队战记》,见王卫星编、刘军等译《南京大屠杀史料集》第56册《日军文献》(上),江苏人民出版社2010年版,第334页。

12 月 10 日一早,日军侦察机为了配合地面部队进攻,对守军阵地进行了全方位侦察。当日下午 2 时,日军便对守军第 48 师防区和尚庄、曹村、杨坊山一带展开了猛烈攻击。坚守杨坊山一线阵地的第 48 师第 144 旅第 288 团,以唯一的重武器迫击炮频频向日军轰击,击退日军多次猛烈进攻。可是,由于守军第 144 旅大部分为没有经过训练的新兵,战斗力低下,在日军猛攻下,前沿阵地相继失守。日军步兵第 38 联队竹内正中佐所率的第 1 大队乘机攻占了杨坊山东侧高地。中国守军则退至杨坊山主峰继续抵抗,中日两军围绕主峰展开了激烈的厮杀。此时,新兵在中下级军官和富有作战经验老兵带领下,越战越勇,始终将敌军压制在主峰之下。日军遂集中火力猛烈轰击杨坊山主峰,使阵地工事尽毁,守军伤亡惨重。中方"战斗详报"写道:"我守该山 288R 第三营陈营长庆勋指挥全营,反复混战,卒以敌炮火与飞机轰炸,及其轻机枪火猛烈,全营壮烈牺牲,陈营长身负重伤。"[1]下午 4 时许,森井菊藏大尉指挥的第 3 中队在强大火力的掩护下攻占了杨坊山主峰的守军阵地,杨坊山宣告失守。

攻占杨坊山阵地后,日军则继续向其右翼的银孔山展开攻击。银孔山阵地的守军为第 48 师第 142 旅第 283 团第 1 营。早在杨坊山发生激战之时,第 2 军团军团长徐源泉就担心杨坊山一旦失守,将使后方连络线被敌截断,便紧急命令该团第 2 营增援第 1 营,以增强该山的防守力量。

11 日一早,日军以重炮猛轰银孔山。炮击后,其步兵在轻型装甲车第 8 中队数十辆战车的掩护下,向守军阵地发起猛攻。守军在营长单喆渊、连长孙世考的指挥下浴血奋战。激战中,营长单喆渊膀臂中弹,不顾血流如注仍裹伤再战,率领部下杀向敌群,不幸再次被敌弹命中要害,最终阵亡在银孔山阵地上。该团第 2、第 3 营在增援银孔山阵地的过程中,也遭到日军重炮轰击和飞机轰炸,损失惨重,伤亡达半数以上。面对如此惨烈的伤亡,守军仍然坚守不退,顽强抵抗。日军第 30 旅团长佐佐木到一在 11 日的日记中写道:"当我步兵沿斜坡向上冲锋时,甚至还有敌兵宁死不退,死守阵地,宁死不屈。"[2]11 日下午 1 时 40 分,日军突破守军防线,遂攻占了银孔山阵地。

当杨坊山、银孔山阵地相继陷落后,守军开始向左翼太平山方向撤退,并利用既

<hr>

1 《第二军团京东战役战斗详报》,中国第二历史档案馆藏,档案号七八七/7591。
2 佐佐木到一:《佐佐木到一日记》,见王卫星编《南京大屠杀史料集》第 8 册《日军官兵日记》,江苏人民出版社 2005 年版,第 310 页。

有阵地继续抵抗,同时乌龙山炮台上守军的重炮也频频向日军轰击。日军亦以 150 毫米加农炮,对太平山守军阵地进行了破坏性轰击,连续射击约 40 分钟,共发射破甲榴弹 23 发。[1] 一时间,守军阵地陷入一片火海。经连日激战,第 2 军团各部损失惨重,全军损失已达 1/3 以上,第 2 军团军团长徐源泉遂于当日午后 6 时,下令全军缩小阵线,各部相继放弃太平山等一线阵地,退入乌龙山要塞区继续坚守。

16. 乌龙山战斗

乌龙山位于南京东北方向长江边,山势险要,沿江横亘,扼八卦洲东端之三叉江口,是阻止日军溯江而上的战略要塞部位。进攻乌龙山阵地的日军部队,是第 13 师团第 103 旅团旅团长山田栴二部,又称山田支队。在此防守的部队,一为江宁要塞部队,含"龙台""甲一台"两座炮台,台长分别为卓超寰、李诚中;二为负责防守东北郊阵地的第 2 军团徐源泉部。

12 月 10 日下午,日舰进入乌龙山炮台 7000 米远的位置,守军甲一台与龙台当即予以猛烈炮击。交战结果,迫使日舰退至炮台最大射程之外,不敢贸然前进。中方文电记称:是夜起正面之敌,"将攻城兵力全部移攻乌龙山,志在必得。幸我将士用命,虽血肉横飞,死亡枕藉,而气不稍馁,且愈兴奋"[2]。

11 日,乌龙山附近之杨坊山、银孔山战斗激烈,为支援守军第 48 师坚守银孔山阵地,乌龙山备炮向日军施行密集猛轰,致日军遭受重大损失。乌龙山甲一台并击落日机一架。[3] 守军第 41 师、第 48 师于丢失杨坊山、银孔山阵地后,即退守乌龙山要塞内,与要塞部队共守阵地。第 2 军团军团长徐源泉称:"斯时,职军损失已达三分之一以上,而预备队亦使用无余。至晚六时许,只得整理残部,缩入阵线,退入乌龙山要塞内坚守,誓共存亡,以作南京城外廓之支点。"[4] "真(11 日)夜以后续占弹丸之地,受敌海陆空三面环攻,竟至炮台炮位全被炸毁,我兵仍屹然不动。"[5]

12 日,乌龙山要塞局势进一步严重。该处守军炮兵在极其严峻的形势下,仍奋勇还击日军步兵攻击与飞机轰炸。守军军事档案记载:"(12 日)午前十一时半,敌驱

---

1 《步兵第三十八联队战斗详报昭和 12 年 12 月 10 日—12 年 12 月 12 日》,亚洲历史资料中心,档案号 C111111937700。

2,5 《何成浚就南京战况致蒋介石代电》(1937 年 12 月 17 日),见中国第二历史档案馆等编《侵华日军南京大屠杀档案》,江苏古籍出版社 1987 年版,第 36 页。

3 《澄镇宁各要塞区作战经过及心得概要》,中国第二历史档案馆藏,档案号七八七/7587。

4 《徐源泉致蒋介石密电》(1937 年 12 月 23 日),见中国第二历史档案馆等编《抗日战争正面战场》(上),江苏古籍出版社 1987 年版,第 417—418 页。

逐舰四支（艘）沿江而上，至封锁线前约一千五百公尺处，经我划子口海炮及乌龙山一带备炮射击，结果一只前桅及望台被毁，其余亦均被伤，回驶封锁线外约万公尺处。"[1] 日机配合其步兵、炮兵不断加强对要塞阵地的攻击，下游日舰亦炮击要塞炮台，致使要塞重炮及配属高射炮遭到严重破坏，区内房屋亦多被焚烧。这一天，由日军第 13 师团第 103 旅团旅团长山田栴二率领的一个支队，以步兵 3 个大队、山炮兵 1 个大队为基干，从镇江出发，沿京沪线与长江边，进袭乌龙山。下午 2 时许，卫戍司令长官唐生智和江宁要塞司令邵百昌，先后来电话查询乌龙山战况，并令第 2 军团出击。但第 41 师师长丁治磐告知，因全线敌人攻击甚烈，该部已无力出击。随着要塞附近第 2 军团部队战况的恶化，日野战炮得以前进至乌龙山背面向要塞炮台攻击。此时，"龙台"已失去战力，剩下"甲一台"，仍由李诚中台长率领，在坚持战斗。当日下午 5 时，唐生智已召集会议，下达撤退令，"令要塞射击掩护，必要时毁炮撤退"。乌龙山要塞遂一面掩护射击，一面毁炮撤退。

第 2 军团自白天向卫戍总部发出求援无线电报后，一直期待能得到新的指令和支援，但直至夜 1 时，仍得不到总部复电，遂扣留一批民船于乌龙山下，作为部队官兵撤退过江之用。据该军团战斗详报载："于 13 日午前零时，先令一部奋向东面打开退路，严密警戒，乃由周家沙、黄泥荡（即黄天荡）两码头乘夜陆续渡江，分向长江北岸之望江亭、通江集等处，收容集结。当一时许开始渡江，正遇东风，达旦不息，往来顺风，驶渡甚速，至十三日早七时许渡毕。"[2] 与此同时，日军山田支队在没有遇到抵抗的情况下，占领了乌龙山。

第 2 军团在乌龙山至杨坊山一线的战斗中，广大官兵士气高昂，与敌浴血奋战，确为保卫首都、抗击日军作出了可贵的贡献。但乌龙山的守撤过程，也暴露出守军在江防、要塞防守战斗中的诸多弱点，为日后的持久抗战留下了宝贵的教训。

17. 北郊山地守备与战斗

北郊山地阵地，包括东正面之红山、北固山、幕府山东端高地一线与西正面之老虎山、象山、水关桥、狮子山、黄泥山、南山、华严岗一线，此为防御自紫金山北侧西进之敌与保障南京守军突围、过江的重要地域。攻击北郊山地阵地的日军部队主要为自紫金山北侧西进的第 16 师团步兵第 38 联队助川静二所部与由乌龙山沿江西进的第 13 师团山田栴二支队。守军为第 78 军（即第 36 师）宋希濂所部各旅、团。

---

1 《澄镇宁各要塞区作战经过及心得概要》，中国第二历史档案馆藏，档案号七八七/7587。
2 《第二军团京东战役战斗详报》，中国第二历史档案馆藏，档案号七八七/7591。

在第78军拟定的南京北郊附近守备计划中规定:.东正面阵地红山、北固山、幕府山东端高地之线,左右两翼依托于玄武湖与幕府山要塞,而以石顶山南北各高地、高家村高地、铁石山、煤炭山东方附近高地一线为前进阵地;西正面主阵地为老虎山、象山、水关桥、狮子山、黄泥山、南山、华严冈之线,左右依托于幕府山要塞与南京城。[1]

11日晚,第16师团第30旅团旅团长佐佐木到一指挥的右翼支队,在相继突破中国守军杨坊山、银孔山等一线阵地后,奉命切断南京守军退路,继续向下关地区前进。

12日正午,守军以第215团守备红山地区,以第216团守备北固山地区、何家凹高地一线为前进阵地,开始了与进攻日军的攻防战。第215团以仅有的4门迫击炮和4门20厘米小炮连续向日军进攻的部队进行轰击。至下午6时许,经6小时激战,日军先遣大队仍然被阻于何家凹至57.4高地一线无法前进。此时,军长宋希濂刚在南京卫戍司令长官部参加了关于南京守军总退却的紧急会议。返回军部,宋希濂立即与幕僚人员研拟了第78军的撤退命令,命令要求军主力于12日晚11时开始集结作撤退准备。同时部署留下第108旅第215团第3营在红山,第216团第2营在北固山继续阻击日军,掩护全军撤退。并严令:"各掩护队非有命令不得撤退,撤退时概须于第一线留置极少数部队于明日(十三日)拂晓前最后撤退渡江。"[2]与此同时,位于北固山阵地北侧的老虎山炮台也接到了掩护守军撤退的命令。守军作战报告写道:"虎台与甲二台自午后八时均向红山、北固山集中射击,掩护友军撤退。至十三日午前三时,毁炮撤退。"[3]

至13日凌晨,坚守红山至北固山一线高地的守军仍然在顽强地抵抗着,丝毫没有撤退的迹象,战事呈现拉锯态势。13日拂晓,担任掩护任务的守军相继撤退后,日军主力于中午时分占领了守军的核心阵地——红山。此时,作为前卫司令官的步兵第38联队长助川静二大佐,下达了确保目前地点以及向下关方面追击撤退守军的命令。守卫和平门的第78军补充旅一部经短暂抵抗后遂放弃阵地后撤,和平门于13日上午9时许陷落。

日军步兵第38联队向下关方向的追击部队,一路遭遇部分守军的节节抵抗,直

1 《陆军第七十八军第三十六师京沪抗日战斗详报》,中国第二历史档案馆藏,档案号七八七/7514。
2 《陆军第七十八军南京之役战斗详报》,中国第二历史档案馆藏,档案号七八七/7590。
3 《澄镇宁各区作战经过及心得概要》,中国第二历史档案馆藏,档案号七八七/7587。

到 13 日下午 3 时方抵达下关。至下午 5 时许,步兵第 38 联队各部完全占领了和平门以西各城门以及下关地区。至此,守军通向下关的退路遂被日军断绝。然而,这时距离下达撤退令已经过去了 20 多个小时。正是由于掩护部队的坚决抵抗,为全军撤退赢得了宝贵的时间。可是,担任掩护的官兵也为此付出了惨重的代价。

当 13 日南京城已沦陷时,老虎山及幕府山要塞仍然在中国守军控制之中。直到 12 月 14 日凌晨时分,日军第 13 师团步兵第 65 联队才从乌龙山向幕府山方向攻击前进。此时,中国守军虽已奉命全部撤退,但在幕府山、老虎山一带担负掩护撤退任务的部分守军,仍忠于使命,尽力阻击抵抗。对此,日本步兵第 65 联队辎重队一等兵斋藤次郎形容说:14 日凌晨 5 时,“在行进了两公里左右的时候,在离我们有一百多米远的前方传来了手榴弹爆炸的声音。这一带残敌活动频繁。不知手榴弹是从左侧一边的高山上掷下的,还是在道路旁边事先埋好的。我机关枪队的五名战友因此而受重伤。”[1]该联队第 7 中队上等兵柳沼和也在其 14 日的“阵中日记”中记述:“出发不久,第八中队便遭到了敌人从山上扔下来的手榴弹袭击,死了一人,还有人负伤。”[2]与柳沼和也同一中队的补充兵上等兵新妻富雄在 14 日的日记中写道:“今天凌晨 4 时 50 分列队,进攻南京城中的虎子台炮台”,“攻打炮台,我方约有四五人阵亡,七八人负伤。”[3]

18. 赛虹桥、水西门一线战斗

赛虹桥位于南京城墙西南角前,地处城南与城西交接处,战略位置十分重要。自赛虹桥处城墙向北延伸便是水西门。日军进攻赛虹桥至水西门一线的部队,为第 6 师团左翼队之步兵第 23、第 47 联队,以及配属的骑兵、炮兵、战车等部队,其步兵联队之联队长分别为冈本镇臣大佐、长谷川正宪大佐。中方守卫此线阵地的部队为第 74 军第 51 师王耀武部。

守军第 51 师于 12 月 8 日晚放弃淳化镇;9 日晚,奉命占领臧家巷—毛官渡—新闸—杨庄一线阵地,经彻夜混战,方将先已占领该线之日军赶走。10 日,继有七八百个日军,沿京芜铁路攻击该师左侧,发生激烈战斗。迄 11 日晨,进攻该处之日军已增至 2000 人,并有飞机、大炮不断施行轰炸、射击。11 日全天战斗紧张、猛烈,双方相

1 《斋藤次郎阵中日记》,见王卫星编《南京大屠杀史料集》第 9 册《日军官兵日记与书信》,江苏人民出版社 2006 年版,第 177 页。
2 《柳沼和也阵中日记》,见上书,第 239 页。
3 《新妻富雄阵中日记》,见上书,第 251 页。

持至正午,日军以主力由孙家凹绕攻华岩寺、姜家营,另以一部沿天后宫大堤,企图突破毛官渡,"据守该处之三〇五团营长于清祥负重伤,连排长以下伤亡四百余名"[1]。相持至晚 11 时,第 51 师所部"奉命换守赛虹桥经沈家圩迄关帝庙以东之线,并以一部担任水西门以南八百公尺处起迄西南城角之城垣守备,左与 88D、右与 58D 切取连络"。师长王耀武命令第 151 旅之程智所部 302 团全部和 305 团之一部扼守赛虹桥至关帝庙以东之线。[2]

12 月 12 日,当日军第 6 师团各部突破雨花台阵地后,陆续进抵南京城墙一线之际,师团规定了各部的突击目标,其中以步兵第 23 联队进攻城墙西南角,步兵第 45 联队进攻水西门。然而,赛虹桥一线的守军阵地介于城西与城南之间,一方面是作为城西南角城防阵地的前沿阵地,一方面则是扼守通往水西门及下关方面的要冲。因此,在日军步兵第 23、第 45 联队的进攻线路上,赛虹桥阵地首当其冲。是日拂晓,日军集中重炮猛轰赛虹桥及西南城角守军阵地。炮击后,步兵第 23 联队即向赛虹桥核心阵地发起猛攻。但日军的进攻,遭到来自城墙上下守军各种轻重火力的阻击,中队长吉良中尉当场被击毙。据中方战斗详报记载:"十二日拂晓,敌即集中炮火轰击赛虹桥及西南城墙角,旋以唐克车十余辆,飞机 20 余架掩护步兵进攻赛虹桥,战况之烈,空前未有。赛虹桥为敌突破数次,幸赖官兵英勇与敌肉搏,经三小时之恶战,终将赛虹桥阵地完全恢复。"[3] 战斗中,第 302 团上校团长程智亲率第 2 营与进犯日军展开肉搏,经三小时激战终将敌军杀退,阵地转危为安。然而,在战斗中程智右手三根手指被打断,血流不止;后又遭日军机枪扫射连中九弹,壮烈殉国。不久中校副团长兼第 1 营营长郑溥生也在战斗中阵亡。

此时,日军步兵第 23 联队一部已突破守军赛虹桥一线阵地,进抵水西门及其西南角城墙一线。根据中方军事资料记载,城墙上的中国守军为第 51 师第 153 旅旅长李天霞所率第 306 团和第 301 团之一部,以及第 154 师一部,还有首都警察厅保安总队的部分武装警员。日军对水西门及西南角城墙连续炮击 1 小时,致该处城墙多处被炸毁。西南角靠右侧的城墙,被炸开了一个很大缺口。日军通过在 20 米宽的护城河上面架起的便桥,于下午 4 时许攻占了城墙西南角。在日军登上城墙不久,南京卫戍司令长官部对全线守军下达了总撤退令。然而,此时坚守在水西门的守军第 154

1—3《陆军第五十一师于卫戍南京战斗之经过》(1938 年 1 月),中国第二历史档案馆藏,档案号七八七/7592。

师一部在连长罗敬重的指挥下,利用夜色掩护,对登上城墙的日军展开猛烈反击,战斗异常激烈。此 1 个连的兵力竟在城墙上阻击日军达 5 小时之久。

此后,占据西南角城墙的日军一直受到来自汉西门、清凉山等处守军阵地上火力的阻击,未有进一步行动。直到 12 月 13 日晨,待前方守军的枪炮声完全平息之后,日军步兵第 23 联队方从西南角突破口处向水西门方向推进,占领了水西门。

19. 秦淮河西战斗

位于水西门、汉西门、定淮门外的秦淮河西地区,为由西南方向包抄南京城,直至下关江边的日军必经之地,战略地位十分重要。日军由步兵第 23 联队、第 45 联队,以及配属的骑兵、炮兵、工兵、辎重兵等部组成的第 6 师团左翼队,为向下关方向迂回,切断守军渡江退路,参加了此线作战。中方守军为自牛首山阵地撤出之第 58 师冯圣法部与部署在棉花堤、上新河一线阵地的宪兵教导第 2 团、宪兵第 5 团一部。

12 月 10 日,日军第 6 师团左翼队之第 45 联队抵进水西门外棉花堤一带,于中午12 时,向棉花堤阵地发起猛烈进攻。守军宪兵教导第 2 团官兵沉着应战,终将来犯日军击退。守军"战斗详报"记载:"十日十二时,我派出至上新河、棉花堤之部队,被约有骑兵一连及便衣队二百名之敌猛烈攻击,卒以我坚强抵抗,敌未得逞。"[1]

11 日拂晓,日军步兵在坦克掩护下,再次向守军阵地发起攻击。宪兵教导第 2团利用机枪的交叉火力和手榴弹顽强抵抗,面对日军 1 个大队兵力的轮番攻击,直至下午 2 时,守军阵地依然屹立不动。日军见久攻不下,随即将兵力转向棉花堤阵地左侧的守军第 58 师防区。第 58 师因连日作战伤亡过大,造成守卫兵力薄弱,致使阵地被敌突破,不得已,乃退至棉花堤稍后之线,继续抵抗。

12 日一早,日军步兵第 45 联队向上河镇一线守军阵地发起进攻。守军利用碉堡等坚固工事顽强抵抗。激战至傍晚,宪兵教导第 2 团第 1 营官兵已经连续打退了日军 3 次进攻,全营虽已伤亡过半,但阵地仍未失守。日军乃调整进攻部队,再次向守军阵地发起新的进攻。中日两军展开了激烈的手榴弹大战。在战斗中,日军第 12中队的 2 名小队长被击毙。傍晚 7 时许,宪兵教导第 2 团第 1 营虽然已经接到撤退命令,但该营在营长郭干武指挥下,又阻击日军 1 个小时,直到晚上 8 时才下令撤退,此时全营剩余官兵已不足 1/3。与此同时,日军步兵第 45 联队第 2 大队由所街向江

---

1 《宪兵司令部在京抗战部队之战斗详报》,中国第二历史档案馆藏,档案号七八七/7595。

东门挺进。这股日军在突破守军机枪阵地后,随即攻占位于江东门附近的中央广播电台。

13日凌晨,日军步兵第45联队之第3大队沿着大路由上河镇向江东门追击。上午6时30分,这股日军与计划向夹江方面渡江突围的守军第74军及宪兵部队,在上新河地区迎头碰上。日军步兵第45联队的战史记称:"不久,整个中队展开了全面的白刃战,双方陷入厮杀混战之中。乌云般的敌军吹着军号冲了上来,双方的吼叫声、手榴弹的爆炸声响成一片,战场瞬时成了杀声震天的地狱。"[1]这一天,在江东门至三汉河一线,中国守军也与往下关攻击前进的日军展开了激烈厮杀。上午8时许,从城里突围而出的中国军队,在江东门中央军人监狱附近与日军遭遇后,随即展开了一场惨烈的白刃肉搏。在日军各种炮火的轰击下,守军虽然伤亡很大,但是不少官兵仍然坚持战斗到生命的最后一刻。跟踪追击的日军步兵第45联队第2大队,也于上午9时许前进至三汉河一线。在这里,遭遇到守军第36师第211团500余名官兵的顽强抵抗,两军展开激烈战斗。日军山炮兵炮击守军阵地,守军以迫击炮进行还击,有一发迫击炮弹直接命中日军的炮位,敌炮兵当场被炸死数人。三汉河一线的战斗从上午9时一直持续到下午3时,整整为守军赢得了6个小时的撤退时间。然而,守军第211团第3营却失去了渡江撤退的宝贵时机,全营几乎全部损失在南京城最后的战斗中。

20. 城内要塞炮台战斗

在江宁区要塞司令部下辖的各炮台中,除位于郭外的乌龙山、幕府山、老虎山、雨花台等炮台外,城内郭有兴中门内的狮子山炮台、定淮门内的马家山炮台、清凉山上的马三台。此外,城内的五台山还设有高射炮阵地。这些炮台备有野山炮、海炮、高射炮等武器及少量守备步兵。在南京保卫战期间,他们密切配合复廓阵地与反空袭战斗,打击溯江而上的敌舰,掩护守军撤退,发挥了重要作用。狮台和马台均依南京城墙而建,位于兴中门至清凉门间,各因地处狮子山和马家山而得名。狮台设于兴中门内的狮子山,台长冯藩,计有官兵71名。马台则包括总台部及马一台、马二台、马三台等三座炮台,总台部设于华严岗,马一台、马二台分别设于定淮门内的杨家山、何家山以及马家山上,马三台则设于清凉门内的清凉山上,总台长为刘秉勋,计有官兵106人。与此同时,在南京卫戍军成立之初,宪兵副司令萧山令鉴于清凉山作为南京

---

1 《步兵第四十五联队史》,见王卫星编、刘军等译《南京大屠杀史料集》第57册《日军文献》(下),江苏人民出版社2010年版,第509页。

城西部地区防御的战略位置十分重要,即以宪兵第 2 团、宪兵第 5 团之部分兵力组成清凉山守备队,任命宪兵第 2 团少将团长罗友胜为守备队队长。

自 12 月 10 日起,日军第 6 师团、第 114 师团集中主力对雨花台主阵地展开了猛烈进攻。清凉山阵地的战斗也以双方激烈的炮战拉开了帷幕。为了支援雨花台守军作战,江宁区要塞司令邵百昌坐镇清凉山炮台,亲自指挥要塞炮兵对进攻雨花台的日军予以猛烈炮击。遭遇重炮轰击的日军,一时阵脚大乱,进攻未逞,雨花台阵地转危为安。10 日当天,日军航空兵数架轰炸机对五台山附近轮番轰炸扫射,双方展开了一场空袭与反空袭的战斗。当时居住在五台山附近小粉桥的南京安全区国际委员会主席拉贝在当天日记中记录称:"午夜 2 时 30 分的时候,响起了猛烈的炮火声,其间还伴有机枪声……五台山高射炮阵地遭到了炮击,同时也进行了还击,而我的房子就在这个炮击区域范围内。南面和西面也开始炮击。"[1] 由于惧于守军高射炮的威力,日军飞机不敢低飞轰炸,故五台山高射炮阵地损失不大。

11 日上午 8 时 45 分,日军独立重炮兵第 2 大队第 1 中队在仙鹤门镇设置炮兵阵地,以 89 式 150 毫米野战加农炮对五台山守军高射炮阵地进行远程炮击,共发射尖锐弹 10 枚。在日军炮兵和航空兵的双重攻击下,阵地上落弹甚多,如不撤退将有人炮尽毁的危险。防空学校练习队队附吕琦将阵地的情况紧急向卫戍司令长官部报告,得到准许后,吕琦等人便连夜将 75 厘米高炮从五台山阵地撤离,变换至模范路附近,至翌晨 2 时许,方全部整置完毕。[2]

12 月 12 日,日军再次集中重炮轰击清凉山守军阵地,中方军事文献记录道:"八时许,敌炮兵开始射击我水西门、清凉山一带阵地,我虽伤亡甚重,然犹坚守不退。"[3] 宪兵教导团中校团附萧芳炳、宪兵第 2 团少校团附刘作民、宪兵第 2 团第 3 营中校营长封靖海均于是役阵亡。此时,日军一部已抵近南京城墙一线,准备攻城。中国守军立即展开反击,与日军进行白刃肉搏。由于中日两军已经缠斗在一起,为了避免误伤,邵百昌司令乃命令炮兵进行延伸炮击,继续打击日军后续部队,迟滞其进攻态势。为此,日军乃以炮兵对清凉山炮台进行火力压制。野战重炮兵第 14 联队遂用 15 厘米榴弹炮向清凉山炮台猛轰。守军阵地顿时陷入一片火海,两门火炮

---

1 约翰·拉贝:《拉贝日记》,江苏人民出版社、江苏教育出版社 1997 年版,第 164 页。

2 《防空部队防守南京及撤退报告》,见中国第二历史档案馆编《南京保卫战档案》第 8 册,南京出版社 2018 年版,第 376 页。

3 宪兵司令部编:《宪兵忠烈纪要》,宪兵司令部 1946 年 12 月印行,见张慧卿编《南京保卫战历史文献(1937—1949)》,南京出版社 2019 年版,第 337 页。

被摧毁,炮兵伤亡十余人。[1] 正在清凉山炮台督战的邵百昌司令立即命令狮子山炮台守军予以还击,狮子山炮台上的数门重炮对位于安德门附近的日军炮兵阵地进行了猛烈炮击。遭到狮台炮击后,日军火力大为减弱。晚 8 时许,南京卫戍司令长官部已下达全线撤退令。马台要塞炮兵奉命炮击水西门外日军追击部队,掩护城外守军向上新河方向退却。为了彻底摧毁清凉山炮台,日军野战重炮兵第 14 联队第 1 大队等部再次向清凉山炮台进行破坏性炮击,双方展开激烈炮战。至晚 9 时 20 分,终因敌强我弱,清凉山炮台大部被毁,守军伤亡惨重。马台总台长刘秉勋少校也在华严岗总台部指挥马一台、马二台尚存官兵,继续向日军炮击。在掩护部队阻击下,直到 12 月 13 日晨,日军各部仍然被阻于水西门一线。为此,掩护的守军也付出了惨重的代价,马台官兵自总台长刘秉勋少校以下因撤退不及,大部阵亡在炮位上。

三、突围战

1. 岔路口突围战

岔路口位于太平门外、紫金山北侧。在这里,突围守军第 66 军叶肇部、第 83 军邓龙光部与日军骑兵第 3 联队星善太郎部发生遭遇战。

12 月 12 日下午 6 时,两支广东部队第 66 军与第 83 军,接奉撤退命令,其要旨为"按一六〇、一五九、一五六、一五四师之顺序,由太平门突围,经汤山、句容向安徽、宁国集中"。[2] 由叶肇兼任师长的第 160 师,为第 66 军之主力部队,担负着先导、突击的重要责任。叶肇随即向所部命令:"第一六零师(欠四八零旅)应于黄昏后到太平门集合,撤除城门沙包,依九五六团、九五五团次序,经紫金山麓向句容方向之敌攻击,掩护主力前进至高骊山后,即向南转进。"[3]

该师于 7 时 30 分开始移动,费 1 小时余,始将堆塞城门之沙包除去,又逢教导总队部队自紫金山退入城中,加之道途多有自埋之地雷及各种障碍物,需予清除,一时间队伍秩序混乱,直到岔路口附近,经略事整理,方才理顺。两支广东部队统由叶肇

---

1 姜昭龙:《武昌首义一少年邵百昌将军传》,台北黎明文化出版社 1985 年版,第 140 页。
2 《陆军第一百六十师锡澄、南京两役战斗详报》,中国第二历史档案馆藏,档案号七八七/7582。
3 《陆军第六十六军南京突围战斗详报》,中国第二历史档案馆藏,档案号七八七/7583。

指挥,由第 66 军作先锋,第 83 军作后卫。午夜 11 时,该部在太平门外岔路口附近,与日军警戒部队骑兵第 3 联队遭遇。该骑兵部队隶属第 3 师团,联队长为星善太郎。骑兵第 3 联队共有第 1、第 2 两个中队。星善太郎紧急下令,要求"第 1 中队迅速沿主干道进抵第 2 中队与联队本部之间地区,击溃敌人。机关枪小队由我直接指挥,进抵本部北侧。第 2 中队确保目前所在地。"[1] 突围部队第 160 师第 956 团随即向敌发动冲锋、肉搏,将日军击退;其另一部则向敌施行掩护射击,使主力迅速向东前进。第 159 师副师长罗策群,几次督促部队向敌冲击,均不得手,最后他举起马鞭,高呼:"跟我来,几大就几大,唔好做哀仔呀?"(广东话,指不要丢脸的意思)在罗策群的带动下,终于将当面之敌击溃,但罗也在这一战斗中光荣牺牲。②

　　13 日凌晨,突围的守军第 66 军与敌骑兵第 3 联队混成骑兵队继续展开恶战,双方死伤严重。据骑兵第 3 联队战史记载:在此次战斗中,"伤员接连不断地从前线被送到联队本部附近,这表明战斗异常激烈……这场战斗给予敌军以沉重打击,但我部队的伤亡也是登陆以来最多的一次";"躲过第二小队攻击的敌大纵队,又洪水般涌入部署在道路岔口附近堤坝上我中队主力的阻击阵地,双方很快又混杂在一起继续进行殊死搏斗。中队长木村大尉阵亡,继而官胁军曹身中数弹,像是要保护中队长似的倒伏在中队长身上。太田第一小队长也被手榴弹炸死,下士官兵多人负伤,其情形十分惨烈。敌军的损失虽数十倍于我,但我主力的损失也给中队造成毁灭性的打击"[2]。日军骑兵第 3 联队骑兵中尉福井参加了这场惨烈的遭遇战,他在日记中写道:"敌人像云霞一般东一团西一团地正从道路上朝这边逼近,大家马上严阵以待,准备决一死战。50 米,30 米,10 米,5 米,大家一齐开火,眼前的敌人一片片倒下。""不久敌人第三次来袭,或西,或东,或北,在冲锋的军号声中大吼着向我阵地冲来。迫击炮弹也跟着朝我射来,到处都在爆炸。"到战斗结束时,"放眼望去,满山遍野黑压压的全是尸体,如此惨烈的战场我从来没有见过"[3]。

　　据第 66 军上校参谋处长郭永镳报告:"是(12 日)夜 12 时许,始抵岔路口附近,即遇敌拦阻。除以一部驱逐敌人警戒部队外,余分作数纵队,乘敌蟠隙,由小道偷过。

1,2 《骑兵第三联队史》,见王卫星编、刘军等译《南京大屠杀史料集》第 56 册《日军文献》(上),江苏人民出版社 2010 年版,第 93—94 页。

3 《福井手记》(1937 年 12 月 13 日),见王卫星编、叶琳等译《南京大屠杀史料集》第 33 册《日军官兵回忆》,江苏人民出版社 2007 年版,第 20—21 页。

敌虽数度迂回袭击，均被我军击退。"[1]

2. 仙鹤门突围战

仙鹤门位于南京城之东北方向、京沪铁路南侧。在这里，突围守军第66军叶肇部、第83军邓龙光部与日军第16师团中岛今朝吾中将所属步兵、工兵、骑兵等不同兵种部队发生遭遇战。

12月13日凌晨，突围成功的守军第66军与第83军这两支部队自岔路口经尧化门，又折向南，进抵仙鹤门附近。在这里，该部与日军第16师团的后续部队进行了一场大规模的突围战斗。突围官兵吹着冲锋号向在此设防的日军发起了一波又一波冲击。

凌晨3时，仙鹤门附近新庄的日军步兵第38联队，唯恐守军转向新庄附近突围，紧急增调机枪中队的1个小队在新庄东方高地开设阵地。突围守军在日军机枪火力猛烈压制下逐渐不支，突围行动遭遇重创，约五六千官兵退至新庄及其北侧高地附近重新集结，试图寻找另一条突围线路。这部分突围的守军于夜色中发现了新庄附近日军的炮兵阵地，随即组织二三百人的兵力对其展开夜袭行动。第160师官兵奋不顾身，向日军炮兵阵地攻击，"毙敌三四百名，敌骑五六十匹，毁敌炮二门，沿途电话线，均被我军剪断，敌狼狈向东南逃窜"[2]。第159师也在东流镇附近与日军"肉搏数小时，卒将敌击退，毁敌炮四门"[3]。日军第16师团后勤参谋木佐木久在日记中写道："胜利了！占领首都之日，怎么没到拂晓就闹腾起来了？原来是接到仙鹤门附近重炮兵及骑兵遭敌袭击报告，使得司令部发生了骚动。敌人充其量是为数不多的残兵败卒，而装备着步枪的重炮兵、骑兵表现得如此惊慌失措，听起来简直太荒唐了。可司令部不加分析地完全相信并如此骚乱也够荒唐的。"[4]其第30旅团旅团长佐佐木到一则记录了该部步兵、工兵、骑兵等不同兵种在慌乱中应战而遭到重大损失的惨状。他在日记里如此写道："那天夜里又遭到袭击，进行掩护的一个步兵中队和一个工兵小队，大家不分彼此共同奋起应战，进行了长达四个小时的战斗。其后方，原来部署了两个步兵中队作为后卫的，半夜后，也与来自两个方向突围反攻过来的敌军大

---

1 《陆军第六十六军上校参谋处长郭永镳:南京突围后经过报告书》(1938年3月3日)，中国第二历史档案馆藏，档案号七八七/7583。

2 《陆军第一百六十师锡澄南京两役战斗详报》，中国第二历史档案馆藏，档案号七八七/7582。

3 《陆军第六十六军南京突围战斗详报》，中国第二历史档案馆藏，档案号七八七/7583。

4 《木佐木久日记》(1937年12月13日)，见王卫星编《南京大屠杀史料集》第8册《日军官兵日记》，江苏人民出版社2005年版，第332页。

部队进行了战斗,并将该敌军歼灭。另外,驻守在后方卫生所附近的混合骑兵团,黑暗中遭到敌军袭击。敌军冲进院内,使他们损失人员二百余名,马六十余匹,他们当时是慌作一团。"[1]

3. 空山、狮子山突围战

空山、狮子山位于汤山北侧、句容县之西北角。在这里,突围守军第 66 军叶肇部、第 83 军邓龙光部与日军第 16 师团中岛今朝吾中将所属之后续部队发生遭遇战。

12 月 13 日晨 5 时,广东军突围部队抵达空山、狮子山,与日军再次发生大规模战斗。日军第 16 师团后续部队派出 50 余辆战车截住准备突围部队的去路,并出动飞机 30 余架,猛烈轰炸中方突围部队。据第 160 师"战斗详报"载:"敌兵以排山倒海之势,向我攻击,经我军屡次冲锋,均未能突出,且被截成数段。"[2] 第 66 军"战斗详报"记载:"到达空山、狮子山后,与步炮空联合约四五千之敌遭遇,发生激战,屡围屡攻,再三肉搏,牺牲壮烈,得未曾有。毙敌千余,毁敌炮数门、战车三辆、铁甲车一辆、汽车二辆。"[3]

空山、狮子山战斗十分激烈,一直持续到中午。日军不断派来部队增援,守军突围部队分散占领各高山据点,并继续进行了顽强抵抗,勉强杀出一条血路,往汤山附近撤退。第 66 军参谋处上校郭永镶在其《南京突围后经过报告书》中写道:"至午,复与其步炮联合之敌遭遇。当时以众寡悬殊,乃避实就虚,向敌侧面冲击,连占各高山据点。敌又以汽车载运其步炮兵阻拦进路,并以炮兵向我侧面猛烈轰击,势甚危殆。乃以一部直向敌炮兵阵地冲进,将敌步兵击退后,毁敌山炮两门,我军乃继续前进。"[4] 日军第 16 师团步兵第 38 联队士兵东武夫,经历了 13 日早晨在南京东北部一带的战斗。激烈的战斗,迫使小队长"悲壮"训示全体士兵,要誓死守住阵地,决不能后退。他在这一天的日记中写道:"早晨 6 时左右,在回中队的途中,在 XX 高地与大约 500 名敌败残兵进行了交战,双方展开了一场大激战……战斗激烈进行的时候,小队长似乎下定了决心,向全小队人员作了如下训示,以鼓舞全体人员的斗志。'如果

---

1 《佐佐木到一日记》(1937 年 12 月 13 日),见王卫星编《南京大屠杀史料集》第 8 册《日军官兵日记》,江苏人民出版社 2005 年版,第 315 页。
2 《陆军第一百六十师锡澄南京两役战斗详报》,中国第二历史档案馆藏,档案号七八七/7582。
3 《陆军第六十六军南京突围战斗详报》,中国第二历史档案馆藏,档案号七八七/7583。
4 《陆军第六十六军上校参谋处长郭永镶:南京突围后经过报告书》(1938 年 3 月 3 日),中国第二历史档案馆藏,档案号七八七/7583。

敌人突然冲进来,也决不能丢掉这个阵地。全体人员应该并肩而死。'"[1]

4. 方冲突围战

方冲位于汤山以北的孟塘地区。在这里,突围守军第 66 军叶肇部、第 83 军邓龙光部与日军第 16 师团中岛今朝吾中将所属之后续部队,以及上海派遣军司令部警卫部队发生遭遇战。

12 月 13 日下午,当突围守军第 66 军、第 83 军经一路厮杀,准备冲出孟塘地区进入句容时,误入东边方冲至大赤燕一线,遭遇日军部队猛烈袭击,损失惨重。经过 5 次冲杀,守军遭到截击和分割,到半夜时分才分别陆续抵达汤山炮兵营房与拜经台。

因方冲地处日军上海派遣军司令部所在地汤山之北侧,中隔狼山,其直线距离不到 1 公里。因此这一战斗,惊动了日军上海派遣军之指挥中枢。上海派遣军司令部不仅命其警卫部队参加堵截突围守军,而且还根据现场参战部队的要求,紧急调派第 9 师团之步兵第 19 联队山炮大队前来增援。日军上海派遣军参谋长饭沼守在 13 日的日记中称:"在回去的路上,好像有敌残兵败卒从公路北侧高地方向过来。下午,他们来到军司令部北侧高地,警卫部队将之击退,逼其向西退去。我军一名小队长(准尉)阵亡、一名士兵负伤。下午 5 时左右,北侧高地再次出现敌兵,高射炮也加入了战斗。"他在 14 日的日记中写道:"探照灯队全被歼灭的报告果然是虚报,只不过伤亡若干人。但昨天在司令部附近的战斗中,我方阵亡两名准尉及其他十余人,负伤的有两名少尉、一名中队长,另外还有近二十人。"[2]

对于方冲之战的前后经过,第 66 军上校参谋处长郭永镳称:"将抵汤山龙潭公路时,误走隘路,敌遂乘机以步兵迂回威胁,向我拦腰截击,我军损失颇巨。然我军精神旺盛,勇猛前进,向两侧高地之敌冲击,敌乃不支而退。至(13 日)下午 4 时许,抵汤山龙潭公路附近,复遇敌唐克车十余辆,骑兵数十名,不断截击。诚恐损害过大,乃不顾一切,以横队超越马路。比抵路侧时,又遇敌战车阻拦。幸我军已进入死角内,敌战车无法射击。我候至天黑,乃得通过。但是时因月暗天黑,摸索前进,官兵各自奋力作战,迨超越马路时,各部竟失却联络。于是,一部直向汤水镇前进,受敌拦袭,经

---

[1] 《东武夫阵中日记》,见王卫星编、叶琳等译《南京大屠杀史料集》第 32 册《日本军方文件与官员日记》,江苏人民出版社 2007 年版,第 392—393 页。

[2] 《饭沼守日记》,见王卫星编《南京大屠杀史料集》第 8 册《日军官兵日记》,江苏人民出版社 2005 年版,第 204—205 页。

5 次冲击,至夜半,始抵炮兵营房。一部则向拜经台大山前进。"[1] 方冲一仗,守军突围部队损失惨重。据事后当地村民茆庆富说:"这一仗,中央军只有一小部分从山口往北冲的跑出来了,跑出来的又有许多被鬼子打死了。张家岗、陈家边后头的小山坡上有不少人被打死,梅花墩上也死了不少人。日本兵的机枪火力很猛,方冲山上竹林里的竹子都打秃了。这一仗,被打死的中央军有好几百人。"[2]

1　《陆军第六十六军上校参谋处长郭永镳:南京突围后经过报告书》(1938 年 3 月 3 日),中国第二历史档案馆藏,档案号七八七/7583。

2　费仲兴:《城东生死劫》,中国工人出版社 2008 年版,第 153 页。

第三编

南京大屠杀前守军牺牲的 21 名正团职以上指挥官

一、8 名将军

1. 萧山令(1892—1937)　宪兵部队少将副司令

字铁侬,湖南益阳人。1910 年考入湖南陆军小学,1912 年宣统退位,陆小停办。1914 年 8 月考入保定军校步科第 3 期,1916 年 8 月毕业。初在湘军任排、连、营长,1926 年参加北伐战争,历任副团长、参谋等职。1928 年回家乡益阳任县长。1929 年 5 月重返军界,任首都卫戍司令部中校参谋。1932 年 1 月宪兵司令部正式在南京成立,担任总务处长,主管全国宪兵的编制与训练工作。1936 年 3 月擢升少将参谋长,1937 年 3 月又升任宪兵副司令。南京保卫战期间,任代理宪兵司令、首都警备司令、防空司令,兼任首都警察厅长,亲率留驻南京的 5 团宪兵,进行保卫首都的战斗。12 月 12 日下午,奉命指挥宪兵部队由下关撤退至江北,迨抵江边,苦乏船只,遂令部队分别乘木筏渡江。13 日上午,日军先头部队已到达下关江边。他亲率残部阻击追兵,为民众及部队殿后,在战斗中身中数弹,当场阵亡。事后,国民政府追赠其为陆军中将。

2. 易安华（1903—1937）[1] 第 87 师第 259 旅少将旅长

字福如,号济臣,江西宜春人,曾入读黄埔军校第 3 期宪兵科。参加过北伐战争。1932 年一·二八淞沪抗战时,随第 87 师在上海闸北一线阻击日军。1933 年冬,升任第 87 师第 522 团上校团长。1937 年 8 月,率部参加八一三淞沪会战,升任第 87 师第 259 旅少将旅长。身先士卒,指挥有方。上海失陷后,率部参加南京保卫战,在光华门、通济门一线布防。与日军第 18 旅团血战三昼夜,迫使日军转攻雨花台方向。旋率部向雨花台阵地反攻,12 日晨,"饮弹阵亡于雨花台畔"[2]。1983 年,中华人民共和国民政部追认其为革命烈士。2014 年,入选《第一批著名抗日英烈和英雄群体名录》。

1　胡博、王戡著《碧血千秋——抗日阵亡将军录》(武汉大学出版社 2013 年版)第 69 页称,易生于 1903 年 5 月 31 日(清光绪二十九年五月初五)。另有称易生于 1899 年、1900 年等诸说。现从胡、王说。

2　《易烈士安华事迹表》,见中国第二历史档案馆、侵华日军南京大屠杀遇难同胞纪念馆编《南京保卫战殉难将士档案》,南京出版社 2007 年版,第 2285—2291 页。关于易牺牲地点尚有通济门外、中华门外等多说,现从《易烈士安华事迹表》说。

3. 朱　赤（1903—1937）　第 88 师第 262 旅少将旅长

字幼卿，号新民，江西修水人，曾入读黄埔陆军军官学校第 3 期步科。参加过北伐战争。1932 年一·二八淞沪抗战时，在江湾、庙行及蕴藻浜一带与日军苦战两昼夜，迫使日军停止进攻。1937 年 8 月淞沪会战开始时，率部在闸北、八字桥一带抗击日军，攻占驻沪日本海军司令部，因功升任第 88 师第 262 旅少将旅长。上海沦陷后奉命防守南京，扼守雨花台右翼阵地。12 月 9 日，面对日军轮番轰炸、扫射和炮击，亲赴一线战壕，指挥官兵顽强抗击，并率敢死队杀入敌阵。12 日，日军以优势兵力向雨花台发起猛攻，朱部阵地全毁，弹尽力竭，与全体官兵皆壮烈殉国。朱赤牺牲后，国民政府追晋其为陆军中将。1987 年，中华人民共和国民政部追认其为革命烈士。2014 年，入选《第一批著名抗日英烈和英雄群体名录》。

4. 高致嵩（1899—1937）　第 88 师第 264 旅少将旅长

号子晋，广西岑溪人，曾入读黄埔陆军军官学校第 3 期步科。参加过北伐战争。1932 年一·二八淞沪抗战时，任第 88 师中校参谋，战斗在江湾至庙行一带。1937 年 8 月淞沪会战爆发后，编入第 88 师第 264 旅，在闸北持志大学、五州公墓、八字桥一带与日军展开激烈巷战，后升任第 264 旅少将旅长。上海沦陷后，率部参加南京保卫战，扼守雨花台左翼阵地，利用雨花台地形殊死抵抗。与第 262 旅朱赤部协同作战，数次击退日军轮番进攻。12 月 12 日晨，数千日军在大批飞机支援下，再次猛攻雨花台守军阵地，第 264 旅伤亡惨重。高身先士卒，率官兵杀向敌阵，当日下午因弹尽援绝，壮烈殉国。后被国民政府追晋为陆军中将。1986 年 3 月，浙江省人民政府追认其为革命烈士。2014 年，入选《第一批著名抗日英烈和英雄群体名录》。

5. 罗策群（1894—1937）　第 159 师少将副师长

广东兴宁人，曾入读保定军校第 6 期工科。1931 年九一八事变后，立下"不灭倭寇誓不还"誓言。1937 年全面抗战爆发后，任第 159 师第 475 旅旅长，率部参加淞沪会战，与日军血战九昼夜，所部牺牲过半，仍坚守不退，屡次击溃日军进攻，升任少将副师长。上海沦陷后，所部转战吴、锡、澄等地，12 月初在南京汤山一带阻击日军。12 月 6 日，面对日军飞机、重炮、坦克猛烈攻击，率部血战两昼夜，伤亡惨重。汤山失守后，撤至明故宫一带，策应增援光华门。12 日深夜，指挥部队在太平门拆除沙包，奉为前锋，开辟突围通道。在与日军交火中，身先士卒，冒密集弹雨冲锋在前，于太平门外岔路口中弹殉国。2014 年，入选《第一批著名抗日英烈和英雄群体名录》。

6. 姚中英（1896—1937）　第 156 师少将参谋长

字若珠，广西平远人，曾入读黄埔军校第 2 期和陆军大学第 8 期。参加过北伐战争,因作战勇敢,先后由排长晋升连长、营长、团长。1937 年 8 月淞沪会战爆发后,随部由广东韶关开赴上海。后因部队到达时,上海已经失陷,遂被调往苏锡常等地逐次抵抗日军进攻,晋升为第 83 军第 156 师少将参谋长。12 月初,姚部奉命退守南京,扼守汤山一带,阻止日军沿宁杭公路北犯,先后在汤山、紫金山、太平门一带与日军鏖战。12 日下午,率第 932 团断后,掩护师主力向太平门集中突围。于辗转冲杀时不幸中弹,壮烈殉国。2014 年,入选《第一批著名抗日英烈和英雄群体名录》。

7. 李绍嘉(1891—1937) 第 156 师第 468 旅少将副旅长

又名少霞,广西桂县人,早年入粤军,隶国民革命军第 4 军。参加过北伐战争。1936 年,任第 156 师第 468 旅少将副旅长。1937 年 10 月,国民政府将第 154 师和第 156 师合编为第 83 军,李随部赴江阴守备江防。11 月下旬掩护主力西撤,在镇江、句容一带作战。12 月初,随部在南京郊区组织防御,参加守卫光华门战斗。12 月 12 日在中华门掩护官兵突围时,手枪弹尽,以手榴弹自杀殉国。[1] 2015 年,入选《第二批著名抗日英烈和英雄群体名录》。

8. 司徒非(1893—1937) 第 160 师少将参谋长

字严克,广东开平人,曾入读保定军校第 6 期骑兵科。1932 年一·二八淞沪抗战时,随第十九路军在上海抗击日军。1937 年 8 月,以总部少将高参身份就职第 160 师第 477 旅旅长,参加淞沪会战。上海沦陷后,于 12 月初随军撤往南京,奉命驻守汤山、青龙山一带阵地。汤山失陷后,率部退守紫金山东北。11 日,被任为该师参谋长。12 日夜,率部向东突围至句容时与日军拼杀,不幸中弹殉国。2015 年,入选《第二批著名抗日英烈和英雄群体名录》。

二、 13 名副旅长、团长

1. 刘国用(1898—1937) 第 58 师第 174 旅上校副旅长

广东梅县人,曾入读黄埔陆军军官学校第 3 期步兵科。参加过北伐战争。1936 年,先后任第 74 军第 58 师第 344 团团附、上校团长。1937 年 8 月淞沪会战爆发后,

---

1 林祥:《"南京突围"殉职的李少霞》,见廖利明编《南京保卫战文史资料》,南京出版社 2019 年版,第 257 页。关于李牺牲的情节有多种说法,现从林说。

率部参战,擢升该师第174旅上校副旅长。上海失守后,率部撤往南京,于12月9日在牛首山一带与日军激战三日后,退守水西门,在水西门外阻击日军,坚持至13日,终因弹尽援绝,壮烈殉国。国民政府追晋其为陆军少将。2015年,入选《第二批著名抗日英烈和英雄群体名录》。

2. 李兰池（1896—1937） 第112师第336旅上校副旅长

字锦卿,辽宁锦西人,曾入读东北陆军讲武堂第7期步兵科。参加过热河抗战和长城抗战。西安事变后,任第57军第112师第336旅第672团的上校团长。1937年全面抗战爆发后,率部开赴江苏,阻击由上海西进之日军。11月下旬,参加江阴保卫战,顽强抵抗日军精锐第13师团猛烈进攻。12月初,未及休整又率部由镇江撤守南京,担任太平门外蒋庙一线防御任务。在阵地危急时刻,率部与日军白刃格斗,双方死伤惨重。12日,代行第112师第336旅副旅长之职,当晚奉命率部向大胜关方向转移,在突围激战中不幸被敌弹击中,壮烈牺牲。2014年,入选《第一批著名抗日英烈和英雄群体名录》。

3. 雷 震（1902—1937） 教导总队第3旅上校副旅长

原名汝勤,四川蒲江人,曾入读黄埔陆军军官学校第2期炮兵科。参加过北伐战争。1932年参加一·二八淞沪抗战。1937年全面抗战爆发后,调任中央军校教导总队第3旅上校副旅长。12月,参加南京保卫战,驻守紫金山阵地,与日军激烈战斗。13日,于下关火车站掩护军民撤离时,力战攻抵下关之日军,以身殉国。1938年9月,国民政府追晋为少将,入祀蒲江忠烈祠。1986年,四川省人民政府追认其为革命烈士。2015年,入选《第二批著名抗日英烈和英雄群体名录》。

4. 黄纪福（1902—1937） 第159师第477旅上校副旅长

广东梅县人。1936年任第66军第159师团长。1937年参加淞沪会战,在刘行、广福等地抗击日军,予敌重创。上海失陷后,随部至南京,任第477旅上校副旅长,参加汤山拒敌。汤山失守后,即经麒麟门退至大水关集结。12月10日,调驻明故宫,策应增援光华门守军。12日,随第66军经太平门突围,在沿途战斗中壮烈牺牲。2015年,入选《第二批著名抗日英烈和英雄群体名录》。

5. 谢彩轩（1896—1937）第159师第477旅上校副旅长

广东合浦县（现为广西）人。毕业于西江讲武堂,历任排、连长,1931年任第1集团军第1教导团中校营长,1936年擢升为第3军第1教导团上校团长,旋奉调为第4路军上校参事。1937年抗战全面爆发后,任第66军第159师第949团团长,旋于南京战役中提任第 477 旅上校副旅长。当第 159 师由沪撤抵南京时,谢方由粤赶抵师中。12 月 12 日,谢奉命率部由太平门出城向东突围,在突围作战中以身殉国。2014年,入选《第一批著名抗日英烈和英雄群体名录》。

6. 程　智(1907—1937)　第 51 师第 151 旅第 302 团上校团长

湖南醴陵人。早年读书时受进步思想影响投笔从戎,入读黄埔军校第 5 期。1937 年 7 月全面抗战爆发后,任第 74 军第 51 师第 151 旅第 302 团上校团长。率部开赴上海参加淞沪会战。上海沦陷后,率部撤至南京,驻守南郊及水西门外一带。12月 5 日起,所部与日军数次激战。12 日拂晓,日军以坦克 10 余辆、飞机 20 余架掩护步兵,集中炮火轰击程部防守之赛虹桥。战斗中,其右手三指被打断,弹穿其腹部,肠断而出,壮烈牺牲。国民政府追晋为陆军少将。2020 年,入选《第三批著名抗日英烈和英雄群体名录》。

7. 谢家珣(1903—1937)第 87 师补充旅补充团上校团长

江西赣县人。黄埔军校第 5 期步兵科毕业。1937 年 12 月南京保卫战时,任第71 军第 87 师补充旅补充团上校团长。12 月 10 日在光华门与日军第 9 师团激战,于战斗中阵亡,后被国民政府追晋为陆军少将。2020 年,入选《第三批著名抗日英烈和英雄群体名录》。

8. 华品章(1902—1937)　第 88 师补充旅第 1 团上校团长

字荣衮,四川西昌人,曾入读黄埔陆军军官学校第 4 期炮兵科。参加过北伐战争。1936 年任第 72 军第 88 师第 262 旅副旅长兼野战补充团团长,驻南京外围。1937 年 8 月淞沪会战爆发后,开赴上海前线抗击日军,11 月底撤至南京整补备战,驻守雨花台阵地。12 月 9—12 日间,率部连续击退大批日军进攻。12 日下午,在弹尽援绝时,率军与日军进行肉搏战,与全团官兵皆壮烈殉国。1939 年 8 月,国民政府追晋其为陆军少将。2016 年 4 月,四川省政府追认其为革命烈士。2015 年,入选《第二批著名抗日英烈和英雄群体名录》。

9. 韩宪元(1906—1937)　第 88 师第 262 旅第 524 团上校团长

字则垂,号如潮,海南文昌人,曾入读黄埔陆军军官学校第 3 期步兵科。参加北伐战争。1937 年 8 月淞沪会战爆发时,任第 88 师第 262 旅第 524 团上校团长,防守闸北,与敌血战三月,所守阵地,寸土不失。《申报》曾以“英雄团长访问记”为题,报道其率领第 524 团官兵英勇杀敌事迹,并刊登其亲笔题写“抗战图存”四字。上海失陷后,随部撤守南京,驻防雨花台阵地,苦战 5 昼夜,终因弹尽援绝,壮烈殉国。2015

年,入选《第二批著名抗日英烈和英雄群体名录》。

10. 李 杰（1904—1937） 第88师第264旅第527团上校团长

别号盾吾,湖南东安人。曾入读黄埔陆军军官学校第5期步兵科。1937年淞沪战役中,率部设防于闸北八字桥,与日军在大场激战。11月下旬,所部编入南京卫戍部队序列,任第72军第88师第264旅第527团上校团长,担任雨花台左翼阵地之防守。自12月9日起,李部连日与攻击雨花台之日军第9、第114师团展开血战,多次击退日军进攻。12日下午,经反复肉搏、奋勇冲杀,雨花台阵地失守,李率一部官兵突围至大校场机场,旋于中弹受伤后,自杀殉国。后被国民政府追晋为陆军少将。

11. 蔡如柏（1899—1937） 第160师第478旅第956团上校团长

广西邕宁人,曾入读广西陆军干部养成所。1936年,任第1集团军第11师参谋长,后调任第66军第160师上校参谋处长。1937年8月,参加淞沪会战,负责作战补给工作。上海沦陷后,调任第160师第956团团长。12月,随部在南京汤山阻敌。汤山失守后,随军退守大水关休整。13日随部突围至汤山时,遭遇日军第16师团主力攻击,于战斗中壮烈牺牲。2015年,入选《第二批著名抗日英烈和英雄群体名录》。

12. 秦士铨（1908—1937）教导总队第1旅第1团上校团长

别号亮琴,湖南零陵人。曾入读黄埔陆军军官学校第5期步兵科,后任军校第6期步兵科第4中队中尉区队附。1937年12月南京保卫战时,任教导总队第1旅第1团上校团长,奉命驻守紫金山老虎洞、西山到工兵学校之线。率部在西山高地与日军激战。12日中午,于西山高地失守后壮烈牺牲。国民政府追晋为陆军少将。2020年,入选《第三批著名抗日英烈和英雄群体名录》。

13. 谢承瑞（1904—1937）教导总队第1旅第2团上校团长

字苍荪,江西南康人。早年赴法国军事院校留学,后入读中央军校高等教育班第4期。1935年,任教导总队军官队军事教官。1937年12月南京保卫战时,任教导总队第1旅第2团上校团长,守卫南京工兵学校、光华门等阵地。10日下午,日军敢死队在密集炮火掩护下,推进到光华门外护城河一线,并有少数士兵攻入城门洞圈中。谢亲率敢死队将汽油桶扔进城门洞,点燃火种,并用十几挺轻机枪一起射击,将蜷缩在城门洞内的日军一举歼灭。13日,奉命率部向下关撤退,因身体虚脱,被踩踏牺牲。1938年10月,国民政府追晋为陆军少将。1988年11月,中华人民共和国民政部追认其为革命烈士。

第四编

南京大屠杀中日军的 872 次屠杀暴行

一、 160 次集体屠杀[1]

1. 安基山集体屠杀

安基山,山名,村名,位于南京东郊汤山以北孟塘地段。村民高德树口述:1937年 12 月 5 日,日军由句容进到汤山附近,将该处曹家(地名)逃离较晚的罗腿等 10 多名村民分别用枪击毙和用刺刀刺死。安基山村被杀死的 3 人,分别是高德才的母亲、高老六的母亲和高老五的女婿。[2]

2. 土桥集体屠杀

土桥,桥名,村名,位于南京东南郊江宁地境东端,与句容接壤。村民李献金口述:1937 年 12 月 5 日,日军来到该地,在施来庵杀死军民 60 多人,又将尸体焚烧,后命村民张和廷等 18 人将尸体挖坑掩埋。村民王其才亲见在该地东街有 100 多人被杀死,死者中以老百姓居多。村民吕德文证实,日军在该地用机枪向密集人群扫射,"尸体往土桥镇旁边的一个井里填,那口井被死尸填满了"[3]。

3. 姚家边集体屠杀

姚家边位于南京东郊上峰高庄村。村民陈恩贵口述:1937 年 12 月 7 日,两个持刀日军士兵来该村陈起瑞家糟坊强奸两名妇女,致一名当场死亡,另一名逃出后自杀身亡;后又将躲在村里避难的陈起森、陈起旺、李德基三婶与五婶、李德良,李圣洪及其母、妻、弟媳、侄子,李世富、李达善、夏冬英、芮国英、李朝根、言八根子、陶富林、冯存福等 30 余名外村人统统叫进糟坊,绑起后一一用刀挑死,并放火焚烧。遇难者中有黄塘沟、宕子村、塘泽、李岗头等邻近村庄的村民。[4]

1　本书将一次屠杀 10 人以上者,定义为"集体屠杀"。

2　《高德树口述》,见费仲兴、张连红编《南京大屠杀史料集》第 27 册《幸存者调查口述》(下),江苏人民出版社 2006 年版,第 1097—1098 页。

3　《李献金口述》《王其才口述》《吕德文口述》,见蒋晓星等编《南京大屠杀史料集》第 38 册《幸存者调查口述续编》(中),江苏人民出版社 2007 年版,第 1015、1044、1061 页。

4　《陈恩贵口述》,见费仲兴、张连红编《南京大屠杀史料集》第 27 册《幸存者调查口述》(下),江苏人民出版社 2006 年版,第 1218 页;费仲兴:《城东生死劫》,中国工人出版社 2008 年版,第 80—81 页。

4. 前西厢集体屠杀

前西厢位于南京东南郊淳化之西,古淳化曾为县城,村在郭称厢,又因在后西厢之前,故名。村民李志荣口述:1937 年 12 月 7 日,日军来到该村,杀死 7 名村民:李生侠(音)被拉夫后,在刘家边被杀;李清顺在草垛里,被发现杀死;李明高父亲为求日军不要在其屋内焚烧战死日军尸体,被割下耳鼻致死;李东海在日军抢东西时被发现打死;另 3 人是李立勤、李超辉奶奶和一个姓李的瞎子。此外,日军还在该村将从别地抓来的 13 人杀死。[1]

5. 湖山集体屠杀

湖山,山名,村名,因山上有湖,故名,村以山得名。位于江宁汤山西北。村民戴志善口述:1937 年 12 月 8 日,日军来到该村,于戴兴云、戴大林两家山墙的滴水沟内,将躲藏的戴昌继、戴大林、戴大钧、陈开荣、王立荣、戴大金、戴兴余、戴昌述等 11人抓出,押至戴氏宗祠前杀死。其中,王立荣被刀砍死,其余均用刺刀刺死。[2]

6. 寺庄集休屠杀

寺庄位于南京东郊汤山镇东部,该村土地古为圣汤延祥寺庙产,因名。1937 年12 月 8 日,日军来到该村庄,将躲在附近大凹山洞里的村民黄学银、小奶子打死;继将留在家中的侯于益母亲与奶奶强奸后开枪打死,将村民侯于福、侯于喜、侯光辉、侯光照、李春元等多人打死。村民侯国明口述:在这次屠杀中,"有些人没跑,留在家里看门,日本人看到就打,被打死的有十来个"[3]。

7. 黄栗墅集体屠杀

黄栗墅位于南京东郊汤山古泉村。1937 年 12 月 8 日下午,7 个日军来到该处于右任别墅旁的一个防空洞前,逼令躲在防空洞里的 10 多位村民出来,共开 3 枪,将村民侯国义与其抱在手中的两个小孩打死,后又用刺刀刺死张礼海 13 岁的童养媳、张礼江、蔡富耀夫妇和他们出生才 3 个月的女儿、蔡富荣、李恩寿夫妇、张义林和他 16岁的女儿、汪小喜等 11 人;此外,村民肖大丫头被日军轮奸致死,死时下身还插着一

---

1 《李志荣口述》,见蒋晓星等编《南京大屠杀史料集》第 38 册《幸存者调查口述续编》(中),江苏人民出版社 2007 年版,第 716—717 页。

2 《戴志善口述》,见张连红、戴袁支编《南京大屠杀史料集》第 26 册《幸存者调查口述》(中),江苏人民出版社 2006 年版,第 866—867 页。

3 《侯国明口述》,见费仲兴、张连红编《南京大屠杀史料集》第 27 册《幸存者调查口述》(下),江苏人民出版社 2006 年版,第 1039—1040 页。

根树枝。[1]

8. 徐家边集体屠杀

徐家边位于南京东郊汤山镇南面。村民苏洪金口述：1937 年 12 月 9 日，日军占领汤山后来到该村，将村上 4 户人家 11 人杀死。大伯李开炎及其子苏明照（父亲为招女婿）、父亲苏恒才、舅舅薛兴禄被刺杀；村民苏复胜被击毙，其弟苏来发被刺死，弟媳被推入水塘后开枪打死，幼子被推入水塘淹死，童养媳被开枪打死；村民苏复才被烧死后推入水塘，其三子小名"三子"被枪打死。[2]

9. 王街集体屠杀

王街位于南京东郊汤山地境，清时住户多为王姓，且有小街市，故名。村民贺毓铎口述：1937 年 12 月 9 日下午，日军在该处附近的一座老祠堂里，将一批老百姓反绑双手，扒去上衣，用刺刀戳死 27 人。[3]

10. 神家庄集体屠杀

神家庄位于南京东郊汤山龙尚村，因村紧邻隐静寺，善男信女到寺里求神拜佛，必经此村庄，故名。1937 年 12 月 9 日，日军冲进该村庄，肆意屠杀百姓。铜匠孟方正，在"一亩七"田里被刺死；古泉外干村村民吴家慧、白汉庆在隐静寺被杀。村民梅家印目睹，日军守在小街巷口，难民出来一个打死一个。日军还逼迫难民先下到塘里，再开枪击毙，共打死 10 多人。村民丁庆芳的哥哥小名小柱子，从外村来到该处找食品，不料被日军发现后砍了头。[4]

11. 庞家边集体屠杀

庞家边位于南京东郊汤山地区、紫金山西南方约 6 公里处，清代为庞氏世居地，故名。1937 年 12 月 9 日，日军来到该村，将黄梅桥难民中的 18 名青壮年男子押至村里的一座院落里，令其脱去上衣，双手反绑，跪于地上，共用刀砍死张余道、张长宝、张家林、张其余、李锦成、李锦培、袁炳生，以及赵广录妹夫等 13 人。后因哨音响起，日军匆匆集合离去，尚有 5 人幸存，中含被刺多刀、身受重伤的难民六根子。[5]

1　费仲兴：《城东生死劫》，中国工人出版社 2008 年版，第 89—92 页。

2　《苏洪金口述》，见费仲兴、张连红编《南京大屠杀史料集》第 27 册《幸存者调查口述》（下），江苏人民出版社 2006 年版，第 1294—1295 页。

3　《贺毓铎口述》，见蒋晓星等编《南京大屠杀史料集》第 38 册《幸存者调查口述续编》（中），江苏人民出版社 2007 年版，第 1206 页。

4　费仲兴：《城东生死劫》，中国工人出版社 2008 年版，第 110—112 页。

5　同上书，第 112—115 页。

12. 王后村集体屠杀

王后村位于南京东郊麒麟门外、青龙山西麓、京(宁)杭国道以南约 2 公里处。1937 年 12 月 9 日下午,2 个日军闯入该村,见年轻力壮的男子便抓,将其拖入祠堂,令脱去上衣,解下裤带,缚住双手,跪地刺杀,历时 2 小时,先后有本村、外村 24 人(一说 23 人)被杀。村民王继曾躲在地洞内,因咳嗽被发现后,抓进祠堂戳死;王二豆子躲在自家稻仓内,因伸头窥视被发现后刺死;王祖荣在祠堂内被刺杀后,其妹王学沂见其"上身赤膊,双手反绑,仍跪在那里,心窝上戳了一刀"。该村被屠杀者还有王祖春、王继钊、王祖武、王希广、王希桐儿子等人。邻村徐家边村民吴顺子,被刺杀后肠子都流出来,拼命呼叫,活活疼死;苏黄头 22 岁的儿子也同时被杀。西村被杀的村民有薛继林、薛继福、薛继心、薛继山、薛和尚、薛伦富、薛长生、薛老二、薛老三、薛家老大等人。白下场被杀村民有郑金富、郑大呆等人。[1]

13. 小徐家边集体屠杀

小徐家边位于南京东郊麒麟门外徐家边(又称大徐家边)以西处。1937 年 12 月 9 日,日军在与广东部队激烈交战后,冲进该村,在这一共只有 5 户人家的小村大开杀戒,将苏恒才、薛兴禄、李开炎、苏明照、苏复胜、苏来发夫妇及儿子、苏洪亮童养媳、苏复才、苏三子等 11 位村民杀害。其中苏复胜、苏洪亮童养媳、苏三子被开枪打死;苏兴禄、苏来发、李开炎被刺死;苏来发妻子及儿子被推入水塘淹死;苏复才被用枪托打后,又放火烧死,再推入水塘。[2]

14. 孟家场集体屠杀

孟家场位于南京东郊汤山主峰西南 4 公里处。1937 年 12 月 9 日上午,首批日军冲进该村,将正在挖地洞以求藏身的几十名村民杀死。村民刘正六的三哥被从背后刺一刀,直戳到胸前,在胸口还露出一截刺刀,孟正营、孟正范正在"二亩七"田里,被一人一刀刺死。在一个多小时的屠杀中,共有 47 名村民丧生。下午 3 时左右,又有 5 个日军进村,将正在大便的潘兆生老人一刀刺死;潘荣富、吉东联在家中被刺死;张长贵的母亲在被日军往屋外拖的挣扎中,被连刺两刀而死。后据村民孟仁寿统计,该村在跑反期间,总共有 73 人被日军屠杀,其中有 33 人为本村村民,除上述刘正六三哥、孟正营、孟正范外,还有刘友全、雷树生、王兆富、孟正龙、孟家良、孟生海、孟家仁、小杏子、陈之宁、三锤子、陈疤痕、孙广和、孙广明、孙广财、孟文庆母亲、孟文庆弟弟、刘

1　费仲兴:《城东生死劫》,中国工人出版社 2008 年版,第 116—119 页。
2　同上书,第 119—120 页。

大等人;有 40 人为外村村民,除上述潘兆生、潘荣富、吉东联、张长贵母亲外,还有侯玉友母亲、侯山秃儿子、李大愣妻子、林金洲、陈敬林、陈起瑞、王明福儿子、梁国柱、严发友、伍运强等人。[1]

15. 涧南集体屠杀

涧南位于南京东郊汤山龙尚村,因山村在一山涧之南,故名。1937 年 12 月 9 日晨,日军施放侦查汽艇飞至该地,老百姓纷纷出来观看。日军步兵突然从前向其开枪,并迅速冲进村内。村民惊恐万状,大部经小池塘向西南方向涌去,有数十人在小池塘被机枪射死。目击屠杀现场的幸存者陈德武口述:村民们被赶到一个干涸的塘边,塘底下两个坡子有水,塘坎下和塘埂上全是被日军打死的男人,约 30 多人。后来村民们被赶到一间草房边,有两名中年男子被抓,其中一人被拉到村南头东边的晒场上,被当成练习刺杀的活靶活活刺死;另一人被责令仰躺在地,从脖子上一刀砍杀。据后来统计,该地共有 80 多人被屠杀,其中有本村村民陈圣玉、陈圣银、陈敦银、陈敬苏及其兄弟的四老爷、陈敦魁、陈圣家父亲与祖父、大招子、陈圣同等 10 人;此外,还有高庄上高堰的王明福儿子,丁墅的阿梅等人。[2]

16. 西庄集体屠杀

西庄位于南京东郊汤山地区,清代时因该地处自然村之西,故名。1937 年 12 月上旬,日军来到该村庄,抓去 21 名老百姓,令其当挑夫,其中只有 2 人表示能挑得动,其余西庄村民皇甫大森与外村人张庆山、张长生、李余本、李余云、时文荣等 19 名声称"挑不动者"悉被用刺刀刺死。村民皇甫志圣称:"死尸堆在弯塘里,水都染红了。收尸时,有的人头连着身子,有的头砍下来了。"[3]

17. 大江山集体屠杀

大江山位于南京东郊上峰地境孟墓附近。村民李正喜口述:1937 年 12 月上旬日军攻至汤山、上峰后,将躲到大江山山谷里的 13 名村民全部杀死,其中有一熊姓村民与其母亲及抱在手中的孩子一家三口尽遭屠杀。[4]

---

1 费仲兴:《城东生死劫》,中国工人出版社 2008 年版,第 103—107 页。
2 同上书,第 107—110 页。
3 《皇甫志圣口述》,见费仲兴、张连红编《南京大屠杀史料集》第 27 册《幸存者调查口述》(下),江苏人民出版社 2006 年版,第 1250—1251 页;费仲兴:《城东生死劫》,中国工人出版社 2008 年版,第 76 页。
4 《李正喜口述》,见蒋晓星等编《南京大屠杀史料集》第 38 册《幸存者调查口述续编》(中),江苏人民出版社 2007 年版,第 1154—1155 页。

18. 许家湾子集体屠杀

许家湾子位于南京西南郊沙洲圩北部。据村民杨秀英口述:1937 年 12 月上旬,亲眼目睹日军在许家湾子将娄如林等 11 人,先推下水塘,后开枪击毙。[1]

19. 河冲集体屠杀

河冲位于南京东郊句容城北端,宝华山北。1937 年 12 月上旬,汤山一批难民从避难地返家取粮食,行经该处,遇日军士兵,刘岗头村民刘治炳、姚贵安、王义洪与沿城村民李国旗、李国经兄弟等 13 人,被逼令跪成一排,遭机枪射杀。难民姚发炳负伤卧倒,侥幸逃生。[2]

20. 灵山庙集体屠杀

灵山庙位于江浦县境长江边。据幸存者何德秀口述:何家为湖南船民。1937 年 12 月 11 日,何家与其他船民之二三十条木帆船停泊于灵山庙码头避风,日军乘几艘汽艇自上游开来,对船民用机枪扫射及用刺刀刺杀,并用汽油烧船,将 100 余名船民大多数打死。何的母亲、16 岁的姐姐带着刚出生 3 个月的侄女被逼跳江淹死,两个哥哥被枪打死,姨娘家的七八口人全被杀死。何本人与 9 岁的姐姐、一位姨娘在江边被村民救起,侥幸活命。[3]

21. 龙王庙集体屠杀

龙王庙位于城西南郊双闸以南,清代建有龙王村,以庙取名。村民朱广洪口述:1937 年 12 月 11 日,日军来到江东门外东林村,将 13 名村民带至龙王庙,因村民彭二牛逃脱,便将其余 12 人全部杀死,朱之三叔、四叔亦在其中。[4]

22. 长生寺集体屠杀

长生寺位于南京中华门外雨花路西方家巷。1937 年 12 月 12 日,该寺住持隆海目睹,进攻中华门之日军,将寺内 19 名僧人集体以步枪射死。中国国防部审判战犯军事法庭对战犯谷寿夫的判决书附件载:"民国二十六年十二月十二日,在南门外方家山长生寺,将该寺僧人十九人,集体以步枪射杀,该寺住持隆海,躲存地藏菩萨佛龛

---

1 《杨秀英口述》,见张连红、张生编《南京大屠杀史料集》第 25 册《幸存者调查口述》(上),江苏人民出版社 2006 年版,第 138 页。

2 《刘家鑫口述》《沈桂英口述》,见费仲兴、张连红编《南京大屠杀史料集》第 27 册《幸存者调查口述》(下),江苏人民出版社 2006 年版,第 1128—1129、1004 页。

3 《何德秀口述》,见张连红、张生编《南京大屠杀史料集》第 25 册《幸存者调查口述》(上),江苏人民出版社 2006 年版,第 211—212 页。

4 《朱广洪口述》,见上书,第 144 页。

中,幸免于难。"[1]

23. 张家岗集体屠杀

张家岗位于南京东郊汤山孟塘。1937 年 12 月 12 日左右,日军进入该村,共杀死小龙子、张庆风、邓志强、夏永源、雷忠旺、笪冬桂、张宇民、秦思英、林小兔子、谢老太、老祝、笪保和及卖豆腐哑巴等 10 余人。[2]

24. 安德门集体屠杀

安德门位于南京城南近郊,中华门外、雨花台西南侧。1937 年 12 月 12 日,市民莫启山、莫启宝、"小皮匠"、莫春生、吴春文、周某等 14 人被日军抓差至该处,杀死其中 12 人。[3]

25. 西街集体屠杀

西街位于南京中华门外长干桥西南,东起雨花路,西至南珍珠巷。据中国国防部审判战犯军事法庭对战犯谷寿夫的判决书附件载:1937 年 12 月 12 日晚,日军在该街 145 号,将张玉发一家,及亲戚王福和、张书新、张马氏、张玉根、张玉福、张小六子、张小狗子等 12 人悉予枪杀,仅张玉发一人面部受伤,幸免于难。[4]

26. 龙华寺集体屠杀

龙华寺位于南京城东南通济门外。据龙华寺住持印源证实,1937 年 12 月 13 日,日军将避难于该寺地下室之当地百姓 30 余人予以枪杀或用刺刀戳死。中国国防部审判战犯军事法庭对战犯谷寿夫的判决书附件记载:日军于龙华寺"将避难该寺地下室内之难民约三十余人,加以枪杀,并用刺刀戳毙"[5]。

27. 正觉寺集体屠杀

正觉寺位于南京城东南武定门 444 号。1937 年 12 月 13 日,该寺住持莲华目睹

---

1 《谷寿夫战犯案判决书附件》《日军在长生寺集体杀害市民的调查表节录》,见中国第二历史档案馆等编《侵华日军南京大屠杀档案》,江苏古籍出版社 1987 年版,第 135—136、126 页。
2 《张庆亮口述》,见张连红、戴袁支编《南京大屠杀史料集》第 26 册《幸存者调查口述》(中),江苏人民出版社 2006 年版,第 890 页;《王贤珍口述》《邓信和口述》,见费仲兴、张连红编《南京大屠杀史料集》第 27 册《幸存者调查口述》(下),第 1142、1148 页。
3 《莫文龙口述》,见张生等编《南京大屠杀史料集》第 39 册《幸存者调查口述续编》(下),江苏人民出版社 2007 年版,第 1572 页。
4 《谷寿夫战犯案判决书附件》《张玉发陈述其父张书新等被日军枪杀的结文》,见中国第二历史档案馆等编《侵华日军南京大屠杀档案》,江苏古籍出版社 1987 年版,第 133—134、193 页。
5 《日军在龙华寺集体屠杀的调查表节录》,见中国第二历史档案馆等编《侵华日军南京大屠杀档案》,江苏古籍出版社 1987 年版,第 128 页。

日军士兵用步枪将该寺僧人慧兆、德才、宽宏、德清、道禅、刘和尚、张五、源谅、黄布堂、晓侣、慧璜、慧光、源悟、能空、倡修、广祥、广善等 17 人集体枪杀；同时，避难于该寺之难民周小二子、周乔民、周宏元、刘金家、李发芝、李宏奎、郭荣寿、黄小二之子、李宏涛等 30 余人在该寺空地被杀。[1]

28. 扫帚巷集体屠杀

扫帚巷位于南京城南中华门外，东起养虎巷，西接雨花路。中国国防部审判战犯军事法庭对战犯谷寿夫的判决书附件载称：1937 年 12 月 13 日，日军在该巷 17 号、52 号内，将沈有功、梁本义等 12 人枪杀。[2]

29. 新路口集体屠杀

新路口位于南京城南长乐路南侧马道街中段，木匠营南段、小心桥西一段。1937 年 12 月 13 日，南京城陷后，日军在该处 5 号将银匠聂佑成及其妻聂陈氏、女婿夏庭恩、外孙女夏淑芬，同宅居住之邻居哈国栋、哈马氏、哈存子、哈招子共 8 人，分别以枪击毙或用刺刀刺死；聂女夏聂氏与外孙女夏淑兰、夏淑芳等 3 人被恶性奸淫摧残致死。其 7 岁之外孙女夏淑琴被刺 3 刀，受伤昏死，得以幸存；其另一 3 岁外孙女被吓呆。[3]

30. 尚书里集体屠杀

尚书里位于城东南大光路以北，东起西大阳沟，西至尚书巷，因明代吏部尚书倪岳居住之尚书巷得名。1937 年 12 月 13 日上午，日军将一大排难民驱赶到大阳沟 5 号刘中强家的院子里，后来又陆续用绳捆绑了 10 多名难民参加进来。这批人旋被押走。10 多天后，市民刘中强发现，上述被押走的难民，均被刺刀刺死在尚书里的一个大塘边。[4]

31. 石观音集体屠杀

石观音位于南京中华门内东南城墙边，因附近有石观音庵而得名。1937 年 12

---

1 《谷寿夫战犯案判决书附件》《日军在正觉寺集体屠杀僧道的调查表节录》，见中国第二历史档案馆等编《侵华日军南京大屠杀档案》，江苏古籍出版社 1987 年版，第 135、131 页。

2 《谷寿夫战犯案判决书附件》，见中国第二历史档案馆等编《侵华日军南京大屠杀档案》，江苏古籍出版社 1987 年版，第 134—135 页。

3 《谷寿夫战犯案判决书附件》《哈马氏为其子哈国栋等被日军屠杀致南京市政府呈文》，见中国第二历史档案馆等编《侵华日军南京大屠杀档案》，江苏古籍出版社 1987 年版，第 296、171 页。呈文者哈马氏为死难者哈国栋之母；死难者中"哈马氏"为哈国栋之妻。

4 《刘中强证言》，见朱成山主编《侵华日军南京大屠杀幸存者证言》，社会科学文献出版社 2005 年版，第 33—34 页。

月 13 日,日军由雨花路进攻中华门后,将冯天祥、柯大财、柯徐氏、柯荣桂、柯方氏、柯荣春、柯根荣、小巧子、赵雪美、吴庆伦、王有发、王王氏、周王氏、王小孩、刘家兴、刘魏氏、刘康余、刘小明等 20 余名男女难民,关在该处柯大财家中,用铁丝捆缚后,开枪射杀。[1]

32. 三十四标集体屠杀

三十四标位于南京城南,东起常府街,西至太平路。1937 年 12 月 14 日,日军将避难于难民区之臧永年、陈光汉、张相公等数千青年,绑缚至该处用机枪射杀。华泰广货店之代表臧仲卿于 1945 年 9 月 27 日呈文致南京市政府,报告其胞兄臧凤之之子及店内学徒等被残害实情。[2]

33. 华新巷集体屠杀

华新巷位于南京北平路(今北京西路)南侧,东起上海路,西至宁海路。据市民陈克亭陈述:1937 年 12 月 14 日,陈兄健伯时年 20 余岁,剃光头,被日军诬指为守军士兵,与住宅附近其他男性青年一道,自上海路难民区押至该巷一大水塘边,用机枪集体射杀,死者约数百人。[3]

34. 莫愁湖集体屠杀

莫愁湖位于南京水西门外三山桥西、水西门外大街北侧。据幸存者苗学标口述:1937 年 12 月 14 日,日军将数百名百姓集中于该湖对面许歪头鸭毛栈外空地,经检查头、手、肩、腿各部后,令其分站两边,其中一边共 300 余人被指为守军士兵,用机枪扫射杀死。复令立于另一边的被拘者将遇难者尸体扔进塘里。苗亦为抛尸之一员。[4]

35. 老江口集体屠杀

老江口位于南京下关火车站北,南起兴安西路,北至东炮台,原名"虹霁桥"。据市民陈玉龙口述:1937 年 12 月 14 日,日军将陈的父亲陈七十、大伯陈年子、叔叔陈四麻子、陈阳子等几千人,分三批以绳捆缚,从五台山难民区抓押至该处江边,用机枪

---

1 《查讯证人冯天顺笔录》《查讯证人柯荣福笔录》,见中央档案馆等编《南京大屠杀》,中华书局 1995 年版,第 700—701、687—688 页。

2 《臧仲卿为其侄臧永年等被日军集体屠杀致南京市政府呈文》,见中国第二历史档案馆等编《侵华日军南京大屠杀档案》,江苏古籍出版社 1987 年版,第 118 页。

3 《陈克亭证言》,见朱成山主编《侵华日军南京大屠杀幸存者证言集》,南京大学出版社 1994 年版,第 263 页。

4 《苗学标证言》,见"南京大屠杀"史料编辑委员会等编《侵华日军南京大屠杀史料》,江苏古籍出版社 1987 年版,第 440—441 页。

集体屠杀。[1]

36. 后巷集体屠杀

后巷位于南京东郊汤山孟塘村。1937 年 12 月 14 日,日军第 9 师团步兵第 19 联队在该村搜捕突围中国军人。该处当时设有 3 个人字形长棚,住有 30 多名附近村里的难民。5 个日军闯至长棚门口,端起机枪,即向棚内扫射,除 3 个小孩藏身大人身后,侥幸存活外,其余难民全部遇难。[2]

37. 朱家山集体屠杀

朱家山位于南京东郊汤山地区新塘以南。1937 年 12 月 14 日上午,20 多个日军由东向西前进,经过该地,将藏身于洞中的朱韩氏及其子朱小管子击毙,后又将年仅 4 岁的朱带弟枪杀,在村外将朱怀任夫妇打死,将朱怀亮老人在房中烧死。在这一天屠杀中遇难的村民还有朱怀如、朱世佩岳父、朱世清妻子、任德喜哥哥、朱德刚、朱世炳母亲等,共计有 12 位村民被杀害。[3]

38. 太平乡集体屠杀

太平乡时属孝陵卫区,位于南京东北郊玄武湖以东、尧化门以西间京(宁)沪铁路线两侧地区。中国国防部审判战犯军事法庭谷寿夫战犯案判决书附件载:1937 年 12 月 14 日,日军将该乡第一保第五甲农民陈生桂、王长怀、孙尚仁、赵王氏、葛步广、董长明、董长洪、赵富贵、周殿臣、谢周氏、王永桥、易吴氏、王立春、赵玉善、葛沈氏等 15 人,加以集体枪杀。[4]

39. 轮渡码头集体屠杀

下关长江边有多座轮渡码头。1937 年 12 月 14 日,日军将 1 万名年龄在 15—30 岁的中国人带至靠近轮渡码头的长江边,以野战炮、手榴弹和机关枪向其开火,除有 3 人侥幸逃脱外,余均死于屠杀中。据幸存者估计,中有约 6000 名被俘军人、4000 名平民。死难者的尸体,大部被抛入江中,一部被就地焚烧。[5]

---

1 《陈玉龙证言》,见朱成山主编《侵华日军南京大屠杀幸存者证言》,社会科学文献出版社 2005 年版,第 15—16 页。

2 费仲兴:《城东生死劫》,中国工人出版社 2008 年版,第 160—161 页。

3 同上书,第 163 页。

4 《谷寿夫战犯案判决书附件》,见中国第二历史档案馆等编《侵华日军南京大屠杀档案》,江苏古籍出版社 1987 年版,第 135 页。

5 章开沅编译:《天理难容——美国传教士眼中的南京大屠杀(1937—1938)》,南京大学出版社 1999 年版,第 455 页。

40. 汉中门集体屠杀

汉中门为南京西部城门,位于汉中路西端,1931 年筑成,因汉中路而得名。1937 年 12 月 15 日,日军将司法院难民收容所内警察 400 余名、军民 1000 余名,总共 2000 余名,排成 4 队,押至汉中门,复由士兵手执长绳,每批圈出 100 余名押至城门至秦淮河边,用机枪扫射,再以刺刀捅刺,后加木柴、汽油焚烧。幸存者伍长德遭刀刺、火烤,伏于尸堆中侥幸脱险,往鼓楼医院医治 50 余日方出院。1946 年 6 月,伍出席东京远东国际军事法庭,以亲身经历为日军南京大屠杀暴行作证。[1]

41. 鱼雷营集体屠杀

鱼雷营位于南京下关江边和记洋行以东、老虎山下、上元门附近。因国民政府于 1937 年在该处设海军基地码头,驻有鱼雷部队而得名。同年 12 月 15 日,炮台士兵殷有余等被俘官兵及民众约 300 余人,被日军自上元门押至该处江边,时该地共集中 9000 余名被俘军民,日军用 4 挺机枪扫射,对未死者复用刺刀戳、纵火烧,仅殷等 9 人伏于尸堆中,得以幸免。燕子矶镇第 5 保保长杨开基于战后提供结文,证实保内农民胡桂林、李元龙、张玉山、李兴托等 4 人在此次屠杀中遇难。[2]

42. 姜家园集体屠杀

姜家园位于南京挹江门外中山北路北段南侧,南起姜家圩,北至中山北路。中国审判战犯军事法庭对战犯谷寿夫的判决书附件载:1937 年 12 月 15 日,日军在该处南首,将居民 300 余人集中,用机枪射杀,或纵火焚烧,无一幸免。红卍字会服务人员殷南冈于 1945 年 12 月 1 日写具结文,陈述亲见上述之屠杀事实。[3]

43. 鼓楼三条巷集体屠杀

鼓楼三条巷位于南京鼓楼以北、中山北路南段西侧,南起渊声巷,北至云南路。1937 年 12 月 15 日,日军将平民赵长荣等 208 人抓至鼓楼四条巷路边集中,后经亲属认领,赵等 20 余人被放回,瓦工杨师傅,赵的邻居张洪生父子、同学张世清等 180 人

---

1 《谷寿夫战犯案判决书附件》《伍长德陈述日军在汉中门集体屠杀的结文》,见中国第二历史档案馆等编《侵华日军南京大屠杀档案》,江苏古籍出版社 1987 年版,第 134、62 页。

2 《谷寿夫战犯案判决书附件》《胡桂林等被日军集体枪杀的调查表节录》《殷有余在军事法庭陈述日军在鱼雷营集体屠杀情形的笔录》,见中国第二历史档案馆等编《侵华日军南京大屠杀档案》,江苏古籍出版社 1987 年版,第 132、107、109 页。

3 《谷寿夫战犯案判决书附件》《殷南冈陈述日军在姜家园南首屠杀居民的结文》,见中国第二历史档案馆等编《侵华日军南京大屠杀档案》,江苏古籍出版社 1987 年版,第 133、109—110 页。

被解押至该巷河边,赶入河中后,全部用机枪扫死。[1]

44. 晓街集体屠杀

晓街位于下关四平路西侧,水关桥西。1931 年建,因此处最早有早市,故名。据市民张凤珍口述:1937 年 12 月 15 日,日军将 20 余名难民押至晓街的一块凹地,用机枪射杀。张的丈夫陈广方在萨家湾邮局为英人齐利烧饭,也在此次暴行中遇难。[2]

45. 高丽村集体屠杀

高丽村位于江浦县北部、老山北面。明初有高丽国(今朝鲜)侨民在此开店,人称高丽店,后成村,遂作村名。1937 年 12 月 15 日,日军堵住一户正在喝酒的人家前后门,架起机枪向里扫射,将村民李常安、李邦友父子等 13 人射死。[3]

46. 挹江门集体屠杀

挹江门,南京城北城门,位于中山北路盐仓桥之西。幸存者杨庆华证实:1937 年 12 月 15 日,日军将他从苏州同乡会带到三牌楼第 88 师司令部那里,与其他几百人一齐押送到挹江门外,用机枪射杀。在死者中包括两名换了便衣的宪兵,一个是湖北人汪斌,另一个是湖南人周连云。杨在飞虹码头跳入河中,得以幸免。[4]

47. 傅佐路集体屠杀

傅佐路位于中山北路南段西侧,北起山西路、南至大方巷。1937 年 12 月 15 日,日军在该路难民区抓走难民徐雨生等 11 人,在该路路边大塘处用机枪集体枪杀。市民徐丽娟亲眼目睹,"被害者的尸体成堆,辨认不出来,水塘都被鲜血染红了"[5]。

48. 北圩集体屠杀

北圩位于南京城西近郊,汉中门外,江东门北。1937 年 12 月 15 日,日军在此处将市民熊桂弟等男女老小 30 余人,集体用机枪射杀。[6]

---

1 《赵长荣证言》,见朱成山主编《侵华日军南京大屠杀幸存者证言集》,南京大学出版社 1994 年版,第 143—144 页。

2 《张凤珍证言》,见上书,第 236—237 页。

3 《丁成英口述》,见张连红、张生《南京大屠杀史料集》第 25 册《幸存者调查口述》(上),江苏人民出版社 2006 年版,第 339 页。

4 《查讯证人潘恒福等笔录》,见中央档案馆等编《南京大屠杀》,中华书局 1995 年版,第 691 页。

5 《徐丽娟证言》,见朱成山主编《侵华日军南京大屠杀幸存者证言》,社会科学文献出版社 2005 年版,第 372 页。

6 《熊桂弟在北圩被日军枪杀的调查表节录》,见中央档案馆等编《南京大屠杀》,中华书局 1995 年版,第 422 页。

49. 淳化集体屠杀

淳化位于南京东南郊,上坊东南、方山东北。1937 年 12 月 15 日,日军逼令村民在此处下河摸鱼,后又将其杀死,共有此处及附近新庄村民殷泰章、赵天兴、赵天明、周启梅等 28 人被杀。[1]

50. 紫金山集体屠杀

紫金山位于南京东郊,因山上有紫页岩得名,又名"钟山"。1937 年 12 月 15 日,约 200 名放下武器的士兵与平民,排成 3 列,被日军押至紫金山附近,以机关枪扫射,全部击毙后,又泼以易燃液体点火焚烧。[2]

51. 下关长江边集体屠杀

下关长江边泛指挹江门外下关地区之长江沿岸。1937 年 12 月 15 日,数百名中国被俘军人被押解至此,由日军以机枪处决。[3]

52. 中山码头集体屠杀

中山码头位于南京中山北路北段西端,濒临长江边,1929 年由津浦铁路局筹备修建,1933 年开工,1935 年落成,初名津浦铁路首都码头,后定名"中山码头"。1937 年 12 月 16 日傍晚,日军将华侨招待所内已解除武装之军人与平民 5000 余人,押至该码头江边,以两部卡车满载绳索,将各人两手背绑,旋即以机枪扫射,有跳入江中逃生者,即以枪击之。中有梁廷芳、白增荣二人投身江中,幸而脱险。嗣后梁于 1946 年 6 月出席东京远东国际军事法庭,梁、白于同年 10 月联名向中国国防部审判战犯军事法庭提供报告,以其亲身经历为日军南京大屠杀暴行作证。[4]

53. 许巷村集体屠杀

许巷位于南京汤山北。1937 年 12 月 16 日日军将该村 100 多名年轻人集中于打稻场上,令其跪成三排,全部敞开胸怀,遂以刺刀逐一戳死。[5]

---

1 《马德云口述》,见张连红、戴袁支编《南京大屠杀史料集》第 26 册《幸存者调查口述》(中),江苏人民出版社 2006 年版,第 930 页。

2 章开沅:《南京大屠杀的历史见证》,湖北人民出版社 1995 年版,第 85 页。

3 同上书,第 86—87 页。

4 《谷寿夫战犯案判决书附件》,梁廷芳、白增荣向中国审判战犯军事法庭提供之《日军进占南京时大屠杀之实际情形证明书》,见中国第二历史档案馆等编《侵华日军南京大屠杀档案》,江苏古籍出版社 1987 年版,第 132、74—77 页。

5 《陈光秀口述》,见张连红、张生编《南京大屠杀史料集》第 25 册《幸存者调查口述》(上),江苏人民出版社 2006 年版,第 41 页。

54. 农村师资训练学校集体屠杀

农村师资训练学校即金陵大学农科作物系,安全区难民收容所之一,位于金陵大学本部汉口路两侧。据市民刘世尧口述:1937 年 12 月 16 日,日军将自湖南路抓来的一批难民押至该校后面的一个小水塘,以 5 人一排跪于塘边,开枪杀害。几天后,在塘中共发现 83 具尸体。[1]

55. 陈家窑集体屠杀

陈家窑村位于南京东北郊栖霞山南侧、九乡河以东。1937 年 12 月 16 日,日军在长林乡将施正亭、施年红、俞老四、桥板、施仁喜、施小顺子、王立顺及王姓弟兄二人等 70 余名村民与被俘军人,押至该处以东 1 公里"喜鹊尾巴"处,令其跪于田中,用机枪射杀。[2]

56. 孟北村集体屠杀

孟北村位于南京东郊汤山北面。据村民时有升口述:1937 年 12 月 16 日,从东流过来的日军将村里 14 名青壮年拉到一边,一次杀死时兄时有恒与余启宝、沈九芳、沈九海、时松筠、陈光东、陈光才、葛老四、王大林、余启财等 11 人。在此次集体屠杀中,有时父时松龄与崔世才、刘应志 3 人侥幸存活。[3]

57. 扒扒张集体屠杀

扒扒张位于南京南郊禄口地境陆岗村,明代此处有弓形小桥,人称"扒扒桥",后张氏居住桥边,故名。村民杨亨财口述:1937 年 12 月 16 日,日军来到该村,在村里杀了 28 人,杀后又用汽油烧,"烧得乌黑,都认不出谁是谁了"。后杨随其姐夫去看尸体,只能认出高义和老婆一人。[4]

58. 灵山集体屠杀

灵山位于南京东郊仙鹤门外江宁、栖霞交界处,山南属江宁地境。1937 年 12 月 16 日,日军来灵山扫荡,将村民王文战和一杜姓者用刺刀戳死,后又在山南"二亩地"与"横山头"各架一挺机枪,将躲在观音洞及其下方观音庙内的村民章本贵、葛文先、

---

1 《刘世尧口述》,见张连红、张生编《南京大屠杀史料集》第 25 册《幸存者调查口述》(上),江苏人民出版社 2006 年版,第 62 页。
2 费仲兴:《城东生死劫》,中国工人出版社 2008 年版,第 168—169 页。
3 《时有升口述》,见张连红、戴袁支编《南京大屠杀史料集》第 26 册《幸存者调查口述》(中),江苏人民出版社 2006 年版,第 754—756 页。
4 《杨亨财口述》,见蒋晓星等编《南京大屠杀史料集》第 38 册《幸存者调查口述续编》(中),江苏人民出版社 2007 年版,第 730 页。

钟有宝、章友喜、葛加勇、安庆、宋炳全及其母、宋国胜、夏金生、张在钊夫妻、李义堂、李义河、李老六、李老九、王家兴、马中兴、马老三、吴会银、吴会金、潘老太、梁某、王某、吴广如、潘老三、孙德铭、老刘孙、徐老九等 39 人用机枪扫死。遇难者中有灵山根、西流、郭果园、高井、马家桥、合南、东横山等处村民。[1]

59. 岗下村集体屠杀

岗下村位于南京东北郊栖霞山地境之钱家渡村,因地处六泉山山岗之下得名。村民徐周氏口述:1937 年 12 月 16 日,日军将其丈夫王立顺等"二十多个年轻人带走,在陈家窑村前用机枪扫射死了。"王立顺的尸体"浑身是血,腋下被打穿了,手膀被砍了两刀,手指被砍掉三个"。[2]

60. 首都被服厂集体屠杀

首都被服厂位于中山北路中段和会街口。1937 年 12 月 16 日,日军将 200 多名男女老幼难民押进该厂的一个大坑旁边,分列 4 队,站在四角,进行杀人比赛。他们中有用刀砍杀的,有负责清点被杀人数的。市民唐顺山被刺五刀,昏倒在死尸堆中得以幸存。他目睹日军在这里"杀了几十个人","有个孕妇,被一刀挑出胎儿,脐带拖得老长"[3]。

61. 孟庄集体屠杀

孟庄位于南京东郊阳山碑村之西、青龙山以北。1937 年 12 月 9 日上午,日军在青龙山抬伤兵下山,发现青龙山"龙头"西边的山洞里有避难百姓,便向其开枪射击。该村村民张开山一家 7 口躲在洞里,父亲张贵友、大哥张开河、二嫂欧氏、姐小米、弟孩孩(四五岁)、妹丫头(2 岁)等 6 人均被打死,张本人负伤幸存。张的二舅母和她的一个小孩小掌,被日军架起椅凳,加以辣椒,放火燃烧后呛死在洞中。在此次屠杀中,共有数十人遇难,其中该村村民除上述 8 人外,还有孙富和、耿玉其、刘德胜、张开远等人。12 月 16 日,日军再次来到该村,在村南 300 米的一处石灰窑房内,将避难的难民用绳捆扎后,开枪打死 40 余人。其中有本村村民衡义山及其子衡三呆子、衡小

1 《王秀兰口述》《章友德口述》,见蒋晓星等编《南京大屠杀史料集》第 38 册《幸存者调查口述续编》(中),江苏人民出版社 2007 年版,第 1216—1217、1218—1220 页;费仲兴:《城东生死劫》,中国工人出版社 2008 年版,第 163—165 页。

2 《徐周氏证言》,见"南京大屠杀"史料编辑委员会等编《侵华日军南京大屠杀史料》,江苏古籍出版社 1987 年版,第 458—459 页。

3 《唐顺山证言》,见朱成山主编《侵华日军南京大屠杀幸存者证言集》,南京大学出版社 1994 年版,第 71—72 页。

狗、陈冬宝、周三、宋亚表及其子宋小坤、金兆坤、丁良法、孙群友、刘师傅、王神眼、刘小七、王太常妻等人。[1]

62. 煤炭港集体屠杀

煤炭港位于南京下关东北部长江边。清光绪元年(1875)贾汪等四家煤炭货场在老江口东北江边建港,装卸煤炭,人称"煤炭港"。后成街巷,以港得名。1937年12月14日至17日间,日军将避难于和记洋行之难民3000余人,押至该处一仓库中,谎称"去工地干活",每10人一组推出行刑,后又以机枪集体扫射,继将所余人员驱入一茅屋内,堆积木材,浇以汽油,纵火焚烧。内有首都电厂工人45名,即死难于此。[2]

63. 三汊河集体屠杀

三汊河,河名,街区名。该河位于南京城西北外秦淮河入江口,东接秦淮河下游,南连清江河。明初开,名"中新河",亦名"新河",后因江汉、秦淮河及其支流在此形成三汊,故名,亦称"三岔河"。附近街区因河得名。中国国防部审判战犯军事法庭对战犯谷寿夫的判决书附件载:1937年12月17日,日军"在三汊河放生寺及慈幼院难民所等处,集体枪杀平民四五百名"。伪下关区公所区长刘连祥于1938年1月30日致伪南京市自治委员会呈文称,其户籍组长毕正清在参加掩埋下关地区尸体过程中,曾于12月26日"因搬运三汊河内及各空屋内之尸体尚有四百余具,须要掩埋清楚,故是日未到下关"。南京守军第83军第156师第931团士兵骆中洋于城陷后被俘,据其口述:1937年12月13日,日军在该河沿岸共杀害被俘军民2万余人。开始用绑腿布将10人绑为一排,押至河水边,用刺刀刺杀,使尸体倒入水中;傍晚后,将剩余之30%被俘人员驱至河边,用机枪扫射。骆与另一同伴趁暗夜逃脱,幸免于难。[3]

64. 南通路集体屠杀

南通路位于南京下关南部,惠民河南段西侧,西抵江堤,东连河堤。中国审判战犯军事法庭对战犯谷寿夫的判决书附件载:1937年12月18日,日军在该路之北,将

1 费仲兴:《城东生死劫》,中国工人出版社2008年版,第98、167—168页。
2 《谷寿夫战犯案判决书附件》《陆法曾陈述日军集体屠杀首都电厂职工的结文》,见中国第二历史档案馆等编《侵华日军南京大屠杀档案》,江苏古籍出版社1987年版,第133、90—92页;《陈德贵证言》,"南京大屠杀"史料编辑委员会等编《侵华日军南京大屠杀史料》,江苏古籍出版社1987年版,第405—406页。
3 《谷寿夫战犯案判决书附件》,见中国第二历史档案馆等编《侵华日军南京大屠杀档案》,江苏古籍出版社1987年版,第133页;《伪下关区公所区长刘连祥关于组织收埋尸体的呈文》,见孙宅巍编《南京大屠杀史料集》第5册《遇难者的尸体掩埋》,江苏人民出版社2005年版,第307—309页;《骆中洋证言》,见朱成山主编《侵华日军南京大屠杀幸存者证言集》,南京大学出版社1994年版,第39页。

军人及难民 300 余人集合于该处麦田内,用机枪射杀,无一幸免。宝善里居民胡春庭于 1945 年 12 月 1 日写具结文,陈述亲见上述日军屠杀事实。[1]

65. 草鞋峡集体屠杀

草鞋峡位于南京北郊长江边,西起鱼雷营、东至幕府山,沿江公路与长江所夹一段陆地,因状如草鞋而得名。1937 年 12 月 18 日夜,日军将囚禁于幕府山下四所村、五所村之被俘军人与难民共 5.7 万余人,用铅丝两人一扎,排成四路,驱至该峡地,用机枪悉予扫射后,复用刺刀乱戳,最后浇以煤油,纵火焚烧,残余髊骨悉投入江中。身中枪弹、被刺 3 刀的幸存者石明口述,屠杀中先用机枪扫射,再用刺刀戳,还向人堆里扔手榴弹。被刺伤后在尸堆中潜伏数日方脱险的幸存者严洪亮口述,日军用绳子圈 20 人为一扎,用机枪扫射后,再将尸体推入江中,从上午一直屠杀到晚上。[2]

66. 龙江桥集体屠杀

龙江桥,桥名,街巷名。该桥位于南京下关惠民河北段,1894 年建,因龙江湾得名;街巷位龙江路北侧,沿惠民河边,以通龙江桥得名。中国国防部审判战犯军事法庭对战犯谷寿夫的判决书附件载:1937 年 12 月 19 日上午,日军在该桥口,将军民500 余名绑扎,全部堆于马路空地旁,以机枪射杀后,纵火烧毙,尚有气息者,更以刺刀连续刺毙。[3]

67. 平家岗集体屠杀

平家岗位于南京东郊麒麟门袁家边村,因平氏世居此小山岗而得名。村民李福全口述:1937 年 12 月 19 日,日军将该村 20 多名年轻人集中到大场上,"架起机枪就把他们全部杀掉了,一个都没有跑掉"[4]。

68. 袁家边集体屠杀

袁家边位于南京东郊汤山地境。村民李福全口述:1937 年 12 月 19 日,日军从村后山路过来,与大量逃难的人群相遇,"把人抓到一起跪成一排,就用机枪扫,牌楼

---

1 《谷寿夫战犯案判决书附件》《胡春庭陈述日军在下关南通路集体屠杀难民的结文》,见中国第二历史档案馆等编《侵华日军南京大屠杀档案》,江苏古籍出版社 1987 年版,第 133、116 页。

2 《谷寿夫战犯案判决书附件》,见上书,第 132 页;杨克林、曹红:《中国抗日战争图志》中册,香港天地图书有限公司、香港新大陆出版有限公司 1992 年版,第 378 页。

3 《谷寿夫战犯案判决书附件》,见中国第二历史档案馆等编《侵华日军南京大屠杀档案》,江苏古籍出版社 1987 年版,第 134 页。

4 《李福全口述》,见蒋晓星等编《南京大屠杀史料集》第 38 册《幸存者调查口述续编》(中),江苏人民出版社 2007 年版,第 1178 页。

村的人被打死十几个人",仅村民杨义宽的大姐夫一人受伤后倒卧于死尸下幸存。[1]

69. 韩府山集体屠杀

韩府山位于南京南郊牛首山北,因明韩宪王朱松墓在此,故名。村民胡秀兰口述:1937年12月20日前后,日军在该处将胡的丈夫李福成及刘仁新、刘仁义、刘仁元、刘春生、周广生、周广荣、芮德银、汉兵、胡伯明哥哥、小俦子等13名年轻村民抓到观音洞前,指其为守军士兵,逼令其自己挖坑,跪于坑前,后用机枪扫射,再以刺刀捅戳。除李福成受伤后倒伏于尸体堆中侥幸存活外,其余12人均遇难。[2]

70. 青石埂集体屠杀

青石埂位于南京西南郊沙洲圩北部。1937年12月中旬,日军将躲在此处防空洞中的难民马美兴、马忠元、马忠梁、马云氏、小万豆(3岁)、马成民、小娥(9岁)、马美春、李哈民及武姓、刘姓难民等11人,用机枪全部扫死。[3]

71. 汤泉集体屠杀

汤泉,镇名,位于江浦县西部,因有温泉涌出,故名。1937年12月27日清晨,40多个日军来到该镇,于北头窑上用刺刀戳死乞丐8人,慧济寺门前戳死行人2人,街南头打死村民吴广树,羲和祥糕饼房门口打死一张姓难民,许必长门口打死西葛难民颜同兴,钟家门口戳死刘厨子父亲,费庄子戳死陶广兴母亲,木头桥打死刘继才,邵兴圩埂戳死行人2名等,共计杀死村民、行人26人。[4]

72. 上山岗村集体屠杀

上山岗村位于南京东郊麒麟门外。村民苏明治口述:1937年12月28日,日军在占领南京后又回头来到该村,共杀死村民10余人。其中苏明龙爷爷、奶奶被枪打死,大爹躲在茅坑里被放火烧成重伤,两天后死去;苏光林父亲弟兄四人均被枪杀;苏明治爷爷与苏明来爷爷、奶奶均因留守看家,被枪打死;村民陈友生在田里干活,被一

1 《李福全口述》,见蒋晓星等编《南京大屠杀史料集》第38册《幸存者调查口述续编》(中),江苏人民出版社2007年版,第1178页。

2 《胡秀兰证言》,见朱成山主编《侵华日军南京大屠杀幸存者证言集》,南京大学出版社1994年版,第79—80页。

3 《马忠芳口述》,见张连红、张生编《南京大屠杀史料集》第25册《幸存者调查口述》(上),江苏人民出版社2006年版,第94页。

4 《翟慕韩关于汤泉集体屠杀的调查》,见张连红、张生编《南京大屠杀史料集》第25册《幸存者调查口述》(上),江苏人民出版社2006年版,第219页。

刀砍死。[1]

73. 箍桶巷集体屠杀

箍桶巷位于南京城南武定桥东南,南起边营,北至长乐路。据幸存者汪玉华口述:1937 年年底,日军将躲避于该巷蔡家院附近一幢楼房防空洞中之 20 余名难民,全部逼令跪下,用刺刀戳死、戳伤近 20 人。汪其时 7 岁,亦被逼跪于墙角,目睹其父汪泰洪被刺刀戳死,以及其他人被刺致死、致伤情景。[2]

74. 秣陵关集体屠杀

秣陵关位于南京南郊殷巷、禄口间,古秣陵县所在地。村民鲍先贵口述:1937 年 12 月下旬,日军始驻军秣陵关。驻定后,将桥北慈善庙里的和尚全部杀死。某日,一个日军士兵行至桥北井家巷,见有 10 余名村民坐在梅家祠堂墙根晒太阳,便用刺刀将其全部杀死,还将该地包奶奶、唐良如、唐麻子等村民杀死。[3]

75. 华侨路集体屠杀

华侨路位于南京城西汉中路以北、中山路西侧,东起中山路,西至左所巷。市民朱汉祥口述:1937 年 12 月下旬某日,日军在该路口将朱随身携带的一床棉被刺破,将朱与另一人扣在一起,被扣者计近百人,均为两人一扣,排成纵列,旋于背后用机枪扫射,致众皆毙,朱卧倒较快,伏于死尸堆中,幸免于难。[4]

76. 城西某山丘集体屠杀

山丘地点不详。1937 年 12 月下旬,几百名在金陵大学避难的难民,被押至该处,日军将其作为练习刺杀的活靶,加以屠杀。[5]

77. 鼓楼四条巷集体屠杀

鼓楼四条巷位于南京鼓楼以北、中山北路南段西侧,南起北平路(今北京西路),北跨云南路至大方巷。中国国防部审判战犯军事法庭对战犯谷寿夫的判决书附件

1　《苏明治口述》,见蒋晓星等编《南京大屠杀史料集》第 38 册《幸存者调查口述续编》(中),江苏人民出版社 2007 年版,第 1191—1193 页。

2　《汪玉华口述》,张连红、张生编《南京大屠杀史料集》第 25 册《幸存者调查口述》(上),江苏人民出版社 2006 年版,第 47 页。

3　《鲍先贵口述》,见蒋晓星等编《南京大屠杀史料集》第 37 册《幸存者调查口述续编》(上),江苏人民出版社 2007 年版,第 420 页。

4　《朱汉祥证言》,见朱成山主编《侵华日军南京大屠杀幸存者证言集》,南京大学出版社 1994 年版,第 130—131 页。

5　章开沅编译:《天理难容——美国传教士眼中的南京大屠杀(1937—1938)》,南京大学出版社 1999 年版,第 451 页。

载：1937年12月16日，日军在该巷难民所将张义魁等50余人集体枪杀；在中山北路前法官训练所旧址，将平民吕发林、吕启云、张德智、张德亮、张德海等100余人拖至该巷塘边，用机枪射杀，无一幸免。市民王张氏陈述，12月14日上午，目睹其夫王文金等10人被日军自该巷难民区家中掳走，枪杀后推入塘内。据南京市第六区区长詹世骅致南京市政府呈文称：1938年1月末（文称"二十六年腊末"，疑应为"冬末"，即1937年12月末），"云南路四条巷口塘地间，日军枪杀难民青年约在六百人以上"。[1]

78. 东善村集体屠杀

东善村位于南京南郊东善桥附近。村民夏长兴口述：1937年12月底，日军来到该村，将村民陈姓弟兄二人打死；在桥东王兴礼家的地洞里，用柴草将躲藏的王兴礼、方姓村民等四五人熏出，用枪击毙；在桥下也杀死10几名外地人；在田里有9人被打死；在村前头，将从外地押来的26人杀死。[2]

79. 凤台乡、花神庙集体屠杀

凤台乡因凤台门、凤台山得名，凤台门位于南京雨花台正南。花神庙位于雨花台西南侧，寺庙，兼为村名。1937年12月间，难民5000余名、守军士兵2000余名，在该处被屠杀。所有尸体，由村民芮方缘、张鸿儒，商人杨广才等组织难民30余人，使用红卍字会旗帜、符号，经40余日工作，分别掩埋于雨花台山下及望江矶、花神庙等处。[3]

80. 大方巷集体屠杀

大方巷位于南京鼓楼广场西北，东起云南路，西至江苏路。1937年12月16日，日军将难民区内平民谢来福、李小二、石岩、陈肇委、胡瑞卿、王克林、徐静森等数百人驱集至该巷广场的池塘内，以机枪扫射。12月27日上午，日军将难民区内平民邓荣贵等数百人，押至该巷塘边以机枪扫射，致全部丧命。幸存者李其宏口述：12月间，日军将难民区内难民700余人，于鼓楼大钟亭逐个检查，除李等13人放回外，其余悉被押至该巷土地庙空地处枪杀。幸存者吴国治口述：12月间，他与罗汝其、罗汝刚等

---

1 《谷寿夫战犯案判决书附件》《王张氏陈述其夫王文金等在鼓楼四条巷被日军集体枪杀的结文》，见中国第二历史档案馆等编《侵华日军南京大屠杀档案》，江苏古籍出版社1987年版，第133、115页；《南京市第六区区长詹世骅致南京市政府呈文》，见中央档案馆等编《南京大屠杀》，中华书局1995年版，第475页。

2 《夏长兴口述》，见蒋晓星等编《南京大屠杀史料集》第37册《幸存者调查口述续编》（上），江苏人民出版社2007年版，第528页。

3 《谷寿夫战犯案判决书附件》《芮方缘、张鸿儒、杨广才陈述日军在中华门、花神庙一带集体屠杀市民的结文》，见中国第二历史档案馆等编《侵华日军南京大屠杀档案》，江苏古籍出版社1987年版，第135、93页。

数千人被日军驱集至大方巷广场,以每批 10—20 人押至瓢园水塘边,逐个用步枪射杀,或用刺刀刺杀,并让后批待刑者将前批死尸摔进水塘,总计毙命者达一二千人,嗣后复将剩余一二千人押赴下关枪杀,吴趁天黑于转移途中侥幸逃脱。[1]

81. 下关集体屠杀

下关泛指南京挹江门外中山北路、热河路至江边一带。因居上关(上新河镇)下游,故名。中国国防部审判战犯军事法庭对战犯谷寿夫的判决书附件载:1937 年 12 月 18 日,日军将大方巷难民区青年单耀庭等 4000 余人,押送该处,用机枪射杀。幸存者何守江口述,12 月 14 日晚,日军在大方巷难民营集中了一两千名难民,全部押送该处江边,用 6 挺机枪同时扫射,何跳入江中,侥幸脱险。守军教导总队工兵王家祯口述:他与其他守军士兵共 2000 余名在下关被俘后,日军用绑腿反绑其双手,两人一捆,先用刀砍,后押至江边,以 12 挺机枪扫射,未死呻吟者复遭刀刺枪击。王受伤后,倒于尸体中间,侥幸存活。宝善街市民张秀英亲眼目睹 12 月间几百名被俘中国士兵,被日军驱至中山桥下路边,全部遭机枪射杀。市民刘潮祯致南京市政府呈文称,其子警察刘先振等 10 余人,于 12 月间,被日军由最高法院难民收容所强行拉出,以汽车运至该处江边,与聚集该处之千余名难民一齐为机枪扫毙。只一人躲于尸体堆中,侥幸脱险,并将目睹情形告呈文者。[2]

82. 上新河集体屠杀

上新河,河名,街区名,位于南京水西门外。作为水系之上新河,为明清运输木材和竹、油、麻等物资的主要水道,街区因水系得名。1937 年 12 月间,南京城陷后,防守雨花台之中国军人大批退至该地区,被俘后,在江东门、汉西门、凤凰街、广播电台、自来水厂、皇木厂、新河口、拖板桥、菩提阁、菜市口、荷花池、螺丝桥、江滩、棉花堤、双闸、东岳庙等处,遭日军杀戮,尸横遍野。中有被俘军人数千人于凤凰街被推入水塘,

---

1 《谷寿夫战犯案判决书附件》,见中国第二历史档案馆等编《侵华日军南京大屠杀档案》,江苏古籍出版社 1987 年版,第 132—133 页;《李其宏证言》,见朱成山主编《侵华日军南京大屠杀幸存者证言集》,南京大学出版社 1994 年版,第 59 页;《吴国治证言》,见朱成山主编《侵华日军南京大屠杀幸存者证言》,社会科学文献出版社 2005 年版,第 102—104 页。

2 《谷寿夫战犯案判决书附件》,见中国第二历史档案馆等编《侵华日军南京大屠杀档案》,江苏古籍出版社 1987 年版,第 133 页;《何守江口述》,见张连红、张生《南京大屠杀史料集》第 25 册《幸存者调查口述(上)》,江苏人民出版社 2006 年版,第 12 页;《张秀英证言》,见朱成山主编《侵华日军南京大屠杀幸存者证言集》,南京大学出版社 1994 年版,第 351 页;《王家祯证言》,见朱成山主编《侵华日军南京大屠杀幸存者证言》,社会科学文献出版社 2005 年版,第 39—40 页;《市民刘潮祯致南京市政府呈文》,见中央档案馆等编《南京大屠杀》,中华书局 1995 年版,第 464—465 页。

撒下稻草,浇以煤油,纵火焚烧;有被俘军人 1000 名左右被押至棉花堤,用两挺机枪进行扫射,复以干柴、汽油将未死者点火焚毙;并有妇人、幼女被奸杀者若干。遇难者尸体经木商盛世徵、昌开运助款雇工,以每具尸体付法币 4 角,共费资 1 万余元,计收埋尸体 28730 具。[1]

83. 燕子矶集体屠杀

燕子矶位于南京北郊观音门外东北直浃山,因石峰突兀临江,三面悬绝,形若巨燕,故名。据中国国防部审判战犯军事法庭对战犯谷寿夫的判决书附件载,1937 年 12 月间,在该处江滩,有被解除武装青年 5 万余人遭屠杀。守军士兵郭国强于该处三台洞附近,亲见日军用机枪扫射一日夜,有 2 万余名解除武装的守军士兵殒命。警察刘守春证实,有长警 2000 余名,在该处被日军枪杀。[2]

84. 八卦洲集体屠杀

八卦洲为南京北郊长江下游河道之冲积沙洲,与燕子矶隔江相望。1937 年 12 月间,日军对该洲沿洲江岸欲行渡江之军民,以机枪扫射,死者甚多。后经世界红卍字会八卦洲分会组织掩埋,计有被敌舰机枪射死者 184 名,收集沿江两岸浮尸 1218 具,自江中打捞尸体 157 具,仅此项被红卍字会掩埋尸体者,遇难者即达 1559 人。[3]

85. 宝塔桥集体屠杀

宝塔桥位于南京下关外金川河上,初建明初,1875 年重建,原名"状元桥",因江岸塌方下沉,后在河西岸建小宝塔镇之,遂更现名。据重庆市第七警察分局局长李龙飞调查、国民党中央调查统计局职员陈万禄陈述,日军"在宝塔桥谋杀我无辜青年约三万余人"。又据幸存者何守江陈述,1937 年 12 月 14 日,日军将难民 700 余人押至该桥上,强逼其自桥上跳进河中,大部摔死,未死者亦遭机枪扫射,无一幸存。[4]

1 《谷寿夫战犯案判决书附件》《盛世徵等为日军在上新河地区大屠杀致南京市抗战损失调查委员会呈文》,见中国第二历史档案馆等编《侵华日军南京大屠杀档案》,江苏古籍出版社 1987 年版,第 135、100—101 页。

2 《谷寿夫战犯案判决书附件》《刘守春为日军在燕子矶集体屠杀致国民政府呈文节录》,见中国第二历史档案馆等编《侵华日军南京大屠杀档案》,江苏古籍出版社 1987 年版,第 135、103 页;《郭国强口述》,见张连红、张生编《南京大屠杀史料集》第 25 册《幸存者调查口述》(上),江苏人民出版社 2006 年版,第 4 页。

3 《世界红卍字会八卦洲分会就运送军民过江与掩埋尸体事致中华总会函》,见孙宅巍编《南京大屠杀史料集》第 5 册《遇难者的尸体掩埋》,江苏人民出版社 2005 年版,第 193 页。

4 《陈万禄陈述日军在宝塔桥惨杀军民的结文》,见中国第二历史档案馆等编《侵华日军南京大屠杀档案》,江苏古籍出版社 1987 年版,第 105 页;《何守江口述》,见张连红、张生编《南京大屠杀史料集》第 25 册《幸存者调查口述》(上),江苏人民出版社 2006 年版,第 12 页。

86. 九家圩集体屠杀

九家圩位于下关时美孚栈街西侧,今唐山路北段东侧,因曾为城厢第九甲,故名"九甲圩",后讹为现名。中国审判战犯军事法庭对战犯谷寿夫的判决书附件载:1937年12月间,日军将军民 500 余人在该处九甲圩江边枪杀,所有尸体由红十字会会员姜鑫顺等于 12 月 14 日至 18 日间,抬至仁丹山及姜家园等处掩埋。[1]

87. 阴阳营集体屠杀

阴阳营位于南京鼓楼西侧,东起云南路、上海路,西至宁海路,分南北二巷分居北平路(今北京西路)两侧。据市民於敏恭致南京市政府呈文,1937 年 12 月 14 日,日军在该处将其 18 岁之侄於德明指为中国军人,与其他难民数百人一道押至南首塘边枪杀。市民周凤英陈述:12 月 16 日,日军从大方巷难民区搜出百十多人,指为守军士兵,驱至该处塘边,用机枪射杀。中有周氏之叔叔周必富,夫兄周永春、周永寿、周永财。市民马金忠陈述:12 月 30 日左右,亲见日军拴一串难民 10 余人,赶至该处后面小山上,用刺刀一一刺死。市民黄碧如陈述:12 月间,在难民区亲见日军将一二百名青年以绳索拴扣,排成数列,用机枪射杀。遇难者的尸体后由国际红十字会组织搬运到鼓楼二条巷一带掩埋。市民兰和义口述:12 月间,自己与另一人由日宪兵押着用小板车送三口锅到三牌楼,快到该处时,见日军正用三四挺机枪杀难民,遇难者约 300 人,都是老百姓,男性,老少皆有。市民曹学森口述:12 月间,目睹 100 多名男性难民被日军捆住双手,以绳拴连,押至北阴阳营大塘边用机枪射杀;未死者被扔进大塘淹死,塘水为之赤。[2]

88. 寺桥集体屠杀

寺桥,桥名,自然村名,位于南京东郊汤山街旁,桥因近古圣汤寺而得名,村因桥得名。据村民王本立口述,1937 年 12 月日军占领汤山后,将从麒麟门抓来的 17 名伕役,用绳捆绑,驱至该处王之住宅前的田地中,用刺刀刺杀,除一名 16 岁的小青年

1 《谷寿夫战犯案判决书附件》《姜鑫顺陈述日军在下关九甲圩江边集体屠杀的结文》,见中国第二历史档案馆等编《侵华日军南京大屠杀档案》,江苏古籍出版社 1987 年版,第 135、110 页。

2 《於敏恭为其侄於德明等被枪杀致南京市政府呈文》,见中国第二历史档案馆等编《侵华日军南京大屠杀档案》,江苏古籍出版社 1987 年版,第 120 页;《周凤英口述》,见张连红、张生编《南京大屠杀史料集》第 25 册《幸存者调查口述》(上),江苏人民出版社 2006 年版,第 16 页;《马金忠证言》《黄碧如证言》,见朱成山主编《侵华日军南京大屠杀幸存者证言集》,南京大学出版社 1994 年版,第 3336—337、74 页;《兰和义证言》《曹学森证言》,见朱成山主编《侵华日军南京大屠杀幸存者证言》,社会科学文献出版社 2005 年版,第 29—30、321 页。

趁令其寻找捆绑绳索的机会逃脱外,其余 16 人均被刺死。[1]

89. 江东门集体屠杀

江东门位于南京城西水西门外,明初南京外城十八门之一,因长江芜湖至南京段是南北流向,此门在长江东岸,故名。据幸存者刘世海口述,1937 年 12 月 16 日或 17 日,他与其他被俘士兵共 50 余人,被日军驱至该处中央军人监狱东边的一块菜地中,由 10 多个日军士兵从四面拥上乱砍、乱刺,除刘一人受伤昏死后清醒脱险外,其余同伴尽皆遇难。冯忠寿口述:12 月间,梅广昌等几百人,被日军用绳索拴连,押至该处,先以机枪扫射,复用刺刀补刺,仅梅一人在受伤后躲在尸体下侥幸活命。村民邱荣贵亲眼目睹,12 月 15 日,1000 余名难民被日军自中央军人监狱绑出,从江东桥头一直排到凤凰街,每隔几步就有一名手持刀枪的日军,在长官一声令下后,士兵们蜂拥上前刺杀,致被押难民全部遇难。遇难者尸体被扔进江东门河中,垒起一座"尸桥"。[2]

90. 虎踞关集体屠杀

虎踞关,路名,位于南京城西部清凉山东侧,南起广州路,北接西康路。铁匠王鹏清口述:日军占领南京后半月左右,王被日军指为军人,从难民区家中带至宁海路,与其他被抓难民计 200 余人,4 人一排,以绳捆缚,押至该处一凹地,以机枪、步枪同时射击。王受伤昏倒于死尸中,侥幸活命。[3]

91. 清凉山集体屠杀

清凉山,山名,街道名。该山又名石头山。附近一段街道以山得名,南起龙蟠里,北至广州路。据市民刘世尧口述:1937 年 12 月间,日军将数百名平民押至清凉山附近一个大防空洞中,先用汽油燃烧,再用机枪扫射,致全部丧命。[4]

92. 许家村集体屠杀

许家村位于南京北郊燕子矶笆斗村。村民葛仕坤亲眼目睹,1937 年 12 月间,日

---

1 《王本立口述》,见费仲兴、张连红编《南京大屠杀史料集》第 27 册《幸存者调查口述》(下),江苏人民出版社 2006 年版,第 975—978 页。

2 《刘世海口述》,见张连红、张生编《南京大屠杀史料集》第 25 册《幸存者调查口述》(上),江苏人民出版社 2006 年版,第 3—4 页;《冯忠寿口述》,见张生等编《南京大屠杀史料集》第 39 册《幸存者调查口述续编》(下),江苏人民出版社 2007 年版,第 1569 页;《邱荣贵证言》,见朱成山主编《侵华日军南京大屠杀幸存者证言集》,南京大学出版社 1994 年版,第 15 页。

3 《王鹏清口述》,见张连红、张生编《南京大屠杀史料集》第 25 册《幸存者调查口述》(上),江苏人民出版社 2006 年版,第 15 页。

4 《刘世尧口述》,见上书,第 62 页。

军在该村月亮山用绳将 400 多名中国军人捆住,令其跪地,用机枪全部扫死。[1]

93. 江心洲集体屠杀

江心洲位于南京西郊长江江心,西隔主航道与浦口相望,东南临夹江。清道光、同治间,由梅子洲与凤林、绥带、永定三洲合并而成。据村民杨勤洲口述:1937 年 12 月间,南京守军 300 多人退至江心洲后,未及过大江,被俘。日军将其押至一粮库中,先杀 2 人,再杀 8 人,后又押至套口处,两人一对背靠背绑住,与对岸部队配合,以两挺机枪扫射,对未死者,再架上木柴,倒上汽油,活活烧死。又难民邵荣奎亲眼目睹,登上江心洲的日军将 300 多名中国人用机枪打死,再将尸体推入江中。村民魏敬文口述:1937 年 12 月间,日军登上江心洲后,将放下武器的 100 余名守军士兵关入一仓库中,后逐一叫出行刑,均以刺刀刺死。[2]

94. 板桥集体屠杀

板桥,桥名,镇名。该桥位于南京雨花台西南,跨运粮河,镇以桥得名。据幸存者皇甫泽生口述:1937 年 12 月南京城陷后,皇甫等几百名守军士兵被俘,日军将其押至该地的一个山沟里,集体用机枪射杀,对受伤未死者,复以刺刀刺死。皇甫因倒卧于尸体下,得以幸存。市民曹明发、莫启福口述:12 月间,日军在该处火车站用机枪射杀三四百名守军士兵,并将尸体扔进池塘中。板桥村民高恒发亲眼目睹,12 月间,日军在此将几百名中国士兵赶到附近一个水塘边,用机枪全部射杀。[3]

95. 江浦城东乡集体屠杀

江浦县位于南京城郊西北部,与南京隔江相望。城东乡在县城东北部。据该乡 1983 年的调查资料,日军于 1937 年 12 月间,在该乡打死村民 14 人,放火烧死运铁船上的外地船民 28 人。[4]

1　《葛仕坤口述》,见张连红、张生编《南京大屠杀史料集》第 25 册《幸存者调查口述》(上),江苏人民出版社 2006 年版,第 63 页。

2　《杨勤洲口述》,见张连红、张生编《南京大屠杀史料集》第 25 册《幸存者调查口述》(上),江苏人民出版社 2006 年版,第 171 页;《魏敬文口述》,见张连红、戴袁支编《南京大屠杀史料集》第 26 册《幸存者调查口述》(中),江苏人民出版社 2006 年版,第 855 页;《邵荣奎证言》,见朱成山主编《侵华日军南京大屠杀幸存者证言集》,南京大学出版社 1994 年版,第 124 页。

3　《皇甫泽生证言》,见朱成山主编《侵华日军南京大屠杀幸存者证言集》,南京大学出版社 1994 年版,第 84 页;《曹明发、莫启福口述》,见张生等编《南京大屠杀史料集》第 39 册《幸存者调查口述续编》(下),江苏人民出版社 2007 年版,第 1643 页;《高恒发证言》,见朱成山主编《侵华日军南京大屠杀幸存者证言》,社会科学文献出版社 2005 年版,第 21 页。

4　《江浦县党史办调查》,见张连红、张生编《南京大屠杀史料集》第 25 册《幸存者调查口述》(上),江苏人民出版社 2006 年版,第 203—204 页。

96. 上坊集体屠杀

上坊,村镇名,位于南京西南郊区,因附近之上坊门而得名,上坊门为明代南京外城十八门之一。据村民谢德贵口述:1937 年 12 月日军占领上坊后,将村民戴德生、徐玉德以及谢纯培的父母与祖母等 10 余名村民杀死,加上外地人,在上坊共杀死一二百人。[1]

97. 豆菜桥集体屠杀

豆菜桥位于南京城西,东起豆菜巷,西至上海路。据市民马静雯口述:1937 年 12 月日军占领南京后某日,马躲于豆菜桥难民区一阁楼内,透过气窗,目睹三四十个日军将三四百名难民押至豆菜桥河边,以 3 挺机枪,将其全部射杀。[2]

98. 笆斗山集体屠杀

笆斗山位于南京东北郊燕子矶东,因山形似笆斗,故名。守军士兵朱芳海于 1937 年 12 月部队被打散后,藏身于该山窑洞中,目睹日军约两个排士兵将 200 余名老百姓押至该山下的两亩稻田地里,用机枪全部予以枪杀。朱在山上躲藏 7 天后,方获救过江。[3]

99. 成贤街集体屠杀

成贤街位于南京鸡鸣寺以南、中央大学东侧。据幸存者魏廷坤陈述:1937 年 12 月间,日军攻占南京后,将躲避于成贤街一座尚未竣工楼房地下室中之难民三四十人,用刺刀一个个逼出,复用机枪集体射杀。魏因躲入一烟囱内,得以幸免,其父母均于此遇难。[4]

100. 西羊巷集体屠杀

西羊巷位于南京城南中华门外雨花路东侧,原为坟地,后为聚落,为求吉利,称阳巷。后讹称羊巷,并有东羊巷、西羊巷之分。据幸存者孙育才口述:1937 年 12 月 12 日傍晚,日军将躲藏于该巷骡马房地洞中的 27 名难民,用烟熏逼出,逐一用刺刀刺死。孙因吓倒在地,与其他 4 人幸免于难,其余 22 人均被杀死。又据该巷市民谢赵

1 《谢德贵口述》,见蒋晓星等编《南京大屠杀史料集》第 37 册《幸存者调查口述续编》(上),江苏人民出版社 2007 年版,第 292 页。
2 《马静雯证言》,见朱成山主编《侵华日军南京大屠杀幸存者证言集》,南京大学出版社 1994 年版,第 304 页。
3 《朱芳海证言》,见朱成山主编《侵华日军南京大屠杀幸存者证言》,社会科学文献出版社 2005 年版,第 82 页。
4 《魏廷坤口述》,见张连红、张生编《南京大屠杀史料集》第 25 册《幸存者调查口述》(上),江苏人民出版社 2006 年版,第 45 页。

氏口述,1937 年 12 月日军占领南京后,留下看家的谢之老公公及邻居共 14 人,"被日军用瓦片等物活活闷压死"。[1]

101. 五贵里集体屠杀

五贵里位于南京中华门外雨花台西,西北走向。据幸存者张文斌口述:1937 年 12 月间,张与其他难民 20 余人,在该里一带被日军拦住,逼令脱掉衣服,用刺刀刺杀,张负伤后逃脱,其他 20 余人全部遇难。[2]

102. 白沙头集体屠杀

白沙头位于城西郊江心洲南段。村民林友余口述:1937 年 12 月日军占领江心洲后,某日,将一条外地双帮装柴船截住,放火烧船,致船上一二十人被活活烧死或淹死。[3]

103. 象房村集体屠杀

象房村位于城东南郊光华门外中和桥路西侧。因明代在此关养大象,故名象房,后成村,故名。市民郁新民口述:1937 年 12 月,日军侵入象房村后,抓夫扛东西,扛完全部打死,死者有 20 多人。[4]

104. 东林村集体屠杀

东林村位于城西南郊螺丝桥以南。因靠刘宋文帝陵,而得名东陵村,后讹为现名。村民刘永明口述:1937 年 12 月某日,日军将东林村躲在刘家地洞里的 13 名村民逼出,拉出一个杀一个,共杀死 12 人,中有妇女 1 人。村民朱兴仁于遭刀刺枪击后,扑到水塘里,侥幸未死。[5]

105. 交通部集体屠杀

国民政府交通部位于中山路西侧,察哈尔路以北,与铁道部隔路相望。该建筑为中西合璧风格,1933 年建成,系由建筑师杨廷宝设计,陶馥记营造商和基泰建筑事务所承办。1937 年 12 月日军占领南京后,安全区国际委员会职员韩湘琳目睹,"交通部前有三四十具尸体。路西尸体更多,都是老百姓服装。靠北有四五十具士兵尸体,

---

1 《孙育才口述》《谢赵氏口述》,见张连红、张生编《南京大屠杀史料集》第 25 册《幸存者调查口述》(上),江苏人民出版社 2006 年版,第 88—89、122 页。

2 《张文斌口述》,见上书,第 77 页。

3 《林友余口述》,见上书,第 79 页。

4 《郁新民口述》,见上书,第 130 页。

5 《刘永明口述》,见上书,第 145—146 页。

大门口有十多具尸体,是穿老百姓服装的。北边窑地边还有二三十具尸体。"[1]

106. 天后村集体屠杀

天后村位于南京西南郊大胜关以东。清代此处曾建有祭祀海神的庙宇天后官,故名。据村民陈启和口述:1937 年 12 月间,几个日军士兵将 100 多个守军俘虏押至该村的 5 间房子里,先以机枪扫射,复以刺刀刺杀。后村民在该处见到 78 具死尸。[2]

107. 城头村集体屠杀

城头村位于南京东郊沧波门以东。据市民陈锦德口述:1937 年 12 月间,日军侵入该村后,杀死谢严宏、陈东金、陈东建、李观和、郭老四、郭有才、李少怀、孙老太等许多村民;另有道然等 8 个和尚躲在村中柴堆里,也被日军搜出杀害。[3]

108. 南家边集体屠杀

南家边位于南京东北郊乌龙山下。1937 年 12 月间,日军攻至乌龙山后,将二三十名放下武器的守军士兵,让其用绑腿绑好自己,用机枪全部射杀。[4]

109. 石山集体屠杀

石山位于南京东北郊栖霞山之东南,因有零星孤石出露,与周围黄土有别,故名。村民刘以发口述:1937 年 12 月日军占领栖霞山一带后,刘与其他村民均避难至附近山上,待形势稍安定后,回到村里,见有 40 多具尸体,有守军士兵,有本地村民,形似被机枪集体扫射而死。[5]

110. 茶叶山集体屠杀

茶叶山又名喜鹊尾,位于南京东北郊栖霞山南面。村民杨超口述:1937 年 12 月间,日军占领栖霞山一带后,抓了几十个人,在该山的一个小山坡下,令其跪下,全部用机枪打死。其中只留下王志成一人,说是教书先生,获释放。[6]

111. 林桥集体屠杀

林桥位于南京东北郊栖霞山北面江边,今已塌入江中。据村民杨洪兴、马义财口

---

1 《韩湘琳证言》,见朱成山主编《侵华日军南京大屠杀幸存者证言集》,南京大学出版社 1994 年版,第 313 页。

2 《陈启和证言》,见朱成山主编《侵华日军南京大屠杀幸存者证言》,社会科学文献出版社 2005 年版,第 164—165 页。

3 《陈锦德证言》,见上书,第 302—303 页。

4 《黄国宝口述》,见张连红、戴袁支编《南京大屠杀史料集》第 26 册《幸存者调查口述》(中),江苏人民出版社 2006 年版,第 551 页。

5 《刘以发口述》,见上书,第 553 页。

6 《杨超口述》,见上书,第 707 页。

述:1937 年 12 月间,日军占领栖霞一带后,将 20 余名拉船者绑至该处,逼令其自己挖坑并跪进坑中,后用刺刀刺死。马义财之父马仁义撒开腿以"之"字形路线逃跑,日军向其开枪,未击中,侥幸逃生。[1]

112. 李家岗集体屠杀

李家岗位于南京东北郊栖霞山以东、摄山镇之西。据幸存者李学发、李书海口述:1937 年 12 月某日深夜,100 多个日军来到该村,将全村男性青年集中押至小秧田中,以其作为练习刺刀的活靶,致 16 人被当场刺死,"血流成渠,肚肠子拖得满地"。李学发身中 9 刀,滚入小水沟中,幸免于死;李书海稍习武术,于日军抓捕时用红缨枪与之搏斗,终死里逃生。村民陈家宝口述,在此次集体屠杀中死难的村民有陈纪安、陈纪林、李书荣、李书文、陈家桂(陈之大哥)、范义生、殷德禄、殷福寿、李学贵、蔡学勤、赵大鹏、李展宏、李书有等人。[2]

113. 后库集体屠杀

后库位于南京东北郊麒麟门外东流桥之北、九乡河边。传村后山谷里曾为明代金库,故名。村民吴锡友、李广扬口述:1937 年 12 月间,日军来到后库村后,将村上10 多名年轻人指为守军,使其排成一排,挨个开枪,被当场打死者有吴锡友舅舅孙兴来与吕淑宝、吕三石、吕二虎子、李二子、谭正启、孙勇成、孙羊子、孙晃子等 9 人;村民李六子见日军已撤离,便大声呼叫日军已走,被留下的一个日军开枪打死。吴锡友父亲吴连兴与孙家乐、孙家和、李兴怀在屠杀中侥幸存活。[3]

114. 钟家岗集体屠杀

钟家岗位于南京西南郊板桥附近。村民汪长义亲眼目睹,1937 年 12 月间,该村山岗上有 90 多名守军官兵,被日军抓押后,用机枪集体扫射而死。[4]

115. 大寺山集体屠杀

大寺山位于南京西南郊江宁镇附近。村民康有志亲见,1937 年 12 月间,有二三十名放下武器的守军士兵,被 3 个日本兵用枪射杀于该山。致使山下一个 1 亩大小

---

1 《杨洪兴口述》《马义财口述》,见张连红、戴袁支编《南京大屠杀史料集》第 26 册《幸存者调查口述》(中),江苏人民出版社 2006 年版,第 725、727 页。

2 《陈家宝述》,见上书,第 736 页。

3 《李广扬口述》《吴锡友口述》,见上书,第 762—763 页。

4 《汪长义口述》,见上书,第 777—778 页。

的水塘中,填满了军人与百姓的尸体。[1]

116. 牛首山集体屠杀

牛首山位于南京南郊中华门南 13 公里处,因双峰对立,形似牛头而得名。荷塘村村民陈金凤口述:1937 年 12 月间,日军攻占牛首山后,将避难于龙泉寺的 13 名青年(其中有荷塘村的弟兄 3 人),押至该山附近枪杀。[2]

117. 大埂上集体屠杀

大埂上位于南京西南郊之江心洲。村民刘正保口述:1937 年 12 月间,某日上午九十点钟,他亲眼目睹七八个日军将住于刘家避难的 4 名年轻人指为守军士兵,用刺刀刺死。当天村里共被日军杀死 11 人,其中 10 人是从城里跑出来的,1 人为本村村民张谋忠。[3]

118. 大连山集体屠杀

大连山位于南京东南郊原江宁县境淳化以北。村民任秀兰口述:1937 年 12 月日军占领淳化后,将新庄岳春林及蒋姓、窦姓村民等几十人在该山用机枪扫死,"那个声音噼噼啪啪的,我们都不敢出去"[4]。

119. 李家庄集体屠杀

李家庄位于南京东郊汤山地区汤山村,为李氏聚居地。村民劳广寿口述:1937 年 12 月日军占领汤山后,将躲在该村庄附近一个地洞里的男女村民,一个一个叫出来,出来一个打死一个,计将商二头子、罗长桃、罗云山、王大、唐康英、李大洲、李世和、王新福等 10 余人杀死。[5]

120. 马山口集体屠杀

马山口位于南京东郊汤山西北桦墅村附近。村民秦进兰口述:1937 年 12 月间,日军攻至汤山附近,秦夫秦汉英等 16 名年轻人在该处遭遇日军,被逼令跪下,予以枪杀。[6]

---

1 《康有志口述》,见张连红、戴袁支编《南京大屠杀史料集》第 26 册《幸存者调查口述》(中),江苏人民出版社 2006 年版,第 784 页。

2 《陈金凤口述》,见上书,第 824 页。

3 《刘正保口述》,见上书,第 856 页。

4 《任秀兰口述》,见上书,第 908—909 页。

5 《劳广寿口述》,见费仲兴、张连红编《南京大屠杀史料集》第 27 册《幸存者调查口述》(下),江苏人民出版社 2006 年版,第 970—972 页。

6 《秦进兰口述》,见上书,第 1023 页。

121. 西村集体屠杀

西村位于南京东郊麒麟门外，因地处凳子山西侧，故名。1937 年 12 月间，日军占领汤山后继续西进，将躲在该村一座孤立房中的 20 多名村民，除一人逃出外，其余全部打死，中有某户弟兄 4 人，全部遇难。村民侯吴氏目睹屠杀现场，称："地上的血，脚一踩就溅起来了。"[1]

122. 关塘堰集体屠杀

关塘堰位于南京东郊汤山地区上峰南面，传此处水坝可节制 100 多个塘的水，因名"关塘堰"，村以堰名。村民李启晶口述：1937 年 12 月日军占领汤山后，在该村一次打死 30 多人，其中年龄最大者为 83 岁的贾欣尚老人；另一位村民戴可久，因未帮日军找到花姑娘，被打死在一个茅房边上。[2]

123. 下山村集体屠杀

下山村位于南京东郊汤山地区与句容交界处，因地处小山边，名"山村"，后村分上、下两处，居上山村下方者为下山村。1937 年 12 月间，日军来到该村，一次打死从避难地回家取粮食的村民梁传斌、杨家金、杨家贵等 18 人，其中 15 人是外村的。此外，日军还在小塘处将皋姓兄弟俩关在草房里活活烧死；将本村村民尹建元、大奥逼跪在塘埂上，开枪打死；又在弯塘将村民李小狗子、梁庆喜用枪击毙。[3]

124. 王家边集体屠杀

王家边位于句容天王寺南面，以王氏最早建村得名。村民刘勇口述：1937 年 12 月间，日军从句容天王寺向南攻至朱巷，将朱巷从十五六岁到四五十岁的男人共七八十人押至该村的一个碾坊里，用铁丝将各人双手绞住。次日，在一条战壕边放一张宽凳，将被押村民逐个绑于凳上，用锯子从后脖开锯，人死后便摔在战壕里。"七八十号人，杀了一天，战壕都塞满了。"刘找到其父刘胜富的尸体时，亲见"他的头还连着，喉咙那里没锯断"[4]。

---

1 《侯吴氏口述》，见蒋晓星等编《南京大屠杀史料集》第 38 册《幸存者调查口述续编》（中），江苏人民出版社 2007 年版，第 1119 页。

2 《李启晶口述》，见费仲兴、张连红编《南京大屠杀史料集》第 27 册《幸存者调查口述》（下），江苏人民出版社 2006 年版，第 1055 页。

3 《刘道义口述》，见上书，第 1100—1101 页；费仲兴：《城东生死劫》，中国工人出版社 2008 年版，第 171 页。

4 《刘勇口述》，见费仲兴、张连红编《南京大屠杀史料集》第 27 册《幸存者调查口述》（下），江苏人民出版社 2006 年版，第 1328—1329 页。

125. 江宁镇集体屠杀

江宁镇位于南京西南郊江宁河畔,西濒长江。村民王家凯口述:1937 年 12 月间,在该镇街上,日军用两根长长的木头把 20 多名守军士兵夹在中间,以绳索捆住其脚,底部放草,浇以汽油,将其烧死。[1]

126. 中前村集体屠杀

中前村位于南京南郊江宁地境东北部、土山西侧。村民李德全口述:1937 年 12 月日军由索墅攻至东山后,在该村共杀死 10 多人。其中,哥哥李德良被从脖后一边一刀,穿破喉咙而死;母亲、四妈妈、堂姐被吓得跳塘后,又被用刺刀戳死;四叔和老师被戳死后,扔到河滩上;还有些躲在酒坊里的村民,被放火烧死。[2]

127. 耿岗村集体屠杀

耿岗位于南京东南郊上坊与淳化间,以耿氏世居此平岗上得名。村民耿顺山口述:1937 年 12 月间日军自淳化攻至该村,将耿的伯叔耿兴海、耿兴如等 13 人杀死。[3]

128. 王家窑集体屠杀

王家窑位于南京南郊秣陵新丰村,明代王氏先祖在此烧窑,故名。村民邵立才口述:1937 年 12 月日军攻至秣陵后,在该村将躲在聂家菜园的 15 名 30 岁左右男人,杀了 12 人。屠杀时,令其跪下,用机枪扫死。中有聂姓、张姓等村民。[4]

129. 蒲神庙集体屠杀

蒲神庙位于南京南郊秣陵东旺村,清代村民在此处祭祀蒲神,故名。村民张玉珍口述:1937 年 12 月间,日军攻占秣陵后,在该庙浇上煤油,将村民"猴子"、韦驼子及韦姓娘俩等 10 多人烧死;又将躲在该庙的张家盛哥哥抓住,绑上石头沉到桥北杨家塘淹死。[5]

130. 谢塘集体屠杀

谢塘位于南京东郊麒麟镇东南。村民薛万珍、郝广潮口述:1937 年 12 月间,日军由汤山攻向南京,到达该村后,令跑反的 100 余名村民跪地接受检查,旋将薛父薛继、二叔薛义友、姐夫陈光强、小叔、侄儿,以及刘老三、吴永金、吴小猴子与狮子坝陈

1 《王家凯口述》,见蒋晓星等编《南京大屠杀史料集》第 37 册《幸存者调查口述续编》(上),江苏人民出版社 2007 年版,第 75 页。
2 《李德全口述》,见上书,第 197 页。
3 《耿顺山口述》,见上书,第 299—300 页。
4 《邵立才口述》,见上书,第 563 页。
5 《张玉珍口述》,见上书,第 571 页。

姓村民一家父子四人等,共计 20 余人,全部用刺刀刺死。在该村后巷的小学里,有 24 人被逼令脱了衣服,一个一个地被戳死。[1]

131. 栖霞集体屠杀

栖霞,山名、镇名,因每到秋季,"丹枫似火,漫山凝霞",故以"栖霞"得山名,镇以山名。村民吴桂英口述:1937 年 12 月间,日军在马群大庄村将吴的婆婆谭张氏等一批村民,用绳捆绑,押至该处,开枪打死。"现场惨不忍睹,几十个人倒在了一起,有年轻的妇女一丝不挂倒在血泊中,还有吃奶的孩子与母亲死在一起。"[2]

132. 金陵女子大学集体屠杀

金陵女子大学位于南京城西宁海路、汉口路交界处,南京沦陷前后为安全区难民收容所之一。市民安翠云口述:1937 年 12 月 17 日下午,一批日本兵来到该校难民收容所,将疑为守军士兵的中青年男子 20 余人,押往斜对面空场,用机枪扫射,致全部遇难。市民张秀琴证实,12 月间,日军从难民区抓来许多男青年,用绳子绑着,押至金陵女子大学背后山上,用机枪打死。[3]

133. 古林庵集体屠杀

古林庵位于南京西北部西康路西侧马鞍山南,清称"古林庵",后改称"古林寺"。市民刘金祥口述:1937 年 12 月间,日军将刘及其兄,以及其他年轻市民约三四十人,用绳绑扣,押往该庵竹林中一山坡上。旋逐个盘问,查验手脚,将其中十五六名疑为守军士兵者,向下坡处驱赶,并于行进中抛掷手榴弹,致其全部遇难。[4]

134. 下山岗集体屠杀

下山岗村位于南京东郊麒麟门外以东,京(宁)杭国道南侧。1937 年 12 月间,日军占领麒麟门后不久,在该村及邻村抓夫 36 人,由 2 个士兵押着上山。在路过两个水塘时,村民韦明春情知不妙,假装弯腰拔鞋,将 2 个士兵推入水塘,冒险逃脱。日军

1 《薛万珍口述》,见蒋晓星等编《南京大屠杀史料集》第 38 册《幸存者调查口述续编》(中),江苏人民出版社 2007 年版,第 1175 页;《郝广潮口述》,见费仲兴、张连红编《南京大屠杀史料集》第 27 册《幸存者调查口述》(下),江苏人民出版社 2006 年版,第 1271—1272 页。
2 《吴桂英口述》,见张生等编《南京大屠杀史料集》第 39 册《幸存者调查口述续编》(下),江苏人民出版社 2007 年版,第 1594 页。
3 《安翠云证言》《张秀琴证言》,见朱成山主编《侵华日军南京大屠杀幸存者证言集》,南京大学出版社 1994 年版,第 64—65 页。
4 《刘金祥证言》,见朱成山主编《侵华日军南京大屠杀幸存者证言集》,南京大学出版社 1994 年版,第 69 页。

上岸后，令吴老二、吕富林等 35 人跪下，一一开枪击毙。[1]

135. 妙峰庵集体屠杀

妙峰庵位于南京城北盐仓桥东侧。原为庵堂，后成街巷，巷以庵名。据市民王陈氏战后陈诉函称，1937 年 12 月间，其夫王大明，"被日军掳去，押赴妙峰庵，与其他同胞数十人同时焚毙"[2]。

136. 雨花门集体屠杀

雨花门位于南京城南中华门之东，1926 年为南京市内小火车轨道出城而开辟的城门，因抵达雨花台附近的中华门站，故名。1937 年 12 月间，躲在该处附近防空洞中的 3 名妇女、19 名男子共 22 人，全部被日军杀死。市民陈文英目睹其尸体"被狗猫啃，脸上不像样子"[3]。

137. 王府巷集体屠杀

王府巷含大、小王府巷，位于建邺路北、朝天宫东侧，大王府巷南北向，南起建邺路、北接三茅宫；小王府巷东西向，西起大王府巷中段，东至头道高井、二道高井路口（今丰富路南段）。1937 年 12 月某日晚，日军在今丰富路卫生局烤火，后又纵火，将房屋燃烧，危及周围民房，市民纷纷前去救火。日军用种种方法杀害救火及居住在周围的市民，计杀死 20 余人。如将市民徐保定、韩天成等四人推入火中烧死；将范姓老人夫妇用砖头砸死；将市民王氏母子用刺刀刺死；将市民王冠发的岳父、岳母用绳子缚住，推入火中烧死；将市民柏老五和一位卖粥的伙计打死、砍死；将躲在鸡毛堆中的吴三刺死；将一位徐姓市民连砍十余刀致死等。幸存者左润德目睹现场，"只见一片焦黑的尸体，横七竖八地堆在那里。"[4]

138. 棉花堤集体屠杀

棉花堤位于南京城西南部螺丝桥西南，濒临长江夹江边。明代称"棉花地"，1926 年淹水后筑堤埂，改现名。1937 年 12 月间，该处附近村民近百人躲在自挖的一地洞里。日军到此后，发现洞口有一件灰色军衣，便认为洞里均为

1 费仲兴：《城东生死劫》，中国工人出版社 2008 年版，第 125 页。
2 《国民党中央秘书处郑彦芳致政务局陈可函》，见中央档案馆等编《南京大屠杀》，中华书局 1995 年版，第 523 页。
3 《陈文英证言》，见朱成山主编《侵华日军南京大屠杀幸存者证言》，社会科学文献出版社 2005 年版，第 166—167 页。
4 《左润德口述》《孙庆有口述》，见张连红、张生编《南京大屠杀史料集》第 25 册《幸存者调查口述》（上），江苏人民出版社 2006 年版，第 73、74 页。

守军士兵，遂用机枪对着洞口扫射，只刘老四一人身中七八枪，冒死冲出，得以幸存。[1]

139. 殷巷集体屠杀

殷巷位于南京南郊东山以南、方山以西。村民耿玉龙口述：1937 年 12 月间，日军一到该地，"就打死了二三十人"，西庄村民周富成被一巴掌打倒在地，后又打三枪致死；村民袁桂军、袁桂林兄弟在土城头被杀害。村民吴成裕口述：12 月间，日军"在街上杀了十四五个人"，"把他们一个个用刺刀戳死了，肠子都戳出来了"，村民徐来发在逃跑时被一枪打死。村民朱锡吾口述：12 月间，日军"到殷巷的第一天就杀了 60 多个当地的百姓"，任家边有一家五口全部被杀，村民曹大松被杀。据村民潘贤坤口述，日军"把殷巷街上的人集中在六间房子里，是金明生家的房子，杀了有五六十个人"，村民张道金被戳了八刀致死；村民余长怀为日军带路，将其带到了坟场，被打死。[2]

140. 梅山村集体屠杀

梅山村位于南京南郊西善桥南。1937 年 12 月间，日军将该村村民梅福康一家八人连同邻居四人，围着堆排成一圈，用布条将各人相互捆绑连结，后向人圈中投掷手榴弹，再用刺刀向未死者刺戳，并将喊叫的小甥女用手卡死。在此次暴行中，除梅本人及一邻人受伤幸存外，其祖母梅周氏，父亲梅长春，二哥梅福松，堂兄梅福源、梅福财、梅福宝、梅福华，侄子梅寿明等共 10 人被杀害。[3]

141. 乌龙山集体屠杀

乌龙山位于南京东北郊尧化门东北长江边，因山上有乌龙庙而得名。1937 年 12 月间，日军将躲在该山附近一条壕沟中的 10 多个中国士兵，以绑腿捆绑住，全部用机枪扫死。[4]

142. 迈皋桥集体屠杀

迈皋桥位于南京城东北近郊，东井亭北、晓庄南。1937 年 12 月 15 日，10 多个日

1 《范大理证言》，见朱成山主编《侵华日军南京大屠杀幸存者证言》，社会科学文献出版社 2005 年版，第 94 页。

2 《耿玉龙口述》《吴成裕口述》《朱锡吾口述》《潘贤坤口述》，见蒋晓星等编《南京大屠杀史料集》第 38 册《幸存者调查口述续编》（中），江苏人民出版社 2007 年版，第 607、610、625、638—639 页。

3 《梅福康口述》，见张连红、张生编《南京大屠杀史料集》第 25 册《幸存者调查口述》（上），江苏人民出版社 2006 年版，第 32 页；《梅寿芳口述》，见张生等编《南京大屠杀史料集》第 39 册《幸存者调查口述续编》（下），江苏人民出版社 2007 年版，第 1636 页。

4 《吕秀琴口述》，见张连红、戴袁支编《南京大屠杀史料集》第 26 册《幸存者调查口述》（中），江苏人民出版社 2006 年版，第 557 页。

军在该处马路旁抓到 13 名农民或穿了便衣的军人,将其用绳捆绑关押;17 日,复将其拉到屋后小塘边,一对一地作"打靶"对象,予以枪杀。市民叶长洲口述:1937 年 12 月间,日军将 300 余名被俘国军士兵用绳捆住,在"马营"处围成一个大圆圈,以机枪集体射杀,无一幸存。[1]

143. 兴卫村集体屠杀

兴卫村位于南京城东北,尧化门以西。1937 年 12 月间,日军在此处将 10 多名老百姓关在一间茅草房里,放火将人连房焚烧,致其全部烧死。[2]

144. 贾家边集体屠杀

贾家边位于南京东北郊燕子矶东。1937 年 12 月间,日军在此处将一个排被俘的守军士兵用绳捆缚,以机枪扫射,全部杀死。[3]

145. 九龙桥集体屠杀

九龙桥位于通济门外秦淮河上,传上游有九条支河水汇集于此,河形似龙,故得名。1937 年 12 月间,有 13 名难民躲在此处一个院子里,在日军进行检查时,认为其手上因种田所生老茧是守军士兵的标志,用刀砍死 1 人,用刺刀刺死 10 人,仅 1 人因抱有小孩,得与小孩同时幸免于难。[4]

146. 獾子洞集体屠杀

獾子洞位于南京东郊仙鹤门外灵山南侧。1937 年 12 月间,日军在侵占南京后,又回过头来到灵山一带,在灵山南面的"二亩地"和横山头分别架了机枪,将避难于该处的难民张金根等 39 人全部打死。[5]

147. 浦口集体屠杀

浦口位于南京西北部长江对岸,与下关隔江相望。据市民周炳富、彭仁杰口述:1937 年 12 月 12 日,日军由江浦侵入浦镇东门,将难民近 400 人赶到第十七中学河对

---

1 《叶长洲口述》,见张连红、戴袁支编《南京大屠杀史料集》第 26 册《幸存者调查口述》(中),江苏人民出版社 2006 年版,第 682—683 页;《孙步方证言》,见朱成山主编《侵华日军南京大屠杀幸存者证言集》,南京大学出版社 1994 年版,第 49 页。

2 《叶长洲口述》,见张连红、戴袁支编《南京大屠杀史料集》第 26 册《幸存者调查口述》(中),江苏人民出版社 2006 年版,第 683 页。

3 朱成山主编:《南京大屠杀辞典》(上),南京出版社 2006 年版,第 478 页。

4 《陈效虎口述》,见张连红、戴袁支编《南京大屠杀史料集》第 26 册《幸存者调查口述》(中),江苏人民出版社 2006 年版,第 859 页。

5 《邓启罗口述》,见张生等编《南京大屠杀史料集》第 39 册《幸存者调查口述续编》(下),江苏人民出版社 2007 年版,第 1623 页。

岸的坑里,迫令其自行捆绑,后用刀杀死,或绑于树上用汽油烧死。村民谢宝伦于 1938 年初去浦口油库时亲眼目睹,日军将 100 余名老百姓用绳捆住,赶往江中登墩上,用机枪扫死,只韩兆礼、郑方氏二人侥幸逃离。市民常玉华于 1937 年 12 月间,亲见其三哥常大富与其他 30 余人被日军用铁丝绑在江中墩埠上,后用机枪将其全部射杀。幸存者张福龙口述:1938 年初,他在浦口油库附近被日军用草绳绑住,每排十二三人,一排接一排地从墩鼓上推入江中,岸上和舰艇上机枪同时扫射,将难民全部射杀。张于受伤后,侥幸脱险。[1]

148. 山西路集体屠杀

山西路位于南京城北中山北路以西,东北起山西路广场,西南至江苏路,以山西省命名。据市民王金福口述:自 1937 年 12 月下旬起,难民区开始排队登记领取"良民证"。某日,日军将 500 名左右被认为是中国军人的青年难民,自金陵女子大学登记现场拉出来,押往该处广场,用机枪射杀。[2]

149. 西桥集体屠杀

西桥,桥名,街区名,街区因桥得名。该桥位于南京鼓楼广场西北之金川河上,因位于鼓楼之西,故名。其街区东起鼓楼四条巷,向西穿云南路至江苏路南段。据幸存者陈福宝陈述:1937 年 12 月 13 日,日军将居住于难民区之难民 39 人挑出,押至该处塘边,复经查验头、手等部位,将陈与另一难民释放,其余 37 人均遭杀害。后又责令陈与另一获释者,将遇难者尸体抛入塘中。又据市民赵兴隆证实:1937 年 12 月间,日军从宁海路难民区一次抓走 30 余人,在山西路广场让家人认领走其中 3 人,赵亦在其中,其余 30 余人被押往西桥,全部用机枪射杀。据南京市第六区区长詹世骅致南京市政府呈文称:1938 年 1 月末(文称"二十六年腊末",疑应为"冬末",即 1937 年 12 月末),日军将难民区内大批难民及青年学生赶至西桥塘边,用机枪扫射,死亡者约为一千数百人。[3]

---

1 《周炳富、彭仁杰口述》,见张连红、张生编《南京大屠杀史料集》第 25 册《幸存者调查口述》(上),江苏人民出版社 2006 年版,第 198 页;《谢宝伦证言》《常玉华证言》《张福龙证言》,见朱成山主编《侵华日军南京大屠杀幸存者证言集》,南京大学出版社 1994 年版,第 89—91 页。

2 《王金福证言》,见朱成山主编《侵华日军南京大屠杀幸存者证言》,社会科学文献出版社 2005 年版,第 74—75 页。

3 《陈福宝陈述日军在城内屠杀市民记录》,见中国第二历史档案馆等编《侵华日军南京大屠杀档案》,江苏古籍出版社 1987 年版,第 263 页;《赵兴隆证言》,见朱成山主编《侵华日军南京大屠杀幸存者证言集》,南京大学出版社 1994 年版,第 121—122 页;《南京市第六区区长詹世骅致南京市政府呈文》,见中央档案馆等编《南京大屠杀》,中华书局 1995 年版,第 475 页。

150. 刘岗头集体屠杀

刘岗头位于南京东郊汤山镇东边,传宋代刘姓居此山岗上,故名。村民刘家鑫口述:1937年12月间,日军进入该村后,即杀死9名村民,其中刘治佳、刘治龙在家门口被刺死,李世文、刘治升、刘治庭、华治正、陈桂珍、刘科芝及一个讨饭者等7人被枪杀。村民刘兴铭口述:1938年1月25日,大批日军从句容茅山方向开向南京,闯进该村后,将刘父刘家凤等42名青壮年村民押至村后广场,排成一字形,各以衣裤将自己眼睛蒙住,跪地受刑。身旁日军亦站成一排,指挥官一声令下后,便开枪射击,致被押村民全部遇难。刘家鑫证实,遇难者中有刘家凤、柏学勇、刘富连、文永根、文明才及其母、荣泰、刘治本、刘治远、王老东、刘治若及其母、李兴根爷爷与奶奶、金兴槐侄女等。[1]

151. 茅屋集体屠杀

茅屋自然村位于南京东郊麒麟门附近之龙尚村,清代陈氏逃荒到此,搭茅棚而居,人称"茅屋"。1938年1月8日左右,一个喝醉酒的日军士兵来到该处西南边的野山沟,遇到在树林里看管拖石灰骡子的一批年轻男性村民,遂将其作为守军士兵追杀,当场杀死谢小四(谢天海叔叔)、谢小四(谢明钊四哥)、徐小宝、王大生、王家寅、小顺等13名(一说14名)村民。事件中,仅王光兴、王大宝、徐玉荣3人趁有人反抗时,冒险逃脱,得以幸存。[2]

152. 周家边集体屠杀

周家边位于南京东郊汤山镇东北。1938年1月23日,6个日军从沿村来到该村,先将村里尚未烧掉的房屋放火焚烧,继将村民赶到一起,老人与小孩另站一边,18名青壮年男子被带往村东土岗"东卧山"。途中,张明荣、张贤森冒险逃脱,余下的16人被逼令至东卧山两个水塘间的塘埂上站成一排,继则开枪射击,再以刺刀戳戮,将侯玉山、侯玉龙、林庆松、林小八子、张道林、张道才、鲍海军等14人杀死,只张道银等2人侥幸存活。[3]

153. 鲍亭集体屠杀

鲍亭位于南京东郊孟塘以北句容、江宁交界之句容一侧,由上鲍亭、下鲍亭、张家

---

1 《刘家鑫口述》,见费仲兴、张连红编《南京大屠杀史料集》第27册《幸存者调查口述》(下),江苏人民出版社2006年版,第1128—1129页;《刘兴铭证言》,见朱成山主编《侵华日军南京大屠杀幸存者证言》,社会科学文献出版社2005年版,第13—14页。

2 费仲兴:《城东生死劫》,中国工人出版社2008年版,第233—234页。

3 同上书,第237—238页。

岗、罗岗 4 个自然村组成。1938 年 1 月 24 日,日军来到下鲍亭,将村民拉到上鲍亭以南 300 米处的乌龟桥,令其在桥东荒地排成一队跪下,后用机枪扫射。下鲍亭村民王利东、王利正、王贞福、王贞林、孙信福、夏长道、夏长元、任安生、丁道兴、丁正财、丁老巴子等 18 人遇难。[1]

154. 魏家村集体屠杀

魏家村位于南京南郊江宁地境南部。村民魏元锡口述:1938 年 1 月,日军来到该村,父亲魏德钱、三哥三五子被开枪打死后,又用刺刀戳了两刀;村民魏德贵与周德义奶奶坐在地洞里被打死;前坟的马天亮、马明才父亲和魏长林奶奶也在此次被打死。此次日军在该村共杀死十五六名村民。[2]

155. 陆郎集体屠杀

陆郎位于南京西南郊,铜井西、江宁镇东南。1938 年 1 月 9 日,日军将该地村民朱老四、施旺才、吴晓风、栾孝四、严叶风、戴吹二、朱家清及一位陶姓者等计 21 人,用绳索捆住,一排排跪在神山头的一个塘边,用刺刀刺死。村民陶宝森口述:1938 年 1 月 12 日,日军在神山头塘边将王允华之父、谢兴富之父及刘姓者等 100 多人,全部用刺刀刺死。“他们把人捆起来,边刺边把人朝塘里推。”村民赵兴胜口述:1938 年 1 月 26 日,日军在神山头塘边杀死村民韩冬新等二三十人,“全部是被刺刀刺死的,有的尸体被扔到了塘里,有的还在山上”[3]。

156. 沧波门集体屠杀

沧波门位于南京东郊,麒麟门西南,明代外郭城门。1938 年 1 月间,一个喝醉酒的日军士兵,在该处的一个坟框里,将躲藏着的 11 名年轻人全部用刺刀刺死。[4]

157. 汤山集体屠杀

汤山,山名,地区名,位于南京东郊,山因有温泉,“四时如汤”,故名,地区因山得名,设有汤山镇。据市民彭问松于 1946 年 5 月 15 日所写陈述书称,日军初至该地,大肆屠杀,自 1937 年 12 月至 1938 年 2 月间,居民韩德诚等 230 余人先后遭杀戮。又据村民苏光贤口述:日军攻占该地后不久,在下山岗一带抓村民吴老二、吕富勇等

1　费仲兴:《城东生死劫》,中国工人出版社 2008 年版,第 239—240 页。
2　朱成山主编:《南京大屠杀辞典》(下),南京出版社 2006 年版,第 1279 页。
3　《赵兴胜口述》《陶宝森口述》《翟文有口述》《胡光跃口述》,见蒋晓星等编《南京大屠杀史料集》第 37 册《幸存者调查口述续编》(上),江苏人民出版社 2007 年版,第 147、147、154、160—161 页。
4　《丁祥忠口述》,见蒋晓星等编《南京大屠杀史料集》第 38 册《幸存者调查口述续编》(中),江苏人民出版社 2007 年版,第 1212 页。

36人为其干活,后将这批人押经汤山街西边靠溶洞地方,中韦明春一人趁机逃脱,其余35人被迫令跪下,全部被枪打死。[1]

158. 金华山集体屠杀

金华山位于城西南郊,板桥西北方。村民马兵雪口述:1938年春,日军在板桥地区抓捕数十名老百姓与游散国军,将其押至金华山附近的一个山沟,四面架设机枪,同时开火,致其全部丧命。[2]

159. 佘村集体屠杀

佘村位于南京东南郊高桥门外东山镇东北,以佘氏世代居此得名。村民张秀英亲眼目睹,日军在该村"一连砍死18个人"。[3]

160. 史家大窝子集体屠杀

史家大窝子位于南京东北郊燕子矶附近,与八卦洲隔江相望。据村民朱金财口述,日军占领南京后某日,在史家大窝子挖一几十亩大的沟,将1万余人杀死在沟中,其中包括朱的一个侄子。在此次屠杀中,只1名受伤者伏于尸体中,侥幸存活。朱之口述,即听此幸存者所言。时年25岁的村民周龙英口述,在史家大窝子,日军将一批难民用绳捆住,分排排列,至少有10排,每排约四五十人,全部用机枪扫死。村民育周氏陈述,在燕子矶史家大窝子,日军枪杀之中央军尸体堆得很高,机枪响了几个小时,其尸体或从江水中流走,或于原处腐烂,其中亦有未死者,以木排划到八卦洲。[4]

二、712次分散屠杀

1. 新塘集屠杀

新塘集位于南京东郊汤山东南,京(宁)杭国道旁。1937年12月5日,日军前锋

---

1 《彭问松关于日军在汤山屠杀暴行的陈述书》,见中国第二历史档案馆等编《侵华日军南京大屠杀档案》,江苏古籍出版社1987年版,第242页;《苏光贤口述》,见蒋晓星等编《南京大屠杀史料集》第38册《幸存者调查口述续编》(中),江苏人民出版社2007年版,第1208页。

2 朱成山主编:《南京大屠杀辞典》(上),南京出版社2006年版,第522页。

3 《叶水兰口述》(张秀英插话),见费仲兴、张连红编《南京大屠杀史料集》第27册《幸存者调查口述》(下),江苏人民出版社2006年版,第1284页。

4 《朱金财口述》《周龙英口述》《育周氏口述》,见张连红、戴袁支编《南京大屠杀史料集》第26册《幸存者调查口述》(中),江苏人民出版社2006年版,第652、650、646—647页。

部队到达该地,将煤炭杂货店商民赵春海枪杀。[1]

2. 禄口曹村屠杀

禄口曹村位于南京南郊禄口地境。因古曹氏居此,故名。1937 年 12 月 5 日,该村村民周久成、周久茂、周良合、周久宝及其子周培基,二罗锅等被日军枪杀。[2]

3. 宁西村屠杀

宁西村位于南京东郊上峰地境,林祥寺西,原称"林西村"。1937 年 12 月 6 日,日军在该村将村民时文举、时文珠、万中新、张顺强等枪杀。[3]

4. 潘家边屠杀

潘家边位于南京东南郊湖熟地境与句容接壤处。1937 年 12 月 6 日,村民俞海清,烂腿,躲在地洞里,被日军拖出打死;其弟俞海修为守军士兵,回来接妻,被日军带到村后小塘边开枪打死。[4]

5. 下王墅屠杀

下王墅位于南京东南郊方山地境东部。1937 年 12 月 6 日,日军来到该村,将村民孙於义之父、长富之妻、金存之妻、孙新刚之大小老婆、大王富之妻、张和才之妻等 9 人,或刺死,或枪杀。[5]

6. 万家村屠杀

万家村位于南京东郊上峰地境,以万氏世居于此得名。1937 年 12 月 6 日,该村村民万胜鑫在东塘埂被日军一枪击中头部身亡。[6]

7. 郭圩村屠杀

郭圩村位于南京东郊上峰地境。1937 年 12 月 6 日,该村村民张生强躲于塘口,被日军开枪打死;村民朱怀德家房子被烧,朱喊救火,被日军枪杀。[7]

---

1 《赵锦山呈文》,见中国第二历史档案馆等编《侵华日军南京大屠杀档案》,江苏古籍出版社 1987 年版,第 219 页。
2 《周敦银口述》《汤荣贵口述》,见蒋晓星等编《南京大屠杀史料集》第 38 册《幸存者调查口述续编》(中),江苏人民出版社 2007 年版,第 819、829 页。
3 《时存福口述》《时存富口述》,见费仲兴、张连红编《南京大屠杀史料集》第 27 册《幸存者调查口述》(下),江苏人民出版社 2006 年版,第 1245—1247 页。
4 《陈世江口述》,见上书,第 1324 页。
5 《孙於义口述》,见蒋晓星等编《南京大屠杀史料集》第 38 册《幸存者调查口述续编》(中),江苏人民出版社 2007 年版,第 687 页。
6 《万家声口述》,见上书,第 1144 页。
7 《曾兴法口述》《戴和英口述》,见上书,第 1145—1146、1146—1147 页。

8. 红塔街屠杀

红塔街位于南京东郊上峰地境。1937 年 12 月 6 日,日军来到该处,将周家边村民金列安和金大贵家的两名伙计等共五六人打死。有一名作厂的老人被日军用刺刀戳死在塘里。[1]

9. 龙泉庵屠杀

龙泉庵位于南京东郊上峰地境,涧南以南。1937 年 12 月 6 日,周家边村民高友成家的 4 个年轻人跑到该处,日军见他们穿着灰色衣服,认为系守军士兵,全部予以枪杀。[2]

10. 高庄屠杀

高庄位于南京东郊上峰地境,为上峰镇所在地。1937 年 12 月 6 日,该村村民王明光夫妇、王明堂夫妇共 4 人,被日军枪杀。[3]

11. 后花岗屠杀

后花岗位于南京南郊谷里西北。1937 年 12 月 7 日,该村村民周承言、杨昌济躲在地洞中,被日军发现后打死。[4]

12. 前盛屠杀

前盛位于南京南郊东善桥东北侧。1937 年 12 月 7 日,村民张学勤正跑动间,被日军开枪打死在路上;村民杨德忠之母,遭日军枪杀。[5]

13. 泉庄屠杀

泉庄位于南京南郊东善桥地境。1937 年 12 月 7 日,该处村民张志刚被日军绑在村中柏树上,砍了头。[6]

14. 高塘屠杀

高塘位于南京西南郊吉山地境。1937 年 12 月 7 日,村民周友仁、周老五、高昌云三人在该处被日军用刺刀戳死。[7]

15. 尚家村屠杀

尚家村位于南京南郊高塘地境。1937 年 12 月 7 日,日军将该村尚小扣子及两

1—3 《王干成口述》,见蒋晓星等编《南京大屠杀史料集》第 38 册《幸存者调查口述续编》(中),江苏人民出版社 2007 年版,第 1166—1167 页。

4 《尹长兰口述》《尹长训口述》,见蒋晓星等编《南京大屠杀史料集》第 37 册《幸存者调查口述续编》(上),江苏人民出版社 2007 年版,第 457—459 页。

5 《戴明喜口述》,见上书,第 512—513 页。

6 《韩光银口述》,见上书,第 519—520 页。

7 《侯永才口述》,见上书,第 569 页。

个周姓村民用刺刀戳死。[1]

16. 成功村屠杀

成功村位于南京南郊禄口地境。1937 年 12 月 7 日,日军来到该村,将村民王殿荣带到庙塘里打死;村民端木义来被日军赶到一个圩里,遭剖肚流肠而死;义来之母丧子后站在路边啼哭,被日军误为带错路的老太,遭击毙;村民端木传松从棚子里出来观察情况,被日军发现后打死;村民端木义龙在晚上从圩里出来看看,被日军开枪打死。[2]

17. 鲍亭屠杀

鲍亭位于南京东郊孟塘以北。1937 年 12 月 7 日,该处村民王贞祥腹部被日军戳数刀致死;王妻张氏被日军奸后杀死;其 3 岁的次子"小胖子"也被日军开枪打死;王家帮工振兴被日军枪杀。同日,村民王贞景骑毛驴回家,被日军一枪打落致死;村民王来成正在放牛,被日军一枪打死;村民陈家山被日军击中一枪后,又被踢致死。[3]

18. 石地村屠杀

石地村位于南京东郊上峰地境。1937 年 12 月 7 日,该村三名小脚妇女周王氏、周老三之妻和周保生之母遭日军枪杀身亡。[4]

19. 桦墅村屠杀

桦墅村位于南京东郊汤山地境,汤山镇西北、摄山南。1937 年 12 月 7 日,回该村探亲的村民严信道被日军杀死;剃头师傅张广玉因腿上有疤,被认为是守军士兵,遭日军刺杀身亡。12 月 8 日,该村小孩秦乾友被日军杀害。[5]

20. 丁墅屠杀

丁墅位于南京东郊汤山地境,汤山镇南、京(宁)杭国道西侧。1937 年 12 月 7 日,村妇胡氏因系小脚,跑不动路,为日军刺杀;其大儿媳是个瞎子,人长得漂亮,被日军强奸后上吊自杀;村民金德贵在奔跑中,为日军追上,一刀刺死。12 月 8 日,村妇

1 《尚永大口述》,见蒋晓星等编《南京大屠杀史料集》第 37 册《幸存者调查口述续编》(上),江苏人民出版社 2007 年版,第 583 页。

2 《王殿云口述》《焦国忠口述》,见蒋晓星等编《南京大屠杀史料集》第 38 册《幸存者调查口述续编》(中),江苏人民出版社 2007 年版,第 751、753—754 页。

3 费仲兴:《城东生死劫》,中国工人出版社 2008 年版,第 82—85 页。

4 同上书,第 196 页。

5 《笪英芳口述》《王正发口述》,见张连红、戴袁支编《南京大屠杀史料集》第 26 册《幸存者调查口述》(中),江苏人民出版社 2006 年版,第 746—747、746 页。

周氏在逃跑中被日军击中两枪致死;村民周老三之妻、周保生之母亦遭日军枪杀。[1]

21. 鄂村屠杀

鄂村位于南京南郊秣陵渡桥村地境。1937年12月8日,该村村民邵国兵及其两个儿子被日军杀死。[2]

22. 小赤燕屠杀

小赤燕位于南京东郊汤山地境。1937年12月7日,村民李永树从东阳返沿城家中取物,行至此处,遭遇日军,被枪杀。约12月9日,村民韩德诚与其侄华家根从鲍亭返刘岗头家中,行至该处附近,被远处日军开枪杀死。[3]

23. 邹村屠杀

邹村位于南京东南郊东山镇地境。1937年12月9日,此处村民任永泉、任财宝藏身于防空洞中,被日军发现后,进行脱衣搜查,将钱抢去,复开枪射击,任永泉身中四枪,尸体被推入路口老鸦塘内;任财宝身中七枪,尸体被推入老鸦塘对面水塘中。[4]

24. 李岗头屠杀

李岗头位于南京东郊汤山地境,上峰镇南侧。1937年12月5日夜,日军初到该村,火烧村舍,木匠李发章、老妇王奶奶在大火中被烧死;村民李荣庭因屋中挂了广东兵的号筒,日军解下号筒上所拴麻绳,将李勒死。12月6日,村民李盛洪为保护女儿不被奸,被日军刺死,其家中有五人被关在磨坊里,放火烧死;村民李德基的四婶、五婶及侄女被日军轮奸后,推入水塘淹死;村民李达善、李世富、李德良遭日军砍头。12月9日,日军在该村一个水塘边将村民黄学宝、庞启财、庞启荣、小罗子等六人枪杀。[5]

25. 东林耀屠杀

东林耀位于南京东郊沧波门外、珠山之北。1937年12月9日,该村村民徐仁寿

---

1 《贾东根口述》《陈秀华口述》《周达口述》,见费仲兴、张连红编《南京大屠杀史料集》第27册《幸存者调查口述》(下),江苏人民出版社2006年版,第1059—1060、1063—1064、1065—1066页。

2 《张勤义口述》,见蒋晓星等编《南京大屠杀史料集》第38册《幸存者调查口述续编》(中),江苏人民出版社2007年版,第647页。

3 《李昌龙口述》,见费仲兴、张连红编《南京大屠杀史料集》第27册《幸存者调查口述》(下),江苏人民出版社2006年版,第1123页;费仲兴:《城东生死劫》,中国工人出版社2008年版,第198—199页。

4 朱成山主编:《南京大屠杀辞典》(下),南京出版社2017年版,第1846页。

5 《李荣金口述》《侯国明口述》,见费仲兴、张连红编《南京大屠杀史料集》第27册《幸存者调查口述》(下),江苏人民出版社2006年版,第1231—1236、1039—1041页。

为了不让日军将骡子抢走,被枪杀;与徐同时被杀的还有颜明洋、刘琴子等五六人。同日,村民王家宴先被日军用刀刺后又枪击身亡。[1]

26. 汤山路西村屠杀

汤山路西村位于南京东郊汤山地境。1937 年 12 月 9 日,该村村民贾新尚因年纪大了,当不了挑夫,被日军枪杀;村民陈松的爷爷因里面穿了 3 件黄衣服,被日军怀疑为守军士兵而枪杀;村民李小九子、戴可军、李可炳的爷爷、80 多岁老人戴新方等被日军开枪打死。[2]

27. 袁家边屠杀

袁家边位于南京东郊麒麟门地境东北部。1937 年 12 月 9 日,该村村民严长海躲在山脚下,被日军发现后开枪打死;村民房小四子正在烧饭,见日军过来,便手拿锅铲奔跑,日军将其抓到塘边,用锅铲铲头,后又推到塘里淹死。[3]

28. 大定林屠杀

大定林位于南京东郊麒麟门南。1937 年 12 月 9 日,该村土地庙里的道人老学智被日军枪杀。[4]

29. 白家场屠杀

白家场位于南京东郊麒麟门东。1937 年 12 月 9 日,该处村民白启照、白启桃、罗小六子、赵德斌之父、妇女程氏被日军强行拖入林场,脱去上衣,跪地刺死。[5]

30. 小泉水屠杀

小泉水位于南京东郊麒麟门外京(宁)杭国道以南。当地村民申龙锦目睹:1937 年 12 月 9 日,六七名狮子坝、马群、百水桥等处的难民,均为 20 岁上下的青年,剃光头,被日军指为守军士兵,将其抓至村西头一块照壁墙后面的田埂上,予以枪杀,后又逐一翻动尸体检查。[6]

1 《王光兴口述》《王吴氏口述》,见费仲兴、张连红编《南京大屠杀史料集》第 27 册《幸存者调查口述》
　　(下),江苏人民出版社 2006 年版,第 1278—1280 页。
2 《陈松口述》《戴宗保口述》,见蒋晓星等编《南京大屠杀史料集》第 38 册《幸存者调查口述续编》(中),江
　　苏人民出版社 2007 年版,第 1086—1087、1087—1088 页。
3 《叶福鸿口述》《周之才口述》,见上书,第 1176—1177、1174 页。
4 《鲍孝全口述》,见上书,第 1236 页。
5 费仲兴:《城东生死劫》,中国工人出版社 2008 年版,第 116—117 页。
6 同上书,第 121 页。

31. 殷巷屠杀

殷巷位于南京南郊东山镇南,秦淮河西侧。因古时殷氏居此者多,故名。1937年12月9日,此镇粮商秦永业因言语不通,被日军捉去,施以酷刑,数次死而复生,复用刺刀刺七八刀殒命。12月10日,魏家村村民魏德钱、魏元福父子,妇女罗金香等7人被日军杀死。[1]

32. 甘家巷屠杀

甘家巷位于南京东北郊,尧化门外、栖霞山西南。1937年12月10日左右,武家庄房村民李春香父亲被逼将自家耕牛赶往日军宿营地甘家巷,到达该处后,日军嫌其走得太慢,遂予枪杀。[2]

33. 黄庄屠杀

黄庄位于南京东郊马群东北。1937年12月10日,该处村民黄明金的奶奶、两个叔叔、婶婶共4人被日军杀害。[3]

34. 大庄屠杀

大庄位于南京东郊仙鹤门南。1937年12月10日,该村张前松、张孙氏、张张氏、马黄氏、张前兴及张石荣的爷爷共6位来跑反的老人,全部被日军枪杀。[4]

35. 黄栗墅屠杀

黄栗墅位于南京东郊汤山古家村。1937年12月上旬,日军刚到汤山时,此处村民秦宏宝在于右任公馆地洞口抽烟,日军用刺刀来刺,秦的女婿张礼江上前抱住日军,结果秦、张2人均被刺死。[5]

36. 下曹村屠杀

下曹村位于南京东郊汤山地境,汤山镇南、京(宁)杭国道西侧。1937年12月上

---

1 《秦李氏呈文》,见中国第二历史档案馆等编《侵华日军南京大屠杀档案》,江苏古籍出版社1987年版,第199页;《魏德福口述》,见蒋晓星等编《南京大屠杀史料集》第38册《幸存者调查口述续编》(中),江苏人民出版社2007年版,第611页。

2 《李春香证言》,见朱成山主编《侵华日军南京大屠杀幸存者证言集》,南京大学出版社1994年版,第159页。

3 《黄明金口述》,见张生等编《南京大屠杀史料集》第39册《幸存者调查口述续编》(下),江苏人民出版社2007年版,第1596页。

4 《张石林口述》,见上书,第1597页。

5 《秦恩禄口述》,见蒋晓星等编《南京大屠杀史料集》第38册《幸存者调查口述续编》(中),江苏人民出版社2007年版,第1098—1099页。

旬,日军刚到该村,村民王洪远出门观察情况,在村东被日军枪杀。[1]

37. 寺桥屠杀

寺桥,桥名,村名,位于南京东郊汤山镇旁。桥近古圣汤寺,故名,村以桥名。1937 年 12 月九十日间,村民李朱氏被日军枪杀后,推尸桥下。[2]

38. 曹家码头屠杀

据谷寿夫战犯案判决书附件载,1937 年 12 月 11 日,市民姜义金在此处被日军枪杀。[3]

39. 石家庄屠杀

石家庄位于南京西南郊所街地境。传清代大户石养余后裔居此,故名。1937 年 12 月 11 日,躲在此处家中地洞里的村民罗玉全舅舅,被日军连戳七八刀致死;当晚,罗年仅 16 岁的侄子,因听不懂日本语,被日军用刺刀刺杀。[4]

40. 高旺屠杀

高旺位于时江浦县桥林镇东北部。1937 年 12 月 11 日,日军来到该地,将村民史朝夫一枪打爆脑袋,将村民童二先的两个闺女强奸致死。[5]

41. 桥林镇屠杀

桥林镇位于时江浦县南部、长江西侧。1937 年 12 月 11 日,日军来到该镇街上,将穿旧军衣的剃头匠王老六和渔民小青子抓住,拉到杀猪场杀死。[6]

42. 乌江镇屠杀

乌江镇位于时江浦县南部,与皖属和县乌江镇相邻。1937 年 12 月 11 日,该镇市民方培玉被日军绑在树上当靶子射杀;林篾匠、杂货铺徐老板、妇女林雷氏等被日军枪杀;在家看门的村民张科海,因不肯帮日军扛东西,被一枪打死。[7]

---

1 《朱正仁口述》,见费仲兴、张连红编《南京大屠杀史料集》第 27 册《幸存者调查口述》(下),江苏人民出版社 2006 年版,第 1061—1062 页。
2 《李有钧口述》,见蒋晓星等编《南京大屠杀史料集》第 38 册《幸存者调查口述续编》(中),江苏人民出版社 2007 年版,第 1098—1099 页。
3 《军事法庭对战犯谷寿夫的判决书及附件》,中国第二历史档案馆藏,档案号五九三/870。
4 《罗玉全口述》,见张连红、张生编《南京大屠杀史料集》第 25 册《幸存者调查口述》(上),江苏人民出版社 2006 年版,第 125 页。
5 《徐氏口述》,见上书,第 286 页。
6 《张炳礼口述》,见上书,第 289 页。
7 《林其明口述》《杨春友口述》《张万成口述》,见上书,第 297、300—301、301 页。

43. 沙地屠杀

沙地位于江北时江浦县桥林双桥地境。1937 年 12 月 11 日,林东村村民赵老三在该地赌钱,听说日军进村,急跑出屋,被日军一枪击中致死。[1]

44. 菩提阁屠杀

菩提阁位于南京水西门外上新河镇,因清代有同名佛教建筑而得名。1937年 12 月 12 日,市民张炳隆等数人于该处被日军强掳做工,嗣因试图逃避,遭枪击而亡。[2]

45. 长乐路屠杀

长乐路位于南京中华路西侧,东起中华路,西接颜料坊,即今集庆路段。1937 年 12 月 12 日,该路 369 号平民陈谋卿、老妇陈萧氏被日军用刺刀乱刀戳死。[3]

46. 鸡鹅所屠杀

鸡鹅所位于南京雨花门外双桥门街南侧,南靠江南铁路(今宁芜铁路)。传明代此处为饲养鸡鹅家禽场所,故得名。1937 年 12 月 12 日,僧人松泉、道人胡得奎在该处三元庵大殿被日军枪杀;市民李锦有在三元庵后门口被日军杀死。[4]

47. 大履福街屠杀

据谷寿夫战犯案判决书附件载,1937 年 12 月 12 日,市民周洪氏在此街 39 号门前被日军枪杀。[5]

48. 大树城屠杀

大树城位于南京武定门内老虎头以北一段。1937 年 12 月 12 日,该处 1 号市民魏为仙、魏邱氏、甘太信被日军拉夫未从,致遭枪杀。[6]

49. 小街屠杀

小街位于南京雨花门外。1937 年 12 月 12 日,市民王有发在此街家中被日军刺死。[7]

50. 通惠里屠杀

通惠里位于南京西南郊油坊桥南、西善桥附近,街旁有桥,桥以街名。1937 年 12

1 《郑振文口述》,见张连红、张生编《南京大屠杀史料集》第 25 册《幸存者调查口述》(上),江苏人民出版社 2006 年版,第 295 页。
2 《张石生结文》,见中国第二历史档案馆等编《侵华日军南京大屠杀档案》,江苏古籍出版社 1987 年版,第 172 页。
3 《陈萧氏调查表节录》,见上书,第 264 页。
4—7《军事法庭对战犯谷寿夫的判决书及附件》,中国第二历史档案馆藏,档案号五九三/870。

- 106 -

月 12 日,该处 40 号市民刘怀礼、30 号市民张冯氏、34 号市民潘刘氏被日军杀死。[1]

51. 草场村屠杀

草场村位于南京武定门外清水塘南侧。明代此处为养马草场,后垦圩建村。1937 年 12 月 12 日,农民李永源、朱保书于此村被日军枪杀。[2]

52. 西沿村屠杀

据谷寿夫战犯案判决书附件载,1937 年 12 月 12 日,市民孙永兴在此处被日军枪杀。[3]

53. 大定坊屠杀

大定坊位于南京南郊铁心桥南。1937 年 12 月 12 日,市民薛成荣在该处被日军枪杀。[4]

54. 万寿桥屠杀

据谷寿夫战犯案判决书附件载,1937 年 12 月 12 日,农民李松林在此处被日军用刺刀贯穿喉部而死,市民戴二哥在此桥被日军杀死,农民邓义山在该地被日军用刀砍死。[5]

55. 草家楼屠杀

草家楼位于南京浦口潘城永丰村。1937 年 12 月 12 日,农民吕长兴在此处被日军用机枪射杀。[6]

56. 冶山道院屠杀

冶山道院位于南京朝天宫北侧,道院所在街巷与道院同名,东起大王府巷,西至莫愁路。1937 年 12 月 12 日,市民马开华在此处遭日军杀害。[7]

57. 双乐园屠杀

双乐园位于南京水西门内下浮桥东南,南起双塘,北至柳叶街。因此处清有茶馆双乐园,后成巷,因以名。1937 年 12 月 12 日,市民王来银在此处 86 号被日军枪杀。[8]

58. 城南村屠杀

城南村位于南京中华门外西侧近城墙处,赛虹桥南。1937 年 12 月 12 日,市民陆玉龙、梁有福在此处防空洞内,被日军用机枪射死;同日,市民方德高在此处被日军

1—8《军事法庭对战犯谷寿夫的判决书及附件》,中国第二历史档案馆藏,档案号五九三/870。

枪杀。[1]

59. 刘家高地屠杀

据谷寿夫战犯案判决书附件载,1937年12月12日,市民程玉书在该处被日军枪杀。[2]

60. 铁心桥屠杀

铁心桥位于南京南郊西善桥东侧、麻田桥之西。1937年12月12日,商民方富馨在此处因言语不通,被日军枪杀。[3]

61. 周家楼屠杀

周家楼位于南京南郊雨花台南丁墙村。因周氏最早在此建楼房,故名。1937年12月12日,农民周正松、周大永,农妇徐氏在此处被日军用机枪射杀。[4]

62. 东洼村屠杀

东洼村位于南京东郊孝陵卫东,以村在山凹之东而得名。1937年12月12日,农民殷寿江在此处被日军枪杀。[5]

63. 小红庙屠杀

小红庙位于南京水西门外南圩地境。1937年12月12日,农民丁炳南在此处被日军枪杀。[6]

64. 单家楼屠杀

单家楼位于南京南郊花神庙西、双龙街东。1937年12月12日,市民孙启林在此处被日军枪杀。[7]

65. 七里村屠杀

七里村位于时江浦县东北部,浦口石佛寺西南。1937年12月12日,日军进入该村,将妇女马兰英舅妈枪杀。[8]

66. 葛巷屠杀

葛巷位于南京东郊汤山镇西北、射乌山南。1937年12月12日,该村村民夏永源与一名叫小四子的4岁小娃被日军枪杀。[9]

1—7《军事法庭对战犯谷寿夫的判决书及附件》,中国第二历史档案馆藏,档案号五九三/870。

8 《马兰英口述》,见张连红、张生编《南京大屠杀史料集》第25册《幸存者调查口述》(上),江苏人民出版社2006年版,第272页。

9 《秦有才口述》,见张连红、戴袁支编《南京大屠杀史料集》第26册《幸存者调查口述》(中),江苏人民出版社2006年版,第891页。

67. 三汊河屠杀

三汊河,河名、街区名。该河位于南京西北部外秦淮河入江口,东接秦淮河下游,南连清江河。附近街区因河得名。1937 年 12 月 12 日夜,妇女李徐氏、任氏在此街 49 号被日军用步枪杀死。[1]

68. 东干长巷屠杀

东干长巷位于南京中华门外长干桥之东,外秦淮河北岸。1937 年 12 月 12 日,该巷 163 号之 2 市民余开樵躲在床上被内,被日军刺死。[2]

69. 中华路屠杀

中华路位于南京城南,北起白下路、建邺路口,南至中华门。1937 年 12 月 12 日,市民朱长富在此为日军所杀。[3]

70. 某旱桥边村庄屠杀

村庄地点不明。1937 年 12 月 12 日夜晚,4 个日本士兵来到此处,因寻找年轻女子不得,大发雷霆,枪杀该户一名 11 岁男孩;又用刺刀戳伤女主人之左膝,伤及骨骼,后因医治不及,伤口已严重感染,于 1938 年 1 月 19 日死亡。[4]

71. 消灾庵屠杀

消灾庵位于南京城南门东小心桥 38 号。1937 年 12 月 13 日下午,8 个日军闯入庵内,将慧定等 4 名僧人赶入防空洞内,先用枪击,复以刀刺,致真行、登元、登高 3 人毙命,仅慧定腹腿受伤,侥幸存活。另有市民卓吕同、卓三元、吴朱氏等 5 人亦遭日军步枪射击,复以刀刺,死于防空洞内。[5]

72. 双龙巷屠杀

双龙巷位于南京城东南通济门、光华门内侧,通济门大街北段东侧,又名"都统巷"。1937 年 12 月 13 日,日军攻入光华门后,将在该巷 5 号家中守护财物的农民程

---

1 《徐庆华结文》,中央档案馆等编《南京大屠杀》,中华书局 1995 年版,第 617 页。

2 《查讯余陈氏笔录》,同上书,第 668 页。

3 《查讯朱长源笔录》,同上书,第 668 页。

4 章开沅:《南京大屠杀的历史见证》,湖北人民出版社 1995 年版,第 86 页。原文将屠杀地点译为"汉桥",似应为"旱桥"之误。

5 《军事法庭对战犯谷寿夫的判决书及附件》,中国第二历史档案馆藏,档案号五九三/870;《尼姑慧定为日军残杀其师徒等致南京市政府呈文》,见胡菊蓉编《南京大屠杀史料集》第 24 册《南京审判》,江苏人民出版社 2006 年版,第 212—213 页。

小纯用刺刀杀死。[1]

73. 李府街屠杀

李府街位于南京中山东路东段南侧,南至后标营。1937年12月13日,日军将1号住宅内市民金宜春、储春香用刺刀刺死,将农妇储刘氏枪杀,将2号住宅内农民孙在善刺杀;另,在2号住宅内又有孙宝学夫妇遭日军枪杀。[2]

74. 千章巷屠杀

千章巷位于南京白下路、升州路间,东起评事街,西接红土桥,曾名"银章巷"。1937年12月13日,10多个日军携械闯入该巷13号住宅,于门前将市民张宗源数枪打死;同日,日骑兵数名,在41号门前,将市民马玉山及其子马永生连刺数刀致死,并刺伤马妻马伍氏胸部。[3]

75. 评事街屠杀

评事街位于南京升州路中段北侧,南起升州路,北至笪桥。1937年12月13日,市民金基富从难民区返该街泥马巷看望父亲,在街口被日军用刺刀连刺3刀,分别刺中腹部、左胸、右胸,流血带伤又行100米后倒亡。[4]

76. 胭脂巷屠杀

胭脂巷又名"诗巷",位于南京集庆路东段北侧,东起船板巷,西至仙鹤街。传古代此巷住户大都做胭脂、花粉生意,故名。1937年12月13日,日军数个自双乐园71号将市民宋小四子等强行拖至该巷口,用刺刀刺死。[5]

77. 船板巷屠杀

船板巷位于南京集庆路新桥西北,内秦淮河西,南起新桥,北至上浮桥。市民李伯潜口述:1937年12月13日上午,其母李吴氏于22号住宅内开门探

1 《程先有呈文》,见中国第二历史档案馆等编《侵华日军南京大屠杀档案》,江苏古籍出版社1987年版,第163页;《军事法庭对战犯谷寿夫的判决书及附件》,中国第二历史档案馆藏,档案号五九三/870。
2 《军事法庭对战犯谷寿夫的判决书及附件》,中国第二历史档案馆藏,档案号五九三/870;《孙宝庆结文》,见中国第二历史档案馆等编《侵华日军南京大屠杀档案》,江苏古籍出版社1987年版,第203页。
3 《军事法庭对战犯谷寿夫的判决书及附件》,中国第二历史档案馆藏,档案号五九三/870;《张立海结文》《金家洪结文》,见中国第二历史档案馆等编《侵华日军南京大屠杀档案》,江苏古籍出版社1987年版,第182、183页。
4 《金维忠证言》《刘怀珍证言》,见朱成山主编《侵华日军南京大屠杀幸存者证言》,社会科学文献出版社2005年版,第279—280、281页。
5 《军事法庭对战犯谷寿夫的判决书及附件》,中国第二历史档案馆藏,档案号五九三/870;《宋张氏结文》,见中国第二历史档案馆等编《侵华日军南京大屠杀档案》,江苏古籍出版社1987年版,第183页。

视时,为日军强拉外出,逼其带路搜寻中国兵藏匿之处,遭严词拒绝,遂遭枪击腹部,"血肉模糊,肠胃流出,惨不忍睹"。又同日,市民刘兆昌在该巷内被日军刺杀。[1]

78. 朝天宫屠杀

朝天宫,南京古迹,原为道家宫观,明洪武年间成为举行祭祀天地等国家大典地方,大员们在此净身和练习朝拜天子礼节,故名。宫前街巷亦因近宫而同名,东起建邺路,西至莫愁路。谷寿夫战犯案判决书附件载:1937 年 12 月 13 日,缎工梁本茂于该处被日军枪杀。[2]

79. 施家巷屠杀

施家巷位于南京升州路南,下浮桥东。1937 年 12 月 13 日,几个日军将双乐园 192 号市民胡龙有强行拖至该巷地藏庵口,推倒在地,用刺刀刺死。[3]

80. 明瓦廊屠杀

明瓦廊位于南京中山南路西侧,北起淮海路,南至富民坊。1937 年 12 月 13 日,3 个日军身带长枪,冲进该巷 5 号住宅内,将看守财产的市民谢德源枪杀;同日,11 号住宅内市民孙瑞沣被日军刺死。[4]

81. 正丰里屠杀

正丰里位于南京下关热河路南段西侧。1937 年 12 月 13 日,日军用步枪射击该里 5 号住宅市民龚黄氏左眼,致其伤重身死。[5]

82. 董家巷屠杀

董家巷位于南京城北江边宝塔桥西。1937 年 12 月 13 日,该巷 219 号市民陈天才

---

1 《军事法庭对战犯谷寿夫的判决书及附件》,中国第二历史档案馆藏,档案号五九三/870;《李宝如结文》,见中国第二历史档案馆等编《侵华日军南京大屠杀档案》,江苏古籍出版社 1987 年版,第 185 页;《李伯潜证言》,见朱成山主编《侵华日军南京大屠杀幸存者证言集》,南京大学出版社 1994 年版,第 206—207 页。

2 《军事法庭对战犯谷寿夫的判决书及附件》,中国第二历史档案馆藏,档案号五九三/870。

3 《胡刘氏结文》,见中国第二历史档案馆等编《侵华日军南京大屠杀档案》,江苏古籍出版社 1987 年版,第 187 页。

4 《军事法庭对战犯谷寿夫的判决书及附件》,中国第二历史档案馆藏,档案号五九三/870;《杜长复结文》,见中国第二历史档案馆等编《侵华日军南京大屠杀档案》,江苏古籍出版社 1987 年版,第 190 页;《孙启琛证言》,见朱成山主编《侵华日军南京大屠杀幸存者证言集》,南京大学出版社 1994 年版,第 180 页。

5 《龚在田结文》,见中国第二历史档案馆等编《侵华日军南京大屠杀档案》,江苏古籍出版社 1987 年版,第 203 页。

至金寿公所后门河边洗菜完毕返家时,被一日军官指为守军,随以手枪击其头部,子弹由右侧进,左侧出,当场丧命。同日,工人马金华、郭云华在该处遭日军刺杀身亡。[1]

83. 金陵村屠杀

金陵村位于南京城北狮子山东北,象山南侧。清设水师金陵营于此,后成村,因以名。1937 年 12 月 13 日,该村 7 号农民张家福、金振兴、王家猷、金启荣、金小和尚等 5 人,留守家中看管家产,为日军枪杀。[2]

84. 老王府屠杀

老王府,路名,位于南京新街口广场东南,东起洪武路,西至中正路(今中山南路)。1937 年 12 月 13 日,市民陈王氏率子女陈顺生、陈婉如等由小党家巷 6 号家中赴难民区,行至该路,遇 12 个日军,子顺生因哭叫被刀刺颈喉而死;女婉如被以衣塞口闷死;陈王氏被撕破小衣,欲行强奸,不从,遭刺刀乱戳,肉挂肠出而亡。[3]

85. 太平苑屠杀

太平苑位于南京中华门西,南起太平街,北至双塘,以太平街得名。1937 年 12 月 13 日,商民徐玉荣在该处 12 号家中,被日军用刺刀刺杀;其父徐庭年在旁求救,亦被戳伤颈部。[4]

86. 黑龙江路屠杀

黑龙江路位于南京中央路北段西侧,东起中央路,西至钟阜路。1937 年 12 月 13 日,市民叶正卿于送亲属去难民区途中,在该路东口遭日军射击,叶与其岳母张氏同时殒命。[5]

87. 太平街屠杀

太平街位于南京中华门西上浮桥西南,东起双塘,西通五福街,因东接太平桥,故名。1937 年 12 月 13 日,5 个日军闯进该街 5 号机工穆范梁家中,用刺刀将穆

---

1 《军事法庭对战犯谷寿夫的判决书及附件》,中国第二历史档案馆藏,档案号五九三/870;《陈永言结文》,见中国第二历史档案馆等编《侵华日军南京大屠杀档案》,江苏古籍出版社 1987 年版,第 205 页。
2 《张家骅等结文》,中国第二历史档案馆等编《侵华日军南京大屠杀档案》,江苏古籍出版社 1987 年版,第 213 页。
3 《陈俊结文》,见上书,第 215 页。
4 《徐庭年呈文》,见上书,第 226 页。
5 《军事法庭对战犯谷寿夫的判决书及附件》,中国第二历史档案馆藏,档案号五九三/870;《叶张氏结文》,见中国第二历史档案馆等编《侵华日军南京大屠杀档案》,江苏古籍出版社 1987 年版,第 229 页。

刺死。[1]

88. 实辉巷屠杀

实辉巷位于南京中华路南段西侧,东起中华路,西至牵牛巷,古称石灰巷,后雅化为现名。1937 年 12 月 13 日,3 个日兵闯入该巷 31 号住宅,将市民左双林与张、戴二人,用刺刀戳胸、胁两部,致三人立时丧命。[2]

89. 中营屠杀

中营位于南京中华门东城墙北侧,东起转龙巷,西至边营北侧。1937 年 12 月 13 日,该处 14 号市民段龙锋被日军从家中拖至门外枪杀;16 号市民朱智礼被日军绑在柱上用枪打死;17 号市民高得生被日军枪杀。[3]

90. 城南义冢地屠杀

城南义冢地为南京城南公共墓地。1937 年 12 月 13 日,市民王树堂、何达珠、王王氏、张金生、毛盛云、张志发、刘凤业、刘管氏、吕马氏等在此处为日军枪杀。[4]

91. 万竹园屠杀

万竹园位于南京城南新桥西五福街一带,原西园边近城根处,巷以园名。1937 年 12 月 12 日,市民仲结巴子在此处被日军枪杀;12 月 13 日,米商李殿举在此处被日军用刺刀刺死。[5]

92. 鸽子桥屠杀

鸽子桥位于南京建邺路南侧,绒庄巷北端秦淮河上。旧名"清化桥",其北为鸽子市,故名。1937 年 12 月 13 日,市民朱正邦在此处被日军用刀砍死。[6]

93. 一人巷屠杀

一人巷位于南京太平路(今太平南路)东侧,西起太平路,东至针巷。因此巷窄小仅一人能通过,故名。1937 年 12 月 13 日,瓦工陈寿人等 8 人,被日军拉夫至此巷后

1 《穆傅氏呈文》,见中国第二历史档案馆等编《侵华日军南京大屠杀档案》,江苏古籍出版社 1987 年版,第 235—236 页。

2 《左王氏呈文》,见上书,第 236 页。

3 《军事法庭对战犯谷寿夫的判决书及附件》,中国第二历史档案馆藏,档案号五九三/870;《段张氏呈文》,见中国第二历史档案馆等编《侵华日军南京大屠杀档案》,江苏古籍出版社 1987 年版,第 259 页;《高善文笔录》,见胡菊蓉编《南京大屠杀史料集》第 24 册《南京审判》,江苏人民出版社 2006 年版,第 270—271 页。

4—6 《军事法庭对战犯谷寿夫的判决书及附件》,中国第二历史档案馆藏,档案号五九三/870。

枪杀。[1]

94. 李府巷屠杀

李府巷位于南京升州路南侧,东起弓箭坊,西至彩霞街。1937 年 12 月 13 日,农民方金山在该巷 3 号住宅中,因未向日军行礼被杀。[2]

95. 麟凤阁屠杀

麟凤阁为娱乐场所,又名"世界游戏场",位于南京夫子庙旁贡院街。1937 年 12 月 13 日,日军将麟凤阁职员高凤鸣、王凤栖,茶役郑培良、尹少棠、张少岩杀死,并纵火焚烧房屋,致尸骸尽毁于火中。[3]

96. 红梅巷屠杀

红梅巷位于南京中华门南玉带河西,东起西河沿,西至珍珠巷。据谷寿夫战犯案判决书附件,1937 年 12 月 13 日,市民曹步云在 20 号被打死。[4]

97. 锦绣坊屠杀

锦绣坊位于南京中华路东,东起旧王府,西至中华路,曾名"东锦绣坊"。1937 年 12 月 13 日,市民朱国友及其子德成、德铭,在该巷路口被日军枪杀。[5]

98. 大光路屠杀

大光路位于南京光华门内西北侧,东起御道街,西至菜市口。1937 年 12 月 13 日,市民郎如兴、茶役郝立切在此路被日军用刺刀刺杀。[6]

99. 菱角市屠杀

菱角市位于南京升州路西段下浮桥南侧,南起来凤街,向北经下浮桥至升州路。传明清时此处为菱藕市场,故名。1937 年 12 月 13 日,该处 5 号市民吴文金母亲因年老住守家中被日军枪杀;小贩周永恒在此处被日军用刺刀戳死。[7]

100. 养回红村屠杀

养回红村位于南京中华门外雨花路东侧近城根处,由养虎仓、回回营、红土山三小村合并,以三村名首字组合而成。1937 年 12 月 10 日,僧人道纯在该处被日军枪杀;12 月 13 日,市民樊王氏在该处被日军杀死。[8]

101. 高辇柏村屠杀

高辇柏村位于南京南郊雨花台附近。1937 年 12 月 11 日,农妇尹陆氏在该村被日军枪杀;12 月 12 日,农妇孙王氏在该村被日军奸杀;12 月 13 日,农妇王娄氏在该

1—8《军事法庭对战犯谷寿夫的判决书及附件》,中国第二历史档案馆藏,档案号五九三/870。

村被日军奸杀[1]。

102. 大牵牛巷屠杀

大牵牛巷位于南京长乐路(今集庆路)南,北起三坊巷,南至九儿巷。1937 年 12 月 13 日,商民萧汉奇在此处被日军枪杀;该处 17 号市民周保银及其幼子在家门口被日军枪杀。[2]

103. 上家楼屠杀

据谷寿夫战犯案判决书附件载,1937 年 12 月 13 日,佣工王佐堂在此处被日军射杀。[3]

104. 集庆路屠杀

集庆路位于南京中华门内西北、集庆门东侧。1937 年 12 月 13 日,平民张鸿鑫在该路 220 号被日军拉夫至中途枪杀。[4]

105. 浦口下码头屠杀

浦口下码头亦名铁路街,位于南京浦口南端长江边。1937 年 12 月 13 日,苦力樊金标在此处被日军用刺刀刺杀。[5]

106. 仓门口屠杀

仓门口位于南京长乐路南马道街东段。1937 年 12 月 13 日,市民梁本荣在此处 12 号被日军枪杀。[6]

107. 小行里屠杀

小行里即今小行,位于南京南郊安德门外、雨花台西南侧。1937 年 12 月 13 日,市民徐平贵、徐胡氏在此处被枪杀。[7]

108. 桥西里屠杀

桥西里位于南京东南郊光华门外高桥村,因位于高桥之西,故名。1937 年 12 月 13 日,市民陈陶氏在该里 34 号家中被日军枪杀。[8]

109. 善司庙屠杀

据谷寿夫战犯案判决书附件载,1937 年 12 月 13 日,市民王瑞宝在此处被日军枪杀。[9]

1,3—9《军事法庭对战犯谷寿夫的判决书及附件》,中国第二历史档案馆藏,档案号五九三/870。

2 同上;《周秀英证言》,见朱成山主编《侵华日军南京大屠杀幸存者证言集》,南京大学出版社 1994 年版,第 169 页。

110. 平章巷屠杀

平章巷位于南京升州路北侧,东起绒庄巷,西至评事街。谷寿夫战犯案判决书载:1937 年 12 月 13 日,学童刘古全在千章巷口被日军用刺刀乱戳致死。上述"半章巷"似为"平章巷"之误。[1]

111. 天主堂后街屠杀

天主堂后街位于南京石鼓路东段南侧、三茅宫西。因街在清传教士所建天主教堂后,故名。1937 年 12 月 13 日,工人杨玉山在此街被日军用刺刀刺死。[2]

112. 红土桥屠杀

红土桥,桥名,街巷名,位于南京升州路中段北侧、朝天宫东南,街以桥名。1937 年 12 月 13 日,鞋匠王云龙在该桥口被日军用刺刀刺死。[3]

113. 金陵圣学屠杀

据谷寿夫战犯案判决书附件载,1937 年 12 月 13 日,机工徐宾南、徐泽炳在该处被日军刺死。[4]

114. 光华路屠杀

光华路位于南京建邺路鼎新桥南,南通升州路,古称"干鱼巷"。1937 年 12 月 13 日,小贩汤志源在该路 61 号,被日军用刺刀连刺 8 刀丧命。[5]

115. 小河西屠杀

小河西位于南京浦口河西街西侧。1937 年 12 月 13 日,市民龚黄氏在此遭日军枪杀。[6]

116. 金寿公所屠杀

金寿公所位于南京西郊上新河地境。1937 年 12 月 13 日,市民陈天才在该处被日军枪杀。[7]

117. 古钵营屠杀

古钵营位于南京建邺路南侧,东起天青街,西至绒庄巷。1937 年 12 月 13 日,市民陈少卿在此处 4 号住宅内被日军枪杀;民妇陈宝珠因拒奸,在该住宅内被日军连戳 6 刀而死。[8]

1—7《军事法庭对战犯谷寿夫的判决书及附件》,中国第二历史档案馆藏,档案号五九三/870。

8 同上;《陈德寿证言》,见朱成山主编《侵华日军南京大屠杀幸存者证言》,社会科学文献出版社 2005 年版,第 155—156 页。

118. 浮桥屠杀

浮桥位于南京珠江路北侧碑亭巷北端。1937 年 12 月 13 日，市民韩宝洲在此桥口被日军枪杀。[1]

119. 梁家巷屠杀

梁家巷位于南京中华门内西侧，绿竹园之东，与陈家牌坊相接。1937 年 12 月 13 日，市民程朝本在此巷口被日军杀害。[2]

120. 木匠营屠杀

木匠营位于南京今长乐路东段南侧，南起马道街，北至饮虹园。因多木工作坊，故名。1937 年 12 月 13 日，居民张成安在此处为日军枪杀。[3]

121. 东花园屠杀

东花园位于南京白鹭洲东，以明初中山王徐达之东花园而得名。1937 年 12 月 13 日，小贩王和发与其嫂王刘氏，在此处被日军枪杀。[4]

122. 踹布坊屠杀

踹布坊位于南京升州路北、评事街东侧，南起走马巷，北至泥马巷。清代此处为踹布工人作坊，故名。1937 年 12 月 13 日，小贩张连保在此处被日军用刺刀在胸口、喉部连戳四刀而死。同日，居住此处 9 号之学生刘古全，被日军从地下室拖出后，在平章巷口乱刺而死。证人洪王氏证实，刘被刺后，"满头满脸，无数刀伤，成一血面孔而死"[5]。

123. 紫竹林屠杀

紫竹林位于南京城北黑龙江路西段南侧。1937 年 12 月 13 日，农民张郎氏在此处 2 号被日军枪杀。[6]

124. 水关桥屠杀

水关桥位于南京下关栅栏门之东北，跨外金川河。因明代水关闸在此得名。其附近有同名街区。南京沦陷前，难民刘修荣与哥哥避难到该桥旁住下。1937 年 12 月 13 日，几个日本兵闯进刘氏兄弟的住所，用刺刀乱戳睡在被子里的刘修荣，其兄来

1—4，6《军事法庭对战犯谷寿夫的判决书及附件》，中国第二历史档案馆藏，档案号五九三/870。

5　同上；《刘古全被日军刺死的调查表节录》，见中央档案馆等编《南京大屠杀》，中华书局 1995 年版，第 423 页。

救,被日本兵拖到门口,以刺刀乱刺,又向其太阳穴打一枪,致刘兄当场死亡。[1]

125. 中保村屠杀

中保村位于南京城西北草场门外。1937 年 12 月 13 日,此处一名开木板厂的江西人,两次都对来要花姑娘的日军说没有,被日军拉出木墙外枪杀。[2]

126. 后标营屠杀

后标营位于南京御道街北段东侧,东起城墙边铜管闸,西至外五龙桥。因位于标营之北,故以后名之。居住该地的市民储春香,城陷前因挖防空洞将腿砸伤,1937 年 12 月 13 日,储被日军抓去,并被指为守军伤兵。日军用铁锹将储砸死后,还放火烧了尸体;其岳母刘氏、舅爷刘先生等三四人一起被烧死;其母亲被砍下人头;其长子被当活靶打死。[3]

127. 傅佐路屠杀

傅佐路位于南京山西路广场南侧,南起大方巷,北至山西路。南京沦陷前后,该路被划入难民区范围。1937 年 12 月 13 日,日军将市民张慰曾从该处临时住处抓走,张不从,被刺一刀,继又用枪击打后脑致死。[4]

128. 栅栏门屠杀

栅栏门位于南京下关小东门西北侧。太平天国时此处分前后街,有木条门相通,故名。1937 年 12 月 13 日,日军闯进此处 3 号市民谢桂英家中,指其父亲与两个舅舅为守军士兵,当场予以枪杀。[5]

129. 富得巷屠杀

富得巷位于南京升州路北、评事街西,南起千章巷,北至打钉巷。1937 年 12 月 13 日,市民张中原在此巷口被日军枪杀。[6]

130. 西干长巷屠杀

西干长巷位于南京中华门外长干桥北端之西,东起中华路延伸段,西至秦淮河

---

1 《刘修荣口述》,见张连红、张生编《南京大屠杀史料集》第 25 册《幸存者调查口述》(上),江苏人民出版社 2006 年版,第 19 页。
2 《李连法口述》,见上书,第 160 页。
3 《储茂洪证言》,见朱成山主编《侵华日军南京大屠杀幸存者证言集》,南京大学出版社 1994 年版,第 193 页。
4 《张玉英口述》,见张连红、张生编《南京大屠杀史料集》第 25 册《幸存者调查口述》(上),江苏人民出版社 2006 年版,第 53 页。
5 《谢桂英证言》,见朱成山主编《侵华日军南京大屠杀幸存者证言集》,南京大学出版社 1994 年版,第 205 页。
6 《张秀英证言》,见上书,第 262 页。

边。1937 年 12 月 13 日,市民李三十躲在此处地洞中,被日军发现后,从洞中拖出,用刺刀刺穿喉管而亡。[1]

131. 娃娃桥屠杀

娃娃桥位于南京白下路西段北侧。1937 年 12 月 13 日,有一群难民藏身此桥桥洞内,适日军前锋部队经过此处,听到桥下人声,即向桥洞内扔手榴弹,用机枪扫射,市民吴为卿等一批难民死于洞中。[2]

132. 马府街屠杀

马府街位于南京太平路(今太平南路)南段东侧,东起长白街,西至太平路。明郑和本姓马,家在此,故名。1937 年 12 月 13 日,日军闯入此处 38 号裁缝丁正科家中,将丁与房客周某枪杀。[3]

133. 雨花村屠杀

雨花村位于南京雨花门外,因雨花门得村名。1937 年 12 月 13 日,农民李其山在该村 42 号,因不谙日语被日军枪杀。[4]

134. 南台巷屠杀

南台巷位于南京新街口西南丰富路中段西侧,南起崔八巷,向北折向西至三茅宫。1937 年 12 月 13 日,日军刚侵入南京城时,瓦匠唐正年在该巷口遭遇日军,被用乱刀戳死。[5]

135. 茅山寺屠杀

茅山寺,寺庙,时属江宁县境。村民王华治口述:1937 年 12 月 13 日,日军侵占南京时,王逃到该寺庙中。"在庙前树下,我看见有三个和尚被日军砍死了,他们的血还是热的"[6]。

136. 高岗里屠杀

高岗里位于南京中华门西侧,东起饮马巷,西至绿竹园。1937 年 12 月 13

---

1 《付邵氏证言》,见朱成山主编《侵华日军南京大屠杀幸存者证言集》,南京大学出版社 1994 年版,第 289 页。

2 朱成山主编:《南京大屠杀辞典》(下),南京出版社 2017 年版,第 1141 页。

3 《丁俊杰证言》,见朱成山主编《侵华日军南京大屠杀幸存者证言》,社会科学文献出版社 2005 年版,第 146 页。

4 《军事法庭对战犯谷寿夫的判决书及附件》,中国第二历史档案馆藏,档案号五九三/870。

5 《唐润珍证言》,见朱成山主编《侵华日军南京大屠杀幸存者证言》,社会科学文献出版社 2005 年版,第 290—291 页。

6 《王华治证言》,见上书,第 306—307 页。

日,日军来到此处,见市民杨丙荣光头,穿织布大褂,指其为守军士兵,遂用刀乱刺致死。[1]

137. 太平乡屠杀

太平乡时属孝陵区,位于南京东北郊玄武湖东侧。1937 年 12 月 12 日,农民周玉春在该乡第 6 保被日军枪杀;市民王贵云在该乡被日军用机枪射杀。12 月 13 日,市民桂孔星、李长庆、易长生、杨得意、萧福堂分别在该乡第 6 保、第 8 保等处被日军枪杀。[2]

138. 龙潭屠杀

龙潭位于南京东北郊栖霞山东、宝华山北。1937 年 12 月 13 日,日军在此处中国水泥厂门前,枪杀商民田朝权,并抛尸于河内。[3]

139. 叶家套屠杀

叶家套位于南京水西门外南圩南侧、南河西岸。1937 年 12 月 13 日,市民车光森、王贵才在此处被日军枪杀。[4]

140. 河湾屠杀

河湾位于南京东南郊,大校场飞机场东、七桥瓮南,因地处秦淮河老河湾处而得名。1937 年 12 月 13 日,市民张钖林在此处河边为日军枪杀。[5]

141. 井西屠杀

井西位于南京东南郊光华门外高桥门地境,因处一水井之西而得名。1937 年 12 月 13 日,市民王永生于此处被日军用刺刀刺死。[6]

142. 大胜桥屠杀

大胜桥位于南京水西门外南圩地境。1937 年 12 月 13 日,学童娄正兴在此处被日军枪杀。[7]

143. 伍家村屠杀

伍家村位于南京南郊西善桥东。1937 年 12 月 12 日,农民伍明富,在此处 3 号因不谙日语遭日军枪杀;12 月 13 日,纸匠伍尚智在该地被日军枪杀。[8]

---

[1] 《杨秀英证言》,见朱成山主编《侵华日军南京大屠杀幸存者证言》,社会科学文献出版社 2005 年版,第 327 页。

[2,4—8] 《军事法庭对战犯谷寿夫的判决书及附件》,中国第二历史档案馆藏,档案号五九三/870。

[3] 《王有梗结文》,见中国第二历史档案馆等编《侵华日军南京大屠杀档案》,江苏古籍出版社 1987 年版,第 229 页。

144. 东箭道屠杀

东箭道位于南京城东部,南起国府街(今长江路东段),北至黄家塘。1937 年 12 月 13 日,居住此处市民夏瑞荣爷爷在家门口被三个日本兵开枪击中倒地,复遭刺刀捅刺而死。[1]

145. 王府园屠杀

王府园位于南京城南朱雀路(今太平南路南段)、中华路东侧。1937 年 12 月 13 日,市民常志强的父亲带着一家 9 口逃难到此处一个防空洞附近,遇到刚刚侵占南京的日军后,常的父亲、母亲及 4 个弟弟均被日军用刺刀刺死。[2]

146. 大中桥屠杀

大中桥位于南京东南部,东南接大光路,西连建康路。1937 年 12 月 13 日,日军欲对居住在此的 8 岁女孩杨明贞进行强奸,其父出面保护,求其放过孩子,遭枪击刀砍身亡。[3]

147. 曾公祠屠杀

曾公祠位于中正路(今中山南路)东侧,八条巷南。清廷为曾国荃所建生祠,巷以祠名。1937 年 12 月 13 日,日军将此巷 2 号之 3 湘宁大旅馆看守人彭萼明、周觐臣杀死。[4]

148. 三茅宫屠杀

三茅宫位于南京汉中路南、朝天宫东北。1937 年 2 月 13 日,市民李成东身穿一件灰布背心,被日军指为守军士兵,遭连刺 3 刀,当场身亡。[5]

149. 邓府巷屠杀

邓府巷位于南京中山东路西段北侧,南起中山路,北接网巾市。1937 年 12 月 13 日,市民张老三在华侨路口被日军抓走,行至该巷,被砍 6 刀,背部中枪,虽送鼓楼医院救治,仍于一周后身亡。[6]

1　《夏瑞荣口述》,见张连红、戴袁支编《南京大屠杀史料集》第 26 册《幸存者调查口述》(中),江苏人民出版社 2006 年版,第 1 页。

2　《常志强口述》,见上书,第 485 页。

3　朱成山主编:《南京大屠杀辞典》(上),南京出版社 2017 年版,第 175 页。

4　《朱禄卿呈文》,见张建宁等编《南京大屠杀史料集》第 23 册《南京大屠杀市民呈文》,江苏人民出版社 2006 年版,第 124 页。

5　《刘登学证言》,见朱成山主编《侵华日军南京大屠杀幸存者证言集》,南京大学出版社 1994 年版,第 119 页。

6　《朱汉祥证言》,见上书,第 131 页。

150. 黄家圩屠杀

黄家圩位于南京中央门东北。因黄姓在此洼地内筑圩种田,故名。1937年12月13日,此处市民江建余因听不懂日语,被日军刺二刀身亡。[1]

151. 王家渡屠杀

王家渡位于江北浦口永丰地境。1937年12月13日,市民舒洪中行路至该处附近窑房,被日军先戳一刀,继射一枪,当场身亡。[2]

152. 河南街屠杀

河南街位于南京西郊上新河地境。1937年2月13日,居住上新河菩提阁1号的木匠胡春华在该处路遇日军,因未受命去找寻妇女,被由颈后射一枪殒命。[3]

153. 西墙里屠杀

西墙里位于南京中华门外。1937年12月13日,日军要该处市民陈遇宽为其摆渡,陈称须吃过饭再去,遂被枪杀。[4]

154. 大油坊巷屠杀

大油坊巷位于南京城南中华路东侧,北起武定桥,南接大膂福巷。1937年12月13日,日军在此巷76号之1住宅内,将市民尹光保、尹光义、尹光仁枪杀。[5]

155. 库山屠杀

库山位于南京中华门内东南城墙边,在观音庵附近。1937年12月13日,市民马春华在该处7号家中被日军开枪打死。[6]

156. 西河沿屠杀

西河沿位于南京中华门外雨花路西侧,西北连窑湾街,东南接西街。1937年12月13日,市民王有才在该处18号家中,被日军两枪打死。[7]

157. 膺福街屠杀

膺福街位于南京中华门内镇淮东桥南口,内秦淮河东南岸。1937年12月13

1 《江雨发证言》,见朱成山主编《侵华日军南京大屠杀幸存者证言集》,南京大学出版社1994年版,第164页。
2 《舒红华证言》,见上书,第228页。
3 朱成山主编:《南京大屠杀辞典》(上),南京出版社2017年版,第397页。
4 《查业彭氏笔录》,见中央档案馆等编《南京大屠杀》,中华书局1995年版,第668页。
5 《查讯尹王氏笔录》,见上书,第680页。
6 《查讯马张氏笔录》,见上书,第695页。
7 《查讯王夏氏笔录》,见上书,第695页。

日，此处 31 号市民周荣庆的伯母在家中，因语言不通被日军枪杀。[1]

158. 太平乡屠杀

太平乡位于南京东北郊玄武湖东北至尧化门间地境，时属燕子矶区。1937 年 12 月 12 日，该处市民王贵云被日军用机枪射死；12 月 13 日，该乡第 8 保市民李长庆、易长生、杨得意，第 6 保市民萧福堂，该处市民桂孔星被日军枪杀。[2]

159. 三山街屠杀

三山街位于南京城南中华路与建康路交汇处。1937 年 12 月 13 日，市民陈怀仁被日军抓至该处承恩寺，头部与胸部各刺一刀身亡。[3]

160. 刘高村屠杀

据谷寿夫战犯案判决书附件载，1937 年 12 月 13 日，工人高老五在该处 5 号，因语言不通被日军枪杀。[4]

161. 某防空洞口屠杀

具体地址不详。1937 年 12 月 13 日，一名 11 岁的小姑娘同父母亲站在一个防空洞的入口处观看日本人进驻。一个日本士兵用刺刀将父亲刺死，将母亲枪杀，用刺刀猛击小姑娘的手臂，致使其肘关节伤残。该女孩因无兄弟姐妹，故一星期后才被送往医院。[5]

162. 某防空洞屠杀

防空洞地点不明。1937 年 12 月 13 日，有 3 名难民躲在此防空洞中。日军进入该防空洞，并向防空洞深处开了火，该 3 名难民被打死。[6]

163. 剪子桥屠杀

剪子桥位于南京中华门东剪子巷。1937 年 12 月 13、14 日间，市民朱之富躲在该处防空洞内，被日军枪杀。[7]

---

1 《查讯周荣庆笔录》，见中央档案馆等编《南京大屠杀》，中华书局 1995 年版，第 760 页。

2,4 《军事法庭对战犯谷寿夫的判决书及附件》，中国第二历史档案馆藏，档案号五九三/870。

3 《陈德寿证言》，见朱成山主编《侵华日军南京大屠杀幸存者证言》，社会科学文献出版社 2005 年版，第 156 页。

5 约翰·拉贝：《拉贝日记》，江苏人民出版社、江苏教育出版社 1997 年版，第 288 页。

6 章开沅编译：《天理难容——美国传教士眼中的南京大屠杀(1937—1938)》，南京大学出版社 1999 年版，第 454 页。

7 《查讯朱永发笔录》，见中央档案馆等编《南京大屠杀》，中华书局 1995 年版，第 695—696 页。

164. 内桥屠杀

内桥位于南京中华路北端,跨内秦淮河上。1937 年 12 月 13 日,日军拉市民武士铭充伕,武时有病,行至该桥永顺祥香烟店门口被枪杀;同日,市民周长松、方锦如亦在此被日军枪杀;12 月 14 日,途经该桥市民潘春霆遭日军枪杀。[1]

165. 陈家牌坊屠杀

陈家牌坊位于南京中华门城堡西,东起六角井,西至绿竹园。因清代陈姓在此有贞节牌坊,故名。1937 年 12 月 13 日,日军将 14 号宅内技工池立良、池老三用刺刀戳死;12 月 14 日,将 31 号宅内技工杨玉亭用刺刀杀死;另,2 号宅内 83 岁老妇萧吴氏亦遭日军枪杀。[2]

166. 洪武路屠杀

洪武路位于南京新街口东侧,南起白下路,北至中山东路。1937 年 12 月 13 日,日军在该路武曲园茶馆内,将青年金明亮枪杀。12 月 14 日,日军将躲于 23 号宅内天花板上的市民罗忠民、徐家兵用刺刀刺死,市民陈桂银目睹,"血水从天花板上流下来"。[3]

167. 东瓜塞屠杀

东瓜塞位于南京城东郊,时属孝陵镇。1937 年 12 月 14 日,孝陵镇韦陀巷 21 号农民李成旺因无力逃难,住守家中,在该处南凹地方被日军用刺刀刺死。其妻李吴氏在场目睹,称"遍体刀伤,状极惨痛"。[4]

168. 玉带巷屠杀

玉带巷位于南京三山街之西,秦淮河东北岸,东起上浮桥,西至渡船口。1937 年 12 月 13 日,日军将该巷 24 号住宅内民妇胡韦氏用枪击杀。12 月 14 日,日军于 22 号门外向屋内开枪,市民李福义开门后,被拖出门外,刺戳 10 数刀,致其倒毙血泊中;

1 《马明龙呈文》《潘春潮呈文》,见中国第二历史档案馆等编《侵华日军南京大屠杀档案》,江苏古籍出版社 1987 年版,第 170、158 页;《军事法庭对战犯谷寿夫的判决书及附件》,中国第二历史档案馆藏,档案号五九三/870。

2 《军事法庭对战犯谷寿夫的判决书及附件》,中国第二历史档案馆藏,档案号五九三/870;《吴干丞呈文》,见中国第二历史档案馆等编《侵华日军南京大屠杀档案》,江苏古籍出版社 1987 年版,第 223 页;《池立良等调查表》,见中央档案馆等编《南京大屠杀》,中华书局 1995 年版,第 424 页。

3 《金马民呈文》,中国第二历史档案馆等编《侵华日军南京大屠杀档案》,江苏古籍出版社 1987 年版,第 174 页;《陈桂银证言》,见朱成山主编《侵华日军南京大屠杀幸存者证言》,社会科学文献出版社 2005 年版,第 159—160 页。

4 《军事法庭对战犯谷寿夫的判决书及附件》,中国第二历史档案馆藏,档案号五九三/870;《李吴氏呈文》,见中国第二历史档案馆等编《侵华日军南京大屠杀档案》,江苏古籍出版社 1987 年版,第 181 页。

后复用刀刺其子李学才胸部,并开枪击中奔跑中的李之咽喉,致其死亡。[1]

169. 牵牛巷屠杀

牵牛巷位于南京中华路与长乐路交会处西南,南起璇子巷,北至长乐路。1937 年 12 月 14 日,居住于该巷 19 号之市民周宝银被日军指为守军,遂遭枪杀。[2]

170. 瞻园路屠杀

瞻园路位于南京中华路东侧,东起贡院街,西至中华路,因路中有瞻园,得名。1937 年 12 月 14 日,该路 113 号市民殷德才见附近东牌楼起火,欲前往救火,刚出大门,即为日军击毙;同日,市民叶其瑞在该路水巷口被日军枪杀。[3]

171. 九儿巷屠杀

九儿巷位于南京大中桥西南。传此处丁姓五个儿子共生九子,故名。1937 年 12 月 14 日,市民朱生辉在此巷 9 号门前遭日军枪杀,同时另有 5 人在 19 号门外被枪杀。[4]

172. 黄泥塘屠杀

黄泥塘位于南京中华门外雨花路东。原为菜地,大、小黄泥水塘较多,后成巷,因名。1937 年 12 月 14 日,市民杨刘氏在此处被日军枪击头部身亡。[5]

173. 信府苑屠杀

信府苑位于南京中华门城堡东北,南起信府河北侧,北至军师巷。1937 年 12 月 13 日,该处 16 号市民盛有光被日军刺死;1 号市民史尔孝遭日军枪击,因未得救治,至第三日死亡。12 月 14 日,10 号商民马富芝、16 号商民盛有元被日军用刺刀刺死。[6]

174. 半边营屠杀

半边营位于南京今长乐路东段,西起箍桶巷,东至小心桥西。1937 年 12 月 14

1 《李秀华结文》,见中国第二历史档案馆等编《侵华日军南京大屠杀档案》,江苏古籍出版社 1987 年版,第 191 页;《胡伟证言》,见朱成山主编《侵华日军南京大屠杀幸存者证言》,社会科学文献出版社 2005 年版,第 212—213 页。
2 《周梁氏结文》,见中国第二历史档案馆等编《侵华日军南京大屠杀档案》,江苏古籍出版社 1987 年版,第 221 页。
3 《殷德才被枪杀调查表节录》,见上书,第 254 页。
4,5 《军事法庭对战犯谷寿夫的判决书及附件》,中国第二历史档案馆藏,档案号五九三/870。
6 同上;《史学惠证言》,见朱成山主编《侵华日军南京大屠杀幸存者证言》,社会科学文献出版社 2005 年版,第 184—185 页。

日,该处 16 号市民周王氏、36 号小贩朱万寿被日军刺死;16 号茶商王谟被日军枪杀。[1]

175. 制造局屠杀

制造局全名为金陵机器制造局,1929 年改名"金陵兵工厂",位于南京中华门外正学路。1937 年 12 月 12 日,市民董秀英在后三院为日军用机枪射杀,市民丁高超在家中看守门户,被日军刺死;12 月 14 日,市民季如松夫妇在兵工厂路上被日军抓夫搬东西,因搬不动,被开枪打死。[2]

176. 四圣堂屠杀

四圣堂位于南京升州路南、中华路西,南起长乐路,北至高家巷。传明代此处建有殿堂,供奉痧、麻、痘、疹四神,名"四圣堂",巷以堂名。1937 年 12 月 14 日,市民汪震富在此处被日军枪杀。[3]

177. 杏花村屠杀

杏花村位于南京城西南凤游寺之北。1937 年 12 月 14 日,市民赵陆氏在此处被日军杀害。[4]

178. 门西屠杀

门西指南京中华门内以西地区。1937 年 12 月 14 日,市民余皆源在此处城头上被日军刺杀。[5]

179. 新河口屠杀

新河口位于南京西郊上新河新河入江口。1937 年 12 月 14 日,商民张步洲于此处 92 号被日军枪杀。[6]

180. 见子桥屠杀

见子桥位于南京中华门外雨花路北段西侧,横跨南玉带河,东连芦席巷,西接窑湾街。1937 年 12 月 14 日,市民张王氏在此处被日军用刺刀刺死。[7]

181. 尚书巷屠杀

尚书巷位于南京大光路西段北侧,菜市口北。因明代吏部尚书倪岳居此,故名。1937 年 12 月 14 日,农民潘大八子在此巷 1 号被日军枪杀。[8]

1,3—8《军事法庭对战犯谷寿夫的判决书及附件》,中国第二历史档案馆藏,档案号五九三/870。
2 同上;《查讯李广居笔录》,见中央档案馆等编《南京大屠杀》,中华书局 1995 年版,第 678—679 页。

182. 任管巷屠杀

任管巷位于南京城东南部，光华门、通济门外，时属谷秀乡行政管辖。1937 年 12 月 14 日，农民蔡天福在此处被日军枪杀；市民晋任氏在此处被日军杀死。[1]

183. 菜市口屠杀

菜市口位于南京大光路中段。因旧时农民聚此卖菜，故名。1937 年 12 月 14 日，市民刘学铭在此处被日军用刀砍死。[2]

184. 中德门屠杀

谷寿夫战犯案判决书附件载：1937 年 12 月 14 日，市民芮耀庭在中德门被日军枪杀。[3]

185. 杨公井屠杀

杨公井位于南京太平路中段（今太平南路北段）西侧，东起太平路，西至延龄巷。1937 年 12 月 14 日，难民黄广林、丁乃成等 4 人从难民区欲返中华门外老家，行至该处，遇一队日军。日军令其 4 人排成竖行，并举枪射击，丁等排在前面的 3 人均遭枪杀。黄排于最后，冒险脱逃，被连刺 7 刀，重伤昏死，侥幸存活。[4]

186. 北山门屠杀

北山门位于南京中华门外雨花路东侧。因此巷地处明代大报恩寺山门之北，故名。1937 年 12 月 14 日，日军在此处将市民夏卜于等 6 名男子集中于一起，全部予以枪杀。[5]

187. 观音庵屠杀

观音庵位于南京建邺路南马巷西侧。巷以庵名。1937 年 12 月 14 日，一群日军来到此处 12 号李文英家中，欲奸其母，其兄小狗子挺身阻拦，被日军推倒在地，开枪射击，致受重伤，两天后不治身亡。[6]

188. 陡门桥屠杀

陡门桥位于南京昇路红土桥南端，原名斗门桥，清末后改称现名。1937 年 12 月

1—3《军事法庭对战犯谷寿夫的判决书及附件》，中国第二历史档案馆藏，档案号五九三/870。

4 《黄广林口述》，见张连红、张生编《南京大屠杀史料集》第 25 册《幸存者调查口述》（上），江苏人民出版社 2006 年版，第 21 页。

5 《卜良珍证言》，见朱成山主编《侵华日军南京大屠杀幸存者证言集》，南京大学出版社 1994 年版，第 218 页。

6 《李文英证言》《管学才证言》，见上书，第 257、305 页。

14 日,日军来到此处,将李姓居民先戳一刀,后又补一枪,致当场死亡。[1]

189. 所街屠杀

所街位于南京西南郊,上新河东、江东门南。1937 年 12 月 14 日,日军向住于此处的村民李松年要花姑娘,李不肯去找,被推入粪池开枪打死。[2]

190. 二条巷屠杀

二条巷位于南京中山东路中段南侧,北起中山东路,南至常府街。1937 年 12 月 14 日,中山陵卫士赵致广、游英、李荣洲在此巷遭日军杀害。[3]

191. 小庄子屠杀

小庄子位于南京水西门外南湖边。1937 年 12 月 14 日,日军来到此处,将该处 21 号市民陈小毛抓住,令其跪地后,用刀砍下人头。[4]

192. 双桥门屠杀

城南夹岗门西北、九龙桥南。1937 年 12 月 12 日,此处 30 号市民郭有文,被日军枪击身中数弹,伤重而亡;12 月 14 日,农民陈有森在此处遭日军枪杀。[5]

193. 燕翅口屠杀

燕翅口位于南京中华门外扫帚巷东端与养虎巷相接处。因三街巷在此处交叉,形如燕翅,故名。1937 年 12 月 12 日,日军将市民华金山、华廷榜父子指为守军士兵,在此处 20 号住宅内用刺刀戳死。12 月 13 日,女贩张疯子宿于此处他人屋檐下,被日军用刺刀刺毙后,又将铁铲插入其阴户;市民吉田士、吉鲁氏在此处 22 号住宅中被刺杀身亡。12 月 14 日,船民吴三奶奶被日军从此处 36 号住宅中拖出用刺刀刺死,复以竹竿插入阴户;此处 12 号市民谢班德、黄永安、王文佳,幼童王小牛桂子被日军拉往制造局刺杀。[6]

---

1 《袁巧仙证言》,见朱成山主编《侵华日军南京大屠杀幸存者证言集》,南京大学出版社 1994 年版,第 324 页。

2 《宋镇森证言》,见上书,第 343—344 页。

3 朱成山主编《南京大屠杀辞典》(上),南京出版社 2017 年版,第 245 页。

4 《王义莲证言》,见朱成山主编《侵华日军南京大屠杀幸存者证言》,社会科学文献出版社 2005 年版,第 133 页。

5 《军事法庭对战犯谷寿夫的判决书及附件》,中国第二历史档案馆藏,档案号五九三/870;《郭卢氏结文》,见中国第二历史档案馆等编《侵华日军南京大屠杀档案》,江苏古籍出版社 1987 年版,第 239 页。

6 《军事法庭对战犯谷寿夫的判决书及附件》,中国第二历史档案馆藏,档案号五九三/870;《华廷文呈文》《张疯子呈文》《吴三奶奶呈文》《谢班德等被害调查表》,见中国第二历史档案馆等编《侵华日军南京大屠杀档案》,江苏古籍出版社 1987 年版,第 244—245,251—253 页。

194. 郭家山坑屠杀

郭家山坑位于南京西南郊铁心桥南、韩府山西北。谷寿夫战犯案判决书附件载：1937 年 12 月 14 日,市民韩德友在郭家山岗,因言语不通被枪杀。此处"郭家山岗"似应为"郭家山坑"之误。[1]

195. 钱家村屠杀

钱家村位于南京南郊雨花台西侧,以钱姓住户较多而得名。1937 年 12 月 13 日,市民汪瑞珍在此处为日军所杀。12 月 14 日,市民曾金堂在此处遭日军枪杀。[2]

196. 汪家村屠杀

汪家村位于南京南郊禄口地境,因汪氏建村而得名。1937 年 12 月 12 日,窑工常德盛、曹祥兴在此处 5 号被日军枪杀;窑工曹小明在此处被日军枪杀;9 号农民汪必顺,8 号农民刘广和、汪大云,20 号农民朱德全,23 号农民朱必梁等在此处被日军枪杀。12 月 13 日,37 号市民胡李氏被日军用机枪射杀;41 号市民程老六、5 号市民杨小罗、41 号农民程光仁、工人陈广荣、22 号工人杨少修在此处被日军枪杀;12 月 14 日,工人戴可富在此处被日军枪杀。[3]

197. 贾家东村屠杀

贾家东村位于南京南郊西善桥地境,油坊桥东南。1937 年 12 月 11 日,农妇贾红英在此处被日军枪杀。12 月 13 日,农妇张玉霖在此处被日军枪杀;瓦工黎志喜、农民贾正宏被日军拉夫至中途枪杀;农民王大富在此处被日军枪杀。12 月 14 日,农民贾正金在此处被日军枪杀。[4]

198. 安徽路屠杀

安徽路位于南京中央路北端西侧。1937 年 12 月 14 日,该路 28 号农民应忠贤在家看守房屋,被日军杀害。[5]

199. 泰山路屠杀

泰山路位于六合雄州镇南部。1937 年 12 月 14 日,居住该处的王木匠从避难处

1—4 《军事法庭对战犯谷寿夫的判决书及附件》,中国第二历史档案馆藏,档案号五九三/870。

5 《应金贵呈文》,见张建宁等编《南京大屠杀史料集》第 23 册《南京大屠杀市民呈文》,江苏人民出版社 2006 年版,第 33 页。

返家看望母亲，日军见其剃着光头，认为是中国兵，将其击杀。[1]

200. 孤山堰屠杀

孤山堰位于南京东郊汤山地境，汤山镇东北，孟塘之东。1937 年 12 月 14 日，该处小孩蓝洪银的爷爷、父亲小毛子、大伯、大伯母，躲在马路下边防洪沟边上的两个洞里，均被日军杀死；蓝的奶奶听到枪响，从厨房出来看，被日军一枪打死；兰 5 岁的堂兄弟被日军摔在地上，又刺一刀致死。[2]

201. 马道街屠杀

马道街位于南京城南武定门内，东起箍桶巷，西至堆草巷。1937 年 12 月 14 日，该处 44 号民女李振清因拒奸，遭日军枪杀。[3]

202. 转龙桥屠杀

转龙桥，又称转龙巷，位于南京城南中华门东，南起中营，北至剪子巷。1937 年 12 月 14 日，躲在此处的妇女姚氏因拒奸被日军刺死；同时，日军还将其一子、一女挑到火上烧死；在该处地藏庵内，吉姓市民被日军枪杀。[4]

203. 新路口屠杀

新路口位于长乐路南侧马道街中段，木匠营南端，小心桥西段。1937 年 12 月 14 日，商民卫永和在该处 11 号被日军枪杀。[5]

204. 将军庙屠杀

将军庙位于南京山西路广场北，南起马台街，北至模范马路，旧有寺庙将军庙，街以庙得名。1937 年 12 月 15 日，市民张美义在此处为日军枪杀。[6]

205. 莫愁路屠杀

莫愁路位于南京新街口西南，北起汉中路，南至水西门。1937 年 12 月 15 日，市民熊长庚在此处被日军枪杀。[7]

---

1 《江永年口述》，见张连红、张生编《南京大屠杀史料集》第 25 册《幸存者调查口述》（上），江苏人民出版社 2006 年版，第 370—371 页。

2 《蓝洪银口述》，见费仲兴、张连红编《南京大屠杀史料集》第 27 册《幸存者调查口述》（下），江苏人民出版社 2006 年版，第 1322 页。

3 《南京市社会局局长陈剑如呈文》，见中央档案馆等编《南京大屠杀》，中华书局 1995 年版，第 463—464 页。

4 《查讯姚加隆笔录》，见中央档案馆等编《南京大屠杀》，中华书局 1995 年版，第 667 页。

5—7 《军事法庭对战犯谷寿夫的判决书及附件》，中国第二历史档案馆藏，档案号五九三/870。

206. 七里街屠杀

七里街位于南京武定门与通济门外，南起节制闸路，北至九龙桥口。1937 年 12 月 15 日，几个日本兵在此处将码头工人李金富带至街上枪杀。[1]

207. 新华巷屠杀

新华巷位于南京难民区内金陵女子大学对面。1937 年 12 月 15 日，日军来到此巷 62 号，向双目失明的老人伍迪荣要花姑娘，因语言不通，伍不知回答，被连捅三刀，当即死亡。[2]

208. 大纱帽巷屠杀

大纱帽巷位于南京珠江路中段北侧，东起成贤街，西至老虎桥。因此处为制作纱帽之匠聚居地，且巷较大，故名。1937 年 12 月 15 日，居住该巷 1 号市民董锡祥、3 号市民韩宝洲自难民区返回家中探望时，被日军强行拖去，用刺刀刺入胸膛，当即死亡。[3]

209. 景家屠杀

景家位于南京南郊铁心桥东北，因景姓人居此，故名。1937 年 12 月 13 日，农民景根寿在此处被日军用机枪射杀；农民景根旺在此处 1 号被日军枪杀；农民景小狗在此处被日军枪杀。12 月 14 日，农民唐仁兴在此处 7 号被日军刺死。12 月 15 日，农民尹启富、尹单氏在此处 20 号被日军枪杀。[4]

210. 薛家村屠杀

薛家村位于南京东北郊燕子矶地境。1937 年 12 月 12 日，市民张福元在此处被日军枪杀；12 月 15 日，市民张东成在此处被日军用步枪打死。[5]

211. 唐家凹屠杀

唐家凹位于南京南郊铁心桥地境。明初唐姓居此山凹，故名。1937 年 12 月 15 日，农民王金和、王子龙在此处 4 号被日军枪杀；农民王朱氏、王小四、王小麻子在此

1　《李德龙口述》，见张连红、张生编《南京大屠杀史料集》第 25 册《幸存者调查口述》（上），江苏人民出版社 2006 年版，第 108 页。

2　《伍正禧证言》，见朱成山主编《侵华日军南京大屠杀幸存者证言集》，南京大学出版社 1994 年版，第 240—241 页。

3　《董陈氏呈文》《韩黄氏呈文》，见张建宁等编《南京大屠杀史料集》第 23 册《南京大屠杀市民呈文》，江苏人民出版社 2006 年版，第 4344 页。

4，5　《军事法庭对战犯谷寿夫的判决书及附件》，中国第二历史档案馆藏，档案号五九三/870。

处被日军用机枪射杀。[1]

212. 浦六路屠杀

浦六路即浦口至六合公路。1937 年 12 月 15 日,浦口盘城丁解村村民史家有父亲,从外面借粮食返家,行至该公路,遇一汽车日军迎面驶来。日军以史氏为靶子练习枪法,连打二三十枪均未击中,后下车以刺刀刺其喉咙、两肋、心口等处四刀,致当场死亡。[2]

213. 党家巷屠杀

党家巷位于南京城南夫子庙瞻园路南侧。1937 年 12 月 15 日,市民马怀德见日军在其所开饮食店"望成轩"放火,急往外跑,被枪杀。[3]

214. 转龙车屠杀

转龙车位于南京城南武定门内,东起小心桥东街、老虎头,西至转龙巷。1937 年 12 月 14 日,此处居民董兴福被日军从家中拉去,脱去衣服,用刺刀刺死;其幼子受惊跑动,被日军开枪打死;其兄董兴义被日军抓往附近老虎头枪杀。12 月 15 日,此处 6 号居民小贩张德志在家中被日军枪杀。[4]

215. 鼓楼三条巷屠杀

鼓楼三条巷位于中山北路西侧鼓楼附近,北起中山北路,南连鼓楼二条巷。1937 年 12 月 15 日,市民周汉卿在此处被日军枪杀。[5]

216. 龙华庵屠杀

龙华庵位于南京西城根附近。1937 年 12 月 15 日,市民肖达山、肖洪发在该处地洞中被日军叫出后,开枪打死;妇女小五子被日军污辱后,用刺刀捅死;孙姓市民家的两个孩子被日军抛入河中,挣扎爬上来两次后,被用刺刀捅死。龙华庵当家师爷肖福道与心慈师傅亦被日军杀害。[6]

1,5 《军事法庭对战犯谷寿夫的判决书及附件》,中国第二历史档案馆藏,档案号五九三/870。

2 《史家有证言》,见朱成山主编《侵华日军南京大屠杀幸存者证言集》,南京大学出版社 1994 年版,第 161 页。

3 《李健口述》,见张连红、张生编《南京大屠杀史料集》第 25 册《幸存者调查口述》(上),江苏人民出版社 2006 年版,第 75 页。

4 《董加业证言》,见朱成山主编《侵华日军南京大屠杀幸存者证言集》,南京大学出版社 1994 年版,第 167—168 页;《军事法庭对战犯谷寿夫的判决书及附件》,中国第二历史档案馆藏,档案号五九三/870。

6 《肖洪贵口述》,见张连红、张生编《南京大屠杀史料集》第 25 册《幸存者调查口述》(上),江苏人民出版社 2006 年版,第 128 页。

217. 汉口路屠杀

汉口路位于中山路西侧、北平路南侧。1937 年 12 月 15 日,日本士兵在该路一户住宅中强奸了一名妇女,强行拖走 3 名妇女。其中 2 名妇女的丈夫跟在日本士兵的后面追赶,遭日军枪杀。[1]

218. 下关屠杀

下关位于南京城北挹江门外、沿长江南侧。1937 年 12 月 15 日,6 名中国男子被日军从安全区抓走,要求其去下关运送弹药。到达下关后,他们被日本士兵用刺刀戳杀,除 1 人被刺伤后逃至鼓楼医院外,其他 5 人均被刺死。[2]

219. 边营屠杀

边营位于南京雨花门内箍桶巷南端,东起老虎头,西至上江考棚。明初曾建营房于此,因近城墙边而名。1937 年 12 月 14 日,市民马春华、马韩氏由安全区返家探视,行至该处,被日军杀害;12 月 15 日,市民蒋启炳由剪子巷返家探视,路经该巷 65 号巷口,遇日兵 3 名,遭枪杀。[3]

220. 管家桥屠杀

管家桥位于南京新街口西北,南起汉中路,北至华侨路。1937 年 12 月 15 日,3 个日军突然闯入该处 33 号住宅内,强拉市民阮成先当差。阮不愿,遂于住宅外被枪杀。[4]

221. 金陵神学院屠杀

金陵神学院为基督教培养神职人员的院校,位于南京汉中路 198 号,今南京医科大学校园内,创办于清宣统二年(1910),初名"金陵神学",1930 年更现名。南京沦陷前后,该处被划入安全区范围,成为难民收容所之一。1937 年 12 月 13 日,2 个日军来此,强拉难民陈坤源,陈不从,被连刺数刀,致肚肠流出丧命;12 月 15 日,商民萧作梅被日军指为守军士兵,以乱刀戳死。[5]

1　约翰·拉贝:《拉贝日记》,江苏人民出版社、江苏教育出版社 1997 年版,第 189 页。
2　同上书,第 216 页。
3　《军事法庭对战犯谷寿夫的判决书及附件》,中国第二历史档案馆藏,档案号五九三/870;《马张氏呈文》《刘梅氏结文》,见中国第二历史档案馆等编《侵华日军南京大屠杀档案》,江苏古籍出版社 1987 年版,第 177、206—207 页。
4　《阮春山结文》,见中国第二历史档案馆等编《侵华日军南京大屠杀档案》,江苏古籍出版社 1987 年版,第 191 页。
5　《军事法庭对战犯谷寿夫的判决书及附件》,中国第二历史档案馆藏,档案号五九三/870;《陈光仁结文》,见中国第二历史档案馆等编《侵华日军南京大屠杀档案》,江苏古籍出版社 1987 年版,第 192 页。

222. 蒋家街屠杀

蒋家街位于南京东南郊光华门外石门坎东边,原称"牌楼村"。1937 年 12 月 15 日,民妇蒋王氏于此处被日军枪杀。[1]

223. 磊功巷屠杀

磊功巷位于南京长乐路东段南侧,东起饮虹园,西至箍桶巷。1937 年 12 月 15 日,日军闯至该巷 26 号住宅,将商民秦光第拖出门首枪杀。同日,日军指 22 号住宅市民高长瀛为守军,经高多方比划否认,仍予枪杀。[2]

224. 管家巷屠杀

管家巷位于南京夫子庙秦淮河南,南起乌衣巷,北至大石坝街,因巷内旧有管家大院,故名。1937 年 12 月 15 日,住该巷小贩张英华由难民区返家察看,行至该巷口,遭日军枪杀。[3]

225. 丰富路屠杀

丰富路位于南京新街口广场西南,南起建邺路,北至新街口。1937 年 12 月 15 日,市民韩李氏之长子偕友数人,自建邺路前往上海路难民区避难,行至该路 191 号门前,适遇五六个日军合力推动公共汽车一辆,被强迫代为推车。韩子因不明言语,形容慌张,被疑为守军士兵,遂遭连发五弹丧命。与韩子同行之若干人,亦遭同样命运,被枪击而死。[4]

226. 小百花巷屠杀

小百花巷位于南京长乐街东侧,东起璇子巷,西至长乐街。市民魏程氏结文称:1937 年 12 月 15 日,2 个日军闯入巷内 12 号住宅搜索,其弟程永发因言语不通,被用刺刀刺入胸部,旋又用伤者蓝腰布系以颈项,勒毙身死。后魏氏目睹,"死者仰卧堂屋地上,头南脚北,胸伤二刀,蓝腰布尚系颈项"。[5]

227. 邓府山屠杀

邓府山,山名,村名,位于南京雨花台西南,安德门东,以明初宁河王邓愈死后葬此山得名,村以山名。1937 年 12 月 11 日,小贩董新福及其子董志谨,因日军前来索

---

1 《军事法庭对战犯谷寿夫的判决书及附件》,中国第二历史档案馆藏,档案号五九三/870。
2 《秦朱氏呈文》,见中国第二历史档案馆等编《侵华日军南京大屠杀档案》,江苏古籍出版社 1987 年版,第 216 页。
3 《张王氏呈文》,见上书,第 218 页。
4 《韩李氏呈文》,见上书,第 248—249 页。
5 《魏程氏结文》,见上书,第 249—250 页。

取财物未遂被杀;12 月 14 日,市民周德云、周宏恩在此处被日军枪杀;12 月 15 日,市民周张氏在该村祠堂内被日军杀害。[1]

228. 煤灰堆屠杀

煤灰堆位于南京中华路南段西侧,南起糖坊廊,北至小百花巷。1937 年 12 月 13 日,市民柳老大于此处被日军枪杀;12 月 15 日,该巷 31 号商民吴以鼓在家中被枪杀。[2]

229. 凤游寺屠杀

凤游寺,寺名,街名,位于南京长乐路(今集庆路)南侧古凤凰台附近。后寺边成街,街以寺名。1937 年 12 月 13 日,商民戴正才于 32 号宅中被日军用刺刀戳死;12 月 14 日,商民夏治平于此处被日军用刺刀戳死;12 月 15 日,20 号市民俞永年在家中遭日军枪杀。[3]

230. 转龙巷屠杀

转龙巷位于南京中华门东,南起中营,北至剪子巷。旧有转龙桥,巷以桥得名。1937 年 12 月 13 日,该巷 19 号市民徐子金、8 号市民董兴义被日军杀死。12 月 14 日,市民陶金芝等 3 人,在该巷塘边被日军杀死。12 月 15 日,3 个日军将该巷南口菜地草房内市民王宗福、王金氏夫妻枪杀。[4]

231. 厨子营屠杀

厨子营位于南京中华路南段东,北起下江考棚,向南转东至信府河。1937 年 12 月 14 日,市民屈贵宣在该处 40 号家中被日军搜身上财物后枪杀;12 月 15 日,市民徐洪在该巷口被日军枪杀。[5]

232. 南门桥屠杀

南门桥古称"镇淮桥",位于南京中华门城堡北端。1937 年 12 月 15 日,市民张泽民在升州路被日军拖至该桥,迫令作电工修理,因不从被杀。[6]

233. 土城头屠杀

土城头亦名"土城根",位于南京雨花门南,原为明代南京外廓土城墙之一段。1937 年 12 月 12 日,市民王寿松在此处被日军用机枪扫死,19 号市民张李氏在家看守房屋被日军杀死;12 月 13 日,市民樊杨氏、陈二在此处被日军用刺刀刺杀;12 月

1—3,5,6《军事法庭对战犯谷寿夫的判决书及附件》,中国第二历史档案馆藏,档案号五九三/870。
4 同上;《王万氏结文》,见胡菊蓉编《南京大屠杀史料集》第 24 册《南京审判》,江苏人民出版社 2006 年版,第 211 页。

15 日,该处 106 号市民郭友闻在家中被日军杀死。[1]

234. 小行桥屠杀

小行桥位于南京雨花台西南小行村旁南河上,后为街巷名。1937 年 12 月 15 日,该处 31 号市民李德居被日军刺杀。[2]

235. 千佛庵屠杀

千佛庵位于南京长乐路东段南侧,通饮虹园。因原有庵庙千佛庵而得名。1937 年 12 月 15 日,市民罗何氏在此处被日军杀死。[3]

236. 门东屠杀

门东指南京中华门内以东地区。1937 年 12 月 13 日,市民梁本茂,小贩朱知礼、朱长喜在此处被日军杀死;12 月 15 日,市民葛先楼在此处遭日军枪杀。[4]

237. 骂驾桥屠杀

骂驾桥位于南京城南白鹭洲南、莲子营东。传明代田德颠之母曾在桥上骂皇帝,因名。1937 年 12 月 15 日,该处 6 号米贩邓嘉镛被日军用绳绑于凳上,复以机枪射杀。[5]

238. 小党家巷屠杀

小党家巷位于南京城南瞻园路南侧,为大党家巷支巷,故名。1937 年 12 月 15 日,警士丁通在此巷 16 号被日军枪杀。[6]

239. 后河沿屠杀

后河沿位于南京浦口东门镇东、朱家山河西。1937 年 12 月 13 日,市民赵永珠在此处被日军枪杀;12 月 15 日,柴贩李朋金在此处被日军枪杀。[7]

240. 安乐堂屠杀

安乐堂位于南京东郊灵谷寺南。谷寿夫战犯判决书附件载:1937 年 12 月 15 日,市民张士江在安乐塘地下室被日军枪杀。上述"安乐塘"似为"安乐堂"之误。[8]

241. 水西门屠杀

水西门位于南京水西门大街西端。1937 年 12 月 15 日,厨役余元山在此门外,

---

1 《军事法庭对战犯谷寿夫的判决书及附件》,中国第二历史档案馆藏,档案号五九三/870;《郭卢氏呈文》,见中国第二历史档案馆等编《侵华日军南京大屠杀档案》,江苏古籍出版社 1987 年版,第 138—139 页。

2—8 《军事法庭对战犯谷寿夫的判决书及附件》,中国第二历史档案馆藏,档案号五九三/870。

被日军捆绑掷于塘中,复用刀对其头部刺杀,致溺于水中身亡。[1]

242. 沈举人巷屠杀

沈举人巷位于南京新街口广场西北,东起管家桥,西至慈悲社。因明举人沈九思居此,故名。谷寿夫战犯案判决书附件载:1937 年 12 月 15 日,皮匠陈坤源在华举人巷 32 号遭乱刀戳死。上述"华举人巷"似为"沈举人巷"之误。[2]

243. 模范马路屠杀

模范马路位于南京中山北路中段东侧,东起青石桥,西接和会街。1937 年 12 月 15 日,工役宋啼英在此路 148 号被日军刺杀。[3]

244. 忠信里屠杀

忠信里位于南京鼓楼北侧五条巷段。1937 年 12 月 15 日,平民郑忠魁在此处 3 号被日军枪杀。[4]

245. 丹凤街屠杀

丹凤街位于南京鼓楼东南,南起珠江路,北至安仁街。1937 年 12 月 15 日,居民李光森在此处 74 号被日军用刺刀刺杀。[5]

246. 东关闸屠杀

东关闸位于南京通济门旁,南起秦淮河,北至裘家湾,又名"东关头"。1937 年 12 月 15 日,此处 83 号苦力徐殿源被日军枪杀,苦力陆鲁焕于此处被日军枪杀;苦力靖荣在此处 47 号被日军枪杀。[6]

247. 高家苑屠杀

高家苑位于南京今集庆路南、花露岗北,南起花露北岗,北至集庆路。1937 年 12 月 15 日,机工李长顺在此处 1 号被日军用刺刀杀死。[7]

248. 天目路屠杀

天目路位于南京宁海路西侧,东起宁海路,西至西康路。据谷寿夫战犯案判决书附件载,1937 年 12 月 15 日,市民朱兴儒在天牧路被日军刺死。此处"天牧路"疑为天目路之误。[8]

249. 马鞍山屠杀

马鞍山位于时江宁县上坊东北 1 公里处,以山形似马鞍得名。1937 年 12 月 15

1—8《军事法庭对战犯谷寿夫的判决书及附件》,中国第二历史档案馆藏,档案号五九三/870。

日,市民蒋长名被日军拉夫至该山脚遭枪杀。[1]

250. 滕家庄屠杀

滕家庄位于南京西郊上新河南河南村。1937 年 12 月 15 日,市民戴宝平在此处被日军枪杀。[2]

251. 香林寺屠杀

香林寺初名兴善寺,为明代南京三大巨寺之一,位于城东后宰门佛心桥 37 号。1937 年 12 月 15 日,市民靳树堂在此处为日军枪杀。[3]

252. 挹华里屠杀

挹华里位于南京城中鼓楼五条巷西侧。1937 年 12 月 16 日,日军将避难于安全区内挹华里 7 号之难民江金荣、江家治、陶仕栋指为中国士兵,予以枪杀。[4]

253. 三牌楼屠杀

三牌楼位于南京中山北路中段东侧,北接和会街,南连将军庙。1937 年 12 月 14 日,日军从安全区内上海路北秀村 4 号,将避难于此的难民顾全奎强行押往三牌楼路旁杀害;12 月 16 日,日军将平民陈步洲,在该处枪杀。[5]

254. 糖坊桥屠杀

糖坊桥位于南京新街口东北侧,因靠近糖坊与小桥,故名。1937 年 12 月 13 日夜,4 个日军闯入该巷 8 号张杜淑珍家中,索要金器,未果,即举枪将张杜氏枪杀;张杜氏之子张远绥追至院内说理,当即又被枪杀在石阶上。12 月 16 日,该巷 68 号市民王金堂被日军从家中拉出,用机枪射杀。[6]

255. 雨花门屠杀

雨花门位于南京今江宁路南端,1926 年为市内小火车轨道进出城而开辟之城门,因

1—3 《军事法庭对战犯谷寿夫的判决书及附件》,中国第二历史档案馆藏,档案号五九三/870。

4 同上;《陶江翠云呈文》《江俞民呈文》,见中国第二历史档案馆等编《侵华日军南京大屠杀档案》,江苏古籍出版社 1987 年版,第 166、167 页。

5 《军事法庭对战犯谷寿夫的判决书及附件》,中国第二历史档案馆藏,档案号五九三/870;《顾全鑫呈文》,见中国第二历史档案馆等编《侵华日军南京大屠杀档案》,江苏古籍出版社 1987 年版,第 175 页;《张玉英证言》,见朱成山主编《侵华日军南京大屠杀幸存者证言》,社会科学文献出版社 2005 年版,第 369—370 页。

6 《军事法庭对战犯谷寿夫的判决书及附件》,中国第二历史档案馆藏,档案号五九三/870;《张远芳证言》,见朱成山主编《侵华日军南京大屠杀幸存者证言》,社会科学文献出版社 2005 年版,第 373 页。

抵达雨花台附近之车站,故名。1937 年 12 月 16 日,教员朱实秋在此处为日军杀死。[1]

256. 门东救济院屠杀

门东救济院位于南京中华门东侧地区。1937 年 12 月 16 日,市民黎保民在此处被日军枪杀。[2]

257. 五所村屠杀

五所村位于南京北郊幕府山下。1937 年 12 月 16 日,瓦匠段德宝在该村 19 号被日军枪杀。[3]

258. 雨花里屠杀

雨花里位于南京鼓楼广场西北五条巷内。谷寿夫战犯案判决书附件载:1937 年 12 月 16 日,市民马金和在五条巷雨花里 11 号被日军枪杀。[4]

259. 老菜市屠杀

老菜市位于南京山西路广场西,东起人和街,西至水佐岗。1937 年 12 月 16 日,市民倪汉有于此处 67 号被日军枪杀。[5]

260. 小思古巷屠杀

小思古巷位于南京中华门外雨花路西,东起雨花路,向西再折向大思古巷。1937 年 12 月 13 日,日军于该巷一带纵火焚屋,35 号市民万里安出而救火,遭杀害;12 月 16 日,市民王金喜在此巷被日军枪杀。[6]

261. 校门口屠杀

校门口位于南京中山北路中段,东起中山北路,西至回龙桥。1937 年 12 月 16 日,市民王大毛在此处被日军杀死。[7]

262. 华新巷屠杀

华新巷位于南京北平路(今北京西路)南侧,东起上海路,西至宁海路。1937 年 12 月 16 日,居民尚德仁在此处被日军枪杀。[8]

263. 渊声巷屠杀

渊声巷位于南京鼓楼西北,东起中山北路,西至四条巷。1937 年 12 月 16 日,市

1—5,7,8 《军事法庭对战犯谷寿夫的判决书及附件》,中国第二历史档案馆藏,档案号五九三/870。

6　同上;《万钧呈文》,见张建宁等编《南京大屠杀史料集》第 23 册《南京大屠杀市民呈文》,江苏人民出版社 2006 年版,第 24 页。

民童炳松在此巷被日军枪杀。[1]

264. 宁海路屠杀

宁海路位于南京中山北路南段西侧,南起汉口路(今汉口西路),北至山西路。1937 年 12 月 16 日,市民梁坤尧在此处被日军用机枪射杀。[2]

265. 四方城屠杀

四方城,古迹、居民居住区。古迹位于南京中山门外石像路东端。居民住宅区与古迹同名。1937 年 12 月 16 日,市民萧宏有在此处 18 号被日军杀害。[3]

266. 眼香庙屠杀

眼香庙位于南京南郊牛首山西,谷里周村东村。1937 年 12 月 16 日,市民王小羊子在该庙被日军枪杀。[4]

267. 煤炭港屠杀

煤炭港位于南京下关北部长江边,街巷以港得名。谷寿夫战犯案判决书附件载:1937 年 12 月 16 日,市民张玉清在煤炭巷被日军刺刀刺死。此处"煤炭巷"似为煤炭港之误。[5]

268. 光明庵屠杀

光明庵位于南京太平巷西南、马府街北之沙塘湾。1937 年 12 月 16 日,市民赵三在此庵前被日军枪杀。[6]

269. 仙鹤门屠杀

仙鹤门位于南京东北郊,尧化门东南、麒麟门西北,明外郭十八城门之一,因山上有仙鹤观而得名。1937 年 12 月 16 日,此处毛森字号煤炭窑货店老板毛汉卿及严姓市民等 6 人,躲避于该门附近之横山嘴山岙中,被日军发现后杀死,并推落塘中。[7]

270. 永安村屠杀

永安村位于南京东南郊龙都地境。1937 年 12 月 16 日,该处村民王明义因家贫,捡了件守军大衣穿,被日军抓住捆在槐树上,连刺十几刀而死,与王同时被杀的还有村民王官政;村民陈长有因不知答日军话,在家门口被打死;村民谢行堂因见到日

1—6 《军事法庭对战犯谷寿夫的判决书及附件》,中国第二历史档案馆藏,档案号五九三/870。
7 《毛贾氏呈文》,见中国第二历史档案馆等编《侵华日军南京大屠杀档案》,江苏古籍出版社 1987 年版,第 97 页。

军奔跑,被枪杀后倒在田里。[1]

271. 葛塘屠杀

葛塘位于江北大厂西北。1937 年 12 月 16 日,一位童姓市民在逃难途中行至该处,为了保护其妻不受欺侮,被日军推入水塘,后又予枪杀。[2]

272. 清凉山屠杀

清凉山位于南京西部汉中门内、广州路北侧,原名"石头山",后因建清凉寺而更现名。1937 年 12 月 16 日,市民石养才、石徐氏夫妇及其子小二子在此处附近被日军刺杀。[3]

273. 横山嘴屠杀

横山嘴位于南京东郊仙鹤门地境。1937 年 12 月 16 日,商民毛汉卿等七人在该处被日军杀死后,推落塘中。[4]

274. 上海路屠杀

上海路位于南京鼓楼西侧,北接云南路,西至汉中路。1937 年 12 月 16 日,日军将挹华里之 75 岁老人朱之礼拖往该路枪杀。[5]

275. 北平路屠杀

北平路即今北京西路西段,位于鼓楼广场西侧,东起云南路、上海路口,西至西康路。1937 年 12 月 16 日,该路 51 号妇女姜张氏先后被两批 9 个日军轮奸致死。[6]

276. 下关屠杀

下关指南京挹江门外中山北路、热河路至江边一带。因居上关(上新河镇)下游,故名。1937 年 12 月 16 日,日军在难民区中将避难平民冯作新指为守军士兵,拖至下关江边枪杀;在鼓楼二条巷将平民戴光玮等多人押至下关,用机枪射杀。[7]

1 《戴君汉口述》《谢礼贵口述》,见蒋晓星等编《南京大屠杀史料集》第 38 册《幸存者调查口述续编》(中),江苏人民出版社 2007 年版,第 959—961 页。
2 《童赵氏证言》,见朱成山主编《侵华日军南京大屠杀幸存者证言集》,南京大学出版社 1994 年版,第 220 页。
3 《石养喜呈文》,见中国第二历史档案馆等编《侵华日军南京大屠杀档案》,江苏古籍出版社 1987 年版,第 180 页。
4 《毛贾氏呈文》,见中央档案馆等编《南京大屠杀》,中华书局 1995 年版,第 457 页。
5 《敌人对于南京毁坏及其暴行一斑》,见上书,第 463 页。
6 《日军南京大屠杀的战罪审查表》,见上书,第 547 页。
7 《冯蒋氏结文》《戴张氏呈文》,见上书,第 553、555 页。

277. 四所村屠杀

四所村位于南京金川门外,今大桥南路东侧,建宁路南北两侧。1937 年 12 月 13 日,日军将市民陈邦发由福建路红屋 14 号住宅中捕去,押至该村枪杀;12 月 17 日,日军将村民崔士忠、崔至今二人在该村枪杀。[1]

278. 草桥屠杀

草桥位于南京模范马路西端,跨金川河上。1937 年 12 月 17 日,市民夏长祥与邻人贾广年由难民区返家探视途中,于该桥遇日兵数人,夏被指为守军,遭枪射杀。[2]

279. 太平路屠杀

太平路位于南京新街口广场东南侧,南起白下路,北至中山东路。1937 年 12 月 17 日,该路 268 号临园浴堂老板朱在鑫及其弟朱在祥,在店中遭日军以刺刀刺腹部而死。[3]

280. 西营村屠杀

据谷寿夫战犯案判决书附件载,1937 年 12 月 12 日,市民朱步久在铁路旁被日军拉夫,因年迈不堪重负被杀;12 月 14 日,市民王德志在此村被日军杀死;12 月 17 日,农民邓连兴在该村 28 号被日军枪杀。[4]

281. 王府巷屠杀

王府巷位于南京升州路南,东起船板巷,西至吉祥街。传太平天国时某王爷居此,故名。1937 年 12 月 13 日,市民赵其贵在此巷被日军指为俘虏遭刺杀,市民王老二在家中被日军用刺刀捅死;12 月 17 日,该巷 61 号商民范永昌被日军用棍敲打致死。[5]

282. 鼓楼二条巷屠杀

鼓楼二条巷位于南京鼓楼广场北侧、中山北路西侧,由南北行与东西行两条相互垂直的巷组成,南北行巷南起头条巷,北接中山北路;东西行巷西起南北行

---

1 《军事法庭对战犯谷寿夫的判决书及附件》,中国第二历史档案馆藏,档案号五九三/870;《江文治结文》,见中国第二历史档案馆等编《侵华日军南京大屠杀档案》,江苏古籍出版社 1987 年版,第 201—202 页。

2 《夏张氏结文》,见中国第二历史档案馆等编《侵华日军南京大屠杀档案》,江苏古籍出版社 1987 年版,第 233—234 页。

3 《朱在鑫调查表节录》,见上书,第 264 页。

4 《军事法庭对战犯谷寿夫的判决书及附件》,中国第二历史档案馆藏,档案号五九三/870。

5 同上;《陈秀英证言》,见朱成山主编《侵华日军南京大屠杀幸存者证言》,社会科学文献出版社 2005 年版,第 168 页。

巷中段,东接中山北路。1937 年 12 月 14 日,市民李茂生于此巷被日军枪杀。12 月 16 日,布贩戴光玮与该巷 2 号平民朱巧富被日军用机枪射杀;市民欧阳童、牛长春于此处被日军枪杀。12 月 17 日,茶商金宏春在该巷口被日军用机枪扫射后,又遭刀戳而亡。[1]

283. 美国大使馆处屠杀

美国大使馆位于南京西北部西康路 33 号,南京沦陷前后该处被划入难民区范围。1937 年 12 月 17 日,米贩胡振海、胡家福在该处被日军枪杀。[2]

284. 中山北路难民区屠杀

中山北路位于南京鼓楼广场西北侧,南起鼓楼广场,北至挹江门外长江边,其鼓楼至山西路北侧附近一段被划为难民区东侧边界,路西为难民区范围。1937 年 12 月 17 日,车夫周大富在此段难民区内被日军枪杀。[3]

285. 中所巷屠杀

据谷寿夫战犯案判决书附件载,1937 年 12 月 17 日,市民陈顺兴在此巷被日军杀死。[4]

286. 铜银巷屠杀

铜银巷位于南京上海路南段东侧,西起上海路,东至慈悲社,接沈举人巷。1937 年 12 月 13 日,市民刘锡进在此巷口被日军刺死;12 月 17 日,苦力张国强在此巷 3 号被日军绑在树上,以刺刀刺杀。[5]

287. 南岳行宫屠杀

南岳行宫位于南京中华门城墙外西侧,赛虹桥南。1937 年 12 月 17 日,农民张孝斌、王竹全在该寺庙内看门被日军杀死。[6]

288. 产圩河屠杀

产圩河位于南京草场门外中保村附近。1937 年 12 月 17 日,商民高先生被一个日军逼令在此处背其过河,因不小心弄湿了日军的鞋子,上岸后即遭枪杀,子弹从后背进、前胸出。[7]

289. 河北村屠杀

河北村位于南京江东门外上新河镇,因位于上新河之北而得名。1937 年 12 月

1—6《军事法庭对战犯谷寿夫的判决书及附件》,中国第二历史档案馆藏,档案号五九三/870。

7《张泽换口述》,见张连红、张生编《南京大屠杀史料集》第 25 册《幸存者调查口述》(上),江苏人民出版社 2006 年版,第 87—88 页。

15 日，日军在此处将村民魏竹轩、张步州、尤栋臣枪杀；12 月 17 日，两个日本兵到此处将村民汪兆其、史有富指为守军士兵，拉到门前战壕中枪杀。[1]

290. 东流村屠杀

东流村位于南京东郊麒麟门东北，九乡河之东。1937 年 12 月 17 日，该村村民孙秉荣在跑反途中被日军枪杀；村民张胡子被日军从胸口戳一刀，经家属跪地求饶才未戳第二刀，但张仍口吐鲜血，于数小时后死去；村民苏永茂被日军抓到下周塘用刀刺死；村民苏老三及其 12 岁的儿子苏小六子，还有一位西村夹泥巴的村民，都于同一天被日军枪杀。[2]

291. 大方巷屠杀

大方巷位于安全区内、中山北路南段西侧，西端与江苏路相接。1937 年 12 月 17 日，1 名中国平民在该路福斯特牧师住所附近，被三四个日本士兵枪杀。[3]

292. 吴家花园屠杀

吴家花园的具体位置待考。1937 年 12 月 17 日，2 名中国人在此遇害。[4]

293. 金陵大学难民营屠杀

事件发生于金陵大学内某难民营中。1937 年 12 月 17 日，金大某难民营内两名16 岁女孩，被日军强奸致死。[5]

294. 秣陵路屠杀

秣陵路位于南京中山南路西，时东起丰富路，西至三茅宫。1937 年 12 月 13 日，市民王有才于逃往难民区途经该路口时，遇日兵 5 人，遭刺刀连刺 3 刀，当场殒命；12 月 18 日，市民井升荣于 190 号住宅门前遇日兵 2 人，遭刺刀连刺 2 刀，气绝殒命。[6]

295. 内桥湾屠杀

内桥湾位于南京中华路北段西侧，东起内桥，西至绒庄巷。因地近内桥，巷形弯

---

1 《张学取口述》《吕春林口述》，见张连红、张生编《南京大屠杀史料集》第 25 册《幸存者调查口述》（上），江苏人民出版社 2006 年版，第 98、145 页。

2 《张义才口述》，见蒋晓星等编《南京大屠杀史料集》第 38 册《幸存者调查口述续编》（中），江苏人民出版社 2007 年版，第 647 页。

3 约翰·拉贝：《拉贝日记》，江苏人民出版社、江苏教育出版社 1997 年版，第 219—220 页。

4 同上书，第 220 页。

5 章开沅编译：《天理难容——美国传教士眼中的南京大屠杀（1937—1938）》，南京大学出版社 1999 年版，第 442 页。

6 《乔吴氏结文》《井井氏结文》，见中国第二历史档案馆等编《侵华日军南京大屠杀档案》，江苏古籍出版社 1987 年版，第 179、197—198 页。

曲,故名。1937 年 12 月 13 日,工人方镜如在此被日军枪杀;12 月 18 日,市民史凤庆在此被日军枪杀。[1]

296. 拖板桥屠杀

拖板桥位于南京城西秦淮河西、长江边上新河镇河南大街与河北大街之间,跨南河,原名"土板桥",后讹为"拖板桥",街巷因桥得名。1937 年 12 月 18 日,市民解平德、王长怀、王乐氏、解平富、解汤氏、朱兆山在此被日军杀死。[2]

297. 东河沿屠杀

东河沿位于南京中华门外雨花路西,南起大思古巷,北至西街。因地处南玉带河东岸,故名。1937 年 12 月 18 日,市民熊谢氏在此处被日军杀死。[3]

298. 井二村屠杀

井二村位于南京南郊花神庙附近。1937 年 12 月 10 日,市民王孙氏在此村被日军用机枪射杀。12 月 12 日,农民孙哑子在该村 3 号家中被日军用刺刀戳死。12 月 13 日,该村 13 号农民黄长林被日军连击三枪而死。12 月 18 日,农民孙兴钊父亲、杨荣洲夫妇、杨荣华叔嫂、孙兴法弟弟、孙长荣奶奶等 7 人被日军枪杀。[4]

299. 信府河屠杀

信府河位于南京中华门东北,南起镇淮桥,北至武定桥,因立有信国公汤和祠而得名。1937 年 12 月 18 日,市民黄王氏在该处渡口被日军枪杀。[5]

300. 响磨丁村屠杀

据谷寿夫战犯案判决书附件载,1937 年 12 月 12 日,雇工欧文元在该村被日军射杀;农民吕五第在该村 54 号被日军枪杀。12 月 13 日,农民李长发在该村 5 号被日军用机枪射杀。12 月 18 日,雇工陈兴林在该村被日军枪杀。[6]

301. 送驾桥屠杀

送驾桥位于南京南郊雨花台南,今属丁墙村。1937 年 12 月 18 日,佣工张庭伦在此处被日军枪杀。[7]

302. 南台巷屠杀

南台巷位于南京中正路(今中山南路)西侧,西起三茅宫,东南至崔八巷。1937 年 12 月 13 日,瓦工唐正年在此巷 22 号被日军用刺刀刺死;12 月 18 日,绒工唐桂发

1—3,5—7《军事法庭对战犯谷寿夫的判决书及附件》,中国第二历史档案馆藏,档案号五九三/870。

4 同上;《查讯孙长福笔录》《查讯黄明钰笔录》,见胡菊蓉编《南京大屠杀史料集》第 24 册《南京审判》,江苏人民出版社 2006 年版,第 269、270 页。

在此巷 22 号被日军枪杀。[1]

303. 牌楼镇屠杀

牌楼镇位于南京东郊中山门外，南京沦陷前后由孝陵区管辖。1937 年 12 月 18 日，农民徐大办在该处被日军枪杀。[2]

304. 三条巷屠杀

三条巷位于南京中山东路南侧、秦淮河以西，北起中山东路，南至常府街。1937 年 12 月 18 日，市民方长藻在此巷被日军枪杀。[3]

305. 建邺路屠杀

建邺路位于南京新街口西南、朝天宫东南。东起中正路（今中山南路），西至朝天宫。1930 年拓建完成，以南京故称"建邺"命名。1937 年 12 月 15 日，该路 29 号市民武杨氏、茶役薛小五被日军枪杀，茶役杨文复被日军刺杀；12 月 18 日，市民樊万氏在此路 113 号被日军射杀。[4]

306. 陆军大学屠杀

陆军大学位于南京中山路中段西侧，北与鼓楼医院相邻，南与司法院相邻，西为金大养蜂场。南京沦陷前后，此处被划入难民区范围，并设为难民收容所之一。1937 年 12 月 15 日，市民杨宗林在该处被日军用机枪射死；12 月 16 日，市民李贤明在该处巷口，因不肯给日军钱，被开枪打死。12 月 18 日，该处收容所向安全区国际委员会报告，一名 25 岁的男性市民被日军杀害；一名老妇遭严重殴打倒地，20 分钟后死亡。[5]

307. 止马营屠杀

止马营位于南京朝天宫西，东起莫愁路，西至张公桥。朝天宫之"下马碑"在此街巷边，故名。1937 年 12 月 18 日，市民伍正坤、伍正斌在此处为日军枪杀。[6]

308. 马台街屠杀

马台街位于南京山西路广场东北，南起湖南路，北抵将军庙。因清代制台马新贻家居此，故以"马台"为街名。南京安全区国际委员会总干事菲奇调查证实：1937 年 12 月 18 日，位于该处 29 号的美国大使馆三秘小道格拉斯·詹

1—4,6《军事法庭对战犯谷寿夫的判决书及附件》，中国第二历史档案馆藏，档案号五九三/870。
5 同上；《查讯李鸿喜笔录》，中央档案馆等编《南京大屠杀》，中华书局 1995 年版，第 689—690 页；约翰·拉贝：《拉贝日记》，江苏人民出版社、江苏教育出版社 1997 年版，第 224—225 页。

金斯先生住所中的 1 名佣人被杀,尸体躺在房间里,住所内一片狼藉,已被洗劫。[1]

309. 黑廊巷屠杀

黑廊巷位于南京升州路南,南起望鹤楼,北至升州路。1937 年 12 月 18 日,该巷 17 号市民李文彬因日军欲奸其母,出而呼救,被枪杀。[2]

310. 河沿头埠屠杀

河沿头埠位于南京东郊孝陵卫牌楼镇地境。1937 年 12 月 18 日,两个日军将该处 3 号农妇陆荷英先行轮奸,临走时用刺刀刺入腹部使之殒命。[3]

311. 颐和路 18 号屠杀

颐和路位于安全区内、中山北路西侧,东接江苏路,西接西康路。1937 年 12 月 18 日 16 时,几个日本士兵在该路 18 号向一个中国人索要香烟,由于香烟没有及时送给他们,这名中国平民被日本士兵用刺刀劈中头部,致脑浆外溢。受伤者被送往鼓楼医院,但安全区总干事菲奇认为,已经没有保住生命的希望。[4]

312. 颐和路 12 号屠杀

颐和路位于安全区内、中山北路西侧,东接江苏路,西接西康路。1937 年 12 月 18 日,一个茶馆老板的 17 岁女儿,被 7 个日军士兵轮奸致死。[5]

313. 平安巷屠杀

平安巷位于城南,南起升州路,北至安品街。1937 年 12 月 18 日,1 名姑娘在这里被日军强奸致死。[6]

314. 小心桥屠杀

小心桥位于南京长乐路东端南侧。街在桥北,以桥得名。1937 年 12 月 13 日,该地 36 号住宅市民卓玉如之长兄等 3 人被日军枪杀,34 号住宅市民李诋基被杀;12 月 17 日,32 号住宅市民胡兆明、胡兆林兄弟二人在家看守门户,遭日军枪杀;12 月

1　约翰·拉贝:《拉贝日记》,江苏人民出版社、江苏教育出版社 1997 年版,第 226 页。
2　《杨金龙结文》《李元洪结文》,见中央档案馆等编《南京大屠杀》,中华书局 1995 年版,第 626 页。
3　《日军南京大屠杀的战罪审查表》,见中央档案馆等编《南京大屠杀》,中华书局 1995 年版,第 547 页。
4　约翰·拉贝:《拉贝日记》,江苏人民出版社、江苏教育出版社 1997 年版,第 222—223 页。
5,6　同上书,第 224—225 页。

18 日,苦力王凤鸣在该处被日军枪杀。[1]

315. 金大附中屠杀

金陵大学附中位于中山路西侧、广州路以南。1937 年 12 月 15 日,学生于德明在此处被日军枪杀。12 月 17 日,此处一名受惊吓的孩子,被日本士兵用刺刀刺死。12 月 18 日,一名恐怖至极的儿童被日军用刺刀刺死。[2]

316. 通西门屠杀

通西门位于南京城东南通济门、大光路附近,时属大光坊行政管辖。该处 27 号市民陶倪氏呈文称:1937 年 12 月 19 日,其父陶开喜及其子陶士桢、陶士德三人,在该门口被日军刀砍枪击而死,"尸体支离,血迹模糊"。[3]

317. 军师巷屠杀

军师巷位于南京中华门北、中华路南段东侧,东起信府河,西至中华路。传诸葛亮曾驻节于此,故名。1937 年 12 月 14 日,市民吴瑞全、张锦昌在此巷被日军杀死;12 月 19 日,市民傅兆元在该巷 27 号遭日军枪杀。[4]

318. 天板桥屠杀

据谷寿夫战犯案判决书附件载,1937 年 12 月 19 日,市民沃兆华在此处被日军枪杀。[5]

319. 汉口路屠杀

汉口路位于南京鼓楼西侧、广州路北侧,东起上海路,西延经宁海路、西康路,至西康路以西一带。南京沦陷前后,该路被划入难民区范围,沿途设有多所难民收容所。南京安全区国际委员会搜集的日军暴行记录载:1937 年 12 月 15 日,一些日本士兵闯进该路的一户居民住宅,强奸了一名年轻妇女,又强行拖走 3 名妇女。其中 2

---

1 《军事法庭对战犯谷寿夫的判决书及附件》,中国第二历史档案馆藏,档案号五九三/870;《胡杰人呈文》《卓玉如呈文》,见中国第二历史档案馆等编《侵华日军南京大屠杀档案》,江苏古籍出版社 1987 年版,第 179—180、238—239 页。

2 《军事法庭对战犯谷寿夫的判决书附件》,中国第二历史档案馆藏,档案号五九三/870。该件中称,于德明于"金陵中学"被日军枪杀。是为金陵大学附属中学之简称。《南京的恐怖状态(1)》,见张连红、陈谦平编《南京大屠杀史料集》第 31 册《英国使领馆文书》,江苏人民出版社 2007 年版,第 561 页;章开沅编译:《天理难容——美国传教士眼中的南京大屠杀(1937—1938)》,南京大学出版社 1999 年版,第 9 页。

3 《陶倪氏呈文》,见中国第二历史档案馆等编《侵华日军南京大屠杀档案》,江苏古籍出版社 1987 年版,第 211 页。

4,5 《军事法庭对战犯谷寿夫的判决书及附件》,中国第二历史档案馆藏,档案号五九三/870。

名妇女的丈夫跟在日本士兵后面追赶,结果这 2 名男子被这些日本士兵枪杀。[1]

320. 赵家园屠杀

赵家园位于南京西南郊双闸地境。清末有赵氏庄园在此,故名。1937 年 12 月 19 日,日军因前一天在此过桥时,有一名士兵跌入河中淹死,特来此将七八名村民予以枪杀,以为发泄。[2]

321. 东岳庙屠杀

东岳庙位于南京南郊双桥门附近。军事法庭谷寿夫案判决书附件载:1937 年 12 月 15 日,市民黄其兴为日军在该处枪杀;12 月 17 日,市民 7 人在该处为日军枪杀;12 月 19 日,市民谢善真在该处为日军用刺刀刺杀,并将其衣服脱下,于阴部插进竹竿一根。[3]

322. 涉公桥屠杀

涉公桥位于南京城南中华门外。1937 年 12 月 12 日,该处 12 号市民唐起发、南 9 号小贩王香连、北村 74 号帮工吴兆有被日军枪杀,南 8 号市民任孙氏被日军用刺刀刺死;12 月 13 日,北村 14 号平民贾长源被日军枪杀,市民盛怀连、左小马二人在桥边被日军击毙;12 月 15 日,茶役唐怀有在该处被日军刺杀;12 月 19 日,24 号市民张振香在家中被日军枪杀。[4]

323. 汉口路 28 号屠杀

汉口路位于中山路西侧、北平路南侧。1937 年 12 月 19 日夜,在该处拼命找女人不着(因妇女都已避入金陵大学)的日本士兵出于报复,枪杀了一名中国人,并用刺刀刺伤 4 人。[5]

324. 太平桥屠杀

太平桥位于南京城西南角、升州路西南侧,西连太平街,东至六度庵。1937 年 12 月 13 日下午,于该处 25 号开设永安水炉茶社之商民刘寿金因闻有枪声,开门窥视,被日军击毙于水炉之侧;12 月 20 日,市民谈志明在 1 号住宅被日军用

1,5 约翰·拉贝:《拉贝日记》,江苏人民出版社、江苏教育出版社 1997 年版,第 189、231 页。
2 《尹启生口述》,见张连红、张生编《南京大屠杀史料集》第 25 册《幸存者调查口述》(上),江苏人民出版社 2006 年版,第 127 页。
3,4 《军事法庭对战犯谷寿夫的判决书及附件》,中国第二历史档案馆藏,档案号五九三/870。

- 149 -

刺刀刺死。[1]

325. 斜桥屠杀

斜桥位于南京三牌楼街南段,跨金川河,因斜跨河上,故名。1937 年 12 月 20 日,市民严正标在此遭日军枪杀。[2]

326. 安德里屠杀

安德里位于南京雨花台安德门附近,因安德门而得名。1937 年 12 月 13 日,农民汪有忠在此处被日军用刺刀刺死;12 月 14 日,市民聂声发在此处 35 号,被日军拖至柴洲边打死;12 月 15 日,农民蒋茂和在此处被日军枪杀;12 月 20 日,农民臧千祥在此处被日军用刺刀刺杀。[3]

327. 水西门屠杀

水西门位于南京城南、升州路西端。1937 年 12 月 20 日,一名在该处开药铺的邵姓青年,被日军连戳 12 刀,当时未死,叫喊了一夜,于第二天死去。[4]

328. 西桥屠杀

西桥,桥名,街区名,街区因桥得名,位于鼓楼广场西北。1937 年 12 月 20 日,该处 16 号居民卢长彦为日军枪杀。[5]

329. 长干桥屠杀

长干桥位于南京中华门外,跨外秦淮河。1937 年 12 月中旬,市民李义德、李氏夫妇在桥西河边被日军枪杀。[6]

330. 俞家圩屠杀

俞家圩位于南京西郊江东门西广播电台附近。1937 年 12 月中旬,村民杨月凤

1 《军事法庭对战犯谷寿夫的判决书及附件》,中国第二历史档案馆藏,档案号五九三/870;《陈锦坤等结文》,见中国第二历史档案馆等编《侵华日军南京大屠杀档案》,江苏古籍出版社 1987 年版,第 184 页。
2 《严金氏结文》,见中国第二历史档案馆等编《侵华日军南京大屠杀档案》,江苏古籍出版社 1987 年版,第 214 页。
3 《军事法庭对战犯谷寿夫的判决书及附件》,中国第二历史档案馆藏,档案号五九三/870。
4 《王秀兰证言》,见朱成山主编《侵华日军南京大屠杀幸存者证言》,社会科学文献出版社 2005 年版,第 325—326 页。
5 《南京市第六区搜集日本战犯罪证材料单》,见中央档案馆等编《南京大屠杀》,中华书局 1995 年版,第 476 页。
6 《李荣贵口述》,见张连红、张生编《南京大屠杀史料集》第 25 册《幸存者调查口述》(上),江苏人民出版社 2006 年版,第 124 页。

舅舅在此处被日军用刺刀捅死。[1]

331. 竺桥屠杀

竺桥位于南京珠江路东段南侧,其街巷因桥得名。1937 年 12 月日军侵占南京之初,市民陶润生从难民区返回此处住宅中取物,被日军用刺刀戳断喉管而死。[2]

332. 二道埂子屠杀

二道埂子位于南京水西门外三山桥北,南起北伞巷,北至凤凰街。1937 年 12 月中旬,市民周力强、陈二在此处被日军用刀刺死,周的肠子被刺流出,陈死后尸身上还连着一把刀。[3]

333. 莫干路屠杀

莫干路位于南京宁海路西南侧,西南起北平路(今北京西路),东北至宁海路广场。南京沦陷前后,该地被划入难民区范围。位于此处 7 号楼上的市民陈炎森目睹,1937 年 12 月中旬,一名警察在其住宅楼下马路上,被日军从背后戳了一刀,当时未死,到第三天气绝身亡。[4]

334. 宋家埂屠杀

宋家埂位于南京钟阜门北侧、金川河东岸。1937 年 12 月中旬,此处村民尤仇氏为从地上捡起被日军抢去钞票的皮夹,遭日军枪击,子弹由后肩入前胸,复忍痛爬进地窖,后又遭日军在洞口火烧烟熏,待被抢救出洞,已经气绝身亡。[5]

335. 龙华屠杀

龙华位于江浦东北部,因明代此处有龙华书院而得村名。1937 年 12 月中旬,此处东圩村民林广余见日军进村,招呼妇女赶快躲藏,被日军开枪打死,其尸体被踢入一小井内;同一天,有守军的 3 个伙夫被打死。[6]

---

1 《杨月凤口述》,见张连红、张生编《南京大屠杀史料集》第 25 册《幸存者调查口述》(上),江苏人民出版社 2006 年版,第 131 页。

2 《陶春秀证言》,见朱成山主编《侵华日军南京大屠杀幸存者证言集》,南京大学出版社 1994 年版,第 198 页。

3 《周秀华证言》,见上书,第 270 页。

4 《陈炎森证言》,见上书,第 323—324 页。

5 《仇秀英证言》,见朱成山主编《侵华日军南京大屠杀幸存者证言》,社会科学文献出版社 2005 年版,第 172—173 页。

6 《陆廷江口述》,见张连红、张生编《南京大屠杀史料集》第 25 册《幸存者调查口述》(上),江苏人民出版社 2006 年版,第 207 页。

336. 黄龙山屠杀

黄龙山位于南京东南郊上坊地境,佘村之北,因山石微黄而得名。1937 年 12 月中旬,该地村民耿广富、李老三、耿昌宝等 4 人被日军枪杀。[1]

337. 上海路屠杀

上海路位于南京中山路西,南起汉中路,北至北平路(今北京西路)。1937 年 12 月 15 日,市民阎宝和于此处被枪杀;12 月 16 日,市民吴鸿鸣于 100 号宅中被日军枪杀。市民朱传安口述:12 月中旬,其师傅的三个儿子、一个徒弟、一个邻居共五人被日军抓去带路,行至该路附近遭杀害,尸体被推入水塘中。[2]

338. 梅山村屠杀

梅山村位于南京南郊西善桥南。1937 年 12 月中旬,日军一进村时,村民邱富荣躲在一个坑里,刚伸出头观察情况,便被日军一枪打死;村民盛万友以为日军已经离开,从山上回家,正遇日军,被戳 12 刀死亡;村民齐心贵走在西面小山岗上,被日军瞄准射击打死;村民王小八子因不愿帮日军寻找姑娘,被开枪打死;被日军抓去做劳工的陈大发,躲往村后池塘里,在抬头吸气时,被日军一枪打死。[3]

339. 方冲屠杀

方冲位于南京东郊汤山地境、孟塘之东。1937 年 12 月中旬,日军与南京守军的突围部队在此处发生激战,日军将机枪架在后巷山脚下的瓜棚门口,对着瓜棚扫射,桑桂兰的父亲等一批村民被打死在瓜棚中;村民陈淑英的伯伯、伯母及他们的子女,被日军打死在该处的地洞里。[4]

340. 集贤村屠杀

集贤村位于南京西郊上新河地境。1937 年 12 月中旬,该处村民朱大法从避难

---

1 《李自治口述》,见蒋晓星等编《南京大屠杀史料集》第 37 册《幸存者调查口述续编》(上),江苏人民出版社 2007 年版,第 295 页。

2 《军事法庭对战犯谷寿夫的判决书及附件》,中国第二历史档案馆藏,档案号五九三/870;《吴鸿禧呈文》,见中国第二历史档案馆等编《侵华日军南京大屠杀档案》,江苏古籍出版社 1987 年版,第 217 页;《朱传安证言》,见朱成山主编《侵华日军南京大屠杀幸存者证言集》,南京大学出版社 1994 年版,第 311 页。

3 《周大富口述》《翟长兴口述》,见张连红、戴袁支编《南京大屠杀史料集》第 26 册《幸存者调查口述》(中),江苏人民出版社 2006 年版,第 813—814、816 页。

4 《桑桂兰口述》《陈淑英口述》,见费仲兴、张连红编《南京大屠杀史料集》第 27 册《幸存者调查口述》(下),江苏人民出版社 2006 年版,第 967、974 页。

地回来,因未听清日军要他干什么,被枪杀。[1]

341. 某师第 3 团作战地屠杀

屠杀地点不明。南京安全区国际委员会委员贝德士向日本使馆报告称:1937 年 12 月中旬,某师第 3 团中有 2 名士兵在作战地点被俘后,遭日军屠杀。[2]

342. 义仓巷屠杀

义仓巷位于南京中华门外,东起西河沿,西至北珍珠巷。此处宋代设有粮仓,用于荒年济贫,后仓边成巷,故名。1937 年 12 月 21 日,市民赵景平在该巷被日军枪杀。[3]

343. 兴中门屠杀

兴中门位于南京挹江门之北,明代名"仪凤门"。1937 年 12 月 21 日,市民吴学林在此处被日军枪杀。[4]

344. 三坊巷屠杀

三坊巷位于南京长乐路西端,四圣堂口至张都堂巷一段。因地居铁作坊、银作坊、铜作坊之上,故名。1937 年 12 月 13 日,该巷 85 号市民杨余九在家中看守房屋,日军欲强拉前去挑抬,未从,被开枪打死于门前;12 月 19 日,市民童月樵在此巷为日军搬运皮箱,因走路迟缓而被杀;12 月 21 日,市民隆禹之在四圣堂被拖至该处空地枪杀。[5]

345. 河南村屠杀

河南村位于南京西郊上新河镇西南。1937 年 12 月 22 日左右,村妇陶学莲的 73 岁老父,因耳聋听不清招呼,被日军枪杀。[6]

346. 大香炉屠杀

大香炉位于南京建邺路北侧,南起木料市,北接明瓦廊。1937 年 12 月 24 日,日

1 《朱广洪口述》,见张连红、张生编《南京大屠杀史料集》第 25 册《幸存者调查口述》(上),江苏人民出版社 2006 年版,第 144 页。
2 章开沅:《南京大屠杀的历史见证》,湖北人民出版社 1995 年版,第 85 页。
3,4 《军事法庭对战犯谷寿夫的判决书及附件》,中国第二历史档案馆藏,档案号五九三/870。
5 同上;《杨宝炎结文》《隆禹之被杀调查表》,见中国第二历史档案馆等编《侵华日军南京大屠杀档案》,江苏古籍出版社 1987 年版,第 209—210、254 页。
6 《陶学莲口述》,见张连红、张生编《南京大屠杀史料集》第 25 册《幸存者调查口述》(上),江苏人民出版社 2006 年版,第 110—111 页。

军从难民区阴阳营将市民王庆、王喜、王小根子 3 人提往该处富民坊口,予以枪杀。[1]

347. 岗家边屠杀

岗家边位于南京东南郊淳化地境。1937 年 12 月 25 日,该村 70 多岁的老妇王氏躲在门后边,被日军发现后开枪击伤,一周后死亡;村民缪成华已 60 多岁,被日军抓夫,因挑不动东西,被枪杀。[2]

348. 莲子营屠杀

莲子营位于南京南白鹭洲西南,东起骂驾桥,西至今平江府路。1937 年 12 月 12 日,理发匠陈志先在此处 15 号被日军枪杀;12 月 14 日,农民赵洪金在此处 8 号被日军枪杀;12 月 25 日,居住 70 号的市民胡端清、胡刁氏夫妇被日军杀害。[3]

349. 双圩屠杀

双圩位于南京浦口永宁地境。1937 年 12 月 26 日,该处村民余夕耿因找不到花姑娘,被日军枪杀于圩心地洞中。同日,村里严姓家弟兄三老人,被日军放火烧死在房子里;村民张大子,被日军枪杀;村民曹明渔因找不到花姑娘,被日军一枪打死;村民方国强被日军绑在凳子上,倒上汽油点火烧死。同日,村民余习农被日军打一枪后,又在头上连砍四刀致死;余妻张氏被强奸致死;余未满月的孩子被扔进河里淹死。[4]

350. 徐家边屠杀

徐家边位于南京东郊汤山镇南面。1937 年 12 月 26 日,该村村民庞维义、庞维金为日军抓差送物后,返家途中遭枪杀;庞维义哥哥庞维仁得知消息后,赶往出事地点查看,在该村村口亦被日军枪杀。[5]

351. 鬼脸城屠杀

鬼脸城位于南京城西清凉山西、秦淮河东。明筑城墙,直接将城墙砌在赭红色山

---

1 《王秀琴呈文》,见中国第二历史档案馆等编《侵华日军南京大屠杀档案》,江苏古籍出版社 1987 年版,第 230 页。

2 《王文祥口述》,见蒋晓星等编《南京大屠杀史料集》第 38 册《幸存者调查口述续编》(中),江苏人民出版社 2007 年版,第 1007 页。

3 《军事法庭对战犯谷寿夫的判决书及附件》,中国第二历史档案馆藏,档案号五九三/870;《胡启文呈文》,见张建宁等编《南京大屠杀史料集》第 23 册《南京大屠杀市民呈文》,江苏人民出版社 2006 年版,第 49 页。

4 《余建芳口述》,见张连红、张生编《南京大屠杀史料集》第 25 册《幸存者调查口述》(上),江苏人民出版社 2006 年版,第 227—228 页。

5 费仲兴:《城东生死劫》,中国工人出版社 2008 年版,第 228 页。

崖上。山崖经长期水流冲刷和自然风化,形成一段酷似狰狞鬼脸的形状,故名。1937
年 12 月 27 日,市民唐元琴姐夫为逃躲日军追寻,从河西游到该处城墙下,被日军开
枪打死。[1]

352. 孙家冲屠杀

孙家冲位于江浦西部东葛地境。1937 年 12 月 27 日,10 多个日军来到该村,将
农民孙宗海家的伙计马义山一刀砍倒,又逼农民宋老四用榔头砸马之头。宋不忍,轻
砸,日军以刀相逼,直至将马头砸烂。后复以老人孙宗和做靶,将其射杀;将卖山芋返
家的农民史彩文枪杀;强奸黄姓、雍姓二女后,用刀将该二人杀死。[2]

353. 红保村屠杀

红保村位于南京西南郊双闸地境。1937 年 12 月 28 日,5 个日军来到该村,将村
民金德强抓住,发现其肩上有疤,手掌有茧,便指为守军,逼令其脱衣跪地,一刀将人
头砍下,还用脚将人头踢入田边的肥料坑中。[3]

354. 西沟村屠杀

西沟村位于南京东北郊,栖霞山东、摄山东北。1937 年 12 月 28 日,该处村
民张朝兴、陈文发被日军指为守军士兵,带往牛集用刺刀刺死;村民辛守富被日
军枪杀。[4]

355. 江南公司附近屠杀

江南公司全称为江南汽车股份有限公司,位于中央路最北端。1937 年 12 月 29
日,在靠近江南公司的一所房子里,一个为德国人服务的中国人,因不愿让日本人强
奸这所房子里的多名老年妇女,被日本士兵用刺刀刺死。[5]

356. 首都饭店屠杀

首都饭店位于山西路广场以北、中山北路东侧。1937 年 12 月 29 日,3 个路过该
处的中国人中有一人被日本士兵用刺刀和枪弹打死在该饭店门前,他们指控他是中
国军人。[6]

---

1 《唐元琴口述》,见张连红、张生编《南京大屠杀史料集》第 25 册《幸存者调查口述》(上),江苏人民出版
　社 2006 年版,第 125 页。
2 《杨德礼等口述》,见上书,第 210 页。
3 《李文如口述》,见上书,第 54 页。
4 《胡宗潮口述》,见张连红、戴袁支编《南京大屠杀史料集》第 26 册《幸存者调查口述》(中),江苏人民出
　版社 2006 年版,第 715 页。
5,6 约翰·拉贝:《拉贝日记》,江苏人民出版社、江苏教育出版社 1997 年版,第 310 页。

357. 八角村屠杀

八角村位于南京南郊秣陵镇地境。1937 年 12 月 6 日,该村村民魏祥里见到日军时奔跑,被枪杀;村民魏祥林因对日军说秣陵关没有中国军队,惹恼日军,被刺杀。12 月 30 日,老妇高奶奶在屿埂上遭日军枪杀。[1]

358. 灵山根屠杀

灵山根位于南京东郊仙鹤门东灵山脚下。1937 年 12 月下旬,该村村民王文展与一位杜姓外地村民,在被逼拿旗欢迎日军部队时,被日军刀刺身亡。[2]

359. 陈墩屠杀

陈墩位于六合葛塘汤徐村。1937 年 12 月底,为逃避日军躲在此处坝沟边的村民陈祖有弟弟,被日军发现后遭枪杀。[3]

360. 北珍珠巷屠杀

北珍珠巷位于南京中华门外窑湾街南,西起南珍珠巷,东接义仓巷。1937 年 12 月底,该巷 125 号居民王松泉之父因住宅被日军放火燃烧,急往外跑,被刺杀身亡;王兄由家中跑至附近地藏庵旁,跳入水塘后遭日军枪杀。[4]

361. 板桥屠杀

板桥位于南京西南郊西善桥西南。1937 年 12 月底,该处村民吴老太为阻拦日军抓猪,被枪杀。12 月间,村民方事友在该处人字桥为日军干活,被枪杀;该处李长民老人因年纪大,耳朵听不清,未及时听令停止行走,被日军枪杀。[5]

362. 前村街屠杀

前村街位于南京东郊汤山地境涧南以西。1937 年 12 月底,4 个日军来到该村,将村民平定才、陈友才、糊三子、张远信、赵德荣、赵德华六人予以枪杀,复以刺刀乱戳,致六人全部身亡。[6]

---

1 《艾启儒口述》,见张连红、戴袁支编《南京大屠杀史料集》第 26 册《幸存者调查口述》(中),江苏人民出版社 2006 年版,第 943 页。

2 《王秀兰口述》,见蒋晓星等编《南京大屠杀史料集》第 38 册《幸存者调查口述续编》(中),江苏人民出版社 2007 年版,第 1216—1217 页。

3 《陈祖有证言》,见朱成山主编《侵华日军南京大屠杀幸存者证言集》,南京大学出版社 1994 年版,第 284 页。

4 《王松泉证言》,见上书,第 164 页。

5 《朱兴义口述》,见张连红、戴袁支编《南京大屠杀史料集》第 26 册《幸存者调查口述》(中),江苏人民出版社 2006 年版,第 786 页;《李明玉口述》《方光英口述》,见张连红、张生编《南京大屠杀史料集》第 25 册《幸存者调查口述》(上),江苏人民出版社 2006 年版,第 191、191 页。

6 费仲兴:《城东生死劫》,中国工人出版社 2008 年版,第 228—229 页。

363. 祖灯庵屠杀

祖灯庵位于南京城西北校门口晚市 3 号,建于明代。该庵住持宏亮致南京市政府呈文称:1937 年 12 月南京沦陷后,日军进入庵内,纵火焚烧,将僧人宏定、宏开、惟洲杀害。[1]

364. 上码头屠杀

上码头位于南京中华门外秦淮河边。有上、下之分,东边称上码头。市民张高氏致日伪南京市社会处呈文称,其丈夫在 1937 年 12 月间,于家中看守房屋,被日军指为守军士兵,遭枪杀。[2]

365. 五贵桥屠杀

五贵桥位于南京中华门外今雨花西路东南侧。桥边成村,村以桥名。1937 年 12 月 13 日,市民周在贵,在该处为日军抬物后,被枪击而死。12 月 14 日,市民赵殿高被日军从下码头家中拉到该处,用刺刀刺死。12 月间,市民董兴福及其子董子金在该处 8 号家中被日军杀害。[3]

366. 双塘屠杀

双塘位于南京城南集庆门内南侧,以巷内曾有两个水塘得名。1937 年 12 月 14 日,市民汪少坤因言语不通,在此处被日军枪杀。12 月间,该巷 29 号市民刘香林之妻,在家中被日军枪杀,房屋被焚;该巷朱家苑 1 号市民朱玉昌之父,因站在屋后高处张望,被日军开枪打伤,追爬回家中后,又被追来日军于胸部猛刺数刀,当场死亡。[4]

367. 宝塔根屠杀

宝塔根位于南京中华门城堡南、秦淮河南岸、雨花路之东,因在宝塔山下得名。据军事法庭对战犯谷寿夫判决书附件与市民呈文等载,日军在此处的零散屠杀暴行计有:1937 年 12 月 12 日,148 号张得胜,153 号王三喜及同街市民施裕卿、王王氏、王

---

1 《祖灯庵住持宏亮呈文》,见中国第二历史档案馆等编《侵华日军南京大屠杀档案》,江苏古籍出版社1987 年版,第 127 页。

2 《张高氏呈文呈文》,见上书,第 139—140 页。

3 《查讯证人戈杨氏等笔录》,见中央档案馆等编《南京大屠杀》,中华书局 1995 年版,第 669 页;《董吴氏呈文》,见中国第二历史档案馆等编《侵华日军南京大屠杀档案》,江苏古籍出版社 1987 年版,第 140 页。

4 《军事法庭对战犯谷寿夫的判决书及附件》,中国第二历史档案馆藏,档案号五九三/870;《刘香林呈文》,见中国第二历史档案馆等编《侵华日军南京大屠杀档案》,江苏古籍出版社 1987 年版,第 141—142 页;《朱玉昌证言》,见朱成山主编《侵华日军南京大屠杀幸存者证言集》,南京大学出版社 1994 年版,第 166 页。

兆富、杨长喜被杀;12月13日,108号夏学香,153号王士喜,159号郭永祥,183号郭永昌、郭肇基、许家楼被杀;12月14日,12号陈国富,93号刘鸿宾,95号张王氏,104号郭智卿,105号高大有,120号郭志高,124号窦长刚,216号王学□被杀;12月15日,16号黄天义及同街市民刘仁源被杀;12月19日,120号刘全才被杀;12月21日,88号丁仁春、丁仁和兄弟被枪杀;12月间,100号王成宝,103号王学铜,105号高大发,157号梁从仁、王二喜,159号郭永贵,163号郭大兴被杀。[1]

368. 仁厚里屠杀

仁厚里位于南京城南雨花门内城墙边,边营之东。1937年12月13日,日军将5号市民尹广义、尹广仁兄弟拉出室外枪毙,将汤老四枪杀于家中;将5号市民陶忠涛等4人杀死,陶汤氏被轮奸后,以步枪射击,刺刀戳肚,复纵火烧死;将21号市民石少甫、汪太炳及其子大毛、女丫头共4人用机枪扫死于地洞内。12月间,日军将5号小贩汤小顺枪杀。[2]

369. 蓝旗街屠杀

蓝旗街位于南京城东南御道街中段,西起御道街东侧,东至蓝旗巷。1937年12月13日,日军将3号守护家屋的留守工人胡金元拖至室外枪杀,将12号帮工周有田枪杀;12月14日,将街内市民王怀祥拉至小塘边枪杀;12月间,将13号农民周玉田用刺刀刺杀。[3]

370. 估衣廊屠杀

估衣廊位于南京中山路南段东侧,北接北门桥,南连塘坊桥。1937年12月13日,该巷121号炮竹店老板丁学文由难民区返家搬取物品时,遇日军士兵,被开枪击杀于店中;12月14日,133号市民戴呆子为日军枪杀;12月18日,佣工尚老太于133

1 《军事法庭对战犯谷寿夫的判决书及附件》,中国第二历史档案馆藏,档案号五九三/870;《杜心田呈文》《丁元村呈文》《袁福生呈文》,见中国第二历史档案馆等编《侵华日军南京大屠杀档案》,江苏古籍出版社1987年版,第164—165、231—232、247页;《查讯证人董刘氏笔录》《查讯证人郭芝栋笔录》,见中央档案馆等编《南京大屠杀》,中华书局1995年版,第648、686—687页。

2 《军事法庭对战犯谷寿夫的判决书及附件》,中国第二历史档案馆藏,档案号五九三/870;《尹王氏呈文》《汪施氏呈文》《左李氏结文》,见中国第二历史档案馆等编《侵华日军南京大屠杀档案》,江苏古籍出版社1987年版,第168、225、250页;《陶汤氏调查表》,见中央档案馆等编《南京大屠杀》,中华书局1995年版,第401页。

3 《军事法庭对战犯谷寿夫的判决书及附件》,中国第二历史档案馆藏,档案号五九三/870;《程松林呈文》,见中国第二历史档案馆等编《侵华日军南京大屠杀档案》,江苏古籍出版社1987年版,第168—169页;《周志田呈文》,见张建宁等编《南京大屠杀史料集》第23册《南京大屠杀市民呈文》,江苏人民出版社2006年版,第73页。

号宅内被日军枪杀。鼓楼医院医生威尔逊报告,12 月 30 日晨,4 名工人经过该地时遭日军开枪射击,1 名当场死亡,另 1 名伤势非常严重。12 月间,小贩刘胡氏在该巷为日军枪杀。[1]

371. 雨花路屠杀

雨花路位于南京中华门外,北起长干桥,南至雨花台,因邻近雨花台而得名。1937 年 12 月中下旬日军侵入中华门前后,在此实施了多起大量的零散屠杀。据谷寿夫战犯案判决书附件载:12 月 12 日,市民冯国宏因开门稍缓,在 37 号家中被枪杀;市民杨何氏、杨春槐母子在 107 号家中被枪杀;小贩陈德龄在 136 号家中被枪杀;市民张同富在此街被机枪射死。12 月 13 日,厨役李长友在 67 号家中被用刺刀刺死;市民魏兴荣在此街被枪杀;市民陈德新、陈宝龄、陈保恒、陈富仁在 136 号家中被枪杀;市民井盛华在此街被刺刀刺死;市民冯天翔在此街被步枪射死;市民徐成霞在同仁堂门口被枪杀;市民陈永才、陈六子、陈小二在此街被枪杀。12 月 14 日,商民张世准在 51 号被枪杀;农民陈士荣在 1 号被指为守军士兵枪杀。12 月 18 日,小贩杨玉龙在 10 号被枪杀;市民吴天才在此街被指为俘虏击杀;市民王金福在此街看门被杀。12 月 20 日,市民濮世春在老万全后进被刺杀;民妇孙刘氏在此街被奸后杀死。12 月 21 日,市民杜云卿、杜怀根在 103 号门前被击杀。又据市民马忠山口述:12 月 14 日,其父马明春、三叔马明庆、三哥马忠华在 38 号宅中被日军用刺刀捅死。[2]

372. 后宰门屠杀

后宰门,城门与街道同名。城门原称"北安门",位于南京城东明故宫遗址北端;街道位于明故宫护城河之北,因城门而得名。1937 年 12 月 14 日,7 个日军在贾宅门口将贾大娘与手抱 5 岁小孩贾小兰打死。12 月 15 日,三五个日军来到 15 号住宅,向市民高和成逼要花姑娘,未遂,即将高枪杀于该宅门口;同日,3 个日军携枪来贾宅寻花姑娘,未遂,将贾王氏、贾长龄及手抱小女小转子枪杀;同日,日军将 14 号市民田兴道枪杀。12 月 16 日,市民陈彩三在 43 号住宅门前被日军枪杀。12 月间,日军在该

---

1 《军事法庭对战犯谷寿夫的判决书及附件》,中国第二历史档案馆藏,档案号五九三/870;《蒋士明结文》,见中国第二历史档案馆等编《侵华日军南京大屠杀档案》,江苏古籍出版社 1987 年版,第 186 页。
2 《军事法庭对战犯谷寿夫的判决书及附件》,中国第二历史档案馆藏,档案号五九三/870;《马忠山证言》,见朱成山主编《侵华日军南京大屠杀幸存者证言集》,南京大学出版社 1994 年版,第 154 页。

地香林寺将市民靳书功枪杀。1

373. 雷公庙屠杀

雷公庙位于南京水西门外南湖西侧。1937 年 12 月间,日军强拉市民许林富充当夫役,并于该庙旁用刀将其刺毙,分尸数段。2

374. 湖北路屠杀

湖北路位于南京鼓楼广场西北,南起中山北路,北至湖南路。1937 年 12 月 14 日,3 个日军在该处欲拖民妇陈代弟行奸,陈徐氏见情去救,被三枪击毙。12 月间,该处 36 号住宅佣工戚红仁被日军用刺刀刺死。据"南京市第六区搜集日本战犯罪证材料单"载:1937 年 12 月间,该地计有 16 号市民沙桂生、王老二,26 号市民高有才、高家琪、池永寿、周维亮、陶哲祥、金正才、金正喜、梁昆楠等被日军枪杀。3

375. 大石桥屠杀

大石桥街位于南京进香河西侧,东起四牌楼,西至丹凤街。1937 年 12 月间,民妇方施氏由难民区返回该处 21 号住宅看视房屋,被日军开枪打死。4

376. 仓巷屠杀

仓巷位于南京水西门内,南起升州路,北至止马营。1937 年 12 月 13 日,市民沈光荣自难民区返七家湾住宅察看,行抵该巷时,遭遇日军,被用刀刺死;12 月 16 日,小贩韩文锐于该巷 85 号宅中,被日军用枪恫吓而死;12 月间,市民陈华珍姑父在 100 号住宅中遇闯进日军,因听不懂话语,未按要求挂旗欢迎,被击毙于门口。5

---

1 《军事法庭对战犯谷寿夫的判决书及附件》,中国第二历史档案馆藏,档案号五九三/870;《高和祥结文》《李克明结文》,见中国第二历史档案馆等编《侵华日军南京大屠杀档案》,江苏古籍出版社 1987 年版,第 194 页;《胡桂英证言》《靳文明证言》,见朱成山主编《侵华日军南京大屠杀幸存者证言》,社会科学文献出版社 2005 年版,第 209、432 页。

2 《许林科呈文》,见中国第二历史档案馆等编《侵华日军南京大屠杀档案》,江苏古籍出版社 1987 年版,第 198 页。

3 《军事法庭对战犯谷寿夫的判决书及附件》,中国第二历史档案馆藏,档案号五九三/870;《杨朱氏呈文》,见中国第二历史档案馆等编《侵华日军南京大屠杀档案》,江苏古籍出版社 1987 年版,第 201 页;《南京市第六区搜集日本战犯罪证材料单》,见中央档案馆等编《南京大屠杀》,中华书局 1995 年版,第 475—479 页。

4 《方学仁结文》,见中国第二历史档案馆等编《侵华日军南京大屠杀档案》,江苏古籍出版社 1987 年版,第 204 页。

5 《军事法庭对战犯谷寿夫的判决书及附件》,中国第二历史档案馆藏,档案号五九三/870;《沈哈氏呈文》,见中国第二历史档案馆等编《侵华日军南京大屠杀档案》,江苏古籍出版社 1987 年版,第 210 页;《陈华珍证言》,见朱成山主编《侵华日军南京大屠杀幸存者证言集》,南京大学出版社 1994 年版,第 254—255 页。

377. 七桥瓮屠杀

七桥瓮,桥名、路名。桥位于南京光华门外中和桥东,跨外秦淮河上;桥旁为路,路以桥名。1937 年 12 月间,该地 25 号农民杨定刚躲于地洞内,被日军搜出后枪杀;市民张栋臣及其弟兄多人由逃难地回该地住处取衣物,见日军过来,即躲入草堆中,旋被搜出,除最小弟弟一人幸免于难,其他五六人均遭砍头。[1]

378. 泥马巷屠杀

泥马巷又称"泥马营",位于南京建邺路南,东起绒庄巷,西至评事街。1937 年 12 月 13 日,日军劈门闯进该巷 28 号住宅,将市民马恒祥强行扭出,用刀乱刺,致其于次晨丧命。据市民沙官朝口述:12 月间,沙因所带粮食吃完,约李、韩、荣、范等先生共 7 人返东关闸中取粮,行至该巷口,突遇四五个日军,并遭刺刀刺杀,除沙负刀伤、枪伤逃脱外,其他 6 人均死于刀下。[2]

379. 鼓楼五条巷屠杀

鼓楼五条巷位于南京鼓楼广场西北,南起西桥,北至大方巷。1937 年 12 月 14 日,6 个日军将避居此处之农民孔祥容、孔祥华兄弟拉至门外施行毒打,拳打足踢,复予枪杀;同日,居此处勤园 1 号之市民汪锡祚,正于后门外空地如厕,被日军击中胸部,经医治无效殒命;12 月 16 日,市民蒋其文、蒋其法在此巷口被日军砍死;12 月间,市民朱邦基在此巷被日军用机枪射杀。[3]

380. 生计处屠杀

生计处位于南京大光路西端南侧,清代旗民生计处设此,后成街巷,以为名。1937 年 12 月 12 日,市民董赵氏在该处 27 号住宅被枪杀;12 月 13 日,日军将市民郎顺山之父从 31 号住宅中拖至东边菜园,用刀杀死;12 月 14 日,市民林士荣在此处南城墙根遭日军枪杀;12 月间,市民唐学成在 29 号住宅被日军杀死。[4]

1　《杨定朝结文》,见中国第二历史档案馆等编《侵华日军南京大屠杀档案》,江苏古籍出版社 1987 年版,第 224 页;朱成山主编:《南京大屠杀辞典》上,南京出版社 2017 年版,第 903 页。

2　《马沙氏呈文》,见中国第二历史档案馆等编《侵华日军南京大屠杀档案》,江苏古籍出版社 1987 年版,第 227 页;《沙官朝口述》,见张连红、张生编《南京大屠杀史料集》第 25 册《幸存者调查口述》(上),江苏人民出版社 2006 年版,第 18—19 页。

3　《军事法庭对战犯谷寿夫的判决书及附件》,中国第二历史档案馆藏,档案号五九三/870;《孔刘氏结文》,见中国第二历史档案馆等编《侵华日军南京大屠杀档案》,江苏古籍出版社 1987 年版,第 209—234 页;《汪思澍呈文》,见张建宁等编《南京大屠杀史料集》第 23 册《南京大屠杀市民呈文》,江苏人民出版社 2006 年版,第 111 页。

4　《军事法庭对战犯谷寿夫的判决书及附件》,中国第二历史档案馆藏,档案号五九三/870;《郎顺山结文》,见中国第二历史档案馆等编《侵华日军南京大屠杀档案》,江苏古籍出版社 1987 年版,第 237 页。

381. 雨花台屠杀

雨花台位于南京中华门外,雨花路南端。据谷寿夫战犯案判决书附件载,日军在此曾进行多次大量零散屠杀,计有:12 月 12 日,市民曹文党、陈保衡、郑富生、陈国富、陈筱香、耿田有,僧案法等被杀;12 月 13 日,市民钱永祥、张海珊,农民陈恒友,学生王二毛等被杀;12 月 14 日,市民王朝广、陈士民、陈王氏、张来喜,小贩高洪香,商民徐广富等被杀;12 月 15 日,民妇张高氏、张陈氏、叶田氏等被杀;同日,据洪学礼等战后调查:住扫帚巷 11 号之木匠李开发与工人张师傅、裁缝王师傅等共 5 人,被日军绑赴该处枪杀。12 月 18 日,市民吴陈氏、张永生被杀;12 月间,民妇张王氏被杀。32 号铁匠朱深泉证实,其老板的母亲陈王氏于 12 月 28 日在住宅门口,因拒奸被日军用刺刀戳死。南京市第六区搜集之日军战犯罪证材料中有:12 月 30 日,山西路 140 号商人程克性被日本宪兵抓去,在该处枪杀。[1]

382. 小市口屠杀

小市口位于南京中华门外雨花路西侧。1937 年 12 月 14 日,市民王家富、朱玉成在此处被日军枪杀;市民金正源躲在该处防空洞内,亦遭日军枪杀。12 月 15 日,市民徐必福在此处被日军用刀砍死。12 月间,小贩王家户在此处被日军用刀戳死。民妇施丁氏证实,日军进至中华门外一带时,其夫施兆福携眷属为躲避日军,正逃跑间,被日军用短枪击中头部身亡。[2]

383. 窑湾街屠杀

窑湾街位于南京中华门外长干桥西南,东起见子桥,西至南珍珠巷。1937 年 12 月南京城陷前后,日军在此处进行了多起、大量的零散屠杀。据谷寿夫战犯案判决书附件载,发生在此街的零散屠杀计有:12 月 10 日,僧人果成在避难室被用刺刀戳死;工人邵源岭在此处被刺杀。12 月 13 日,市民臧世奎在 44 号遭机枪击毙;市民蔡包氏在 167 号被打死;商民毛生云在此处被杀死;市民刘凤业、刘王氏在自家门口被杀。12 月间,平民王益金、王方成在此处被杀;市民吴守礼一家五口被枪杀;小贩王玉金、

---

1 《军事法庭对战犯谷寿夫的判决书及附件》,中国第二历史档案馆藏,档案号五九三/870;《第六区罪证材料单》,见中央档案馆等编《南京大屠杀》,中华书局 1995 年版,第 475—479 页;《查讯朱深泉笔录》,见胡菊蓉编《南京大屠杀史料集》第 24 册《南京审判》,江苏人民出版社 2006 年版,第 248 页。

2 《军事法庭对战犯谷寿夫的判决书及附件》,中国第二历史档案馆藏,档案号五九三/870;《金桂芳证言》,见朱成山主编《侵华日军南京大屠杀幸存者证言集》,南京大学出版社 1994 年版,第 272—273 页;《查讯施丁氏笔录》,见胡菊蓉编《南京大屠杀史料集》第 24 册《南京审判》,江苏人民出版社 2006 年版,第 257 页。

王玉奎、唐怀德、杨清山、周丁氏、王小狗子、王小汉子、徐小波、郑坤及陆金春等 10 人被枪杀。[1]

384. 珍珠巷屠杀

珍珠巷位于南京中华门外窑湾街西南。传南宋珍珠公主与其夫居于此,后成巷名。1937 年 12 月 12 日,市民陈徐氏在塘边因拒奸被日军杀死;市民王立宽在 137 号家中被日军用刀刺死。12 月 13 日,市民张育有在家中被打死,郭兆意在地下室被枪杀,王顺林、王小顺子被日军打死,曹玉芝、曹张氏在该巷 168 号被日军枪杀,李永寿在塘边被日军杀死,工人曹步银被日军伤害致死。12 月 14 日,市民王开香在厕所被日军枪杀。139 号市民戈杨氏证实:其夫戈福祥、子羊毛子于 12 月 15 日被日军抓去抬东西,后被杀死。12 月间,小贩郭玉标、张怀、张永发、张连才、李三等在该巷被日军枪杀。[2]

385. 下码头屠杀

下码头位于南京中华门外长干桥西,秦淮河南岸。分上、下两码头,此处在西为下,故名。1937 年 12 月 12 日,菜贩王树有母亲在此处地洞内被日军开两枪打死。12 月 13 日,市民宋季德自该处地洞出来后遇日军,被一枪打死;鱼贩余金友在该处被日军枪杀。12 月 14 日,小贩姜锦山、363 号菜农余培松在此处被日军枪杀。12 月 26 日,市民叶小古在塘内捕鱼,被日军枪杀。12 月间,有平民沈兰英、毛秀英、吕马氏,小贩尤小闺娘、叶学古、何林珠弟兄二人、余柏松、赵太富、臧功发、张子华等在此处被日军杀死。[3]

386. 正学路屠杀

正学路位于南京中华门外雨花路东侧,今晨光集团范围内。因近方正学祠(人称方孝孺为"正学先生"),故名。1937 年 12 月 14 日,市民王兆富与妻王陈氏、兄王兆鳌,及其三个侄子,一个侄女,共计七口,于逃难途经此路时,被日军杀害;12 月 15 日,农民孙廷标在此处被日军枪杀;12 月 20 日,机工陈雪荣在该处 74 号被日军刺杀;12 月底,市民王明根、马索楼在该处马宅中被日军用刀刺死;12 月间,小贩殷正国

---

1 《军事法庭对战犯谷寿夫的判决书及附件》,中国第二历史档案馆藏,档案号五九三/870。
2 同上;《查讯戈杨氏笔录》,见中央档案馆等编《南京大屠杀》,中华书局 1995 年版,第 666—667 页。
3 《军事法庭对战犯谷寿夫的判决书及附件》,中国第二历史档案馆藏,档案号五九三/870;《查讯王李氏笔录》《查讯余张氏笔录》《查讯叶董氏笔录》《查讯吕张氏笔录》,见中央档案馆等编《南京大屠杀》,中华书局 1995 年版,第 693、693、654、646 页。

在 165 号宅中被日军枪杀。1

387. 长乐街屠杀

长乐街位于南京中华路南段西侧,南起糖坊廊,北至牛市。古名"长乐坊""长乐巷",因有长乐庵而得名,后改为街。1937 年 12 月 14 日,该街 52 号小贩丁小春被日军拉夫至中途遭枪杀;12 月 16 日,24 号市民查桂鑫在家中被日军枪杀;12 月 17 日,58 号市民韩永平被日军用刺刀刺死;12 月间,市民樊步举在此街被日军刺死。2

388. 油坊桥屠杀

油坊桥位于南京西南郊西善桥北、江南铁路(今宁芜铁路)西侧油坊村。1937 年 12 月 12 日,农民邓泽民被日军从能仁里拉到该处枪杀;12 月 14 日,市民李吉松在此处因言语不通被日军枪杀。村民白玉兰口述:12 月间,日军侵占该处后,其姐侯白氏因拒奸,被点燃居住之草棚,其爬出草棚后,被日军用刺刀刺死。3

389. 五显庙屠杀

五显庙位于南京中华门外雨花路西侧,南起玉带桥,北至西街。清代此处有庙宇五显庙,后成街巷,因名。又名"方家巷"。1937 年 12 月 12 日,市民凌起发在此处被日军杀害;12 月 13 日,市民凌起兴在此处因言语不通被日军杀死。1937 年 12 月底,市民马凤英的姑父为抗拒日军欲奸其妻,该夫妻二人及其子、侄共计 6 人,在此巷礼拜寺被杀害。4

390. 循相里屠杀

循相里位于南京中华门外西侧西干长巷。1937 年 12 月 11 日,小贩崔广庆于此处被日军枪杀;12 月 12 日,市民毕恒宝、姜兆龙于此处被日军刺杀,市民季武松、季孙氏于此处防空洞被日军射杀;12 月 13 日,市民张迎山、张振江于此处福德祠被日军枪杀,市民李伯余于地洞中出来后,被日军刺杀;12 月间,柴贩谢来本、小贩施兆福于此处被日军枪杀。5

1 《军事法庭对战犯谷寿夫的判决书及附件》,中国第二历史档案馆藏,档案号五九三/870;《查讯王王氏笔录》,见中央档案馆等编《南京大屠杀》,中华书局 1995 年版,第 658—659 页。
2 《军事法庭对战犯谷寿夫的判决书及附件》,中国第二历史档案馆藏,档案号五九三/870。
3 同上;《白玉兰口述》,见张连红、戴袁支编《南京大屠杀史料集》第 26 册《幸存者调查口述》(中),江苏人民出版社 2006 年版,第 842 页。
4 《军事法庭对战犯谷寿夫的判决书及附件》,中国第二历史档案馆藏,档案号五九三/870;《马凤英证言》,见朱成山主编《侵华日军南京大屠杀幸存者证言集》,南京大学出版社 1994 年版,第 255 页。
5 《军事法庭对战犯谷寿夫的判决书及附件》,中国第二历史档案馆藏,档案号五九三/870;《查讯陈李氏笔录》,见胡菊蓉编《南京大屠杀史料集》第 24 册《南京审判》,江苏人民出版社 2006 年版,第 254 页。

391. 武定门屠杀

武定门位于南京今长乐路东端,1929 年开辟,因近武定桥而得名。1937 年 12 月 16 日,市民胡登山、陈复生、陈运宏在此处被日军杀死;12 月间,菜农张家仁为躲避日军抓捕,跳入城门附近水塘,日军用枪拐击水,不让其上岸,终致淹死。[1]

392. 扫帚巷屠杀

扫帚巷位于南京中华门外雨花路东侧,东起养虎巷,西接雨花路。1937 年 12 月 13 日,市民高锦有、高锦荣于该处 87 号,濮孙氏及其婿、夏福仪于 3 号,张任氏于桥下,姚怀春于 111 号,钱老头于南洋公所,周氏于 11 号,俞开樵于 103 号被日军枪杀;市民姚更宝于该处 111 号被日军机枪射死;市民柯刘氏于该处,方长明于 103 号,柯大顺子于 27 号被日军刺杀。12 月 14 日,该处 5 号市民于华园在家中看守门户,被日军枪杀;农民王更家、王留柱在该处 119 号被日军用刺刀刺死。12 月 15 日,市民杨家宝于该处被日军砍去双臂而死;市民刁金标在该处 3 号被日军用刺刀刺死。12 月间,市民王厚仁、朱小六在该处 111 号被日军枪杀;市民范文卿因抬不动东西,于该巷口被日军刺喉而死。[2]

393. 下江考棚屠杀

下江考棚位于南京中华门东,东起信府河,西至中华路。清光绪年间,下江考生宿舍设此,故名。1937 年 12 月 15 日,裁缝朱兴华在此处被日军用刺刀刺死;12 月间,商民朱长有于此处被日军枪杀。[3]

394. 向花村屠杀

向花村位于南京南郊雨花台南、渟泥国王墓东北。1937 年 12 月 9 日,该村 4 号农民蒋海畴、蒋海祥,9 号农民蒋海青,被日军拉夫至中途枪杀。12 月间,该村 40 号农民李蒋氏因不通语言遭日军枪杀,14 号农民张汉全被日军拉夫至中途遭枪杀。[4]

395. 中华门屠杀

中华门位于南京城南秦淮河之北,原名"聚宝门"。1937 年 12 月 12 日,市民赵殿高在下码头被日军拉夫,行至此处火车站被刺杀。12 月 13 日,市民马在山自城门

1　《军事法庭对战犯谷寿夫的判决书及附件》,中国第二历史档案馆藏,档案号五九三/870;《张志强证言》,见朱成山主编《侵华日军南京大屠杀幸存者证言集》,南京大学出版社 1994 年版,第 267 页。
2　《查讯范实甫笔录》《查讯于葛氏笔录》《查讯高锦坤笔录》,见中央档案馆等编《南京大屠杀》,中华书局 1995 年版,第 644、675—676、698 页;《军事法庭对战犯谷寿夫的判决书及附件》,中国第二历史档案馆藏,档案号五九三/870。
3,4　《军事法庭对战犯谷寿夫的判决书及附件》,中国第二历史档案馆藏,档案号五九三/870。

口因语言不通被日军杀死。12月14日,市民杨余九为日军拉夫挑米、酒等物行经该门附近,因挑不动东西被枪杀。12月间,锻工李玉良在此城门口被日军杀死;村妇郭金氏为躲避日军,钻入城门口附近的一个地窖中,被日军拖出后用刺刀刺死。市民吴秀珍口述:12月间,其妹婿荣老三在此处被日军枪杀。[1]

396. 石坝街屠杀

石坝街有大、小石坝街之分,均位于南京夫子庙东南侧。大石坝街东起东关头,西接文德桥,其东南侧为小石坝街。1937年12月间,大石坝街70号商民戴丙奇、戴存溥在家中被日军杀死。住该街的商民秦先生,家遭日军纵火,其跪地求饶,被刺一刀,又补一枪致死。[2]

397. 许家湾屠杀

许家湾位于南京南郊沙洲圩。清初许氏在河流弯曲处附近建村子,故名。1937年12月13日,市民娄如林在此村被日军指为守军遭刺杀;12月15日,民女马小凤在庄姓家中被日军强奸未遂,遭连刺3刀而死。12月间,该村村民张道金弟兄二人、李德生之孙、荣长旺之兄被日军枪杀。[3]

398. 标营屠杀

标营位于南京城东南御道街中段东、蓝旗街北。明代即有此街,因有"标"(相当于今之团)建制驻军营地,故名。1937年12月12日,该处13号农民刘亭芝被日军杀死;12月13日,13号农民刘李氏被日军枪杀;12月14日,1号农民金宜保被日军枪杀;12月16日,6号农民赵有才被日军枪杀。又据市民呈文报告:12月间,该处5号市民史凤宪之妻、21号市民刘文金之母及伙计李步超均遭日军刺杀而死。[4]

---

1 《军事法庭对战犯谷寿夫的判决书及附件》,中国第二历史档案馆藏,档案号五九三/870;《黄素贞证言》,见朱成山主编《侵华日军南京大屠杀幸存者证言集》,南京大学出版社1994年版,第199页;《吴秀珍口述》,见张连红、张生编《南京大屠杀史料集》第25册《幸存者调查口述》(上),江苏人民出版社2006年版,第87页。

2 《军事法庭对战犯谷寿夫的判决书及附件》,中国第二历史档案馆藏,档案号五九三/870;《李震宏证言》,见朱成山主编《侵华日军南京大屠杀幸存者证言》,社会科学文献出版社2005年版,第288页。

3 《军事法庭对战犯谷寿夫的判决书及附件》,中国第二历史档案馆藏,档案号五九三/870;《查讯马又良笔录》,见胡菊蓉编《南京大屠杀史料集》第24册《南京审判》,江苏人民出版社2006年版,第277页;《端恩兰口述》,见张连红、张生编《南京大屠杀史料集》第25册《幸存者调查口述》(上),江苏人民出版社2006年版,第166页。

4 《军事法庭对战犯谷寿夫的判决书及附件》,中国第二历史档案馆藏,档案号五九三/870;《刘文金呈文》,见张建宁等编《南京大屠杀史料集》第23册《南京大屠杀市民呈文》,江苏人民出版社2006年版,第36页。

399. 致和街屠杀

致和街位于南京建康路北侧,东起淮清桥,沿秦淮河向西,与邀贵井相接。1937 年 12 月 13 日,该街 1 号市民赵玉年被日军枪杀;12 月间,110 号平民黄海泉因工作不力遭日军枪杀。[1]

400. 新营村屠杀

据谷寿夫战犯案判决书附件载,1937 年 12 月间,小贩邓能兴在此处被日军枪杀。[2]

401. 中央路屠杀

中央路位于南京鼓楼广场北,南起鼓楼广场,北至中央门。1937 年 12 月间,车夫滕金四在该路 6 号被日军枪杀。[3]

402. 乌鱼朱庄屠杀

据谷寿夫战犯案判决书附件载,1937 年 12 月间,该村村民周楚材于此处被日军枪杀。[4]

403. 广艺巷屠杀

广艺巷位于南京洪武路东侧,北起闺叕营,东通广艺街,系弯形小巷,因广艺街而得名。1937 年 12 月 13 日,小贩徐立柱、徐成东、徐唐氏在该巷 16 号被日军用刀砍死;12 月间,小贩孙金文在该巷 16 号被日军枪杀。[5]

404. 白衣庵屠杀

白衣庵位于南京内桥西南,东起天青街,西至绒庄巷。1937 年 12 月 13 日,市民徐裕祥、徐兆荣在此处被日军枪杀。市民伍贻才亲眼目睹,12 月间,其父伍必成在此处被日军连戳 4 刀身亡。[6]

405. 吴家墩屠杀

吴家墩有二:一位于南京东郊马群石坝街;二位于南京东南郊淳化周郎村。谷寿夫战犯案判决书附件载:1937 年 12 月间,农民吴广如在吴家墩 32 号被日军枪杀。[7]

406. 磨盘街屠杀

磨盘街位于南京太平路(今太平南路)北段东侧,三十四标西端。1937 年 12 月

1—5,7《军事法庭对战犯谷寿夫的判决书及附件》,中国第二历史档案馆藏,档案号五九三/870。

6　同上;《伍贻才证言》,见朱成山主编《侵华日军南京大屠杀幸存者证言集》,南京大学出版社 1994 年版,第 179 页。

间,平民张鸿启在此处巷口被日军枪杀。[1]

407. 中正路屠杀

中正路位于南京新街口南,今中山南路北段,北起新街口,南至内桥。1937 年 12 月间,裁缝刘英清在该路 612 号遭日军刺杀。[2]

408. 石鼓路屠杀

石鼓路位于南京新街口西南,东起中正路(今中山南路),西至汉西门。1937 年 12 月间,工人陈大在该路 118 号被日军用刺刀戳入腹部而死。[3]

409. 中牌楼屠杀

中牌楼位于南京雨花门外双桥门东南。1937 年 12 月间,农民端恒华在此处东边被日军用刺刀刺杀。[4]

410. 小棚口屠杀

小棚口位于南京大光路 153 号。1937 年 12 月间,市民宋怀泉在此处为日军砍死。[5]

411. 养虎巷屠杀

养虎巷位于南京雨花门外双桥门西。明初在此附近圈养老虎,故为巷名。1937 年 12 月 12 日,市民郭绍周在此巷 58 号被日军用棍打死;平民卢绕齐在此巷 19 号被日军枪杀;市民卢小红子、卢陶氏在此巷被日军枪杀;苦力宋双保、菜贩宋于氏、鱼贩宋立金在此巷 52 号被日军枪杀。12 月间,该巷 30 号守屋工人熊庆生被日军杀害;市民汤长亮之母亲、婆婆和妹妹在此处防空洞中被日军枪杀。[6]

412. 毛公渡屠杀

毛公渡位于南京雨花台西南,毛公渡桥附近。1937 年 12 月 8 日,市民耿田有在跑反途中,被日军枪击右肋致死;12 月 12 日,市民姜大荣、姜大平在此处被日军枪杀;12 月 13 日,农民戴宝义的大哥被日军从家中拉到该处桥边打死;12 月 14 日,民妇韦刘氏在此处柴洲边被日军枪杀;12 月间,农民张文华在此处遭日军枪杀。村民

1—5《军事法庭对战犯谷寿夫的判决书及附件》,中国第二历史档案馆藏,档案号五九三/870。

6 同上;《汤长亮证言》,见朱成山主编《侵华日军南京大屠杀幸存者证言集》,南京大学出版社 1994 年版,第 167 页;《彭锡塱呈文》,见张建宁等编《南京大屠杀史料集》第 23 册《南京大屠杀市民呈文》,江苏人民出版社 2006 年版,第 118 页。

臧千发口述：日军进攻南京时，其四哥在逃避中被日军发现，用刺刀刺杀。[1]

413. 桑树园屠杀

桑树园位于南京中华门外雨花路南段西。南起集合村，北至思古巷。1937 年 12 月 20 日，市民黄刘氏在此处 7 号被日军打死。谷寿夫战犯案判决书附件载：12 月 20 日，市民李广来在桑枝园 23 号被日军用棍殴打致死。上述"桑枝园"似为"桑树园"之误。12 月间，瓦工许金山在此处地洞中被日军枪杀，工人殷华芳在此处被日军枪杀。[2]

414. 石梁柱屠杀

石梁柱位于南京下关西南部，南起三汊河北岸大埂，由三汊河口向北，至南通路。因此处原有一根六角形佛像柱而得名。1937 年 12 月间，船民姜根福的父亲带着一家人避难到此处的芦苇滩中。在这里，他们遇到 10 多个日军，姜母因拒奸，被开两枪打死，手中所抱幼子被摔死；隔二日，又有日军来欲强奸姜 11 岁的二姐，其不从，被用军刀从头劈开为两半。[3]

415. 茶亭东街屠杀

茶亭东街位于南京水西门外莫愁湖西侧。1937 年 12 月间，一批日军来到此处，将村民刘保荣、李保田及 3 名木匠、2 名路人杀害。[4]

416. 武学园屠杀

武学园位于南京洪武路与中正路（今中山南路北段）之间，南起八条巷，北通东、西武学园。传明代于此设武学射圃，以教兵家子弟及武臣之幼者，故名。1937 年 12 月间，一批日军来到此处市民薛世金家中，逼令躲守地洞中的薛母与薛妻出来后，一刀砍下薛母人头，致当场毙命；又一刀砍在薛妻颈脖上，其经送医院后不治身亡。[5]

---

1 《军事法庭对战犯谷寿夫的判决书及附件》，中国第二历史档案馆藏，档案号五九三/870；《戴宝义口述》《臧千发口述》《张朱氏口述》，见张连红、张生编《南京大屠杀史料集》第 25 册《幸存者调查口述》（上），江苏人民出版社 2006 年版，第 100、105、106 页；《查讯耿如华笔录》，见中央档案馆等编《南京大屠杀》，中华书局 1995 年版，第 647—648 页。

2 《军事法庭对战犯谷寿夫的判决书及附件》，中国第二历史档案馆藏，档案号五九三/870；《许春芳证言》，见朱成山主编《侵华日军南京大屠杀幸存者证言集》，南京大学出版社 1994 年版，第 272 页。

3 《姜根福口述》，见张连红、张生编《南京大屠杀史料集》第 25 册《幸存者调查口述》（上），江苏人民出版社 2006 年版，第 40 页。

4 《刘福根口述》，见上书，第 42 页。

5 《薛世金口述》，见上书，第 42—43 页。

417. 板仓村屠杀

板仓村位于南京太平门外岗子村东。1937 年 12 月 14 日,2 个日军来到此处市民滕宝珠家中,将坐于门口的滕母予以枪杀;未几,又因对滕父制作的铁铲不满意,在村口将其枪杀。12 月底,村民葛步广、葛沈氏夫妇,在该处家中为日军枪杀。[1]

418. 衡阳寺屠杀

衡阳寺原名"宝城寺",位于南京东北郊栖霞山衡阳村。1937 年 12 月间,村民郑永福带着老祖母从栖霞准备逃难到江北,行至该寺附近,遇 2 个日本士兵盘查,被指为守军,而遭枪杀。[2]

419. 东文思巷屠杀

东文思巷位于南京白下路东段南侧,南起建康路,北至东井巷。以巷内有文思庵而得名,后分东、西两巷。1937 年 12 月间,市民郑周氏的公公从难民区返家,路经此巷口时遇到日军,先被搜身,后又被用刀在其颈子、胸口、腹部各刺一刀,致其殒命。[3]

420. 赵家桥屠杀

赵家桥位于六合长芦赵桥村。村以桥名。1937 年 12 月间,三四个日军乘汽艇来到该处芦苇荡追赶避难村民,逼迫农民范有林背其一名过河。范为保护芦苇荡中乡亲,在河中与日军展开搏斗,被枪杀于水中。其姐妹范兰甫为免遭日军侮辱,亦跳河自尽。[4]

421. 棉花堤屠杀

棉花堤位于南京西南郊螺丝桥西南,临夹江边,明称"棉花地"。1937 年 12 月间,日军一战马被流弹打死,便逼令此处 9 名老人将战马尸体挖坑埋葬,并立墓。后又将 9 颗人头均予砍下,置于马墓旁祭奠。同月,日军指称农民赵如何为守军士兵,将其拖至该处太阳宫吊打,坐老虎凳,打得皮开肉绽,多次昏死过去,后又抛入江中致死。[5]

---

1 《滕宝珠证言》,见朱成山主编《侵华日军南京大屠杀幸存者证言集》,南京大学出版社 1994 年版,第 200—201 页;《葛金银口述》,见张连红、张生编《南京大屠杀史料集》第 25 册《幸存者调查口述》(上),江苏人民出版社 2006 年版,第 44—45 页。

2 《郑永英口述》,见张连红、张生编《南京大屠杀史料集》第 25 册《幸存者调查口述》(上),江苏人民出版社 2006 年版,第 52 页。

3 《郑周氏口述》,见上书,第 56 页。

4 《范兰珍口述》,见上书,第 58 页。

5 《钟声等口述》《刘金林口述》,见上书,第 63—64、175 页。

422. 胡家大塘屠杀

胡家大塘位于南京城西南赛虹桥南。明代功臣胡大海葬地,坟前有一大水塘,故名。1937 年 12 月间,村民胡老二因不肯为日军带路,被打死在此处水塘边。[1]

423. 养虎仓屠杀

养虎仓位于南京雨花门外双桥门西。1937 年 12 月间,日军来到此处徐连芳家中翻箱倒柜,令其父母走开,不听,遂予枪杀;其堂兄徐建保见日军抓人,急逃,被枪杀。[2]

424. 扇骨营屠杀

扇骨营位于南京通济门外,九龙桥东南。明初此地多制作扇骨工匠、工场,因名。1937 年 12 月间,5 个日本士兵闯入该处周氏住宅,将市民周俊祥推到门外枪杀;将该处一名浴室工人戴师傅打死;于此处枪击市民王金锄,致其重伤,因失血过多而身亡。[3]

425. 石门坎屠杀

石门坎位于南京光华门外东南侧,沿护城河南侧一片。1937 年 12 月间,几个日本士兵来到此处天堂村,将村民李长发父亲、叔叔等 8 人枪杀;某日,此处杨庄村民王双福奶奶劝告烤火日军不要靠近房子,以免烧及房屋,被推进屋内烧死。[4]

426. 通济门屠杀

通济门位于南京光华门之西、武定门之北。1937 年 12 月间,日军来此处寻找花姑娘未果,将回答没有花姑娘的市民倪志兴的祖父、父亲和姑母三人殴打致死。[5]

427. 安德门屠杀

安德门,城门名,街巷名,街巷以城门名。位于南京西南郊雨花台西南侧,明外郭城门之一。1937 年 12 月 12 日,市民莫启东在该门外石子岗被日军枪杀;市民莫启福父亲在此处被日军用刺刀捅死。12 月 13 日,市民刘长义在此处被日军杀死。12 月 15 日,市民刘孝思在此处因言语不通被日军枪杀。12 月 16 日,农民荣长有在该

---

1 《姚桂英口述》,见张连红、张生编《南京大屠杀史料集》第 25 册《幸存者调查口述》(上),江苏人民出版社 2006 年版,第 84 页。

2 朱成山主编:《南京大屠杀辞典》(下),南京出版社 2017 年版,第 1511 页。

3 《周俞氏证言》,见朱成山主编《侵华日军南京大屠杀幸存者证言集》,南京大学出版社 1994 年版,第 235—236 页。

4 《李长友口述》《王双福口述》,见张连红、张生编《南京大屠杀史料集》第 25 册《幸存者调查口述》(上),江苏人民出版社 2006 年版,第 104、107 页。

5 朱成山主编:《南京大屠杀辞典》下,南京出版社 2017 年版,第 1132 页。

处 14 号被日军枪杀。市民荣长旺口述:12 月间在其住宅后门口,日军将其兄等 7 人杀死。[1]

428. 糖坊廊屠杀

糖坊廊位于南京中华门内镇淮桥西北,东南起中华路镇淮西桥,西北接长乐街。1937 年 12 月间,民妇曹吴氏在此处被日军枪杀;此处 39 号老妇曹氏于该宅后门被日军枪杀。[2]

429. 古遗井屠杀

古遗井位于南京西南郊西善桥之西南,因村内原遗有古水井一口得名。1937 年 12 月间,日军将该村陈秀华家中一条耕牛抢走,陈兄想要回耕牛,追至一个水塘边,被开枪击中后,又推进水塘身亡。1938 年初,驻该村一个日军官带领士兵数名,向村民杨长福之父要花姑娘,限三日交出,次日杨正拟外出躲避,被日军发现后枪杀。[3]

430. 油坊村屠杀

油坊村位于南京西南郊西善桥东。1937 年 12 月间,日军来到该村抢东西,令村民刘长禄奶奶给其捉鸡,刘氏不肯,被一枪击杀;某日,该处附近刘家村村民刘如秀、刘如堂兄弟,从避难山上下来寻找食物,被日军抓到该村刺死。[4]

431. 天门闸屠杀

天门闸位于南京西南郊双闸地境。1937 年底,日军将村民单长伟拖到该处干活后,予以枪杀。[5]

1 《军事法庭对战犯谷寿夫的判决书及附件》,中国第二历史档案馆藏,档案号五九三/870;《莫启福口述》《荣长旺口述》,见张连红、张生编《南京大屠杀史料集》第 25 册《幸存者调查口述》(上),江苏人民出版社 2006 年版,第 114、121 页。
2 《周曹氏口述》,见张连红、张生编《南京大屠杀史料集》第 25 册《幸存者调查口述》(上),江苏人民出版社 2006 年版,第 107 页;《高文惠证言》,见朱成山主编《侵华日军南京大屠杀幸存者证言集》,南京大学出版社 1994 年版,第 241 页;《高如琴证言》,见朱成山主编《侵华日军南京大屠杀幸存者证言》,社会科学文献出版社 2005 年版,第 197—198 页。
3 《杨长福口述》,见张连红、张生编《南京大屠杀史料集》第 25 册《幸存者调查口述》(上),江苏人民出版社 2006 年版,第 112 页。
4 《刘长禄口述》,见上书,第 113 页;《刘玉德、刘义才口述》,见张生等编《南京大屠杀史料集》第 39 册《幸存者调查口述续编》(下),江苏人民出版社 2007 年版,第 1637 页。
5 《单其圣口述》,见张连红、张生编《南京大屠杀史料集》第 25 册《幸存者调查口述》(上),江苏人民出版社 2006 年版,第 119 页。

432. 能仁里屠杀

能仁里位于南京雨花台西侧,因近能仁寺而得名。1937 年 12 月间,此处市民傅左金的岳父被日军一刀砍死,其邻居家的一个小女孩被枪杀,其 12 岁的侄儿被一刀砍下头来。同月,此处市民杨邦兴在家中看守房屋,遭日军枪杀。[1]

433. 青石埂屠杀

青石埂位于南京西南郊沙洲圩北侧。1937 年 12 月间,此处村民马忠生因未给日军交出花姑娘,被开枪击中大腿,失血过多,当晚丧命;马金氏等 4 人因不肯说出年轻姑娘的去处,被日军枪杀于塘边;刘勇贵、黎成雪在为日军送草返家后,被日军枪杀于塘边;袁定勇在帮日军送草途中企图逃跑,遭枪杀;江华开因不肯帮日军去抢老百姓的猪,被日军用青石砸死,并沉尸塘中;马美旺因不让日军将自己 11 岁的儿子带走,被枪杀。[2]

434. 牌坊街屠杀

牌坊街位于南京水西门外三山桥西北侧,东起北伞巷,西至莫愁湖公园东侧。明洪武间,此处有孝子牌坊,因成名。1937 年底,日军来此处搜寻花姑娘,未达目的,便将市民谢大珍的母亲、妹妹、小弟杀死。[3]

435. 吕洼大塘屠杀

吕洼大塘位于六合卸甲甸地境。1937 年 12 月间,村民汤业府去卸甲甸挑货,路遇日军,奔跑至该处,被连开三枪打死。[4]

436. 珠江路屠杀

珠江路位于南京中山路东侧,西起中山路,东至小营。1937 年 12 月间,该路 299 号市民涂昆荣在家看管房屋,被闯进住宅的日军用刺刀戳死。[5]

437. 打钉巷屠杀

打钉巷位于南京评事街西侧,东起评事街,西至红土桥。明代此处有数家打钉的铁匠铺,故名。1937 年 12 月底,市民夏长永从难民区返回城南家中取粮,途经此处

1 《傅左金口述》《杨江氏口述》,见张连红、张生编《南京大屠杀史料集》第 25 册《幸存者调查口述》(上),江苏人民出版社 2006 年版,第 122—123、129—130 页。
2 《马忠怀口述》《刘文国口述》《袁邦针口述》《马桂英口述》《汪的忠口述》《丁成兴口述》,见上书,第 155、155、177—178、178、178、178 页。
3 《谢大珍证言》,见朱成山主编《侵华日军南京大屠杀幸存者证言集》,南京大学出版社 1994 年版,第 186—187 页。
4 《汤承恩证言》,见上书,第 188 页。
5 《涂宝诚证言》,见上书,第 197—198 页。

遇到日军,躲入防空洞中,后被连开两枪,枪杀于洞中。[1]

438. 后圩屠杀

后圩位于南京南郊秣陵地境。1937 年 12 月间,日军开一部小车来到此处,将张姓村民和魏家帮工小毛子开枪打死。村民袁淑华口述:小毛子被打了一枪后,"当时他疼得在地上扒了一个坑"。[2]

439. 东家边屠杀

东家边位于南京东北郊栖霞山西、甘家巷北。1937 年 12 月间,此处村民夏良华被日军怀疑为守军士兵,拉到村里井边,一枪击中胸口,后又从侧面补射一枪,致当场死亡。[3]

440. 渡船口屠杀

渡船口位于南京升州路南侧,北起升州路,南至玉带巷。古为渡船口岸,后街以渡名。1937 年 12 月间,日军将居住此处的精神病人姚二子和做竹货生意的一家父子五口,全部用刺刀刺死。[4]

441. 小北圩屠杀

小北圩位于南京水西门外莫愁湖西北。1937 年 12 月间,日军在此处将市民杨小牛、汤二巴用刺刀刺杀。[5]

442. 邱家庄屠杀

邱家庄位于南京东北郊尧化门西侧。1937 年 12 月间,村民曹启海被日军杀死在村前桑园旁。[6]

443. 西街屠杀

西街位于南京中华门外长干桥西南,东起雨花路,西至南珍珠巷。1937 年 12 月12 日,市民王开申在此处被日军用刀砍死;市民王庆臣在此处被日军刺杀。12 月 13

---

1 《夏张氏证言》,见朱成山主编《侵华日军南京大屠杀幸存者证言集》,南京大学出版社 1994 年版,第 217 页。

2 《袁淑华口述》,见蒋晓星等编《南京大屠杀史料集》第 37 册《幸存者调查口述续编》(上),江苏人民出版社 2007 年版,第 579 页。

3 《夏良春证言》,见朱成山主编《侵华日军南京大屠杀幸存者证言集》,南京大学出版社 1994 年版,第 300 页。

4 《方秀英证言》,见上书,第 306 页。

5 《彭兆才证言》,见上书,第 308 页。

6 《曹洪泰证言》,见朱成山主编《侵华日军南京大屠杀幸存者证言》,社会科学文献出版社 2005 年版,第 153—154 页。

日,市民凌起兴在此处五显庙,因言语不通被日军杀死;市民王殿臣在该处 137 号住宅中因语言不通被日军枪杀。12 月 14 日,该处 191 号市民童章仪被拉夫,在眼王庙被打死。12 月 16 日,该处 27 号市民邵永真的父亲在家中被日军砍杀身亡。12 月间,小贩王开田在该处被日军用刀砍死。[1]

444. 库上屠杀

库上位于南京城东南的白鹭洲西、长乐路北武定门附近。明代留守后卫供应库在此,故名,后成街区。1937 年 12 月 13 日,日军由武定门攻入后,将该地市民马效和扯开衣服,用刀戳死;将市民冯永章先砍左臂一刀,继又用枪射杀;将市民朱知礼、朱长喜、马金和、杨和年父母与哥哥、尹广义、尹广仁等枪杀;又于 12 月间,将市民张志清枪杀。[2]

445. 柳叶街屠杀

柳叶街位于南京升州路南,内秦淮河西南岸,东南起上浮桥,西北至下浮桥。1937 年 12 月间,此处市民王连喜正蹲在草房外抽旱烟,日军从对面平房处打来一枪,将其枪杀。[3]

446. 郭村屠杀

郭村位于南京东南郊湖熟地境。1937 年 12 月间,日军将此处村民刘千章捆在铺板上,上面压上石头,浇以汽油点燃烧死。[4]

447. 乌龙潭屠杀

乌龙潭位于南京广州路西段南侧、清凉山之东。1937 年 12 月日军侵占南京时,农民刘大呆子从难民区住地返此处家中看房子,遭日军开枪击中腰部,半小时后

---

1 《军事法庭对战犯谷寿夫的判决书及附件》,中国第二历史档案馆藏,档案号五九三/870;《邵永真结文》,见中国第二历史档案馆等编《侵华日军南京大屠杀档案》,江苏古籍出版社 1987 年版,第 176—177 页;《查讯童月华笔录》,见中央档案馆等编《南京大屠杀》,中华书局 1995 年版,第 685 页。
2 《朱张氏呈文》,见张建字等编《南京大屠杀史料集》第 23 册《南京大屠杀市民呈文》,江苏人民出版社 2006 年版,第 113 页;《马金和被日军集体屠杀的调查表节录》《朱知礼等被日军集体屠杀调查表节录》《杨和年呈文》,见中国第二历史档案馆等编《侵华日军南京大屠杀档案》,江苏古籍出版社 1987 年版,第 121、123、222 页;《查讯证人马陆氏等笔录》,见中央档案馆等编《南京大屠杀》,中华书局 1995 年版,第 683 页;《军事法庭对战犯谷寿夫的判决书及附件》,中国第二历史档案馆藏,档案号五九三/870。
3 《王顺英证言》,见朱成山主编《侵华日军南京大屠杀幸存者证言》,社会科学文献出版社 2005 年版,第 308—309 页。
4 《戴成玉证言》,见上书,第 177 页。

死亡。[1]

448. 中山门屠杀

中山门位于南京城东中山东路东端。1937 年 12 月间,市民关秀华叔叔被作为守军士兵抓到此城墙上,关不承认,与日军发生争执,遭砍头。[2]

449. 官山村屠杀

官山村位于南京西南郊江宁镇地境。1937 年 12 月间,村妇何王氏遭日军以步枪击中腹部,肠断而出,于当晚死亡;村民何木旗躲于土地庙中,被日军发现后枪杀。[3]

450. 韩家桥屠杀

韩家桥位于南京城西虎踞关旁。1937 年 12 月间,居住于此处 3 号的菜农赵长春,自难民区住地返家看望,被日军刺杀于宅旁一条水沟边;6 号菜农韩姓夫妇亦在家中被日军砍头。[4]

451. 江家村屠杀

江家村位于南京北郊燕子矶东笆斗村。1937 年 12 月间,此处村民陈广汉在家看门,且有残疾,日军来强取棉被,遭枪杀。[5]

452. 枣林村屠杀

枣林村位于南京北郊燕子矶江边燕子矶村。1937 年 12 月间,此处村妇路刘氏,因拒奸不从,被日军枪杀。[6]

453. 徐家村屠杀

徐家村位于南京北郊燕子矶江边燕子矶村。1937 年 12 月间,此处民妇徐陆氏在家看门,被日军枪杀。[7]

---

1 《关舜华证言》,见朱成山主编《侵华日军南京大屠杀幸存者证言》,社会科学文献出版社 2005 年版,第 201 页。

2 《关秀华证言》,见上书,第 203—204 页。

3 《何德发证言》,见上书,第 205—206 页。

4 《赵清和证言》,见上书,第 233 页。

5 《陈贵树结文》,见中国第二历史档案馆等编《侵华日军南京大屠杀档案》,江苏古籍出版社 1987 年版,第 228 页。

6 朱成山主编:《南京大屠杀辞典》(下),南京出版社 2017 年版,第 1598 页。

7 同上书,第 1415 页。

454. 宝塔山屠杀

宝塔山位于南京中华门外雨花路之东,东自养虎巷,西至北山门。明永乐帝曾在此建琉璃宝塔,即大报恩寺塔,故名。1937 年 12 月 12 日,市民王兆敖、王长泰、小孩王小五、王双喜在此处被日军枪杀;市民王老汉在此处被日军刺杀。12 月 13 日,该处 13 号市民郭文陶、郭志凡父子在家门口三山殿被日军杀死;42 号市民孙永林被日军用刺刀刺死;134 号市民高祥科、高金友父子被日军指为守军士兵,遭枪杀;此处 204 号市民李祥科在在自家门口被日军枪杀;市民井森敖在此处井旁被日军枪杀;市民高祥松、王南生、汪步阶、梅祥万、张荣富、俞友钟在此处遭日军枪杀。12 月 14 日,市民陈长贵、孙永林、袁启友、徐锡龙、乐期立等五人在此处同被日军用刺刀刺死。12 月间,160 号市民范长富因不肯被日军拉夫,遭枪杀;妇女李氏在该处被日军用机枪扫死。[1]

455. 集合村屠杀

集合村位于南京中华门外城墙西南角。1937 年 12 月 12 日,市民李又名与其徒王小和尚在此处被日军击杀。12 月 13 日,市民夏文氏在此处被日军枪杀;市民朱氏、朱长富、韩氏、韩小琴等 7 人在此处盈其庵后门口防空洞中被日军杀害;市民王方成、臧老头、王老栋在此处防空洞中被日军枪杀;贫民苏义亭在该处涵洞口被日军枪杀。12 月间,市民王老四被日军抓为挑夫,行至该处,因病不能走动,被枪杀,抛尸体于路边塘中;隔 2 日,其子王寿村前往寻找父亲尸体,在该处附近赛虹桥,被日军指为守军士兵,虽母亲、姨娘等亲属下跪证明、求情,仍被击两枪身亡。同月,几个日本兵要抓来的 7 名年轻村民,脱光衣服下到大沙塘中去摸鱼,因天寒地冻,未摸着鱼,全部被枪杀于塘内。[2]

456. 花露岗屠杀

花露岗位于南京门西鸣羊街西侧,东临彭家花园,西临凤游寺。1937 年 12 月 13 日,农民于殿治在此处被日军拉至城头上,用刺刀刺死;12 月间,商民吴承荣在此处

1 《军事法庭对战犯谷寿夫的判决书及附件》,中国第二历史档案馆藏,档案号五九三/870;《高金坤结文》,见中国第二历史档案馆等编《侵华日军南京大屠杀档案》,江苏古籍出版社 1987 年版,第 195 页;《查讯王怀英笔录》《查讯朱郭氏笔录》《查讯殷王氏笔录》,见中央档案馆等编《南京大屠杀》,中华书局 1995 年版,第 642—643、657、684 页。

2 《军事法庭对战犯谷寿夫的判决书及附件》,中国第二历史档案馆藏,档案号五九三/870;《韩秀英证言》《张王氏证言》《杨刘氏证言》《曹广全证言》,见朱成山主编《侵华日军南京大屠杀幸存者证言集》,南京大学出版社 1994 年版,第 168、183、216—217、346—347 页;《苏良英证言》,见朱成山主编《侵华日军南京大屠杀幸存者证言》,社会科学文献出版社 2005 年版,第 284 页。

13 号,被日军用刺刀刺死。[1]

457. 贾家西村屠杀

贾家西村位于南京南郊西善桥东北。1937 年 12 月间,村民贾沈氏在此处 28 号被日军用刺刀刺杀。[2]

458. 尹西村屠杀

尹西村位于南京南郊铁心桥地境。明末有尹氏大族居此,名尹村,后分东西村。1937 年 12 月 12 日,农民尹大和因不谙日语在 32 号被日军枪杀;农妇尹徐氏在 23 号被日军枪杀。12 月 15 日,农妇尹杨氏在此处被日军用刀戳死。12 月间,尹大丙父亲在下塘边提水救火时,被日军开枪打死;村民尹荣元为阻止日本兵抢东西,被枪杀;难民周永庆在出村不远处被日军枪杀;尹顺珍大妈和三大伯遭刚进村的日军枪杀;尹顺林妈妈为阻止日军抢猪、鸡,被一枪打死;村民尹广生因不肯为日军带路、抬米,在大塘边先被用竹竿打破鼻子,后又遭枪击致死;村民赵震林为躲避日军追捕,掉落池塘中,爬起后被打死;两名在塘边晒太阳的老人,被池塘对面的日军开枪打死;年近七十的韦心旺爷爷,在去池塘取水救火时遭日军枪杀;村民王发和在石金山被日军杀害;村民刘兴为阻止日军抢走其妻,被砍断膀子,其七八个月大的孩子也在摇篮里被枪杀;村民王重有等七八个看家的老人均在家中被日军用刺刀刺死。[3]

459. 积余村屠杀

积余村位于南京江东门西南、上新河东北。1937 年 12 月 13 日,村民王明才因将两只猪藏起被日军发现,遭枪杀;另有一和尚在为日军剥猪皮时,动作使其不满,被一枪打倒后,又一脚蹬倒塘里淹死。12 月 14 日,日军将农民陈万珍伯伯及其他一些百姓,赶到村边一个大茅坑里,架上桌子、干柴等物,放火烧死。12 月间,村民倪翠萍继父到河边洗菜,遭日军无端枪击,击中腹部身亡;菜馆老板郭桂英丈夫,被日军抓去当挑夫,因体力不够,挑不动,被刺两刀而死。[4]

1,2《军事法庭对战犯谷寿夫的判决书及附件》,中国第二历史档案馆藏,档案号五九三/870。

3 同上;《尹圣林口述》《尹大丙口述》《尹顺珍口述》,见张连红、张生编《南京大屠杀史料集》第 25 册《幸存者调查口述》(上),江苏人民出版社 2006 年版,第 107、108、123—124 页;《韦心旺口述》《陈吉兆口述》《赵万生口述》《王有福口述》,见张连红、戴袁支编《南京大屠杀史料集》第 26 册《幸存者调查口述》(中),江苏人民出版社 2006 年版,第 837、837、838—839、840 页。

4 《陈万珍口述》《郭桂氏口述》《邱荣贵口述》,见张连红、张生编《南京大屠杀史料集》第 25 册《幸存者调查口述》(上),江苏人民出版社 2006 年版,第 146、49—50、153 页。

460. 毕家洼屠杀

毕家洼位于南京南郊牛首山下。1937 年 12 月间,日军将村民朱万炳枪杀。[1]

461. 韩家村屠杀

韩家村位于南京西南郊沙洲圩地境。1937 年 12 月间,难民许盛全在该村村边遭日军枪击,伤重而亡。[2]

462. 杨庄屠杀

杨庄位于南京东南郊光华门外石门坎南侧。1937 年 12 月间,该村农民孙永潮、陆二保为躲避日军而奔跑,在头埠东边小河边被枪杀;村民陈双桎奶奶在海福巷办事,途遇 3 个日本兵,被当做靶子打死在小塘边。[3]

463. 二道桥屠杀

二道桥位于南京西南郊上新河南、螺丝桥大街北侧,跨上新河。1937 年 12 月间,该处南街市民吉万才躲在防空洞中,被日军发现后开枪打死。时身边另一名诨名"洋糖"的难民也被打死。[4]

464. 螺丝桥屠杀

螺丝桥位于南京西南郊上新河镇西南。1937 年 12 月间,该处街上的市民王思来、蔡歪子、熊士贵、刘永兴、陈小毛、陆胜祥、崔月樵、王扣子、傅理奇、赵老三、赵老二等先后被日军杀害;市民彭歪子之妻被日军强奸后跳河,又被打两枪致死;市民曹敬文因听不懂日本兵喊话,也被一枪打死。[5]

465. 四圩村屠杀

四圩村位于南京西南郊西善桥地境。1937 年 12 月间,进到该村的日军,因对村民赵四喜的答话不满意,遂开枪将其击伤,致其几小时后身亡。[6]

466. 徐村屠杀

徐村位于南京西南郊西善桥之西南。1937 年 12 月日军侵占南京前某日,该村

1 《张朱氏口述》,见张连红、张生编《南京大屠杀史料集》第 25 册《幸存者调查口述》(上),江苏人民出版社 2006 年版,第 50—51 页。

2 《许胜富口述》,见上书,第 89 页。

3 《孙大云口述》《陈双桎口述》,见上书,第 113、114 页。

4 《吉长贵口述》,见上书,第 117 页。

5 《李翠芳口述》,见上书,第 173 页;《陈福寿证言》,见朱成山主编《侵华日军南京大屠杀幸存者证言集》,南京大学出版社 1994 年版,第 347 页。

6 《赵长德口述》,见张连红、张生编《南京大屠杀史料集》第 25 册《幸存者调查口述》(上),江苏人民出版社 2006 年版,第 157 页。

教书先生徐如松,正准备去南京上班,刚走出村不远,遭遇日机轰炸,被弹片击中头部身亡。向南京进攻的日军进至该村时,将村民徐大福当作中国士兵追赶,用机枪扫射,击中其腰部和腹部,致伤重而亡。[1]

467. 夏家凹屠杀

夏家凹位于南京南郊雨花台南、花神庙之西。1937年12月间,该村村民叶老三的儿子被日军推入河中,并枪击致死。[2]

468. 新闸屠杀

新闸位于南京西南郊双闸地境。1937年12月间,该处村民段云忠、李自成、赵老太被日军枪杀;村妇吴大发身背不满周岁小孩,见日军进村,尽力逃跑,遭枪击身亡,小孩亦中弹不日死去。[3]

469. 王家凹屠杀

王家凹位于南京南郊铁心桥西南侧。村民孙成英口述:1937年12月间,孙由避难处回村时亲见几位被日军杀害村民的尸体,其中王根死在自家门前,"身上有刀、浑身有血";妇女王茂,"肚子被刺刀刺了两刀,头上还有弹口流血";王茂2岁的小女儿也被日军用澡盆闷死。[4]

470. 石金山屠杀

石金山位于南京南郊铁心桥地境。1937年12月间,村民孙文成、钱老四在该处遇到2个日军,被戏弄一番后遭枪杀。[5]

471. 大定坊屠杀

大定坊位于南京南郊铁心桥南。1937年12月间,村民王得源、王得生逃难到此处山凹中,被日军发现后开枪打死;村民王德明因不愿为日军干活,被用刺刀刺死在自家门前。[6]

472. 花园村屠杀

花园村位于南京西郊江心洲西南部。1937年12月间,村民赵孟好伯伯在此处

1 《杨小义口述》,见张连红、张生编《南京大屠杀史料集》第25册《幸存者调查口述》(上),江苏人民出版社2006年版,第159页。
2 《夏万庆口述》,见上书,第165—166页。
3 《邢成如口述》《杨发兴口述》,见上书,第174—175页。
4 《孙成英口述》,见上书,第189页。
5 《韦朋友口述》,见上书,第190页。
6 《王孝龙口述》,见上书,第190—191页。

遭日军枪杀。[1]

473. 李盛村屠杀

李盛村位于南京西南郊双闸东北、上新河南。1937 年 12 月间,该村妇女张福全母亲在躲避搜查时为日军发现,被当做活靶子一枪打死。[2]

474. 七家湾屠杀

七家湾位于南京朝天宫东南,西起仓巷,东至辉复巷。1937 年 12 月间,日军来此处向市民伍必成要花姑娘,伍听不懂,被拖到巷子里在胸前连戳四刀身亡。[3]

475. 十三圩屠杀

十三圩位于时江浦县桥林镇东北部。1937 年 12 月间,日军来到该处后,村民曹其兰二哥因不肯当挑夫,被用刺刀刺入胸部而死;其姑姑、堂姐及一个跑反来此的姑娘均被奸致死;其两个舅舅躲在竹林中,被发现后遭日军枪杀。[4]

476. 永合村屠杀

永合村位于时江浦县永宁镇地境。1937 年 12 月间,该地一外地人张麻子被日军认为不像种田人,遭枪杀;在医院工作的陈明动,为躲避日军,在跑动时被日军开枪打死;市民童国藩被日军抓住,从身上搜出枪支,捆绑押行,情知必死,行至供桥时跳桥摔死。[5]

477. 瓯庄屠杀

瓯庄位于南京浦口西南部石佛村。1937 年 12 月间,日军来到此处,村民俞老三探头查看日军是否离去,被发现后开枪击毙。[6]

478. 伏家巷屠杀

伏家巷位于南京东北郊燕子矶下庙村地境。1937 年 12 月间,此处村民伏金山老人等 3 人被日军抓去为其背武器、手榴弹,其他二人在途中拐弯处逃跑,伏未及拐

---

1 《王相炳口述》,见张连红、张生编《南京大屠杀史料集》第 25 册《幸存者调查口述》(上),江苏人民出版社 2006 年版,第 193—194 页。

2 《赵金海口述》,见上书,第 197 页。

3 《伍赊才证言》,见朱成山主编《侵华日军南京大屠杀幸存者证言集》,南京大学出版社 1994 年版,第 179—180 页。

4 《曹其兰口述》,见张连红、张生编《南京大屠杀史料集》第 25 册《幸存者调查口述》(上),江苏人民出版社 2006 年版,第 273 页。

5 《童国强口述》,见上书,第 320 页。

6 《俞仁江口述》,见上书,第 334 页。

弯,被当场开枪打死。[1]

479. 巽离村屠杀

巽离村位于八卦洲中部。1937 年 12 月间,该处村民赵光富姨妈在地洞中被日军发现后,遭强奸致死;村民刘兆怀在返家路上遇见日军,遭枪击后,当夜死亡。[2]

480. 西江口屠杀

西江口位于时江浦县境西部长江支流西岸。明清时为渡长江之西渡口,故名。1937 年 12 月间,村民王明德驾船由桥林返回时,在该处被日军将船扣下,身体用绳索捆绑后吊于大树上,再以军刀将头砍下。[3]

481. 万寿村屠杀

万寿村位于南京东北郊卖糕桥(今迈皋桥)地境。1937 年 12 月间,村民张长荣在家看守门户,日军进村后,张躲于草堆中因害怕而抖动,被发现后遭枪杀。[4]

482. 沙桥屠杀

沙桥位于六合江边永兴河东。1937 年 12 月间,一位张姓孕妇在该处河边奔跑躲避日军。日军追上后,即以枪托敲击其肚子和头,致其死亡。[5]

483. 合班村屠杀

合班村位于南京东北郊迈皋桥地境。1937 年 12 月间,日军逼令留守家中的王文炳老人抬东西,王因年老咳喘,抬不动,被用刺刀刺死。[6]

484. 兴卫村屠杀

兴卫村位于南京东北郊迈皋桥东、尧化门南。1937 年 12 月间,该处村民徐长银、兰恒兴、兰光云等人生火做饭,炊烟被日军看到,日军开枪将徐打伤后跌进水塘淹死,又将兰光云枪杀,兰恒兴被吓死。[7]

---

1 《伏广禄口述》,见张连红、戴袁支编《南京大屠杀史料集》第 26 册《幸存者调查口述》(中),江苏人民出版社 2006 年版,第 555 页。

2 《管其荣口述》,见上书,第 595 页。

3 朱成山主编:《南京大屠杀辞典》(下),南京出版社 2017 年版,第 1334 页。

4 《张生贵口述》,见张连红、戴袁支编《南京大屠杀史料集》第 26 册《幸存者调查口述》(中),江苏人民出版社 2006 年版,第 665—666 页。

5 朱成山主编:《南京大屠杀辞典》(下),南京出版社 2017 年版,第 968 页。

6 《陈庆荣口述》,见张连红、戴袁支编《南京大屠杀史料集》第 26 册《幸存者调查口述》(中),江苏人民出版社 2006 年版,第 668 页。

7 《徐命旺口述》,见上书,第 674 页。

485. 葛家山屠杀

葛家山位于南京中央门外城门附近。1937 年 12 月间,日军来到该处曹姓市民家中,将未及躲藏的葛大丫夫妇、葛二丫杀死。[1]

486. 神家庄屠杀

神家庄位于南京东郊青龙山东、汤山西。1937 年 12 月间,日军来到该处,村民孟方正身穿皮衣,被指为守军士兵刺死,并将肠子挑出。[2]

487. 孟家场屠杀

孟家场位于南京东郊汤山地境,汤山主峰西南侧。1937 年 12 月 9 日,村民成德裕在该村小塘前被日军杀死;村民成大羊到汤山头去洗澡,途中被日军枪杀;村民郗帮业、郗帮洲身穿壮丁训练服,在附近路上被日军杀死。12 月间,村民赵老三、赵老四坐在家门口被日军杀死。[3]

488. 文正桥屠杀

文正桥位于南京建康路中段北侧,南起致和街,北至长白街。因成巷前原有一小桥,桥边有清代文正书院,因名。1937 年 12 月 13 日,此处居民杨寿全的爷爷见有日军前来,便躲入防空洞中,日军发现后,即予枪杀,并放火焚烧防空洞,致其尸成骸骨,12 月间,苦力蒋恒玉在此处 8 号,被日军用刺刀刺死。[4]

489. 涧南屠杀

涧南位于南京东郊汤山地境,汤山主峰西南侧。1937 年 12 月间,日军来到该村,将村民赵德荣、陈友才、平定才等 6 人抓走,在离村约半里路的地方,分别予以枪杀和刺杀。[5]

490. 东流村屠杀

东流村位于南京东郊麒麟门东北、仙鹤门东。1937 年 12 月 15 日,村民张文直、邹智伍在该村被日军枪杀。12 月 19 日,该村村民张布礼在住宅门口,被日军迎胸一

1 《任凤英口述》,见张连红、戴袁支编《南京大屠杀史料集》第 26 册《幸存者调查口述》(中),江苏人民出版社 2006 年版,第 678 页。
2 《陈翠英口述》,见上书,第 688 页。
3 《孟家珍口述》,见上书,第 692 页;《成德荣口述》,见费仲兴、张连红编《南京大屠杀史料集》第 27 册《幸存者调查口述》(下),江苏人民出版社 2006 年版,第 1161 页。
4 《杨寿全证言》,见朱成山主编《侵华日军南京大屠杀幸存者证言集》,南京大学出版社 1994 年版,第 240 页;《军事法庭对战犯谷寿夫的判决书及附件》,中国第二历史档案馆藏,档案号五九三/870。
5 《陈玉金口述》,见费仲兴、张连红编《南京大屠杀史料集》第 27 册《幸存者调查口述》(下),江苏人民出版社 2006 年版,第 1174 页。

刀刺死;村民苏永茂见了日军就跑,被一枪打死在村前田里;村民苏三海及其子苏小六子被日军用刺刀戳死。12 月间,村里三位 30 多岁的壮年村民潘三秃、周世富和夏姓剃头匠被日军杀死。[1]

491. 黄盖村屠杀

黄盖村位于南京东郊沧波门附近。1937 年 12 月间,此处村民陈光山之妻因拒奸被日军杀死。[2]

492. 谷里屠杀

谷里位于南京南郊板桥镇南、江宁镇之东。1937 年 12 月间,该处村民魏林子走在路上,见身后出现日军,便向前奔跑,被开枪打死。[3]

493. 石家洼屠杀

石家洼位于南京西南郊板桥地境。1937 年 12 月间,一位叫橙子的村民躲在地洞里,日军发现后,放火熏烧,该村民被熏死在地洞里。[4]

494. 阮家村屠杀

阮家村位于南京南郊铁心桥地境高家库村。1937 年 12 月间,此处赵永林、赵永和二老人留守村中看家,被进村的小股日军杀害。[5]

495. 孟塘屠杀

孟塘位于南京东郊汤山镇北侧、射乌山东南。1937 年 12 月 6 日,日军进入该村,将村民彭维新和另一绰号叫"大老官"的村民杀死。12 月 12 日,该处村民张庆风、邓志强被日军枪杀。12 月 26 日,该村正在生病躺在床上的村民秦恩宝与一名姓秦的小孩被日军开枪打死。12 月间,该村村民魏仪村、朱正寿等三人,因为身上穿了部分守军士兵的衣服或保存有非本人的照片,均被日军开枪打死。[6]

---

1 《张发荣口述》《苏长银口述》《张玉财口述》,见蒋晓星等编《南京大屠杀史料集》第 38 册《幸存者调查口述续编》(中),江苏人民出版社 2007 年版,第 1182、1223、1226 页。

2 《陈相炳口述》,见张连红、戴袁支编《南京大屠杀史料集》第 26 册《幸存者调查口述》(中),江苏人民出版社 2006 年版,第 758 页。

3 《陈玉兰口述》,见上书,第 772 页。

4 《石家秀口述》,见上书,第 778 页。

5 《阮康富口述》,见上书,第 822 页。

6 《周永凤口述》《雷忠荣口述》,见上书,第 888、894 页;《朱正仁口述》,见费仲兴、张连红编《南京大屠杀史料集》第 27 册《幸存者调查口述》(下),江苏人民出版社 2006 年版,第 1061 页;《秦义兰口述》,见蒋晓星等编《南京大屠杀史料集》第 38 册《幸存者调查口述续编》(中),江苏人民出版社 2007 年版,第 1127 页。

496. 裴墅屠杀

裴墅位于南京东郊汤山镇西北、射乌山西南。1937 年 12 月间,该村村民高长怀等人正在塘里划水,他因个头大,被日军发现后,开枪打死。其他人因伏身未动,幸免于难。[1]

497. 淳化屠杀

淳化位于南京东南郊,上坊东南、湖熟西北。1937 年 12 月 5 日,日军到此镇后,将机枪架在镇东开阔地上,向跑动的人群扫射,村民箪有庵、梁连生等四人被打死;胡姓堂兄弟二人,被日军当作靶子打死;村民王义信因头上有帽印、手上有老皮,被日军指为守军士兵枪杀。12 月 8 日,村民李遵寿跪求日军不要烧房子,并用手抓阻刺来的刺刀,手被割掉,脸上又被乱刺,直至死亡。12 月间,村民李圣侠因练武手上有老茧,被日军指为守军士兵,遭杀害。[2]

498. 秣陵镇屠杀

秣陵镇位于南京南郊殷巷、禄口间,古秣陵县所在地。1937 年 12 月上旬,日军刚到该镇时,老人张钖河之爷爷,见日军时奔跑,遭枪杀。12 月间,该镇市民张君一家六口被日军杀害。张母与张妻遭 18 个日军士兵轮奸后,被用刺刀戳心脏而死,并被割去两乳头,胯下亦被刺数刀;爷爷及二小孩被缚后,身浇煤油,纵火焚烧致死;9 名放下武器的中国士兵,被日军押至镇北空野处,每人用铁铲挖一坑,跪于坑前,予以枪杀;市民谢长荣之父被刺一刀后,躲在草堆中三日,又被日军连击三枪致死;谢还目睹其邻居唐良如、卜老五、黄包车夫金大牙被日军用刺刀捅死。[3]

499. 朱砂洞屠杀

朱砂洞位于南京东郊汤山南麓山腰处,为汤山著名溶洞,也是道教活动的重要场所。1937 年 12 月 11 日,村民刘马根在该洞中避难时曾被日军打伤,后在接受日军检查时,因有枪伤,腰里又束一条皮带,被指为守军士兵,共被戳十刀,又打了两枪致死。12 月间,日军向该地村民曾金富要大米和花姑娘,曾都说没有,

---

1 《胡大金口述》,见张连红、戴袁支编《南京大屠杀史料集》第 26 册《幸存者调查口述》(中),江苏人民出版社 2006 年版,第 903 页。

2 《箪有生口述》《吕守祥口述》《王义开口述》《李明高口述》《李德胜口述》,见上书,第 909—910、912、913、937、955 页。

3 《马秀英口述》,见蒋晓星等编《南京大屠杀史料集》第 37 册《幸存者调查口述续编》(上),江苏人民出版社 2007 年版,第 599 页;《宋锦章呈文》,见张建宁等编《南京大屠杀史料集》第 23 册《南京大屠杀市民呈文》,江苏人民出版社 2006 年版,第 95 页;《谢长荣证言》,见朱成山主编《侵华日军南京大屠杀幸存者证言集》,南京大学出版社 1994 年版,第 183—184 页。

被枪杀。[1]

500. 言家村屠杀

言家村位于南京东郊汤山作厂地境。1937年12月间,2个日本士兵为寻找跑失的羊,来到该村,见到这里挂着几张羊皮,人们吃着羊肉,便举枪将村民高朝坤、沈大裙、言学明、四奶奶、三奶奶、吉奶奶等六人枪杀。[2]

501. 陈达村屠杀

陈达村位于南京东郊汤山作厂地境。1937年12月间,村民方载和藏身该村后面山上,日军进村后,距方只有丈把远,便从左颊刺进一刀,未死,又补一枪,致身亡。[3]

502. 红庙屠杀

红庙位于南京东郊汤山地境。1937年12月间,该处村民孔祥仁被日军推到一个水塘边枪杀;其弟孔祥素在为日军看牛时逃跑,被多枪击中而死。[4]

503. 上曹村屠杀

上曹村位于南京东郊汤山地境,汤山镇南京(宁)杭国道西侧,下曹村之北。1937年12月间,村民黄学银在大凹山里被日军枪杀;时有一批村民藏身大凹山上的地洞里,村民侯曲文因近地洞口,被日军枪杀。[5]

504. 上窑湾屠杀

上窑湾位于南京东郊汤山地境,汤山镇东北,孟塘之东。1937年12月间,日军进入该村后,令村民蓝树枝及其子、王姓村民兄弟及妇女王氏、赵姓村民、小孩邱陆运等7人站成一排,开枪予以击杀。[6]

505. 龙尚茅屋屠杀

龙尚茅屋位于南京东郊麒麟门外大连山之北。1937年12月间,日军一进

---

1 《曾宝友口述》,见费仲兴、张连红编《南京大屠杀史料集》第27册《幸存者调查口述》(下),江苏人民出版社2006年版,第959页;费仲兴:《城东生死劫》,中国工人出版社2008年版,第194页。
2 《高德明口述》,见费仲兴、张连红编《南京大屠杀史料集》第27册《幸存者调查口述》(下),江苏人民出版社2006年版,第1016页。
3 《方兰英口述》,见上书,第1018页。
4 《张家琪口述》,见上书,第1067页。
5 《侯国珍口述》《徐春旺口述》,见上书,第1077、1084页。
6 《邱昌华口述》,见上书,第1126—1127页。

该村,便将村民成庆生的奶奶、小老二用枪击毙,又将村民黄老二在草堆旁刺死。[1]

506. 北岗屠杀

北岗位于南京东郊孟北村,庙山之东,棒槌山之西。1937 年 12 月间,村民王福银、汪小网与一个在村上当帮工的小道士一同被日军抓住后枪杀。[2]

507. 西林耀屠杀

西林耀位于南京东郊沧波门外,珠山西北。1937 年 12 月间,日军刚进该村时,村里的一些年轻人奔跑躲避,日军紧追不舍,在茅屋附近将两位名叫谢小四的村民刺死。谢天海的叔叔谢小四,刺刀从背后进,胸前出;谢明钊的四哥谢小四,刺刀从脖子迎面戳进,一刀即死。[3]

508. 冯岗头屠杀

冯岗头位于南京东郊上峰地境与句容黄梅山地境交界处。1937 年 12 月间,该村生病在床老妇王氏,被日军掀开被子后开枪打死。[4]

509. 司家庄屠杀

司家庄位于南京西南郊江宁镇北部地境。1937 年 12 月间,村民盛立英的姐夫八五子,因不同意给日军找花姑娘,被刺死;村妇钱金氏被日军奸后,又用刺刀戳通腹部,肠出而亡。[5]

510. 窑山村屠杀

窑山村位于南京西南郊时江宁镇地境。1937 年 12 月间,该村 13 岁男孩马腊生见到日军就跑,被开枪打死;村里一位眼睛失明的赵老头,面对日军问:"你们看到日本人了吗?"被日军枪杀。[6]

511. 陈塘村屠杀

陈塘村位于南京西南郊时江宁镇地境。1937 年 12 月间,该村村民胡满荣见日

---

1 《陈远银口述》,见费仲兴、张连红编《南京大屠杀史料集》第 27 册《幸存者调查口述》(下),江苏人民出版社 2006 年版,第 1180 页。
2 《杜永林口述》,见上书,第 1215 页。
3 《陈洪源口述》,见上书,第 1282 页。
4 《陈美龙口述》,见上书,第 1317 页。
5 《盛立英口述》,见蒋晓星等编《南京大屠杀史料集》第 37 册《幸存者调查口述续编》(上),江苏人民出版社 2007 年版,第 50—51 页。
6 《林香子口述》,见上书,第 29 页。

军进村,急跑报信,被一枪击中胸部,数小时后死去;村民杨义华父亲因听不懂日语,无法为日军牵马带路,被骑在马上的日军开枪击毙;村民吴家祥被逼令跪下,日军先一刀削了块头皮,又一刀砍下人头。[1]

512. 曹村屠杀

曹村位于南京西南郊江宁镇南。1937年12月间,该村村民曹仁贵与其钱姓小舅子在桃山头被日军开枪打死;一位傅姓村民,因奔跑,被日军枪杀。[2]

513. 牧龙屠杀

牧龙位于南京西南郊铜井西北。1937年12月20日,该村妇女王秀子因不愿让日军抢走自己的耕牛,被一枪击中胸部死亡。12月间,该地村民施二别被日军用刺刀戳死。[3]

514. 新民屠杀

新民位于南京西南郊铜井北、江宁镇西南。1937年12月间,该地村民李良禄见日军进村,奔跑报信,被一枪击中,当时未死,倒在庄稼地里疼死。[4]

515. 潘祁村屠杀

潘祁村位于南京西南郊铜井地境。1937年12月间,该村村民谢余夫带着已怀孕的妻子,准备撑船逃离,被进村的日军发现,日军一枪将两人打死,子弹从谢背后穿过,又击中其妻。[5]

516. 泥塘屠杀

泥塘位于南京东南郊上坊之西。1937年12月间,该村村民王光乐因所穿衣服引起日军怀疑,被追至窑场边的山上,用刺刀戳死;一位陈姓村民携妻躲避,在逃跑中他被一枪打死;村民王小才和周兴旺之父被日军枪杀。[6]

517. 薛家村屠杀

薛家村位于南京东南郊上坊倪塘地境。1937年12月间,该村村民薛老太被日

1 《李庭洲口述》,见蒋晓星等编《南京大屠杀史料集》第37册《幸存者调查口述续编》(上),江苏人民出版社2007年版,第61页。
2 《吴万金口述》,见上书,第91页。
3 《王明勋口述》,见上书,第95—96页。
4 《周大发口述》,见上书,第103页。
5 《孙清顺口述》,见上书,第120页。
6 《王从祥口述》《韦明林口述》《谢德强口述》,见上书,第264、288—289、289—290页。

军一刀刺进喉部，又一刀刺进腹部致死。[1]

518. 横溪屠杀

横溪位于南京南郊铜山西北。1937 年 12 月间，该村村民高从亮与其杜姓邻居遭日军枪杀。[2]

519. 桃花塘屠杀

桃花塘位于南京南郊横溪地境。1937 年 12 月间，日军将机枪架在该处一个土墩上，打死 4 名村里的年轻人；该处窦氏父子二人，被日军一枪从父亲脖子穿过，又打在儿子身上，双双丧命；庄头村一位 60 多岁的老妇为阻止日军放火烧房，被连砍数刀身亡；一名十三四岁的哑巴小孩，遭日军追赶，爬上一棵大树，被开枪打死；村民王如新之子，在街头被日军开枪打死。[3]

520. 陶吴屠杀

陶吴位于南京南郊秣陵西南、横溪之北。1937 年 12 月 7 日，日军一到该处就在街上将站在家门口的剃头匠王安投、张裁缝和一名染布工人予以枪杀。12 月间，将该处公务人员赵有明枪杀。[4]

521. 窑墩子屠杀

窑墩子位于南京南郊陶吴地境。1937 年 12 月间，日军在该处对 7 名被抓来背东西的村民加以杀害，共杀死 5 人，2 人侥幸存活。其中朱起生和朱起贵二人被刀砍死，头与颈子只粘着一点皮；耿姓村民被枪杀；被杀死的还有一名自秣陵街跑反来此的唐姓青年。[5]

522. 小湖村屠杀

小湖村位于南京南郊谷里地境。1937 年 12 月间，该村村民马老四躲于地窖中，被日军发现后拖出枪杀。[6]

523. 砖墙村屠杀

砖墙村位于南京南郊谷里地境。1937 年 12 月间，该村村民许树椿住房被日军

---

1 《薛心珍口述》，见蒋晓星等编《南京大屠杀史料集》第 37 册《幸存者调查口述续编》（上），江苏人民出版社 2007 年版，第 266 页。

2 《钟义林口述》，见上书，第 308 页。

3 《金贤发口述》，见上书，第 317 页。

4 《杭承仁口述》，见上书，第 400 页。

5 《刘和平口述》《尚永大口述》，见上书，第 408—409、583 页。

6 《秦可荣口述》，见上书，第 453 页。

放火焚烧,许上房救火,被一枪打死。[1]

524. 西山口屠杀

西山口位于南京南郊谷里地境。1937 年 12 月间,该村村民毛义德为给被日军抓走的弟弟送棉衣,紧随日军后边追赶,日军发现后,不问缘由,将其一枪射杀。[2]

525. 荆刘村屠杀

荆刘村位于南京南郊谷里地境北部。1937 年 12 月间,该地村民孙万荣因回答找不到花姑娘,在銮塘被日军从腰上戳一刀后,推到塘里淹死;村民周保华在上山赶猪时,于小坟山被日军开枪打死;村民任大通子因读国民政府发行的书,被日军一刀戳死,后又用篮子罩起来放火烧;其弟任二通子被日军一刀戳在肚子上,用手捧着肠子走了 150 米,要喝水,但未喝到水,死去。[3]

526. 寺脚村屠杀

寺脚村位于南京南郊东善桥地境。1937 年 12 月间,日军将该村张长林等五位村民从山凹中抓到,令其跪下后,一齐予以枪杀。[4]

527. 任家边屠杀

任家边位于南京南郊秣陵地境。1937 年 12 月间,日军来到该村后,将村民任志乐家躲在地洞中的一个儿子、两个女婿、两个侄儿、两个伙计杀死。[5]

528. 家元村屠杀

家元村位于南京南郊秣陵地境。1937 年 12 月间,该村赵双林老人在地洞中烧火,日军见烟,知有人,令其出来后,即予枪杀。[6]

529. 前晋家庄屠杀

前晋家庄位于南京南郊秣陵地境。1937 年 12 月间,该村村民吴老大之子躲在地窖中,因露头出来观察情况,遭日军枪杀。[7]

---

1 《许德修口述》,见蒋晓星等编《南京大屠杀史料集》第 37 册《幸存者调查口述续编》(上),江苏人民出版社 2007 年版,第 456—457 页。

2 《黄伟民口述》,见上书,第 475—476 页。

3 《周良才口述》,见上书,第 492—493 页。

4 《张陶氏口述》,见上书,第 521 页。

5 《杜贤祥口述》,见上书,第 564 页。

6 同上文,见上书,第 565 页。

7 《吴立水口述》,见上书,第 567—568 页。

530. 西旺村屠杀

西旺村位于南京南郊秣陵地境。1937 年 12 月间，日军来到该村时，村民张克发等七八人因所戴帽子均有帽沿，被指为守军士兵，予以枪杀；村民史永平躲在灶台下，被戳死；村民张克文之母，遇日军后奔跑，被枪杀。[1]

531. 八家村屠杀

八家村位于南京南郊秣陵周里村地境。1937 年 12 月间，日军因此处木桥被毁，部队不能通过，而来该村报复。除放火烧村舍两天两夜外，还将村民魏祥麟、魏祥礼和一名剃头匠开枪打死。[2]

532. 铺岗村屠杀

铺岗村位于南京南郊秣陵地境东南部。1937 年 12 月间，该村村民李明才因日军怀疑其带路另有图谋，被用刺刀戳死；村民余长怀在遇日军时奔跑，被枪杀。[3]

533. 朱村屠杀

朱村位于南京南郊秣陵地境北部，因明时朱氏在此聚居而得名。1937 年 12 月间，该村村民陶金成因不肯给日军耕牛，在自家门口被枪杀。[4]

534. 公塘屠杀

公塘位于南京西南郊谷里地境。1937 年 12 月间，该村村民王寅生返家取物时，被日军抓住后用刀砍死。[5]

535. 周村屠杀

周村位于南京西南郊谷里地境。1937 年 12 月 7 日，该村村民葛兆强与其母、其女，均被日军用刺刀刺死；村民刘大、刘二躲在地洞里，因探头观察，被日军枪杀。12 月间，村民任长根之子从地道中出来，被日军发现后用刀杀死；村民张戴林从方山回到村里后，被日军杀死。[6]

---

1 《周长顺口述》《史兴英口述》，见蒋晓星等编《南京大屠杀史料集》第 37 册《幸存者调查口述续编》（上），江苏人民出版社 2007 年版，第 585、590 页。
2 《艾道达口述》《史兴英口述》，见上书，第 592 页。
3 《吕金道口述》，见蒋晓星等编《南京大屠杀史料集》第 38 册《幸存者调查口述续编》（中），江苏人民出版社 2007 年版，第 642—643 页。
4 《包祖模口述》，见上书，第 645 页。
5 朱成山主编：《南京大屠杀辞典》（上），南京出版社 2017 年版，第 321 页。
6 《张勤义口述》《马家龙口述》，见蒋晓星等编《南京大屠杀史料集》第 38 册《幸存者调查口述续编》（中），江苏人民出版社 2007 年版，第 646—647、715 页。

536. 邵村屠杀

邵村位于南京南郊秣陵地境。明代因邵氏居此,故名。1937 年 12 月间,该村村民徐新潮因讲不出什么地方有花姑娘,被日军枪杀;一位邵姓村民,因奔跑,被日军枪杀。[1]

537. 彭村屠杀

彭村位于南京东南郊方山之北。清代为彭氏聚居地,故名。1937 年 12 月间,日军进入该村,村民彭成生从躲避的地洞中出来给驴喂水,被日军发现,开枪打死。[2]

538. 青沙嘴屠杀

青沙嘴位于南京南郊方山西南。1937 年 12 月间,村民陈玉家舅舅及其女儿在跑反中遭遇日军,因拒奸,父女都被枪杀;一陈姓村民,因不肯为日军带路去找鸡和花姑娘,被日军枪杀后扔尸河沟。[3]

539. 后西厢屠杀

后西厢位于南京东南郊淳化南。1937 年 12 月间,村民阮丽春,妇女李氏、阮氏等四人在该村户外晒太阳,被日军打死;村民李清顺被日军一枪击中腹部,肠子流出,一小时后死去。[4]

540. 禄口屠杀

禄口位于南京南郊秣陵南侧。1937 年 12 月间,该地谢义顺杂货店老板谢老七被日军用刺刀刺死。[5]

541. 马甫屠杀

马甫位于南京南郊禄口北侧。1937 年 12 月间,该处村民朱承元因额头上留有帽痕,被日军指为守军士兵,开枪击倒后,推入塘中,又补一枪致死。[6]

542. 孔家庄屠杀

孔家庄位于南京南郊禄口地境。1937 年 12 月间,该处村民孔老二从家中伸出头来探望,被站岗的日军发现后,连打两枪致死。[7]

---

1 《邵典贵口述》,见蒋晓星等编《南京大屠杀史料集》第 38 册《幸存者调查口述续编》(中),江苏人民出版社 2007 年版,第 651 页。
2 《余永祥口述》,见上书,第 707—708 页。
3 《齐永海口述》,见上书,第 712 页。
4 《阮启文口述》《宫义玉口述》,见上书,第 718、718—719 页。
5 《顾家法口述》,见上书,第 743 页。
6 《朱庆财口述》,见上书,第 733 页。
7 《杨自祥口述》,见上书,第 733—734 页。

543. 后毛村屠杀

后毛村位于南京南郊禄口地境。1937 年 12 月间,日军将村民徐有明抓去后枪杀。[1]

544. 江宁镇曹村屠杀

江宁镇曹村位于南京西南郊江宁镇地境。以村民多姓曹而得名。1937 年 12 月间,该地一名傅姓村民见日军来便向向阳山跑,被枪杀;村民曹仁贵与其姓钱的小舅子在桃山头被日军开枪打死。[2]

545. 河沿村屠杀

河沿村位于南京东南郊湖熟地境。1937 年 12 月间,该村村民徐老四、吴锡林见日军来村,跑到河边,被河对面的日军开枪打死。[3]

546. 金桥屠杀

金桥位于南京东南郊湖熟地境。1937 年 12 月间,该地王涵头村民陈德友和温家庄村民连和尚,都因为找花姑娘不成,被日军打死。[4]

547. 焦村屠杀

焦村位于南京南郊湖熟周岗地境。1937 年 12 月间,该村村民张荣仁被日军抓住后,押往小山坡上杀死。[5]

548. 后塘溪屠杀

后塘溪位于南京东南郊龙都地境。1937 年 12 月间,该村村民周继根因见到日军奔跑,被枪杀。[6]

549. 石塘头屠杀

石塘头位于南京东南郊淳化索墅地境。1937 年 12 月,该地村民梁毓富的三叔在锅子塘被日军用刺刀戳死;村民梁忠贵的奶奶见梁毓富的三叔被杀,骂日军不讲

1 《徐炳金口述》,见蒋晓星等编《南京大屠杀史料集》第 38 册《幸存者调查口述续编》(中),江苏人民出版社 2007 年版,第 736 页。
2 《吴万金口述》,见蒋晓星等编《南京大屠杀史料集》第 37 册《幸存者调查口述续编》(上),江苏人民出版社 2007 年版,第 91 页。
3 《马士发口述》《卢家禄口述》,见蒋晓星等编《南京大屠杀史料集》第 38 册《幸存者调查口述续编》(中),江苏人民出版社 2007 年版,第 862、889 页。
4 《孔凡全口述》,见上书,第 881 页。
5 《朱本太口述》,见上书,第 922 页。
6 《李学友口述》,见上书,第 962 页。

理,亦被用刺刀捅死。[1]

550. 洪墅屠杀

洪墅位于南京东南郊淳化地境。1937 年 12 月间,该村村民陈永才的父母被日军关在屋里放火烧,均被烧死;村民贾正堂、贾正喜遭日军枪杀。[2]

551. 下漆阁屠杀

下漆阁位于南京东南郊淳化地境。明时此处有漆阁寺,村以寺名。1937 年 12 月间,该村村民陈小老二与梁奇才在塘边被日军用手枪打死后,推入塘里;村民李先福正挑一担山芋往山上走,遭日军枪击受伤,摔在塘里淹死。[3]

552. 永平屠杀

永平位于南京东南郊土桥地境。1937 年 12 月间,日军进村后,将村民吕和珠、吕和真、吕毓厚等 4 人打死。吕和珠点燃一堆稻草,表示欢迎日军,被日军枪杀,然后火烧;其弟吕和真先被打一枪,受伤未死,爬到学校门口又补一枪,即死。[4]

553. 西城村屠杀

西城村位于南京东南郊土桥地境。1937 年 12 月间,该地廖家庄村民戎易根被日军一枪从前胸穿至背后而亡;村民王学权出门观察动向,一出去即被日军一刀砍死;孙家边村民许忠文刚从上海回来,被日军一刀戳在肚子上,两天后死去。[5]

554. 塘东村屠杀

塘东村位于南京东南郊土桥地境。1937 年 12 月间,该村村民董小贵被日军用刀戳死。[6]

555. 后郑家边屠杀

后郑家边位于南京东南郊土桥西北。1937 年 12 月间,该村村民郗昌聚因回答没有花姑娘,被日军用盒子枪一枪打死;村民郗相文在村北边被日军开枪打死;村民谢增荣站在树林中,被日军开枪打死。[7]

---

1 《梁毓富口述》,见蒋晓星等编《南京大屠杀史料集》第 38 册《幸存者调查口述续编》(中),江苏人民出版社 2007 年版,第 996 页。
2 《贾家贵等口述》《祁先正口述》,见上书,第 999、1000—1001 页。
3 《汤世贵口述》,见上书,第 1004 页。
4 《吕祥文口述》,见上书,第 1028 页。
5 《许启余口述》,见上书,第 1045—1046 页。
6 《许启余口述》,见上书,第 1046 页。
7 《郗天祥等口述》,见上书,第 1070—1072 页。

556. 古雄路西村屠杀

古雄路西村位于南京西南郊板桥古雄地境。1937 年 12 月 6 日,该村村民李正福被日军枪杀,村民汤银生被日军刺死;12 月间,该村村民汪学义在被日军搜查时,因其平素织布,手有老茧,被指为守军士兵,打两枪后扔到路边水坑里淹死;村妇汪氏躲在地洞中被日军点火扇烟熏死;村民汪大奇奔跑到铁路边被日军枪杀。[1]

557. 上庄屠杀

上庄位于南京东郊上峰地境。1937 年 12 月间,村民朱正平在该处被日军抓去抬东西,因屡次提出请假,惹恼日军,被砍一刀受重伤,一周后身亡;村民米宗厚在该处被日军打死;村民庞必尧伸头出来看时,被日军发现后,推到塘里枪杀身亡。[2]

558. 寺后村屠杀

寺后村位于南京东郊上峰地境南部。因处于明时所建多佛寺北面,故名。1937 年 12 月间,跑反倒该处的农民李大贵被日军杀死;村民张弘远的舅舅蹲在麦田里,一站起来就被日军开枪打死;村民秦秀齐在奔跑中于朱家巷被日军枪杀;村民朱老太因听不懂日军语言,被一枪打死。[3]

559. 白合村屠杀

白合村位于南京东郊上峰地境。1937 年 12 月间,该村村民汤家德、汤梅五被日军枪杀。[4]

560. 陆家村屠杀

陆家村位于南京东郊孟墓附近。1937 年 12 月间,中日双方军队正在此处附近交战,该村余姓村民从地洞里钻起身来观望,被日军子弹击中而死;另一蔡姓村民躲在自己挖的一个小洞中,被日军发现后,遭枪杀。[5]

561. 东林村屠杀

东林村位于南京东郊麒麟门北。1937 年 12 月上旬,日军初到该村时,村民陈炳章身穿灰布衣服,被日军误认为守军士兵,开枪击中臂膀,后在灶台下睡觉时,又被日

1 《汪兴堂口述》《汤家贵口述》《汪盛富口述》,见张连红、戴袁支编《南京大屠杀史料集》第 26 册《幸存者调查口述》(中),江苏人民出版社 2006 年版,第 774、779、777 页。
2 《朱世才口述》,见蒋晓星等编《南京大屠杀史料集》第 38 册《幸存者调查口述续编》(中),江苏人民出版社 2007 年版,第 1128—1129 页。
3 《庞必有口述》《朱庭荣口述》,见上书,第 1136、1137 页。
4 《傅全洪口述》,见上书,第 1150—1151 页。
5 《王世江口述》,见上书,第 1151—1152 页。

军发现,用石头和饭碗猛砸其头部致死。12月间,该村村民王贻里家的伙计被日军指为守军士兵,拖至离王家不远的田埂上枪杀。[1]

562. 丁家村屠杀

丁家村位于南京东郊麒麟门旁。1937年12月间,该地老人王希潮为保护小孩,遭日军枪杀,子弹由后脑进,从前额出,当即死亡;老人王继来为不让日军用房料烤火,被日军纵火烧死在屋里;村民丁巧子被日军开枪打死在六分地里;村民周广清的二叔患麻风病睡在床上,被日军枪杀;村民窦义和之父带着一个4岁的小孙女,被日军杀死;剃头匠本慕,被日军用刀杀后推入塘中;一位丁姓村民被日军用刀戳死;老人牛大财被日军抓夫到白水桥,在一个水沟里被打死。[2]

563. 泉水村屠杀

泉水村位于南京东郊麒麟门地境南部,因村有泉水,故名。1937年12月9日,该地村民葛爷爷从躲藏的地洞中出来吃饭,日军发现后,先用刀刺,后又补一枪打死。12月间,村民姚宗和被日军枪杀;村民姚祥云之子从外地回乡,先被日军击伤,躺在家中养伤,后又被怀疑为守军士兵,遭日军枪杀;村民申兴银在村后小山上被日军开枪打死;村民申有明、申有浩兄弟及其一个侄子,在挖防空洞时被日军发现枪杀;另有外村六七个年轻人,都剃光头,被日军指为守军士兵,押至村照壁后田埂上予以枪杀。[3]

564. 贺家边屠杀

贺家边位于南京东北郊仙鹤门东北。清末以贺姓居此而得名。1937年12月间,村民苏道潮、苏王氏夫妇在该村土地庙被日军杀死。苏道潮被指挥刀砍死,头劈成两半;苏王氏被砍掉双手,后又剖腹。[4]

565. 周边庄屠杀

周边庄位于南京东郊仙鹤门东南。1937年12月间,日军开枪将该村村民周仁和击中后,又用刺刀戳,用脚踢,终致其死亡。[5]

---

1 《陈光义口述》,见蒋晓星等编《南京大屠杀史料集》第38册《幸存者调查口述续编》(中),江苏人民出版社2007年版,第1188—1189页。

2 《王继炳口述》《王光焕口述》《谢万彬口述》,见上书,第1191、1214—1215、1231页。

3 《葛大英口述》《申德彪口述》《申龙锦口述》,见上书,第1201、1240、1241页。

4 《苏光林口述》,见上书,第1209—1210页。

5 《贺毓铎口述》,见上书,第1207页。

566. 下山岗屠杀

下山岗位于南京东郊麒麟门东。此处小山岗有上下两村,分别以上、下名之。1937 年 12 月间,该处村民苏老三之女躲在土地庙内,被日军发现后奔跑至半山上,遭枪杀。村民苏道金躲在地洞里被日军刺两刀,肠子流出,3 天后死亡;其子苏光森躲在地洞里,被日军拖出后放火烧死;其弟苏道平、苏道金被日军枪杀;其侄苏光美、侄女苏萝卜丫头亦被日军枪杀。[1]

567. 上甸村屠杀

上甸村位于南京东郊麒麟门西南。1937 年 12 月间,该村村民丁发炳因不让日军烧房子,被浇以煤油烧死。[2]

568. 高井村屠杀

高井村位于南京东郊麒麟门东北。1937 年 12 月间,该村村民葛德林、徐老四躲在村前地洞里,被日军发现后,拖出地洞刺死;日军攻下南京后,返回该地扫荡时,将在家看房子的村民葛文先、章本贵开枪打死。[3]

569. 西流屠杀

西流位于南京东郊麒麟门东北、九乡河之西。1937 年 12 月 9 日,该村村民赵有钢、钟有宝、钟义槐、葛加勇在观音洞附近的场上被日军刺死。12 月 10 日,村民徐坤法被日军装在一个摇篮里,将手脚捆住,用剪刀在头上剜了一个洞,后推入塘中淹死。12 月 16 日,村民张金根被日军指为守军士兵,其夫妻同时被杀;村民徐小春子躲在地洞里,被日军用烧草熏死。12 月间,村民李恒生、李恒进被日军枪杀;村民徐有功被日军放火烧死。[4]

570. 锁石屠杀

锁石位于南京东郊麒麟门外、九乡河之北。1937 年 12 月间,该处村民孟长谐因不肯回答花姑娘在何处,被日军枪杀;村民孟范恢躲在围稻谷的席条中间,被日军拉出用刺刀刺死;村里 10 岁小孩孟繁银留在家中,被日军刺杀;村民孟长锡、孟繁东、杨

1 《贺毓铎口述》,见蒋晓星等编《南京大屠杀史料集》第 38 册《幸存者调查口述续编》(中),江苏人民出版社 2007 年版,第 1207 页;费仲兴:《城东生死劫》,中国工人出版社 2008 年版,第 125 页。
2 《丁祥忠口述》,见蒋晓星等编《南京大屠杀史料集》第 38 册《幸存者调查口述续编》(中),江苏人民出版社 2007 年版,第 1212 页。
3 《葛德贵口述》,见上书,第 1218 页。
4 《徐秀珍口述》,见上书,第 1221 页;《吴有德口述》,见张连红、戴袁支编《南京大屠杀史料集》第 26 册《幸存者调查口述》(中),江苏人民出版社 2006 年版,第 761 页。

奶奶都因说没有花姑娘而被日军枪杀。[1]

571. 高墙屠杀

高墙位于南京东郊麒麟门东南。1937 年 12 月间，该处外号叫“小中仓”的王姓青年，被日军开枪打死；村民牛大财被日军抓差，打死在丁家村的一条水沟里；80 多岁的老人朱德富躲在家中不能动，听不懂日军讲话，被日军开枪打死。[2]

572. 后庄头屠杀

后庄头位于南京东郊沧波门外青龙山西北。1937 年 12 月间，该村村民袁老太因不让日军烧房子，被推入火中烧死；村民袁兴兆、袁兴富遭日军枪杀；10 来岁的少年姚二呆子被日军枪击腹部，肠子流出，几天后死去。[3]

573. 毛渡屠杀

毛渡位于时江浦县永宁镇东葛地境。1937 年 12 月间，该地村民余夕耿因没帮日军找到花姑娘，被逼令爬入一地洞中枪杀。[4]

574. 林蒲村屠杀

林蒲村位于时江浦县乌江地境。1937 年 12 月间，该村村民龚老太在塘边杀鸡，日军来抢，龚不让，被枪杀；村民林永树老人见日军来，躲到水里，被日军用乱枪打死。[5]

575. 锁金村屠杀

锁金村位于南京东部近郊、玄武湖东。1937 年 12 月 27 日，该地市民徐正兴被日军抓差送黄豆到其驻地，返家时被从背后开枪击毙；市民孙老太被日军枪杀。12 月间，该处市民杨有仁、谈春山父子被日军指为守军士兵，用刺刀刺死。[6]

576. 夹岗村屠杀

夹岗村位于南京东南近郊卡子门外，响水河西岸。1937 年 12 月间，日军逼令村

---

1 《李登桃口述》《孟德明口述》，见蒋晓星等编《南京大屠杀史料集》第 38 册《幸存者调查口述续编》（中），江苏人民出版社 2007 年版，第 1227、1228—1229 页。

2 《谢万彬口述》，见上书，第 1231 页。

3 《袁兴荣口述》，见上书，第 1238 页。

4 《余庭芳口述》，见张生等编《南京大屠杀史料集》第 39 册《幸存者调查口述续编》（下），江苏人民出版社 2007 年版，第 1486 页。

5 《江田有口述》《林如荣口述》，见上书，第 1498、1496 页。

6 《徐铭梁证言》《谈春余证言》，见朱成山主编《侵华日军南京大屠杀幸存者证言》，社会科学文献出版社 2005 年版，第 135、407—408 页。

民王长发的父亲爬树抓鸽子,后因树摇动,鸽子飞走,便连开两枪,致其当夜死亡。[1]

577. 鲍家场屠杀

鲍家场位于南京东南郊上坊地境、秦淮河边。1937 年 12 月间,该村村民三保子夫妇被日军用刺刀刺死;村民鲍立功在拖煤时被日军刺死。[2]

578. 小中和村屠杀

小中和村位于南京西南郊沙洲圩地境。1937 年 12 月间,村妇杨氏躲在河边莲盆里,被日军发现后一枪打死。[3]

579. 吴家边屠杀

吴家边位于南京北郊尧化门北。1937 年 12 月间,该地村民朱文康扛着锄头回家,日军误以为朱扛的是枪,遂举枪将朱击毙;村民赵立荣在路上行走,被日军无辜枪杀;村民朱恩氏(男),因对前来搜粮的日军谎称家中没有粮食,后粮食被搜出,遂遭日军枪杀。[4]

580. 百水桥屠杀

百水桥,曾名"白水桥",桥名、村名,村以桥名。位于南京东郊马群东、麒麟门西。1937 年 12 月间,该地村妇姚王氏、黄袁氏(均怀孕)回家取米时,在村口被日军枪杀。[5]

581. 迈皋桥屠杀

迈皋桥,时称"卖糕桥",位于南京北郊、中央门东北。1937 年 12 月 13 日,市民陶荫春在此处被日军枪杀。12 月间,留在家中看守房屋的村民严正义、颜老七、严启洲、严氏、张友林、涂正齐等被日军杀死。[6]

582. 中庄屠杀

中庄位于南京城北近郊迈皋桥地境,因地处周围诸村中间,故名。1937 年 12 月间,该村曹启河等一批村民在跑反途中遇到日军,被喝令掉头返回原处,曹等掉头回走后即遭枪杀;瞎子曹启寿等一批留守家中的村民,被进村的日军驱赶至该村附近一

1 《王长发口述》,见张生等编《南京大屠杀史料集》第 39 册《幸存者调查口述续编》(下),江苏人民出版社 2007 年版,第 1559 页。
2 《鲍业明口述》,见上书,第 1563 页。
3 《谢长明口述》,见上书,第 1576 页。
4 《张少富口述》《洪德贵口述》,见上书,第 1583—1584 页。
5 《李广金口述》,见上书,第 1598 页。
6 《军事法庭对战犯谷寿夫的判决书及附件》,中国第二历史档案馆藏,档案号五九三/870;《叶长洲口述》,见张连红、戴袁支编《南京大屠杀史料集》第 26 册《幸存者调查口述》(中),江苏人民出版社 2006 年版,第 683 页。

广场,用大刀砍死。[1]

583. 晓庄屠杀

晓庄位于南京城北近郊,迈皋桥北、燕子矶南。1937 年 12 月间,该处市民黄郎氏在奔跑中被日军枪杀;其孙女黄腊江刚 8 岁,见日军开枪杀人被吓哭,也被开枪打死。[2]

584. 杨梅塘屠杀

杨梅塘位于南京北郊、燕子矶东、尧化门北。1937 年 12 月间,日军在对该处市民王安帮搜身时,未搜到任何值钱的东西,气恼之下,举枪将其击杀。[3]

585. 贾家边屠杀

贾家边位于南京东北郊、燕子矶地境东部。1937 年 12 月间,该村村民李华新在乌龙山炮台当兵,南京沦陷后,守军已撤退或被打散,李在撤往江北时,于江心洲被日军抓住,四肢被钉在木板上,用狼狗对其撕咬后,扔进长江。[4]

586. 余冲屠杀

余冲位于南京北郊燕子矶下庙地境。1937 年 12 月间,该村村民吴霞洲被日军推下河淹死。[5]

587. 东码头屠杀

东码头位于南京东北郊仙鹤门北。1937 年 12 月间,该村宣永喜老人被日军用石头砸死;村里老人金永福及其子、女共三人被日军杀死后丢入塘中;村民金长华、金陆氏夫妇及宣永汉等被日军杀死。[6]

588. 吕家山屠杀

吕家山位于南京东北郊仙鹤门东北。1937 年 12 月间,该村村民吕长德被日军放火烧死。[7]

---

1 《曹洪炳口述》,见张生等编《南京大屠杀史料集》第 39 册《幸存者调查口述续编》(下),江苏人民出版社 2007 年版,第 1602 页。
2 《黄秀凤口述》,见上书,第 1604—1605 页。
3 《王国民口述》,见上书,第 1609 页。
4 《刘仁金口述》,见上书,第 1610 页。
5 《戴增荣口述》,见上书,第 1617 页。
6 《金永寿等口述》《宣芝林口述》,见上书,第 1619、1621—1622 页。
7 《吕长荣口述》,见上书,第 1619 页。

589. 大塘村屠杀

大塘村位于南京东北郊仙鹤门东北。1937 年 12 月间,该村村民杨长金在家看家,被日军枪杀后扔尸水塘。[1]

590. 秣陵村屠杀

秣陵村位于南京城南秣陵路南侧。1937 年 12 月间,市民陈潘氏之夫在该处看管市银行房屋,被日军刀刺伤重而死,其长女、女婿上前救护,亦同被戳死。[2]

591. 甘露巷屠杀

甘露巷位于南京中华门内西北侧,东起钓鱼台,西至磨盘街。1937 年 12 月间,该巷 5 号住宅内看门人施仁富在日军来敲门时未开门,日军将门击破拥入,以尖刀刺施心腹,致其身亡。[3]

592. 北祖师庵屠杀

北祖师庵位于南京挹江门内盐仓桥北侧。1937 年 12 月间,该处 30 号居民苏宝泉、苏宝臣兄弟在家中被日军枪杀。[4]

593. 麒麟门屠杀

麒麟门位于南京东郊马群东,明代外廓城门之一。市民徐文焕口述:1937 年 12 月间,徐等 70 余人被日军抓去抬东西,行至该处附近,有 5 人逃跑,该 5 人被抓住后,均被跪地刺杀身亡。[5]

594. 绿竹园屠杀

绿竹园位于南京中华门西,南起城墙根,北至高岗里。1937 年 12 月间,该处人力车夫杨春芳遭日军枪杀;同院内两名老头也被日军开枪打死。[6]

595. 篾街屠杀

篾街位于南京中华门内西侧,长乐路附近。1937 年 12 月间,该处 5 号居民张德富留在家中看守门户,日军来敲门时,张因害怕开门稍迟,被枪杀于家门口;6 号傅姓

1 《杨有荣口述》,张生等编《南京大屠杀史料集》第 39 册《幸存者调查口述续编》(下),江苏人民出版社 2007 年版,第 1620 页。
2 朱成山主编:《南京大屠杀辞典》(上),南京出版社 2017 年版,第 834 页。
3 《袁伯庸呈文》,见张建宁等编《南京大屠杀史料集》第 23 册《南京大屠杀市民呈文》,江苏人民出版社 2006 年版,第 99 页。
4 朱成山主编:《南京大屠杀辞典》(上),南京出版社 2017 年版,第 24—25 页。
5 《徐文焕证言》,见朱成山主编《侵华日军南京大屠杀幸存者证言集》,南京大学出版社 1994 年版,第 151 页。
6 《杨国喜证言》,见上书,第 168 页。

居民同时被杀;张的邻居陈嫂被奸后又遭枪杀。[1]

596. 绫庄巷屠杀

绫庄巷位于南京城南升州路北,东连南捕厅,西至评事街。1937 年 12 月 13 日,七八个日军闯进该巷 17 号汤姓住宅,将市民汤志源拖至巷口,连刺八刀,致其身亡。12 月间,该巷 26 号居民陆长贵在救火时,被日军戳 26 刀,伤重而死。[2]

597. 戴家边屠杀

戴家边位于南京城南近郊东山地境。因是戴氏聚居地,故名。1937 年 12 月间,该处村女戴玉珍之父被日军用一根老式秤杆毒打头部,流血不止,后又对准太阳穴开一枪致死。[3]

598. 门坡村屠杀

门坡村位于南京东北郊仙鹤门地境。1937 年 12 月间,该村村民吴义照被日军用刺刀戳死后,又遭枪击,尸体被丢进水塘;还有一位男性吴姓村民被日军杀死;两位留守家中的杜姓、石姓老太被日军枪杀。[4]

599. 郭果园屠杀

郭果园位于南京东郊仙鹤门东南。1937 年 12 月间,该处村民李仪堂在奔跑中被一枪击中腹部,肠子流出,回家喝水后死去;村民李老九在田埂上被日军抓住后,用刺刀刺死。[5]

600. 亮月塘屠杀

亮月塘位于南京东郊仙鹤门地境。1937 年 12 月间,唐家庄村民马老三在该处被日军击中一枪,又戳一刀身亡;村民李长涛躲在死尸堆中,被日军用刀杀死。[6]

---

1 《张红芳证言》,见朱成山主编《侵华日军南京大屠杀幸存者证言集》,南京大学出版社 1994 年版,第 169 页。

2 《汤顾氏结文》,见中国第二历史档案馆等编《侵华日军南京大屠杀档案》,江苏古籍出版社 1987 年版,第 182 页;《陆宏才证言》,见朱成山主编《侵华日军南京大屠杀幸存者证言集》,南京大学出版社 1994 年版,第 179 页。

3 《戴玉珍证言》,见朱成山主编《侵华日军南京大屠杀幸存者证言集》,南京大学出版社 1994 年版,第 181 页。

4 《王家华口述》,见张生等编《南京大屠杀史料集》第 39 册《幸存者调查口述续编》(下),江苏人民出版社 2007 年版,第 1621 页。

5,6 《邓启罗口述》,见上书,第 1623 页。

601. 大巷屠杀

大巷位于南京东郊仙鹤门地境。1937 年 12 月间,该处村民施正亭、施年红、黄石沐、黄清明、潘老太、黄老太及黄小二之妻等 9 人,因未能给日军找到"花姑娘",被用刺刀刺死。[1]

602. 徐盖头屠杀

徐盖头位于南京东郊仙鹤门地境。1937 年 12 月间,日军从灵山过来,在该处用刀砍、枪击将村民平起春、徐永兴之父等三人杀死。[2]

603. 柿子树村屠杀

柿子树村位于南京西南郊板桥地境。1937 年 12 月间,该村村民陈福荣、朱应祯、朱林旺、朱成云四人被日军赶进朱家山头的一个地洞里,用枪打死。[3]

604. 三山屠杀

三山位于南京西南郊梅山地境,西临长江。1937 年 12 月间,该地村民叶陶基、王子红在犊儿矶被日军打死。[4]

605. 钟家村屠杀

钟家村位于南京南郊谷里地境,钟氏聚居地。1937 年 12 月间,该村村民胡文英被日军枪杀身亡。[5]

606. 余粮庄屠杀

余粮庄位于南京城东近郊,孝陵卫东南。1937 年 12 月间,该处村民唐德林回家看房子,被日军枪杀;同时被打死的,还有四名五百户的村民。[6]

607. 徐家山屠杀

徐家山位于南京东南郊,沧波门东南。1937 年 12 月间,村民唐忠坤、唐忠良背大白菜从沧波门往该处去,行至附近,被日军打来一枪,两人同时身亡;唐忠良之父也

---

1 《施明洲口述》,见张生等编《南京大屠杀史料集》第 39 册《幸存者调查口述续编》(下),江苏人民出版社 2007 年版,第 1628 页。

2 《平德高口述》,见上书,第 1630 页。

3 《于发强口述》,见张连红、张生编《南京大屠杀史料集》第 25 册《幸存者调查口述》(上),江苏人民出版社 2006 年版,第 192 页;《朱成富口述》,见张生等编《南京大屠杀史料集》第 39 册《幸存者调查口述续编》(下),江苏人民出版社 2007 年版,第 1653 页。

4 《叶清泉口述》,见张生等编《南京大屠杀史料集》第 39 册《幸存者调查口述续编》(下),江苏人民出版社 2007 年版,第 1646 页。

5 《胡加民口述》,见上书,第 1649 页。

6 《唐杜氏口述》,见上书,第 1736 页。

在附近马路边被日军开枪打死。[1]

608. 三百户屠杀

三百户位于南京东郊五百户附近。1937 年 12 月间,村民季广金子见日军放火烧场上稻子,担水去救火,被枪杀。[2]

609. 汤山头屠杀

汤山头位于南京东郊汤山镇之西。1937 年 12 月间,该地村民陈德海的父亲被日军枪杀;王文彬的奶奶、王玉银的奶奶和陈长远的母亲在小沟里被日军烧死;村民老宝荣在地洞里被日军烧死;陈长远在山上被日军开枪打死。[3]

610. 浦口屠杀

浦口位于江北,隔江与下关相望,时为南京一区。1937 年 12 月 13 日,该处村民穆老太见日军将房子点火烧着,跑出来喊救火,被一枪打死;该处老太郑氏与媳妇同路行走,日军欲将其媳带走,郑与之讲话,被认为是唆使不从,遭枪杀。12 月间,该处一陶姓老人及其二子被日军枪杀。[4]

611. 老江口屠杀

老江口位于南京北郊,为惠民河与长江交汇处,后因三汊河西段入江通道开通,故此处称"老江口"。1937 年 12 月间,日军将秣陵关避难市民韩传鑫、施为亮抓住,押往该处枪杀。[5]

612. 笆斗山屠杀

笆斗山位于南京东北郊燕子矶东,因山形似笆斗,故名。1937 年 12 月间,市民胡义厚躲在此处一个大草堆中,见日军来即奔跑,被日本士兵追上,连刺三刀而死。[6]

613. 高丽村屠杀

高丽村位于浦口永宁地境东南部。明初高丽国侨民在此开店,人称"高丽店",村以店名。1937 年 12 月间,此处村民康永珍、卢有衡、张秀见、齐弘才等被日军刺死;

---

1 《唐杜氏口述》,见张生等编《南京大屠杀史料集》第 39 册《幸存者调查口述续编》(下),江苏人民出版社 2007 年版,第 1736 页。

2 《季陈氏口述》,见上书,第 1739 页。

3 朱成山主编:《南京大屠杀辞典》(下),南京出版社 2017 年版,第 1097 页。

4 《张春琴口述》《张秀英口述》,见张连红、张生编《南京大屠杀史料集》第 25 册《幸存者调查口述》(上),江苏人民出版社 2006 年版,第 360、362 页。

5 《韩愚证言》,见朱成山主编《侵华日军南京大屠杀幸存者证言集》,南京大学出版社 1994 年版,第 273 页。

6 朱成山主编:《南京大屠杀辞典》(上),南京出版社 2017 年版,第 9 页。

村民柳义槐夫妇及其四个子女均被日军放火烧死。[1]

614. 牛首山屠杀

牛首山位于南京南郊中华门南 13 公里处。1937 年 12 月间,村民刘文生躲在该山的一个山洞里,被日军发现后枪杀。[2]

615. 湖山村屠杀

湖山,山名、村名,山因山上有湖故名,村以山名。1937 年 12 月 6 日,该村躲在两幢房间夹沟中的村民戴昌继、戴兴钏、陈开荣、王立荣、戴兴柏、戴兴遗六人被日军赶到小学操场上,先后用刺刀将其戳死;其中王立荣排在最后,见同伴均遭毒手,便徒手与其搏斗,后被绑在树上,用大刀将头砍下。同日,村民戴王氏在街上被日军用刺刀戳死。12 月 7 日,村民苏昌福在往村西桑树园跑时,被日军枪杀;夏赵氏及其子夏小牛在村北小沟旁被日军枪杀。12 月 8 日,几个未带枪的日军将村民戎长伯用铁锹砸死;村民戎长福、杜义发被日军背靠背绑住,用刺刀杀死;村民杜仁清躲在官坟山,被日军拖出砍头杀死;村民戎士贵、戎国仁被日军开枪打死。12 月间,村民夏家桃的外公被日军枪杀后,扔尸于大新塘中;村民王正华躲在坟圈里的一棵石楠树旁,被日军枪击身亡;村民王义太因舍不得将身上的钱交给索要的日军,被开枪打死。[3]

616. 佘村屠杀

佘村位于南京东南郊高桥门外上坊东北。1937 年 12 月间,该村妇女孙氏正在喂小孩吃奶,被日军枪杀;村民孙新招在该村被日军枪杀;村妇陆世财之妻、苏招财之妻等三人被日军枪杀。[4]

617. 东善村屠杀

东善村位于南京南郊东善桥附近。1937 年 12 月间,该村村民王兴寿躲在自挖的地洞里,因小孩哭,被日军发现后,将其打死。[5]

1　朱成山主编:《南京大屠杀辞典》(上),南京出版社 2017 年版,第 297 页。

2　《庞义学口述》,见张连红、戴袁支编《南京大屠杀史料集》第 26 册《幸存者调查口述》(中),江苏人民出版社 2006 年版,第 825 页。

3　《戴家兴口述》《戴兴江口述》《戴志善口述》《戎世文等口述》《夏家礼口述》,见上书,第 862、864—865、866—867、868—869、875 页;《苏世德口述》,见费仲兴、张连红编《南京大屠杀史料集》第 27 册《幸存者调查口述》(下),江苏人民出版社 2006 年版,第 1188 页。

4　《陈恩云口述》,见费仲兴、张连红编《南京大屠杀史料集》第 27 册《幸存者调查口述》(下),江苏人民出版社 2006 年版,第 1315 页。

5　《耿宽永口述》,见蒋晓星等编《南京大屠杀史料集》第 37 册《幸存者调查口述续编》(上),江苏人民出版社 2007 年版,第 549 页。

618. 金陵女子大学屠杀

金陵女子大学位于宁海路西、汉口路(今汉口西路)南,时属安全区中的难民收容所之一。1937 年 12 月间,难民孙立富等一批人躲在该校的一个地下室里,日军将孙等一部分难民抓出用刺刀刺死,其余则用机枪射杀。[1]

619. 鼓楼五条巷屠杀

鼓楼五条巷位于南京大方巷南侧,北起大方巷,南至江苏路、上海路口。1937 年 12 月间,该巷 16 号居民杜丁氏被日军以枪击头部而死。[2]

620. 湖南路屠杀

湖南路位于南京中央路西侧,东起中央路、西至中山北路,与山西路相接。1937 年 12 月间,该路 57 号居民王成中、王成宝,60 号居民许松银为日军枪杀。[3]

621. 乐业村屠杀

乐业村位于山西路广场东南,东起湖北路,西至中山北路。1937 年 12 月间,此处 53 号居民杨步生、杨金全为日军枪杀。[4]

622. 堆草巷屠杀

堆草巷位于南京中华门东,大油坊巷、大膺福巷东侧,其南段接马道街。1937 年 12 月间,此处市民丁小姑娘被 13 个日军轮奸后,用刺刀刺腹而死;市民魏小山见日军放火,便去救火,被日军用刀砍死。[5]

623. 赵家凹屠杀

赵家凹位于南京南郊铁心桥地境。1937 年 12 月间,日军在此将村民石全子吊在一棵树上,先从腿上割下一条一尺左右的肉,后又举刀将头劈为两半,致脑浆崩裂而死。[6]

624. 莫愁湖屠杀

莫愁湖位于南京城西水西门外,水西门外大街北侧。1937 年 12 月间,市民虞继

---

1 《王慧林证言》,见朱成山主编《侵华日军南京大屠杀幸存者证言集》,南京大学出版社 1994 年版,第 253 页。
2 《南京市第六区搜集日本战犯罪证材料单》,见中央档案馆等编《南京大屠杀》,中华书局 1995 年版,第 476 页。
3 同上文,见上书,第 477 页。
4 同上文,见上书,第 478 页。
5 《查讯范实甫笔录》,见上书,第 643—645 页。
6 《张朱氏证言》,见"南京大屠杀"史料编辑委员会等编《侵华日军南京大屠杀史料》,江苏古籍出版社 1987 年版,第 458 页。

材、陈燕山被日军推入该湖旁的水塘里,用刺刀刺死。[1]

625. 内桥屠杀

内桥位于南京白下路、建邺路口,中华路北端,曾名"渎桥""蔡公桥""天津桥"。1937 年 12 月间,市民伍宜春行走到该处桥口时,被日军刺死。[2]

626. 花园村屠杀

花园村位于南京西郊江心洲西南部。1937 年 12 月间,该处村民赵孟好被日军杀死。[3]

627. 前毛村屠杀

前毛村位于南京南郊禄口地境。1937 年 12 月间,该村村民仇老奶奶在令桥边洗菜,被日军开枪打死;村民陈维其之父、陈如意之父、任茂春之大伯均在自己家中被日军枪杀。[4]

628. 上峰屠杀

上峰位于南京东郊汤山南面。1937 年 12 月间,村民李大贵、张弘远等四人在该处被日军枪杀;沈家庄的村民朱宗厚因不肯被日军抓夫,在此处被日军开枪打死;该地村民庞必尧从家中伸出头来探望,被日军抓去,推到水塘里,用枪打死。[5]

629. 马群屠杀

马群位于南京东郊孝陵卫东、麒麟门西。1937 年 12 月间,市民邵景晴、邵才潮、任发和在该地被日军枪杀;市民王子壮在逃难途中被日军抓去当挑夫,后因病发不能走动,被认为抗拒效劳,遭枪杀。[6]

630. 高家酒馆屠杀

高家酒馆位于南京中山路西侧,南起华侨路,向北再折向东至中山路。1937 年

1 《虞凤英口述》,见张连红、张生编《南京大屠杀史料集》第 25 册《幸存者调查口述》(上),江苏人民出版社 2006 年版,第 104 页。
2 《伍维珍证言》,见朱成山主编《侵华日军南京大屠杀幸存者证言集》,南京大学出版社 1994 年版,第 242—243 页。
3 《王相炳口述》,见张连红、张生编《南京大屠杀史料集》第 25 册《幸存者调查口述》(上),江苏人民出版社 2006 年版,第 193—194 页。
4 《任茂春口述》,见蒋晓星等编《南京大屠杀史料集》第 38 册《幸存者调查口述续编》(中),江苏人民出版社 2007 年版,第 738—739 页。
5 《李维顺口述》《庞必有口述》,见上书,第 1133—1134、1136 页。
6 《邵翰珍证言》《王锋证言》,见朱成山主编《侵华日军南京大屠杀幸存者证言集》,南京大学出版社 1994 年版,第 79、246 页。

冬,位于此处附近的难民洪德卿为阻止日军强奸其妻子,本人及子银宝、女秀英均遭枪杀;其妻洪王氏在被日军轮奸后亦遭枪杀。[1]

631. 陈家巷屠杀

陈家巷位于南京山西路广场西南、大方巷北,西起江苏路,东至金川河畔。南京沦陷前后,此处被划入难民区范围。据国际红十字会南京委员会主席马吉和南京安全区国际委员会职员许传音证实:1938年1月2日,1个日军士兵于上午闯入该巷5号刘培坤的住所,对刘妻有不正常问话与行为,受到刘的斥责与反抗;下午该士兵带手枪前来,向刘射击一枪,致其殒命。[2]

632. 玄武湖屠杀

玄武湖位于南京东北部太平门、玄武门外,西抵城东北段城墙,东邻紫金山西北侧。时湖内辟有五洲公园。1938年1月2日,日军在此处将村民周太山枪杀;另一名渔民仓开甲被枪击腹部,昏死于老岭洲家中,后经医治侥幸存活。[3]

633. 陶村屠杀

陶村位于南京浦口盘城地界。1938年1月3日,一批日军乘汽车来到该村,在向奔逃的人群射击的过程中,将村民刘林、刘许氏枪杀。[4]

634. 帝占安屠杀

帝占安位于南京草场门外中保村地境。村民王学智目睹,1938年1月3日,3个日本兵在此处将3名中国人中的2人枪杀,旋又在轮奸一位姓黄的姑娘后,将其杀死。[5]

635. 墩子高屠杀

墩子高位于六合葛塘西南。1938年1月3日,日军在此处打死三条耕牛,强令教书先生周长焕为其剥牛皮。周不会剥,趁隙逃跑,被发现后一枪打死。[6]

---

1 《洪钱氏呈文》《吉承炽调查报告》,见中央档案馆等编《南京大屠杀》,中华书局1995年版,第466—467页。

2 约翰·拉贝:《拉贝日记》,江苏人民出版社、江苏教育出版社1997年版,第340页。

3 《仓开甲口述》,见张连红、张生编《南京大屠杀史料集》第25册《幸存者调查口述》(上),江苏人民出版社2006年版,第25页。

4 《刘志发口述》,见上书,第45—46页。

5 朱成山主编:《南京大屠杀辞典》(上),南京出版社2017年版,第197—198页。

6 《周永祚证言》,见朱成山主编《侵华日军南京大屠杀幸存者证言集》,南京大学出版社1994年版,第246—247页。

636. 东解屠杀

东解位于南京东南郊东山镇东北、麒麟门西南。1937 年 12 月间,该村村民熊瑞林在沧波门附近田里被日军枪杀。1937 年 12 月底、1938 年 1 月初,村民李有超因将酒藏起,引起日军恼怒,连打三枪,将其枪杀。[1]

637. 定坊村屠杀

定坊村位于南京南郊铁心桥南。1937 年 12 月间,村民姜寿前与另一姜姓农民在该处被日军枪杀;日军欲杀村民赵生贵之父,其母跪地求饶,被砍伤半边脸,后赵父仍被杀;村民陈永富、陈永贵被日军枪杀;村民李文有在奔跑中被日军开枪击中后,又被用刺刀戳六刀致死。1938 年 1 月初,村民尹大江在日军令其跪下时不从,被枪杀。[2]

638. 尧化门屠杀

尧化门位于南京东北郊仙鹤门西北。1937 年 12 月 15 日,市民葛玉成在此处被日军枪杀。12 月底,村民傅锦山被逼令为日军背手榴弹,随口骂了几句,被翻译听到后,即遭枪杀。1938 年 1 月初,农民翟厚知爷爷和父亲被日军推入粪池淹死,其生病的小妹妹也因会哭叫,影响集体逃难,由母亲忍痛甩入塘里淹死。[3]

639. 浦镇南门屠杀

浦镇南门位于江北浦口码头西侧。1938 年 1 月 4 日,市民吕小毛、吕小兔子兄弟在该处被日军枪杀。[4]

640. 盘城屠杀

盘城位于南京浦口中部,永丰东北,葛塘西南。1938 年 1 月 2 日,村民卞正明在该村西天河坝头被日军连打两枪致死;1 月 6 日,其父卞克中在自家屋前被日军一枪

---

1 《李有华口述》《熊长荣口述》,见费仲兴、张连红编《南京大屠杀史料集》第 27 册《幸存者调查口述》(下),江苏人民出版社 2006 年版,第 1297—1298、1300 页。

2 《姜兴春口述》《包道成口述》《汪秀英口述》《李秀英口述》《陈义林口述》,见张连红、戴袁支编《南京大屠杀史料集》第 26 册《幸存者调查口述》(中),江苏人民出版社 2006 年版,第 835、843—844、848、851、852 页。

3 《军事法庭对战犯谷寿夫的判决书及附件》,中国第二历史档案馆藏,档案号五九三/870;《吴启银口述》,见张连红、戴袁支编《南京大屠杀史料集》第 26 册《幸存者调查口述》(中),江苏人民出版社 2006 年版,第 680 页;《翟厚知口述》,见张连红、张生编《南京大屠杀史料集》第 25 册《幸存者调查口述》(上),江苏人民出版社 2006 年版,第 43 页。

4 《吕太标呈文》,见中国第二历史档案馆等编《侵华日军南京大屠杀档案》,江苏古籍出版社 1987 年版,第 217—218 页。

击中右肋身亡。[1]

641. 慈悲社 7 号屠杀

慈悲社位于安全区内,南起双石鼓,北至华侨路。1938 年 1 月 7 日,2 个日本士兵来到慈悲社 7 号企图强奸一名年轻姑娘,要制止这一罪行的张福熙(音译)被刺死。[2]

642. 沈举人巷 22 号屠杀

沈举人巷位于安全区内中山路西侧,东起管家桥,西至慈悲社。1938 年 1 月 8 日夜,五六个日本士兵闯入沈举人巷 22 号的房屋强奸妇女并用手枪枪杀了几个中国人。[3]

643. 南门村屠杀

南门村位于南京西南郊陆郎地境。1938 年 1 月 8 日,该村村民朱明成与另一位张姓村民,在奔跑中被日军开枪打死。[4]

644. 土桥屠杀

土桥,桥名,村名,位于南京东南郊江宁地境东段,与句容接壤。1937 年 12 月 5 日,该处村民刘老二因对日军谎称家中没有花生,在被查出花生后,即被打死。12 月间,该处清洁工马三等三人被日军开枪打死;妇女徐氏为躲避日军,在奔跑中被日军枪杀;一位吕姓年轻人在外地上学返家,被日军抓住后杀死。1938 年 1 月 9 日,小三子等三名烧饼店学徒被日军枪杀。[5]

645. 山西路屠杀

山西路位于南京中山北路南段西侧。东起中山北路,西至江苏路。南京沦陷前后此路被划入难民区范围。1937 年 12 月 15 日,该路 297 号公务人员胡宗藩、150 号商人张树田被日军枪杀。12 月间,该处第 20 保小贩丁庆南被日军枪杀。南京安全区国际委员会职员克勒格尔与哈茨证实:1938 年 1 月 9 日,日军逼令一名中国男子

---

1 《卞正煌证言》,见朱成山主编《侵华日军南京大屠杀幸存者证言集》,南京大学出版社 1994 年版,第 162—163 页。

2 约翰·拉贝:《拉贝日记》,江苏人民出版社、江苏教育出版社 1997 年版,第 392 页。

3 同上书,第 391 页。

4 《王启祥口述》,见蒋晓星等编《南京大屠杀史料集》第 37 册《幸存者调查口述续编》(上),江苏人民出版社 2007 年版,第 186 页。

5 《陈芳清口述》《孙承本口述》《李文章口述》,见蒋晓星等编《南京大屠杀史料集》第 38 册《幸存者调查口述续编》(中),江苏人民出版社 2007 年版,第 1016—1017、1073—1074、1077 页。

立于结有薄冰的水塘中,然后连开 3 枪,将其枪杀。[1]

646. 草场门屠杀

草场门位于南京城西定淮门与清凉门之间。1938 年 1 月 10 日,市民谢金荣在此处被 3 个日本兵连射 7 枪,中弹身亡。[2]

647. 赛虹桥屠杀

赛虹桥位于南京城南城墙外西南角,跨秦淮河支流。1937 年 12 月 11 日,小贩李长生在此处地下室被日军枪杀;12 月 12 日,市民施庆来于此处被日军刺死;12 月 13 日,市民刘大左子、董孙氏、秦张氏、刘宝发、王香达、唐大参子、贾长延、贾富延、贾小连子、朱顺成、朱振良,农民张福成等在此处被日军杀死;12 月 14 日,市民邹李氏、孙万祥及其妻、周万祥、周张氏、徐张氏、张树珍、童璋余、童杨氏等在此处被日军杀害;12 月 15 日,市民张书成、木工唐金和在此处被日军枪杀;12 月 16 日,市民冯成来在此处被日军枪杀;12 月 18 日,杭银珠、王文邦在此处被日军杀死。12 月间,市民潘长生,小贩吴七斤子、刘文达于此处被日军杀死;市民徐德宝在 6 号住宅被日军枪杀,其女徐秀英被日军强奸致死;姚秀英之母亲、姐姐、妹妹、弟弟在防空洞中被日军用机枪扫死,爷爷被刺刀戳死。1938 年 1 月 12 日,农民李兴富到该桥挑米,在桥上被日军枪杀。[3]

648. 汉西门附近屠杀

汉西门位于汉中门南侧,古称“石城门”。1938 年 1 月 12 日,两个分别姓马和殷的中国人由汉西门附近住处返回安全区时,行进中被日本士兵拦住。日本士兵抢走他们的衣服,然后用刺刀戳他们,并把他们扔进了一条沟里。他们中一人死了,另一人苏醒了过来,爬出了沟。[4]

649. 栖霞寺屠杀

栖霞寺坐落于栖霞山西麓、中峰凤翔峰下。该寺初建于南齐永明元年(483 年),

1　《南京市第六公所搜集日本战犯的材料单》,见中央档案馆等编《南京大屠杀》,中华书局 1995 年版,第 478 页;约翰·拉贝:《拉贝日记》,江苏人民出版社、江苏教育出版社 1997 年版,第 392 页。

2　《王家彬证言》,见朱成山主编《侵华日军南京大屠杀幸存者证言集》,南京大学出版社 1994 年版,第 252—253 页。

3　《军事法庭对战犯谷寿夫的判决书及附件》,中国第二历史档案馆藏,档案号五九三/870;《李万金口述》,见张连红、张生编《南京大屠杀史料集》第 25 册《幸存者调查口述》(上),江苏人民出版社 2006 年版,第 118 页;《姚秀英证言》,见朱成山主编《侵华日军南京大屠杀幸存者证言》,社会科学文献出版社 2005 年版,第 63—64 页。

4　约翰·拉贝:《拉贝日记》,江苏人民出版社、江苏教育出版社 1997 年版,第 398—399 页。

几经兴废改建,曾名"功德寺""普云寺""虎穴寺"。今之寺殿为清宗仰法师重建。1938年1月15日,多个日军来此奸淫避难妇女,对拒寻妇女之难民,则持枪扫射,杀害2名男孩与寺庙附近一位70岁老妇。[1]

650. 城南某住宅屠杀

具体地点不详。1938年1月17日,金陵大学附属中学难民收容所中的一位妇女和家中的一名男子回到自己城南的原住处,这个地区刚刚开放。一个日军士兵闯入屋内,欲对该妇女施暴,她自卫的时候被该日本兵用刺刀杀害。[2]

651. 长城岗屠杀

长城岗位于南京东郊沧波门外泉水地境。1937年12月30日,该村村民孙来发、张老二、高从云三人被日军杀死,高从云先中一枪,后又被连刺七刀。1938年1月中旬,一个句容小裁缝和一个小和尚在该村被日军枪杀。[3]

652. 外交部红十字医院屠杀

外交部位于中山北路南段东侧,东邻湖北路,北接云南路。1938年1月20日,在外交部红十字医院的中国伤兵,因向日本军官(或一名医生?)抱怨每天只能得到3碗稀粥,遭毒打,伤兵再抗议,便被日本兵带出去用刺刀刺死。[4]

653. 侯家塘屠杀

侯家塘位于南京东郊汤山地境,汤山头之北,阳山碑材东南。1937年12月上旬,日军刚到该村时,村民洪爱月的奶奶因骂日军不该烧房,被日军用刺刀戳死;洪爱月的娘娘见母亲被刺死,大哭,也被刺死;村民洪宝寅在山尖上晒太阳,被日军机枪扫死。1938年1月21日,村民张国义在村后山上被日军枪杀。[5]

654. 汤山屠杀

汤山位于南京东郊阳山碑材东,地近句容。1938年1月22日,该处村民高树明的父亲和姜老五等共四人,在此处菜场附近的一个院子里被日军杀死。高父被身捅

1　约翰·拉贝:《拉贝日记》,江苏人民出版社、江苏教育出版社1997年版,第566—567页。

2　同上书,第502页。

3　《高子朋口述》,见蒋晓星等编《南京大屠杀史料集》第38册《幸存者调查口述续编》(中),江苏人民出版社2007年版,第1231—1232页。

4　约翰·拉贝:《拉贝日记》,江苏人民出版社、江苏教育出版社1997年版,第503页。

5　《陆荣文口述》《张家蓉口述》《孔令英口述》,见费仲兴、张连红编《南京大屠杀史料集》第27册《幸存者调查口述》(下),江苏人民出版社2006年版,第1190、1191、1194页。

四刀而死,其他三人均为枪杀。[1]

655. 新桥屠杀

新桥,桥名,街区名,街区因桥得名。该处位于南京长乐路与集庆路交接处,横跨秦淮河上。1937 年 12 月 13 日,市民童月樵于此处被日军枪杀。南京安全区国际委员会搜集的日军暴行记录中载有:1938 年 1 月 25 日,43 岁的王张氏在回到该处家中后遭日本士兵强奸,其夫被日军用刺刀刺死。[2]

656. 古林寺屠杀

古林寺位于南京城西北西康路西侧马鞍山南,清称"古林庵",后改称"古林寺"。美国基督教会牧师福斯特证实:1938 年 1 月 25 日,在该寺附近的农田里,一名姓罗的 14 岁中国女孩因逃避日军士兵欲行施暴,被开枪击中头部致死。[3]

657. 琅琊路 17 号屠杀

琅琊路 17 号为德人施特内住宅,位于安全区内,内住部分难民。1938 年 1 月 25 日晚,一名 14 岁女孩贴着屋边出去取蔬菜,落入日军手中,当她逃跑时,被日军枪弹击中头部致死。[4]

658. 寺庄屠杀

寺庄位于南京东郊汤山镇东部。1937 年 12 月 6 日,该处村民侯于银、侯于福、侯于龙、李春元、才喜子、三喜子和高氏婆媳二人被日军开枪打死。12 月 7 日,村民周庭耀、周庭树在村西边被日军枪杀;妇女周氏在小营房处被日军开枪打死。12 月 9 日,村民戴智宽在村上被日军枪杀。1938 年 1 月 26 日,村民周光礼、周炳里、周书亚、邹瑜山在村西西峡沟被日军枪杀。[5]

659. 茶亭村屠杀

茶亭村位于南京水西门外莫愁路西侧。1937 年 12 月间,两个日本兵将一名住在该村的木匠抓到打谷场上,令其跪下后开枪打死。1938 年 1 月 27 日,该村村民余

---

1 《高树明口述》,见费仲兴、张连红编《南京大屠杀史料集》第 27 册《幸存者调查口述》(下),江苏人民出版社 2006 年版,第 1007 页。

2 《军事法庭对战犯谷寿夫的判决书及附件》,中国第二历史档案馆藏,档案号五九三/870;约翰·拉贝:《拉贝日记》,江苏人民出版社、江苏教育出版社 1997 年版,第 555 页。

3 约翰·拉贝:《拉贝日记》,江苏人民出版社、江苏教育出版社 1997 年版,第 523 页。

4 《德国驻汉口大使馆 1938 年 2 月 1 日编号 95 的报告附件》,见张生编《南京大屠杀史料集》第 6 册《外国媒体报道与德国使馆报告》,江苏人民出版社 2005 年版,第 390 页。

5 《周家裕口述》《周炳礼口述》《侯国明口述》《殷侯氏口述》,见费仲兴、张连红编《南京大屠杀史料集》第 27 册《幸存者调查口述》(下),江苏人民出版社 2006 年版,第 1044、1048、1039、1047 页。

朝荣、余朝华兄弟,因臂膀上有牛痘疤,被日军认为是中国兵,带到凤凰街滴水沟边杀害。[1]

660. 石埠桥屠杀

石埠桥位于南京东北郊栖霞山东北之长江边。1937年1月27日左右,村民余有正、陈富喜、陈富云、陈富才、吴学江等8人从江北返回家中取粮,途遇日军。余有正面袋中藏有一支手枪及几粒子弹,原系捡来,准备卖钱,被查出后,8人均被日军用刺刀刺死。[2]

661. 三牌楼2号屠杀

三牌楼位于中山北路东侧,南起模范马路,北至楼子巷,曾名篮子铺。1938年1月27日,三牌楼2号的一位男子被日本人用刺刀刺伤后去世。[3]

662. 天明浴室屠杀

天明浴室位于中山东路路边。南京安全区国际委员会委员史迈士教授证实:1938年1月28日晚9时,日本兵闯入该路路口边的天明浴室,向3名勤杂工勒索钱财,并开枪射击,致2人受重伤,1人被打死。[4]

663. 宕子村屠杀

宕子村位于南京东郊汤山作厂地境。1938年1月29日,瘫痪在家的村民唐道年因不能走动,被日军放火烧死在自家屋中。与此同时,该村唐良根的奶奶回来看老伴,被日军开枪打死;村民唐道德回家拿东西,被日军发现后,开枪打死;唐秋生的爷爷是个哑巴,在家中被日军看到后,开枪打死。[5]

664. 御道街屠杀

御道街位于南京中山东路东段南侧,北起中山东路,南至大光路东口。因系明故宫御道、御街,故名。1937年12月12日,该处27号市民陈锦茂被日军拖出家门枪杀;12月13日,农民石养才、徐氏、小二子在此处17号被日军用刺刀刺死;1938年1

---

1 《余朝贵口述》,见张连红、张生编《南京大屠杀史料集》第25册《幸存者调查口述》(上),江苏人民出版社2006年版,第121页。

2 费仲兴:《城东生死劫》,中国工人出版社2008年版,第241—242页。

3 约翰·拉贝:《拉贝日记》,江苏人民出版社、江苏教育出版社1997年版,第553页。

4 同上书,第543页。

5 《崔广荣口述》《邹万云口述》,见费仲兴、张连红编《南京大屠杀史料集》第27册《幸存者调查口述》(下),江苏人民出版社2006年版,第996—997、1029页。

月间,30 号农民刘从泰之邻居周代福被日军枪杀于家中。[1]

665. 凤凰村屠杀

凤凰村位于南京南郊沙洲圩东侧。1937 年 12 月 14 日,市民郑韩氏在此处 22 号,因言语不通被日军枪杀;农民郑富寿祖母在 22 号住宅内,被日军枪杀。12 月 15 日,农民王贵祺在此处被日军开枪打死。12 月间,日军将该村村民梅振勤抓去做挑夫,后在半路将其枪杀。1938 年 1 月 30 日,此处 21 号农民娄光保被日军开两枪打死。[2]

666. 太平旅店屠杀

太平旅店位于太平路南端之四象桥。1938 年 1 月 30 日,一位妇女被日本士兵拖到太平旅店门口当场杀害。[3]

667. 丹凤街屠杀

丹凤街位于中山路东侧、珠江路以北。1938 年 1 月 30 日,有 3 名难民在返家途中,于丹凤街、石婆婆巷路口被日本兵杀害。[4]

668. 安基山屠杀

安基山,山名、村名,位于南京东郊汤山以北孟塘地境。1937 年 12 月上旬,该处村民彭维新为日军烧饭遭殴打,便要求回家,被枪杀;村民高德才的母亲被日军掀在村东头小水塘里淹死;村民高老六的母亲被日军掀在一个茅厕里淹死;村民高老五的女婿刚要出门,碰上日军,被一枪打死。12 月间,村民曹庞氏身背小女儿往山上跑时,遭日军枪杀。1938 年 1 月下旬,村民李德华、袁老四、李国柱、孙佳陇的奶奶、刘家的小孩等多人被日军枪杀;妇女赵王氏生病在家,被日军放火烧死。[5]

669. 胡家棚子屠杀

1　《军事法庭对战犯谷寿夫的判决书及附件》,中国第二历史档案馆藏,档案号五九三/870;《刘从泰呈文》《陈锦源呈文》,见张建宁等编《南京大屠杀史料集》第 23 册《南京大屠杀市民呈文》,江苏人民出版社 2006 年版,第 57、58 页。

2　《军事法庭对战犯谷寿夫的判决书及附件》,中国第二历史档案馆藏,档案号五九三/870;《查讯娄刘氏笔录》《查讯赵王氏笔录》《查讯郑富寿笔录》,见中央档案馆等编《南京大屠杀》,中华书局 1995 年版,第 691—692 页。

3　约翰·拉贝:《拉贝日记》,江苏人民出版社、江苏教育出版社 1997 年版,第 560 页。

4　《来自金陵大学的报告(自中文译出)》,见上书,第 545 页。

5　《赵广义等口述》《彭明兴口述》,见张连红、戴袁支编《南京大屠杀史料集》第 26 册《幸存者调查口述》(中),江苏人民出版社 2006 年版,第 897、900 页;《曹洪宝口述》《高德树口述》,见费仲兴、张连红编《南京大屠杀史料集》第 27 册《幸存者调查口述》(下),江苏人民出版社 2006 年版,第 1092、1097—1098 页。

胡家棚子位于南京东郊上峰地境。1938 年 1 月底,日军在李家门口,将村民李二、李三刺死。[1]

670. 双闸镇屠杀

双闸镇位于南京西南郊上新河西、西善桥西北。1937 年 12 月 11 日,市民毛康全途经该镇街上,被日军一枪击中左眼,当场毙命;私塾先生陈三光,苏北人张有生及其二子,亦均在此街上被日军枪杀。12 月 12 日,平民张得洪、陈老二、陈二子在此处 25 号被日军用刺刀刺死。12 月 14 日,村民周广银被日军枪杀于此处田埂上。12 月底,张文斌父亲出门寻找子女,遭日军杀害。12 月间,村民陈兴来母亲因拿不出东西给日军,遭枪杀;村民李元州被指为守军士兵,在跳入水中后被日军两枪打死;村民管远周父亲及几名邻人,因不愿帮日军挑抢来的东西,均遭枪杀;村民金德强被指为守军士兵,当场被日军砍头,人头滚入粪坑后,又取出放在路中。1938 年 1 月间,村民郭明华 16 岁的侄女因拒奸被日军用刺刀刺死。[2]

671. 小行屠杀

小行位于南京南郊安德门外。明时此处有小米行,简称小行,故名。1937 年 12 月间,日军扫荡到该处,逼令村民吉荣华将自家存米送到部队驻地,行至公路边,即用军刀将其砍死。1938 年 1 月间,村民赵心贵在此处路边被日军枪杀;民妇赵氏在此处一塘边被日军枪杀。[3]

672. 西庄屠杀

西庄位于南京东郊汤山地境。1937 年 12 月间,该处村民皇甫有洪躲在一棵大树跟前,被日军枪杀;村民皇甫大森在弯山的小塘里被日军砍头;妇女皇甫氏在弯山的小塘里被日军杀死;村民张长生、张庆山、李余本、时文荣、李余云被日军刺杀。1938 年 1 月间,村民张庆福、张长洪父子被日军枪杀。[4]

---

1 朱成山主编:《南京大屠杀辞典》(上),南京出版社 2017 年版,第 421 页。

2 《军事法庭对战犯谷寿夫的判决书及附件》,中国第二历史档案馆藏,档案号五九三/870;《陈兴来口述》《张文斌口述》《李元华口述》《管远周口述》《金吉道口述》《郭明华口述》《周荣华口述》,见张连红、张生编《南京大屠杀史料集》第 25 册《幸存者调查口述》(上),江苏人民出版社 2006 年版,第 118、118、119、120、123、129、176 页;《毛承燮证言》,见朱成山主编《侵华日军南京大屠杀幸存者证言》,社会科学文献出版社 2005 年版,第 111—112 页。

3 《赵福友口述》,见张连红、张生编《南京大屠杀史料集》第 25 册《幸存者调查口述》(上),江苏人民出版社 2006 年版,第 163 页;《吉家麟证言》,见朱成山主编《侵华日军南京大屠杀幸存者证言集》,南京大学出版社 1994 年版,第 192—193 页。

4 《皇甫贤正口述》《周其泰口述》,见费仲兴、张连红编《南京大屠杀史料集》第 27 册《幸存者调查口述》(下),江苏人民出版社 2006 年版,第 1253、1258 页。

673. 沙洲圩屠杀

沙洲圩位于南京西南郊雨花台西南、西善桥之北。1937 年 12 月 6 日,村民戚福洲于此处家中被日军拖至途中枪杀。12 月 7 日,村妇莫许氏在此处家中,因不肯给日军做饭,被开枪打死;村民莫大新、莫张氏夫妇正在家中睡午觉,被日军抓后用刺刀捅死;村民丁兴来、丁如金被日军抓去带路、干活,旋即被枪杀。12 月 11 日,竹匠潘永陶于此处在 2 小时内先后被日军枪击两次身亡。12 月 12 日,市民李其荣、李发来、张德万、景根旺均在此处遭日军刺杀。12 月 13 日,市民於锦庭、陶成璧、陈锦富、张宝芬在此处遭日军枪杀。12 月 14 日,该地村民刘广松、王天财被日军用机枪射杀;市民吉世远在此处被日军用枪击毙;市民施庆来、王张氏在此处仓圩被日军枪杀;市民周丁氏因拒奸被日军杀死。12 月 15 日,农民赵启贵在该地朱家窝被日军枪杀;市民陈福元在此处被日军用刺刀刺死。12 月 16 日,市民孙良盛、魏大顺、李水之在此处被日军枪杀;村民梁慧的母亲、姨妈及邻家两妇女,在该处路遇日本兵,被逼令交出其中一名花姑娘,无奈之下,均被迫跳入河中淹死。12 月 24 日,家居此处的村民沈传和在郑家庄被日军杀死,沈传元在盈香庙被日军用刺刀刺死,沈桂英姑母因拒奸跳入沈家庄池塘又被日军开枪打死。12 月 30 日,难民姜赵氏、姜王氏,少年程文发在该处丁家埂遭日军枪杀。12 月间,该村村民大鸭子、二鸭子被日军五花大绑,用刀砍下人头;村民李老四在圩上遇到日军,经简单搜查,被指为守军士兵,用刺刀戳死;村民李春崖、李勇连为躲避日军逃跑时被开枪打死;村民邵世才被抓去为日军带路,因走得慢被枪杀;村民应大章为不让日军抢走耕牛宰杀,而被枪杀;村妇孙寿圩婆婆在拾柴途中,被日本兵用枪托击打头部致死。1938 年 1 月间,村民许金凤丈夫从日军放火焚烧的房屋中跑出,被日军捉到塘边,用刀戳进心脏后,又向头部打了一枪,致脑浆迸裂而亡;村民侯正发父亲在村里老菱塘边,因未听从日军招呼过去,被开枪打死。[1]

---

1 《军事法庭对战犯谷寿夫的判决书及附件》,中国第二历史档案馆藏,档案号五九三/870;《姜长兴呈文》,见中国第二历史档案馆等编《侵华日军南京大屠杀档案》,江苏古籍出版社 1987 年版,第 246 页;《沈桂英口述》《许金凤口述》《李春华口述》《许志荣口述》《莫民军口述》《丁永副口述》《戚康盛口述》《邵传友口述》《侯正发口述》《周道春口述》《孙寿圩口述》,见张连红、张生编《南京大屠杀史料集》第 25 册《幸存者调查口述》(上),江苏人民出版社 2006 年版,第 48、99、114、114、115、115、115、116、117—118、128、131 页;《王宝珍口述》《吴福松口述》,见张生等编《南京大屠杀史料集》第 39 册《幸存者调查口述续编》(下),江苏人民出版社 2007 年版,第 1564、1574 页;《查讯张孙氏笔录》《查讯潘恒福笔录》,见中央档案馆等编《南京大屠杀》,中华书局 1995 年版,第 660—661、688—689 页。

674. 中华门车站屠杀

中华门车站位于南京中华门外雨花路西侧。1937 年 12 月 14 日,5 个日军将扫帚巷 11 号市民李闻发及山东人张先生、镇江人王先生等 3 人抓去背东西,背完后,即令跪在车站旁,用枪打死。1938 年 1 月,日军要市民戚文和跪下,戚不跪,遂遭手枪子弹击中右肩,后又绑起推进该车站边一个水塘中淹死。[1]

675. 包家窑屠杀

包家窑位于六合葛塘东、马汉河南。1938 年 1 月间,一个日军来到该村,要村民葛如平为其寻找花姑娘,葛为保护村民,故意引开日军,被用手枪击杀于包存仁家驴槽边。[2]

676. 和平路屠杀

和平路位于南京今北京东路中段,东自今太平北路,西至进香河路。1938 年 1 月间,日军来到此处市民谢春连家中,强抓谢氏兄弟二人,谢因有病在身,不从,被当场开枪打死。[3]

677. 马家店屠杀

马家店位于南京南郊铁心桥南。1938 年 1 月间,该村村民刘德银被日军抓去作为练习枪法、取乐的靶子,第一枪未打中,第二枪击中死去。[4]

678. 周家边屠杀

周家边位于南京东郊汤山地境,汤山镇东北、沿城之南。1938 年 1 月间,在家中看门的村民侯观良被日军放火烧死在房子里;村民侯广悦夫妇及两个孩子侯玉山、侯玉龙,箍匠林庆松及其弟林小八字,村民张道林、张道才、鲍海军等被日军枪杀;村民张贤禄的奶奶在碾场里被日军砸死。[5]

679. 前村街屠杀

前街村位于南京东郊阳山碑材西北、庙山以东。1938 年 1 月间,3 个日军来到该

1　朱成山主编:《南京大屠杀辞典》(下),南京出版社 2017 年版,第 1751 页;《查讯李熊氏笔录》,见中央档案馆等编《南京大屠杀》,中华书局 1995 年版,第 677—678 页。

2　《葛德和证言》,见朱成山主编《侵华日军南京大屠杀幸存者证言集》,南京大学出版社 1994 年版,第 187 页。

3　《邢王氏证言》,见上书,第 234 页。

4　《刘乃英口述》,见张连红、戴袁支编《南京大屠杀史料集》第 26 册《幸存者调查口述》(中),江苏人民出版社 2006 年版,第 830 页。

5　《刘家鑫口述》《严荣英口述》,见费仲兴、张连红编《南京大屠杀史料集》第 27 册《幸存者调查口述》(下),江苏人民出版社 2006 年版,第 1129、1133 页。

村,将村民平定才、陈友才、张糊三子、赵德富的两个弟弟和舅舅等 6 人赶到村外,予以枪杀。[1]

680. 大岗头屠杀

大岗头位于南京东郊上峰地境。1937 年 12 月 7 日,该村村民张长生因不肯为日军带路,被戳 11 刀身亡;村民张庆山,因说有疝气,抬不动东西,被日军砍头,头与身体只连着一点皮;村民李余本、李余云、张文荣均被日军刺死。12 月上旬,北庄村民赵志刚来该村看望岳母,被日军杀死。1938 年 1 月 11 日,村民朱怀林正在村里晒太阳,被日军拖到村外枪杀;村民戴春兰出来求情,被击中胸部而死。1 月间,日军逼令该村村民张长洪下塘摸鱼,其父张庆福出面求情,父子俩均被枪杀。[2]

681. 潘村屠杀

潘村位于南京东南郊东山地境。明代有村,潘氏世居于此。1937 年 12 月间,村民骆桂廷之子"汤包子"为保护其妻不受奸污,被日军用刺刀刺死,其妻骆氏亦被杀;村民赵爱章之子"毛头"在村南焦烟场被日军开枪打死;一位落脚在该村的板桥人氏方篾匠夫妇,在张家塘边上被开枪打死。1938 年 1 月间,村民骆王氏被日军杀死;村民骆文金因救火,被日军推到茅厕里,用石头砸死。[3]

682. 鸡儿岗屠杀

鸡儿岗位于南京南郊谷里地境。1938 年 1 月间,该处村民吴长米之父躲在河对面堤坝后,站起身来观察日军是否已经离开,被日军发现后枪杀。[4]

683. 龙池屠杀

龙池位于南京南郊殷巷地境。1938 年 1 月间,该村村民戎起仁被日军枪击胳膊,后因与日军搏斗伤口进水,不日而死;村民王光才为日军送抢劫的猪、牛后,被打死。[5]

1　《平耀炳口述》,见费仲兴、张连红编《南京大屠杀史料集》第 27 册《幸存者调查口述》(下),江苏人民出版社 2006 年版,第 1203 页。

2　《张才兰口述》《周其泰口述》《朱世圣口述》,见上书,第 12054—1255、1258、1259—1261 页。

3　《骆宝清口述》,见上书,第 1312 页;《章壮财口述》,见蒋晓星等编《南京大屠杀史料集》第 37 册《幸存者调查口述续编》(上),江苏人民出版社 2007 年版,第 268—270 页。

4　《蒋茂堂口述》,见蒋晓星等编《南京大屠杀史料集》第 37 册《幸存者调查口述续编》(上),江苏人民出版社 2007 年版,第 505 页。

5　《戎志广口述》,见蒋晓星等编《南京大屠杀史料集》第 38 册《幸存者调查口述续编》(中),江苏人民出版社 2007 年版,第 661 页。

684. 百家湖屠杀

百家湖位于南京南郊秣陵地境东北部。民初,因湖水可灌溉百家农田,故名。1938 年 1 月间,村民魏立成躲在捉鱼的木盆里,被日军发现后打死。[1]

685. 成村屠杀

成村曾名"城村",位于南京南郊秣陵地境。1938 年 1 月间,日军来到该村,村民张世勋在家中看家,被日军打死;村民张玉怀,躲在河埂底下抽水烟,头一抬,被日军一枪击中脑袋致死;人称"老四"的村民在跑反路上被日军枪杀;山西村的李泰成夫妻俩跑反到该村,被日军开枪打死。[2]

686. 高山村屠杀

高山村位于南京南郊方山地境西北部,秦淮河东岸。1938 年 1 月间,村民王天华、王天强、马老五回家中取米,被日军枪杀;村民叶创六正挑一担稻跑反,被日军开枪打死;村民王明珍的妹妹是个精神病人,因拒奸,被日军用刀刺入腹部,将肠子绕在草堆上致死。[3]

687. 小前村屠杀

小前村位于南京东郊上峰地境西南部。1938 年 1 月间,该村村民王四夫在"欢迎"日军时去得晚,被日军打一枪又刺一刀身亡;村民周国安在推小车途中,在该村被日军枪杀。[4]

688. 孟墓屠杀

孟墓位于南京东郊上峰地境西南部。原为孟氏坟山,故名。1937 年 12 月间,该村村民周以成的父亲被日军用绳子拴在柱子上勒死;村民庞正炳正从躲避的山上下来,回家取食物,被日军发现后遭枪杀。1938 年 1 月间,小前村村民汤老六在此处被日军枪杀。[5]

689. 西家大塘屠杀

西家大塘位于南京城东北城墙内侧,其北侧隔城墙与玄武湖相邻。1937 年 12 月间,该处 7 号居民李茂生,27 号居民王孙氏,居民倪德秋、施校支、施校宾为日军枪

1 《戎志广口述》,见蒋晓星等编《南京大屠杀史料集》第 38 册《幸存者调查口述续编》(中),江苏人民出版社 2007 年版,第 662 页。

2 《李昌标口述》《陈余尧口述》,见上书,第 691、692 页。

3 《王天明口述》,见上书,第 698 页。

4 《周之良等口述》,见上书,第 11418 页。

5 《蔡文中口述》《周之良等口述》,见上书,第 1153、1149 页。

杀。1938 年 1 月间,该处 41 号居民施学友、施学洪为日军枪杀。[1]

690. 断山凹屠杀

断山凹位于南京西南郊梅山地境。因山口有一长洼,将山分成两半,似山断模样,故名。1938 年 1 月间,该处村民王正基听说家中房屋被日军烧毁,从避难地回村看望,被日军发现并击伤其腿部,遂躲入草丛中,旋又被发现,遭三枪枪杀。[2]

691. 江沿村屠杀

江沿村位于南京新民门外,曾名“陈家大塘”“江沿圩”。1938 年 1 月间,日军来此处杜姓住处敲门,市民杜志强的父亲开门后即被枪杀;杜在上前保护父亲时,也遭枪杀身亡。[3]

692. 西华门屠杀

西华门位于南京中山东路中段南侧,明故宫飞机场西北。原为明故宫宫城西门。市民徐惠如口述:1937 年 12 月间,其丈夫的外公上街买烟,行至该门附近,被日兵开枪击毙。南京安全区的国际委员会委员贝德士证实:1938 年 2 月 1 日晚,日本兵闯进该处刚由难民区返回的几位妇女家中,欲对其中两名姑娘施暴,遭极力反抗,遂将此 2 人用刺刀刺死。[4]

693. 玄武湖城墙边屠杀

玄武湖位于南京城东北,传说因湖上出现过黑龙,故得名。该湖西侧、南侧均有城墙环绕。1938 年 2 月 6 日,在玄武湖附近城墙内,有 4 名南京市民被日军枪杀。其中一名上了年纪的男人为取藏匿在家中附近的人力车被枪杀,其妻及两名亲戚,前往救护,亦被打死。[5]

1　《韩宝如证言》,见朱成山主编《侵华日军南京大屠杀幸存者证言集》,南京大学出版社 1994 年版,第 61 页;《南京市第六区搜集日本战犯罪证材料的单》,见中央档案馆等编《南京大屠杀》,中华书局 1995 年版,第 477 页。

2　《王大珍口述》,见张生等编《南京大屠杀史料集》第 39 册《幸存者调查口述续编》(下),江苏人民出版社 2007 年版,第 1652—1653 页。

3　《沈爱云证言》,见朱成山主编《侵华日军南京大屠杀幸存者证言集》,南京大学出版社 1994 年版,第 229—230 页。

4　《徐惠如口述》,见张连红、张生编《南京大屠杀史料集》第 25 册《幸存者调查口述》(上),江苏人民出版社 2006 年版,第 162 页;约翰·拉贝:《拉贝日记》,江苏人民出版社、江苏教育出版社 1997 年版,第 551 页。

5　约翰·拉贝:《拉贝日记》,江苏人民出版社、江苏教育出版社 1997 年版,第 590 页。

694. 百子亭屠杀

百子亭位于中央路东侧,南起傅厚岗,北至玄武门。1938 年 2 月 6 日下午近 5 时,有 4 名中国人(3 男 1 女)在百子亭后面遭到日本士兵的杀害。拉贝先生和米尔斯先生立即来到现场,发现 4 具尸体躺在血泊之中。报告说,一位老人拿了两把椅子,走在铁丝网旁边的小路上,被日本士兵拦住,当场杀害。估计这位陪同老人的妇女看到他还没有死,只是受了伤,于是叫来两个男人,要他们用门板(作担架用)把他抬走。当这位妇女和两位男人来到老人身旁时,他们 3 人都被枪杀。[1]

695. 五台山屠杀

五台山位于南京城西广州路南、上海路西、华侨路北。南京沦陷前后,该处五台山小学被设为难民收容所之一。1937 年 12 月 13 日,难民刘柱子被日军拖至五台山小学外,剖开腹部而死;与此同时,还有七八个难民遭日军杀害。12 月 16 日,市民黄永龄在此处被日军枪杀。1938 年 2 月 10 日,难民金王氏想回华侨路家中,在五台山遇到日本兵,被杀害。[2]

696. 中央大学附近屠杀

中央大学位于四牌楼北、成贤街西侧。1938 年 2 月 19 日,一个日本士兵在中央大学附近,杀死了一位金陵大学职员的亲属。[3]

697. 唱经楼屠杀

唱经楼学位于鼓楼广场东南,其东南接丹凤街,西北连黄泥岗。1938 年 2 月 21 日至 22 日的夜里,一个日军士兵在此处一家建筑材料商店里强奸了一名妇女。当他醒来时发觉那个妇女逃走了,便发火用枪打死了一个站在附近的中国人。[4]

698. 黄鹂巷屠杀

黄鹂巷位于莫愁路西,朝天宫西街北侧。1938 年 2 月 23 日,有一个年轻的男孩和一群人在莫愁路附近的黄鹂巷排队买面粉。有一队值勤的日本巡逻队叫人们离

---

1 约翰·拉贝:《拉贝日记》,江苏人民出版社、江苏教育出版社 1997 年版,第 605—606 页。
2 《军事法庭对战犯谷寿夫的判决书及附件》,中国第二历史档案馆藏,档案号五九三/870;《韩贯章证言》《金宏寿证言》,见朱成山主编《侵华日军南京大屠杀幸存者证言》,社会科学文献出版社 2005 年版,第 275—276 页。
3,4 约翰·拉贝:《拉贝日记》,江苏人民出版社、江苏教育出版社 1997 年版,第 694 页。

开,看见人群没有迅速离开,他们向人群开了一枪,打死了一个 40 岁的妇女,伤到了另一位妇女的腿,并且严重地打伤了这个年轻男孩的脚。[1]

699. 长江路屠杀

长江路位于中山路东、中山东路北侧。1938 年 2 月 28 日上午,一个住在陆军学校的方姓妇女和家人走在长江路时,有一个日本兵叫她让开并用刺刀刺在她的后背上。刺刀穿过她的身体从前胸穿出。她被送到医院 5 分钟后死亡。[2]

700. 儿子桥屠杀

儿子桥位于南京中华门外。1937 年 2 月间,小贩朱子福在此处被日军枪杀。[3]

701. 西葛屠杀

西葛位于时江浦县永宁地境西部。1937 年 2 月间,该地村民姚昌富被日军抓住后,连戳五刀,死在村头。[4]

702. 门市蔡家屠杀

门市为音译,具体地点不详。1938 年 3 月 10 日约在晚上 8 点钟,5 个身着蓝色和黄色制服的日本兵来到门市(音译)蔡先生的家。两个兵在外警戒,其他三人进屋要钱。他们抢走钱币、衣服和留声机等物后,离开时,猛刺蔡的大腿六次、肩膀两次,最后枪击头部,蔡立即死去;他们还把跪在地下的蔡李氏的头部刺了几下,并刺另一王姓市民大腿两次。[5]

703. 朱寿巷屠杀

朱寿巷为音译,具体地点不详。1938 年 3 月 15 日,一位家住汉西门的 47 岁张姓市民,早上 7 时走近朱寿巷(音译)时,被流弹击中头部。他被送往医院治疗,但到达后不久就死了。[6]

704. 后宰门屠杀

后宰门位于中山东路北侧,明故宫遗址北端。1938 年 3 月 17 日晚 10 时,6 个日本兵闯入后宰门一位 40 岁高姓农民家。他们要高找女人。高回答说他没有女人,也

1,2　美国耶鲁神学院图书馆保存资料,编号 RG10BOX102Folder867。

3　《军事法庭对战犯谷寿夫的判决书及附件》,中国第二历史档案馆藏,档案号五九三/870。

4　《姚明辉口述》,见张生等编《南京大屠杀史料集》第 39 册《幸存者调查口述续编》(下),江苏人民出版社 2007 年版,第 1492 页。

5,6《史迈士现状记述(1938 年 3 月 21 日)》,见章开沅编译《天理难容——美国传教士眼中的南京大屠杀(1937—1938)》,南京大学出版社 1999 年版,第 348 页。

找不到女人。于是他们就用刺刀多次猛戳高的身躯和颈部,并且砍他的头。高逃跑,但刚到门口就倒下了,血流如注。他从此再没站起来。看见他已被杀死,这些日本兵迅速离去。[1]

705. 永宁镇屠杀

永宁镇位于南京浦口西北部。1937 年 12 月 17 日,日军在此处将永宁浴室之李炳星、双腿残废在地上爬行的瘫子余忠、精神失常的疯女人方孝炎,以及市民汪本堂、汪本根、黎世坤、唐义久等枪杀。12 月 28 日,日军在此处河北村,将正在参加救火的村民朱久朝枪杀。12 月间,当地财主范甸席家的一个看门伙计被日军抓住后,在街北头架干柴烧死,筋骨被烧得缩成一团;村民张长华因不肯为日军干活,被用扁担击中后脑,后又连戳数刀,致当场身亡。1938 年春,该处村民刘老太在家烧饭,日军见火光,即将其枪杀于灶下;一位落户该处的魏姓北方人,正猫着腰在山沟里跑,被日军抓住后,连戳数刀身亡。[2]

706. 新河街屠杀

新河街位于南京西南郊西善桥地境。1938 年春某日,日军闯进此处周桂英家中,用刺刀逼迫其母交出花姑娘,周母不肯,被刺死于路旁。[3]

707. 薛营屠杀

薛营位于时六合县城之西新集镇地境。1938 年春,日军将新集的一位老人陈荣昌带到该处,撕开其长袍,发现里穿捡来的灰色棉军衣,认为是抗日武装人员,便用刺刀将其捅死。[4]

708. 七里洲屠杀

七里洲位于南京八卦洲东南端。1938 年春,日军乘汽船来到该处,指一胳臂上有牛痘疤的黄姓市民为守军士兵,将其抓到船上,开船至江心后开枪予以击杀,并将

1 《史迈士现状记述(1938 年 3 月 21 日)》,见章开沅编译《天理难容——美国传教士眼中的南京大屠杀(1937—1938)》,南京大学出版社 1999 年版,第 348—349 页。
2 《曹守源等口述》《薛大山口述》,见张连红、张生编《南京大屠杀史料集》第 25 册《幸存者调查口述》(上),江苏人民出版社 2006 年版,第 226—227、344 页;《余秉文口述》《朱永继口述》《徐志洲口述》《姚明辉口述》,见张生等编《南京大屠杀史料集》第 39 册《幸存者调查口述续编》(下),江苏人民出版社 2007 年版,第 1489—1492 页。
3 《周桂英口述》,见张连红、张生编《南京大屠杀史料集》第 25 册《幸存者调查口述》(上),江苏人民出版社 2006 年版,第 109 页。
4 《张有铸口述》,见上书,第 379 页。

其尸体推入江中。[1]

709. 西善桥镇屠杀

西善桥镇位于南京西南郊,铁心桥之西、板桥东北,镇以桥名。1937 年 12 月 9 日,看油坊大门的村民汪立成在日军来时未及逃走,被日军杀死;村民马老三去路边看日军过境,被日军机枪扫死;村民曹金柱与其女儿、儿媳及孙子曹忠平、曹忠亮藏身窑里,被日军拖出杀死;村民汪大存生得白净,被日军指为守军士兵拖走杀头。12 月 10 日,村民张仁喜从圩里回来看房子,被日军枪击腹部而死。12 月间,村民韩福才被日军砍头,另一外村人被连砍数刀,慢慢疼死;村民夏端兴叔叔、婶婶及其侄子、侄女等躲在洪都山老虎头的一个地窖里,被日军放火烧死;村民梅山荣、梅福成、吉荣华因跑反慢,被日军杀死;该地村民贾德庆、贾德明、贾守贵、王真清、王大富、刘正保、刘四蜡子等九人,于日军进村时被杀死;村民陈老六及其子邓复兴被关在一处,日军对其各刺一刀,陈当场死亡,邓至晚,腹部又被刺一刀,肠被绞出致死;村民刘德福在镇上喝完酒,回家途中被日军击中一枪,到家几小时后死去;村民陈道发在池塘边被日军打死跌入池塘中;姚村人杨老二发现自己住房起火,想下山救火,被日军发现后打死。1938 年 1 月初,段姓、钱姓村民等四人躲在此处街上梅其富家中,日军发现后,对四人一人一刀,段、钱等三人当场死亡,另一妇女王氏因头上缠有厚厚的黑丝带,负伤幸存。1938 年春,一日军用手摸村民刘白头的白胡子,刘也去摸其小胡子,日军遂生气开枪将刘打死。[2]

710. 祁圩埂屠杀

祁圩埂位于时江浦县永宁地境。1938 年春,侯冲村民高德立在该处被日军枪杀,脑盖骨被打翻,牙齿被打落。[3]

1　《周淑英口述》,见张连红、戴袁支编《南京大屠杀史料集》第 26 册《幸存者调查口述》(中),江苏人民出版社 2006 年版,第 651 页。
2　《李永林口述》《王秀英口述》,见张连红、张生编《南京大屠杀史料集》第 25 册《幸存者调查口述》(上),江苏人民出版社 2006 年版,第 88—89 页;《莫启鸾口述》《姚从志口述》《夏端兴口述》《吴有朝口述》《汪大均口述》《吉家槐口述》《贾德永口述》《李永林口述》《张仁林口述》《赵明森口述》,见张连红、戴袁支编《南京大屠杀史料集》第 26 册《幸存者调查口述》(中),江苏人民出版社 2006 年版,第 794、795、796—797、797、799—800、800、801、803、809、842 页;《陈正源口述》《贾德炎口述》,见张生等编《南京大屠杀史料集》第 39 册《幸存者调查口述续编》(下),江苏人民出版社 2007 年版,第 1639—1640 页。
3　《余炳学口述》,见张生等编《南京大屠杀史料集》第 39 册《幸存者调查口述续编》(下),江苏人民出版社 2007 年版,第 1639—1640 页。

711. 黄圩屠杀

黄圩位于时江浦县永宁地境。1938 年春,村民李科山跑反后返家取粮,在该地赵桥圩埂上被日军用刀砍死,身子在圩埂上,头被踢到圩里。[1]

712. 采石镇屠杀

采石镇位于南京中华门外。马车夫张家庆亲眼目睹,其妻张陈氏为拒绝日军牵走自家之马,被枪杀。[2]

---

1 《李如兰口述》,见张生等编《南京大屠杀史料集》第 39 册《幸存者调查口述续编》(下),江苏人民出版社 2007 年版,第 1493 页。

2 《查讯张家庆笔录》,见胡菊蓉编《南京大屠杀史料集》第 24 册《南京审判》,江苏人民出版社 2006 年版,第 258—259 页。

第五编

南京大屠杀 30 万具尸骸的掩埋和处理

一、 8 家慈善团体对遇难者尸体的收埋

1. 世界红卍字会南京分会收埋尸体 43123 具

世界红卍字会为由士绅阶层领导的慈善组织,总会于 1922 年设立于北京,南京分会成立于 1923 年,会址设小火瓦巷 24 号,会长陶锡三,主要事业为施药、施医、掩埋、救济。1938 年初,陶锡三就任伪南京市自治委员会会长后,暂辞红卍字会南京分会会长职,先后由张南梧、陈冠麟代理会长,许传音、杜肖岚等为副会长。南京沦陷后,南京分会在难民区成立掩埋组,自 1937 年 12 月 22 日起,开始从事收埋尸体工作。凡参加该会收埋尸体者,皆着深蓝色褂或背心,其前胸后背都印有白底红卍字;后来埋尸队员多了,来不及制作衣服,便以袖章为记。掩埋队工作时,执红卍字旗帜为标识,以保证掩埋工作的顺利进行。该会于 1945 年呈报之《民国二十六年至三十四年慈善工作报告书》中称:“自二十六年十二月十三日南京沦陷以后,城内外被敌日残戮之军民,遗尸遍地,臭气熏天,既碍卫生,又违人道,得敌日之商许,及沪会援助,扩充掩埋组,增派员伕达六百名,分配城郊各处,逐日从事掩埋。惟原存棺木千具已罄,改用芦席包裹,洒以石灰、漂粉消毒,分区丛葬,共计义冢七十丘,掩埋尸体四万三千一百二十一具,历四阅月之久工作完竣,斯为世界卍红字会有史以来掩埋工作之最大记录。”[1]

上述报告,系根据掩埋组之掩埋统计表之记录统计。该统计表在 1938 年 5 月底前,分日有男、女、孩尸分别统计,且记有尸体收殓及埋葬地点;6 月至 10 月,因收埋工作已近尾声,只在每月底记录一次。在 10 个多月中,该会总计在城内收埋尸体 1793 具,在城外收埋尸体 41330 具,总计为 43123 具。[2]

2. 红卍字会八卦洲分会收埋尸体 1559 具

世界红卍字会八卦洲分会,正式成立于 1941 年 3 月 3 日,会长刘蓝田,责任副会

---

1 世界卍红字会南京分会《民国二十六年至三十四年慈善工作报告书》(1945 年),南京市档案馆藏,档案号 1024—1—34512。
2 表中误加为 43071 具,校正后应为 43123 具。《报告书》中的埋尸 43121 具,与统计表中及校正后的 43123 具,微有出入。

长赵静仁,副会长董嘉珊,会址设于燕子矶八卦洲乡乡路街商场内,以施药、施棺、办学为常年慈务,每年冬临时施放馍馍、大米、玉秫秫及法币等物,办有八卦洲第一、第二小学。该会筹备时期较长,在未正式成立前,实际早已打出红卍字会八卦洲分会的旗号。早在 1937 年南京沦陷前,南京城内成立安全区,红卍字会南京分会成立救济队时,遂由柯秀山(1941 年病故)、易都权筹备现款,米麦,发起组织红卍字会八卦洲分会,邀集董嘉珊(1942 年病故)、赵静仁、殷半农、张熙平、刘歧峰、朱捷三等人,成立收容所、赈济队、运送队、掩埋队,曾于城陷前夕,组织船只,经七昼夜,运送撤守官兵3.7 万余人过江至江北,并收容、治疗、资遣伤兵 23 人,掩埋沿江尸体 1500 余具,设立粥厂 10 余处。

1945 年 12 月 20 日,由会长刘良修(即刘蓝田)、责任副会长赵静仁等向中华总会呈报南京沦陷前后,护送官兵渡江情形的函件中提及:"沿洲江岸,被敌舰机枪射死者一百八十四名,沿江两岸浮尸一千二百十八具,在江中打捞者一百五十七具,分别掩埋。"[1] 上述掩埋尸体数字总计为 1559 具。

3. 南京市崇善堂收埋尸体 112266 具

该堂为私立慈善团体,前身为恤嫠局,于清嘉庆二年(1797)由金襄等人在南京劝募设立,清同治四年(1865)改称"崇善堂"。1929 年 5 月,向南京市政府社会局办理注册手续,领取了执照。据其申报,该堂"系地方私人共同设立,办理一切社会慈善事业",共有堂产 4 处,约 5000 余亩,房产 19 处,堂址设城南金沙井 32 号。

南京沦陷前夕,崇善堂迁入难民区,开始从事设诊送药、施米冬赈等救济难民工作。不久,由于大批南京同胞惨遭日军屠杀,尸横遍野,便组织了"崇字掩埋队"。堂长周一渔兼任掩埋队队长,下设 4 个分队,每队设主任一名,供伙食,无薪给;队员 1名,日给米 8 合;役 10 名,每人日给米 6 合。崇字掩埋队持有特殊通行证,队员着特制背心,前后均印有白底黑字"崇善堂"字样。该队活动地域以中华门、新街口、鼓楼、挹江门以东为主,南至中华门外花神庙、通济门外高桥门,北至挹江门城墙根,东至中山门外马群,有时也活动至水西门外上新河一带。

崇字掩埋队的工作时间,自 1937 年 12 月 26 日至 1938 年 5 月 1 日,共历时 4 个多月。据其战后呈送给审判战犯军事法庭的统计表,自 1937 年 12 月下旬至 1938 年4 月上旬,共于城区收埋尸体 7548 具,其中男尸 6741 具,女尸 522 具,孩尸 285 具;自

---

1 《世界红卍字会八卦洲分会致中华总会函》(1945 年 12 月 20 日),中国第二历史档案馆藏,档案号二五七/368。

4 月 7 日起,开始转往乡区工作,至 5 月 1 日,共收埋尸体 104718 具,其中男尸 102621 具,女尸 1569 具,孩尸 528 具;总计收埋尸体 112266 具。[1]

4. 中国红十字会南京分会收埋尸体 22691 具

该会全称为"中国红十字会南京分会"。中国红十字会初创于清光绪三十年 (1904),旋于光绪三十三年(1907)与万国红十字会缔结同盟;1934 年 9 月于上海召 开第一次全国代表大会,该组织设总会与分会。总会设上海,以内政部为主管官署; 分会隶属于总会,以所在地方行政官署为主管官署。南京原有两处分会,一于 1912 年设于下关,一于 1927 年设于城内。后因一地不能有两个分会,下关分会遂于 1937 年秋改称为"中国红十字会南京分会办事处",城内分会于南京沦陷前迁往重庆。南 京沦陷后,下关之分会办事处以"中国红十字会南京分会"的名义,从事施粥、掩埋、施 材、施医送药等项慈善救济工作。该会共有员工 80 余人,由施医送药所所长郭子章 任理事,义务小学校长陆伯衡任干事。

该会的收埋尸体工作,开始于 1937 年 12 月 24 日,分两队进行。据现今完好保 存的该会埋尸统计表原始资料记载:在 1938 年 1 月 5 日以前,掩埋一队已在和平门 外联合乡人,共埋军民尸体 5704 具;掩埋二队已在下关一带掩埋军民尸体 3245 具。 两队合计收埋尸体 8949 具。后因得到日军正式许可,遂自 1 月 6 日起,有了按日、按 月并载明发现地点的精确记录。其收埋尸体的地域,以下关为主,有时也展延到外围 地区,东至迈皋桥,西至水西门,南至鼓楼、新街口一带。掩埋一队的按日记录,自 1938 年 1 月 6 日起,至 5 月 31 日毕,共计埋尸 7007 具;掩埋二队的按日记录,自 1938 年 1 月 6 日起,至 3 月 31 日毕,共计埋尸 6735 具。两队总计收埋军民尸体 22691 具。[2]

5. 南京市同善堂收埋尸体 7000 余具

该堂成立于光绪二年(1876),由缎业同仁集资组成。堂址设于中华门外雨花路, 负责人黄月轩,以埋葬、施药、施材为主要活动内容。南京沦陷前专收死殇婴孩,为之 匣殓埋葬,有房产 50 余间,专为停棺之用。

南京沦陷后,同善堂为埋葬被日军屠杀同胞之尸体,专门组织了掩埋组,组长刘 德才,副组长戈长根,在城南一带从事掩埋遇难军民尸体工作。该堂至战后还完好保 存着刘德才当年收埋尸体时使用的白粗布臂章。臂章上印有醒目的红十字符号,加

---

1 《南京市崇善堂掩埋队工作一览表》,中国第二历史档案馆藏,档案号五九三/37。

2 《中国红十字会南京分会掩埋队埋尸统计表》(共 10 件),南京市档案馆藏,档案号 1002—2—1024。

盖了"南京雨花台同善堂图记"长戳,并写有"南京市同善堂掩埋组组长刘德才"字样。该堂共掩埋军民尸体 7000 余具。

1947 年 1 月,该堂掩埋组长刘德才曾在审判战犯谷寿夫的军事法庭上出庭作证。他说:"我同戈长根两人所经手掩埋的尸首就有七千多了。区公所后面所埋的二千多人都是老百姓,东干长巷二千多是有军人有老百姓,兵工厂 300 多,水台 200 多,还有多少衣服脱光了关在制造局的楼上用火烧死的。杨巷两个地洞内的人是被日本人用木头和草将洞口堵死在内边烧死了的,还有个学堂内也烧死了几十个人。"[1]

6. 南京代葬局收埋尸体 1 万余具

南京代葬局成立于清光绪二十九年(1903),由地方士绅创办,主要慈善业务为施材、代葬、掩埋、停柩等。1935 年时主持人为刘友伯;1936 年重新立案,主持人艾善濬,有财产 9100 元。局址设保泰街十庙口。南京沦陷后,该局曾自行收埋被惨杀军民尸体,后随其掩埋队长夏元芝供职于伪南京市自治委员会救济科及伪督办南京市政公署卫生处(局),其掩埋队亦受雇于伪政权相关机构,继续从事掩埋工作。

1946 年 10 月,夏元芝因汉奸嫌疑被拘押时,于辩护状中提及,自己曾率代葬局员工,收埋被惨杀军民尸体万余具,他写道:"迨首都沦陷后,本市军民为敌军惨杀者为数甚众,因之尸体遍地,伤心惨目。被告怒焉忧之,遂即派员率领代葬局全体掩埋伕役,终日收埋被惨杀之军民尸体约万余具。"[2]

7. 顺安善堂收埋尸体约 1500 具

顺安善堂于清同治年间由绅民筹办,堂址设燕子矶区燕子矶镇,民国以来,先后由缪鲁南、萧石楼主持,慈业内容有送诊、施药、施材、施茶、冬赈等。最新发现的由周其芳、区长萧石楼二人对该堂情况所作的调查登记表中有:"迨至南京事变后,对于掩埋沿江野岸遗尸露骨,人工费用,约去陆佰元。施材一项,以本年计算,约有柒佰贰拾元。"[3]从上述登记内容来看,顺安善堂在南京大屠杀期间参加了掩埋尸体工作,是肯定的,因花去了 600 元雇工埋尸。问题在于,究竟收埋了多少具尸体,却无记载。要把这 600 元雇工费,换算成收埋尸体数,并无确定的换算方法。按照当时在南京城内

---

1 《国防部审判战犯军事法庭关于掩埋尸体的调查笔录》(1947 年 1 月 25 日),见中央档案馆等编《日本帝国主义侵华档案资料选编》第 12 册《南京大屠杀》,中华书局 1995 年版,第 706 页。
2 《夏元芝辩护状》(1946 年 10 月 7 日),南京市档案馆藏,档案号 1027—1—825。
3 《顺安善堂调查登记表》(1940 年 12 月 17 日),南京市档案馆藏,档案号 1002—2—1027。

外收尸的费用、支付办法，一是计件工资，收一具尸体付给 0.4 元，如水西门外湖南木材商人盛世征、昌开运之雇工收尸；二是计时工资，工作一天付给 0.4 元，如国际委员会资助红卍字会之雇工收尸。若按计件工资计算，600 元应收埋 1500 具尸体；若按计时工资计算，一般说来，平均每个工应不止只收埋 1 具尸体，尤其像顺安善堂这样的小慈善机构，非在尸体大量堆积时期，不会花钱雇工专门从事这项工作。如此分析，按计时工资计算，所收埋的尸体应大大多于按计件工资收埋数。为求稳妥起见，按保守的方法计算，顺安善堂花费 600 元雇工埋尸，其最低的收尸数字应为 1500 具。

8. 明德慈善堂收埋尸体 700 余具

明德慈善堂于清同治初年(1862)始设于长沙，1926 年设分堂于南京，1932 年起以南京堂为总堂，堂址洪武路洪武新村，堂长陈家伟，主要慈业为施药、送诊、施材、掩埋、散米、施医、设学校工厂等。最近发现的两份档案资料可以证明，该堂在南京大屠杀期间，曾雇工掩埋尸体达 700 余具。堂长陈家伟于 1940 年 12 月 26 日在向伪社会局填报的表格中，清楚写明，"廿七年春，掩埋七百余具"[1]。

二、 8 个市民群体对遇难者尸体的收埋

1. 城西市民掩埋队收埋尸体 2.8 万余具

城西市民掩埋队，由旅居上新河之湖南木商盛世征、昌开运二人为首组织。盛世征，男，47 岁，籍贯湖南；昌开运，男，53 岁，籍贯湖南。他们从家乡湖南来到南京西郊上新河从事木材生意，已经历有年所，因家务、财产尽在，为财产计，在南京沦陷前后没有离开。在日军的屠刀下，上新河一带，"尸横遍野，人血染地，凄惨万状"。盛、昌等从尸丛中躲出，组织掩埋队，共埋尸 28730 具。此后，已居住在钓鱼台 91 号的盛世征、昌开运等人，于 1946 年 1 月 9 日，"为日寇残害我国军民二万八千七百三十人于上新河附近，被俘毙命由"，呈文南京市抗战损失调查委员会，内称："民等被拉扛掳物，心惊胆跳，可怜死者抛尸露骨，民等不忍，助款雇工收尸掩埋。每具尸体以法币四角，共费法币一万余元，此系安慰死者聊[聊]表衷心。"[2]

---

1 《救济疾病殇亡处所调查表》(1940 年 12 月 26 日)，南京市档案馆藏，档案号 1002—2—1027。

2 《盛世征等关于助款雇工掩埋尸体致南京市抗战损失调查委员会呈文》(1946 年 1 月 9 日)，南京市档案馆藏，档案号 1024—1—35126。

2. 城南市民掩埋队收埋尸体 7000 余具

城南市民掩埋队,由市民芮芳缘、张鸿儒、杨广才为首组织。芮芳缘,男,38 岁,南京人,花匠,住高華柏村 14 号;张鸿儒,男,36 岁,南京人,农民,住雨花台 32 号;杨广才,男,35 岁,南京人,商人,住雨花路 102 号。他们因见南门外尸横遍野,惨不忍睹,遂组织义务掩埋队,取得红卍字旗帜与符号,自 1938 年 1 月 7 日起,至 2 月中下旬止,共工作 40 余日,埋尸 7000 余具。芮、张、杨三人于 1945 年 12 月 8 日具结,陈述了组织掩埋队及其活动的经过:"民国二十六年十一月十三日,日寇中岛部队入城后,民等由沙洲圩避难回归,眼见沿途尸横遍野,惨不忍睹,乃于初四日由芮芳缘至中国红卍字会接洽,拟办理掩埋工作。当由红卍字会负责人介绍至第一区公所救济组领得红卍字旗帜及符号等件,后即集合避难归来之热心人士三十余人,组织义务掩埋队,于初六日开始掩埋工作。由南门外附廓至花神庙一带,经四十余日积极工作,计掩埋难民尸体约五千余具,又在兵工厂内宿舍二楼、三楼上经掩埋国军兵士尸体约二千余具,分别埋葬雨花台山下及望江矶、花神庙等处,现有骨堆可证。所有难民尸体均系在各街巷及防空壕等处而来,姓名固无从获悉。"[1]

3. 回民掩埋队收埋尸体约 400 具

回民掩埋队,组织于 1938 年 2 月前后,由鸡鹅巷清真寺的以玛目王寿仁等负责,主要成员有阿訇张子惠、沈德成、麻子和、沈锡恩等人,队址设在豆菜桥 28 号。

回民掩埋队以收埋回民尸体为主,持有"南京回教公会掩埋队"和"南京市红卍字会掩埋队"两面旗帜,以减少麻烦,主要在五台山、东瓜市、峨嵋岭一带埋葬。前后共活动 3 个多月,收埋尸体 400 具左右。阿訇沈锡恩回忆说:"一九三八年农历正月,许多回民受害者的亲属一起来请求我和马长发、王寿仁、戈长发、麻子和、张子惠,还有我父亲沈德成等几个回民阿訇出来收埋尸体,我去找当时维持会的负责人孙淑荣(回族)帮忙,并自己作了臂章作为身份证明,组成了回民掩埋队,开始收埋回民尸体……我们一直工作了三个多月,天天都有人来找我们去收尸,少时一天二、三具,多时七、八具,一般都是四、五具,有时照应不过来,就分成两个组。最初是埋一具登记一次,以后无法再逐个登记,收埋的总数不下四百具,而且都是鸡鹅巷清真寺周围被杀的回

---

1 《市民芮芳缘、张鸿儒、杨广才关于义务掩埋被难军民尸体的结文》(1945 年 12 月 8 日),南京市档案馆藏,档案号 1024—1—35126。

族人。"[1]

4. 北家边村民掩埋队收埋尸体 6000 余具

北家边位于南京东北郊区。北家边村民掩埋队,以当年日军制造的北家边"万人坑"唯一的幸存者严兆江为首。北家边位处太平门外尧化门附近的乌龙村。日军曾在这里一次屠杀了 6000 名军民,然后将尸体推入两个上千平方米的大水塘中。严兆江说:"当初,我和 20 多位乡亲在塘里捞死尸埋,捞了半个多月,足足有 6000 多具尸体在这两口塘里。那时,我们是等日军走后,村民们自发组织起来的,带上木棍、布条做的简易用具,去塘里收尸。先收有头有身子的整尸,后收光有身子的无头尸,最后用网捞头、胳膊、腿的分尸。有一次,我用网捞,一下子就捞上来 7 个人头。这些尸体全埋在乌龙山、黄毛山和'万人坑'附近了。"[2]

5. 仙鹤门村民掩埋队收埋尸体 700 余具

仙鹤门位于南京东郊。1937 年 12 月 18 日,日军在此处将 4000 余名平民与俘虏集体屠杀,至 1938 年春,仙鹤村附近尚有大批尸体横卧于村外麦地中。家住仙鹤门北街 83 号的陶志东老人,遂于当年四五月间,"与村上十几个人一起,将附近半华里内暴尸在野外的 700 余具尸骨,集中掩埋",形成一个直径约 5 米、高约 2 米的大坟墓。[3]

6. 南通路难民掩埋队收埋尸体 300 余具

南通路位于下关地区挹江门外、三汊河北侧。1937 年 12 月 18 日,日军于南通路北,将军民 300 余人集合于该处麦地内,用机枪射杀。当由猪毛厂工人胡春庭组织掩埋队将被难军民尸体加以掩埋。胡春庭于 1945 年 12 月 1 日在结文中称:"余联合有力难民,就地掘土,埋葬后,有日本人挑土填垫海运码头,至(致)将所埋尸首痕迹毁灭无余。"[4]

7. 殷山矶难民掩埋队收埋尸体 100 余具

殷山矶位于南京城西南,距中华门城墙约 5 公里。日军在殷山矶所在地区双和

1 《沈锡恩证言》,见"南京大屠杀"史料编辑委员会等编《侵华日军南京大屠杀史料》,江苏古籍出版社 1987 年版,第 476 页。
2 梁其强:《北家边有冤魂六千》,见江苏省政协文史资料委员会等编《腥风血雨——侵华日军暴行录》,1995 年印,第 127 页。
3 《仙鹤门老居民为日军大屠杀史料作证》,载《新华日报》1996 年 11 月 15 日。
4 《胡春庭陈述日军在下关南通路集体屠杀难民结文》,见中国第二历史档案馆等编《侵华日军南京大屠杀档案》,江苏古籍出版社 1987 年版,第 116 页。

村、沙洲圩一带共屠杀村民和放下武器的士兵 100 余名。1938 年 3 月间,当地村民不忍看到同胞暴尸荒郊,便由赵福友等几十位村民组成掩埋队,掩埋死难者尸体。赵福友回忆说:"几十个村民自发地从沙洲圩一带收尸,用独轮车推,用箩筐抬到此地填埋。死尸中有男有女,也有中国当兵的。当兵的是被日军用绑腿布捆起来,连成一串杀死的。"[1] 掩埋队共工作 15 天,反复多次掩埋,逐渐将原有凹地填平,并垒成一个长 10 米、高 5 米的"大坟"。

8. 陈家窑村难民掩埋队收埋尸体 30 余具

193 年 12 月,日军路过栖霞地区时,将该地陈家窑村的数十名村民用机枪集体射杀。遇难者尸体,除部分由死者家属个别掩埋处理外,还有 30 余具尸体无人过问。遂由村民贾永端发起,联合黄忠宝、谭正衡、陈国兴等人组成掩埋队将其收埋。陈国兴介绍说:"我们就挖了半人深的大坑,用绳索缚住死者的脚往坑中拖,一层层地放好,再盖上土做了一个大堆。"[2]

三、 165 件市民对遇难者尸体的收埋

1. 南家边掩埋遇难者

南家边位于南京东北郊,尧化门北、长江边乌龙山下。1937 年 12 月间,日军将二三十名已放下武器的守军士兵,聚在该处小学中,用绑腿绑住,以机枪射杀,后其尸体由当地百姓就地草草掩埋。[3]

2. 石山乡掩埋遇难者

石山乡位于南京东北郊栖霞地境。1937 年 12 月间,日军在此处用机枪射杀 40 余名中国军人和平民,后其尸体由该村村民就地收殓,埋入附近小水塘中。[4]

3. 上坝掩埋遇难者

上坝位于南京东北郊八卦洲地境。1937 年 12 月间,日军在此处江边将 10 余名

1 朱成山、朱天乐:《南京大屠杀殷山矶遇难同胞遗址的发现与考证》,载《站在历史与和平的视角——朱成山研究文集》(上),南京出版社 2013 年版,第 274 页。
2 孙宅巍编:《南京大屠杀史料集》第 5 册《遇难者的尸体掩埋》,江苏人民出版社 2005 年版,第 263 页。
3 《黄国宝口述》,见张连红、戴袁支编《南京大屠杀史料集》第 26 册《幸存者调查口述》(中),江苏人民出版社 2006 年版,第 551 页。
4 《刘以发口述》,见上书,第 553 页。

村民用机枪射杀,后其尸体由该村村民收殓,埋入附近二龙公墓。[1]

4. 茶叶山掩埋遇难者

茶叶山位于南京东北郊栖霞地境。1937 年 12 月间,日军将数十名难民在该山山坡上用机枪射杀,后其尸体由当地姓贾的老人等,在塘边挖坑掩埋。[2]

5. 牛首山掩埋遇难者

牛首山位于南京南郊,铁心桥南、板桥东。1937 年 12 月间,日军从在龙泉寺避难的难民中,抓走 13 名青年,在该山附近枪杀,后其尸体由各家人认领,埋于山上。[3]

6. 定坊村掩埋遇难者

定坊村位于南京南郊铁心桥地境,因大定坊而得名。1937 年 12 月间,日军在铁心桥附近将 30 余名难民枪杀,抛尸水塘、路边,后其尸体由村民姜兴春及其父兄在该村水塘边挖坑掩埋 25 具,在铁心桥路边掩埋 8 具。[4]

7. 湖山村掩埋遇难者

湖山村位于南京东郊汤山西北。1937 年 12 月 6 日,该村村民戴王氏在街上被日军刺死,后其尸体由其子戴兴春装棺殓埋于村东地边。12 月 8 日,村民戴昌继、戴大林、戴大钧、陈开荣、王立荣、戴大金、戴昌述等 11 人在戴氏宗祠前被日军杀死,其尸体初由村民苏昌生、戴兴和、陈开宝草埋于祠堂前;次年清明,又将尸体从坑中挖出,由各家分别改葬。12 月 8 日,村民戎长伯被日军用铁锹砸死,12 月 16 日,由家人以棺殓葬。12 月间,村民杜义海被日军枪杀后,抛尸大塘,后其尸体由家人葬于窑山;村民戴春龙被日军枪杀后,其尸体由家人葬于小湖山村村西。[5]

8. 上窑湾掩埋遇难者

上窑湾位于南京东郊汤山东北。1937 年 12 月间,日军将该村村民蓝树枝及其子,邱昌华外公夫妇,邱昌华家门公公、大公公,邱陆运等 7 人枪杀,后其尸体由村民邱吉来与其兄分二坟埋葬,一坟为蓝树枝父子俩,一坟为邱家成员及其亲戚。[6]

1 《钱凤英口述》,见张连红、戴袁支编《南京大屠杀史料集》第 26 册《幸存者调查口述》(中),江苏人民出版社 2006 年版,第 624 页。
2 《杨超口述》,见上书,第 707 页。
3 《陈金凤口述》,见上书,第 824 页。
4 《姜兴春口述》,见上书,第 835 页。
5 《戴志善口述》,见上书,第 866—867 页。
6 《邱昌华口述》,见费仲兴、张连红编《南京大屠杀史料集》第 27 册《幸存者调查口述》(下),江苏人民出版社 2006 年版,第 1126—1127 页。

9. 庞家边掩埋遇难者

庞家边位于南京东郊汤山地境,紫金山西南侧,清代为庞氏世居地,故名。1937年12月9日,日军将避难于该村的黄梅桥难民张余道、张长宝、张家林、张其余、李锦成、李锦培、袁炳生等13人用刀砍死。其尸体初由该村村民暂埋村东小塘边,后由黄梅桥来人运回重葬。[1]

10. 许巷掩埋遇难者

许巷位于南京东郊汤山北侧。1937年12月16日,该村村民时有恒被日军刺死。次年开春后,由家人用稻草将尸体裹起埋葬,未立碑。[2]

11. 冯墙村掩埋遇难者

冯墙村位于南京浦口沿江地境。1937年12月间,日军在该村将8名放下武器的国军士兵从百姓家中搜出,用刀砍死,后其尸体由当地老人用门板抬至后山,挖二坑埋葬。[3]

12. 天后村掩埋遇难者

天后村位于南京西南郊,双闸西南。1937年12月间,日军将100余名守军士兵关在该村的五间房子里,先用机枪扫射,复以刺刀刺杀。几十天后,由当地百姓出钱,将其尸体埋在附近的砖窑边。[4]

13. 安德门掩埋遇难者

安德门位于南京南郊,雨花台南。在南京大屠杀期间,该地区有大量平民遭到日军杀害,其尸体多由各户村民自行掩埋。战后在搜集日军屠杀罪证的过程中,该地区有程玉书、吴启福、韩德有、姜寿贞、姜大平、姜大荣、尹荣源、周永兴、尹大章、尹徐氏、徐品贵、徐胡氏、周业氏、贺长发、尹广生、尹广江、吴马氏、赵桂启、郑富生、姜广宝、郑韩氏等21名遇难者的尸体,系由亲友自行掩埋。[5]

14. 花神庙掩埋遇难者

花神庙位于南京城南近郊,雨花台、望江矶东南。1937年12月14日,回民马忠

1 《刘素珍口述》,见费仲兴、张连红编《南京大屠杀史料集》第27册《幸存者调查口述》(下),江苏人民出版社2006年版,第1170—1171页。
2 《时有升口述》,见上书,第1209页。
3 《朱桂英口述》,见张生等编《南京大屠杀史料集》第39册《幸存者调查口述续编》(下),江苏人民出版社2007年版,第1484—1485页。
4 《陈启和证言》,见朱成山主编《侵华日军南京大屠杀幸存者证言》,社会科学文献出版社2005年版,第164—165页。
5 张宪文主编:《南京大屠杀全史》(下册),南京大学出版社2012年版,第893页。

山的父亲、三叔与三哥在雨花路住宅中被日军用刺刀刺死。后其尸体由马的大哥收殓,埋葬于花神庙。[1]

15. 左所巷掩埋遇难者

左所巷位于南京五台山南,南起汉中路,北至华侨路。1937 年 12 月 18 日,市民张兆云的母亲在沙洲圩为抗拒日军侮辱,跳入塘中,复遭枪杀。当晚,其尸体被捞出,暂瘗于圩埂边空地。1938 年 1 月底,由回教掩埋队将其抬至该巷山上安葬。[2]

16. 马台坊掩埋遇难者

马台坊位于南京山西路广场东北侧。1937 年 12 月间,该坊 12 号市民张万义被日军拉夫至中央门后,用枪射杀。当即家人暂用土掩于路旁。嗣后复将尸体运回住地埋葬。[3]

17. 集庆路收殓遇难者

集庆路位于南京中华门内西北,集庆门东侧,东起今中山南路,西至集庆门。1938 年 1 月间,市民艾子明在该路 178 号住宅门口被日军枪杀,后其尸体由家人收殓,予以掩埋。[4]

18. 御道街掩埋遇难者

御道街位于南京东部中山东路东段南侧,南起光华门,北至午朝门。1937 年 12 月间,市民周代福于该街住宅中被日军枪杀。其尸体于 1938 年 1 月间,由邻人草草掩埋于其宅基地内。[5]

19. 五贵桥收殓遇难者

五贵桥位于南京中华门外雨花台西侧,原称"乌龟桥",后雅化为现名。1937 年 12 月中旬,市民周少侯、周在贵父子在该处被日军杀害,后其尸体由家人就地收殓,埋于城墙脚下。[6]

20. 三藏殿掩埋遇难者

三藏殿位于南京中华门外雨花路东侧。1937 年 12 月 14 日,市民王文家在金陵

---

1 《马忠山证言》,见"南京大屠杀"史料编辑委员会等编《侵华日军南京大屠杀史料》,江苏古籍出版社 1987 年版,第 444 页。

2 张兆云:《"南京大屠杀"遭难记》,载《扬子晚报》1991 年 3 月 5 日。

3 《张施氏呈文》,南京市档案馆藏,档案号 1003 - 17 - 16。

4 《艾澄源呈文》,南京市档案馆藏,档案号 1003 - 17 - 16。

5 《刘从泰呈文》,南京市档案馆藏,档案号 1003 - 17 - 16。

6 《业鉴成结文》,中国第二历史档案馆藏,档案号五九三/30。

兵工厂西方河边被日军枪杀,其子王留柱在扫帚巷附近河边被刺杀。月余后,其尸体由家人收殓,葬于该庙后山。[1]

21. 菱角市收殓遇难者

菱角市位于南京升州路西段下浮桥南侧。南起来凤街,向北经下浮桥至升州路。传明代时此处为菱藕市场,故名。1937 年 12 月 13 日,市民吴文金在该巷 5 号门前被日军枪杀,后其尸体由其子吴庆华就地收殓,予以掩埋。[2]

22. 殷巷镇收殓遇难者

殷巷镇位于南京南郊,大湖之北。1937 年 12 月 9 日,设于该镇的永泰粮行老板秦永业被日军刺死,其尸体由镇中市民于慌乱中草草收埋,未具棺木。[3]

23. 上海路掩埋遇难者

上海路位于南京中山路西侧,北起北平路(今北京西路),南至汉中路。1937 年 12 月 16 日,市民潘春霆在白下路内桥口被日军杀死,数日后,其尸体由其兄潘春潮抬回上海路住所附近掩埋。[4]

24. 红庙收殓遇难者

红庙位于南京城北福建路西北侧。旧有同名庙宇,后成街巷,以庙得名。1937 年冬,市民程张氏在该处 2 号住宅中被日军轮奸糟蹋致死,至次年方由邻人收殓埋葬。[5]

25. 管家巷收殓遇难者

管家巷位于南京夫子庙秦淮河南,南起乌衣巷,北至大石坝街。1937 年 12 月 15 日,市民张英华在该巷口被日军枪杀,数日后,由家人就地收殓,予以掩埋。[6]

26. 库上掩埋遇难者

库上位于南京中华门内东侧,边营东端,明代留守后卫供应库在此,后成街巷,故名。1937 年 12 月 13 日,市民马效和在该处 9 号住宅中被日军用刀戳死,其尸体由其妻马陆氏收殓后,埋于附近山上。12 月间,市民杨和年的父母与胞兄三人在该处 5

1 《高岳氏结文》,中国第二历史档案馆藏,档案号五九三/50。
2 《吴庆华结文》,中国第二历史档案馆藏,档案号五九三/27。
3 《秦李氏呈文》,南京市档案馆藏,档案号 1003-3-1232。
4 《潘春霆被害调查记录》,中国第二历史档案馆藏,档案号五九三/30。
5 《程国栋呈文》,南京市档案馆藏,档案号 1003-3-1232。
6 《张王氏呈文》,南京市档案馆藏,档案号 1003-3-1232。

号住宅门前被日军杀死,后于 1938 年 1 月初,由杨和年就地收殓,草草埋葬于住宅附近。[1]

27. 牵牛巷收殓遇难者

牵牛巷位于南京中华路与长乐路交会处西南,南起璇子巷,北至长乐路。1937 年 12 月 14 日,市民周宝银于该巷 19 号住宅中被日军枪杀,后其尸体由街邻买棺收殓,予以掩埋。[2]

28. 小心桥收殓遇难者

小心桥位于南京城南长乐路东端南侧。1937 年 12 月 14 日,市民石厚煐在该巷 48 号住宅中被日军用刺刀刺死。10 余日后,其家人由难民区返家将尸体收殓,予以掩埋。[3]

29. 岔路口掩埋遇难者

岔路口位于南京南郊东山镇西侧。1937 年 12 月 16 日,市民张鸿鑫在该处被日军用刺刀戳死,后其尸体由市民张仲森收殓,埋葬于该处路旁。[4]

30. 老虎山掩埋遇难者

老虎山位于南京东北郊龙潭东北。1937 年 12 月 15 日,职工田韩权在中国水泥厂门前被日军杀害,后其尸体由村民王有梗以四块木板收殓,掩埋于该山山口。[5]

31. 汉中门收殓遇难者

汉中门位于南京城西汉中门西段,外秦淮河东岸。1937 年 12 月 14 日,市民陈文江在该城门外被日军杀害,其尸体由其父陈学礼就地收殓,予以掩埋。[6]

32. 新路口收殓遇难者

新路口位于南京城南长乐路南侧马道街中段,木匠营南端、小心桥西一段。1937 年 12 月间,市民潘承立在该处附近方井旁被日军杀害,后其尸体由家人以薄材收殓,予以掩埋。12 月间,该处 5 号市民聂佑成、聂陈氏夫妇及其亲属共 7 人,分别被日军

---

1 《杨和年呈文》,见中国第二历史档案馆等编《侵华日军南京大屠杀档案》,江苏古籍出版社 1987 年版,第 222—223 页。

2 《周梁氏结文》,中国第二历史档案馆藏,档案号五九三/31。

3 《石厚煐遇害调查记录节录》,中国第二历史档案馆藏,档案号五九三/26。

4 《张鸿鑫被害调查记录》,中国第二历史档案馆藏,档案号五九三/28。

5 《王有梗结文》,中国第二历史档案馆藏,档案号五九三/29。

6 《陈学礼结文》,中国第二历史档案馆藏,档案号五九三/26。

枪杀、刺死及恶性奸淫致死,后其尸体由其亲属以棺材、木板、大厨等就地收殓,草草埋葬。[1]

33. 三牌楼收殓遇难者

三牌楼位于南京中山北路中段东侧,北连楼子巷,南接将军庙。1937 年 12 月间,小贩阎振标在该巷 2 号门前马路上被日军刺死,其尸体初置薄棺中,复遭拖出暴露街市,七八天后,方由其家属再予棺殓,埋葬于义地。[2]

34. 生计处收殓遇难者

生计处位于南京大光路西段南侧。1937 年 12 月 13 日,市民郎顺山之父在该处 31 号住宅东边菜园被日军用刀杀死,其尸体由亲属就地收殓,埋于附近城墙根。[3]

35. 集合村收殓遇难者

集合村位于南京中华门外西侧。1937 年 11 月 8 日,市民燕树海在该处住宅中被日军抓至门外枪杀,后其尸体由亲属就地收殓,葬于村中荒地。[4]

36. 船板巷收殓遇难者

船板巷位于南京集庆路新桥西北,内秦淮河西,南起新桥,北至上浮桥。1937 年 12 月 13 日,市民李吴氏在该巷 22 号家中被日军枪杀,后其尸体经 40 余日,至 1938 年 1 月下旬,方由亲属就地收殓,予以掩埋。[5]

37. 鸣羊街收殓遇难者

鸣羊街位于南京中华门内西侧,集庆路与仙鹤街交会处南侧,南起高岗里,北接集庆路。1937 年 12 月 13 日,市民杨炳荣在该处附近谢公祠小庙前被日军枪杀,后其尸体由其弟就地收殓,予以掩埋。[6]

38. 大中和村收殓遇难者

大中和村位于南京西南郊沙洲圩西南。1937 年 12 月 11 日,市民程玉书在该处

---

1 《潘李氏结文》,见中国第二历史档案馆等编《侵华日军南京大屠杀档案》,江苏古籍出版社 1987 年版,第 234—235 页;《王芝如证言》,见"南京大屠杀"史料编辑委员会等编《侵华日军南京大屠杀史料》,江苏古籍出版社 1987 年版,第 432 页。

2 《阎振标遇害调查记录》,中国第二历史档案馆藏,档案号五九三/29。

3 《郎顺山结文》,中国第二历史档案馆藏,档案号五九三/23。

4 《刘立斌呈文》,南京市档案馆藏,档案号 1003 - 17 - 58。

5 《李伯潜呈文》,南京市档案馆藏,档案号 1003 - 17 - 3。

6 《杨王氏证言节录》,南京市档案馆藏,档案号 1003 - 1 - 953。

因言语不通被日军枪杀,后其尸体由家人就地收殓,葬于小行附近贾家凹。[1]

39. 吴尚村掩埋遇难者

吴尚村位于南京南郊铁心桥东。1937 年 12 月 13 日,该村村民吴启福、吴马氏被日军枪杀,后其尸体由其子吴发金、吴发祥收殓,掩埋于本村大山上。[2]

40. 大定坊掩埋遇难者

大定坊位于南京南郊铁心桥南。1937 年 12 月 14 日,村民韩德有在郭家山为日军枪杀,后其尸体由其亲属收殓,掩埋于该坊。[3]

41. 小行里掩埋遇难者

小行里,即小行,位于南京城南近郊雨花台西侧。1937 年 12 月 13 日,该处市民徐品贵、徐胡氏夫妇被日军杀死,后其尸体由家属收殓,埋于本地馒头岗。[4]

42. 孤山堰掩埋遇难者

孤山堰位于南京东郊汤山镇东北、孟塘之东。1937 年 12 月 14 日,该村小孩蓝洪银的祖父、祖母、父亲、伯父、伯母、堂兄六人被日军杀死,后其尸体由蓝的曾祖父在本村挖一土坑,予以掩埋。[5]

43. 凤凰村掩埋遇难者

凤凰村位于南京南郊沙洲圩东侧。1938 年 1 月 30 日,村民娄广宝在小行李被日军枪杀,后其尸体由亲属收殓,掩埋于该村。[6]

44. 雨花台掩埋遇难者

雨花台位于南京中华门外雨花路南端。1937 年 12 月 12 日,市民杨何氏、杨椿怀母子在雨花路 107 号家中被日军枪杀;12 月 13 日,市民王学铜在正学路口被日军枪杀;1937 年 12 月 14 日,市民高鸿香在该处 29 号住宅中被日军枪杀;12 月下旬,市民许金山在金陵兵工厂附近桑树园地洞中被日军枪杀。该五人尸体,均由其家人分别收殓,就近掩埋于该处。[7]

1 《程学贤报告》,南京市档案馆藏,档案号 1003 - 17 - 58。
2 《吴发金报告》,南京市档案馆藏,档案号 1003 - 17 - 58。
3 《韩家才呈文》,南京市档案馆藏,档案号 1003 - 17 - 58。
4 《徐广有呈文》,南京市档案馆藏,档案号 1003 - 17 - 58。
5 《蓝洪银口述》,见费仲兴、张连红编《南京大屠杀史料集》第 27 册《幸存者调查口述》(下),江苏人民出版社 2006 年版,第 1322 页。
6 《娄刘氏呈文》,南京市档案馆藏,档案号 1003 - 17 - 58。
7 《杨椿林呈文》,南京市档案馆藏,档案号 1003 - 17 - 58;《王秀英调查笔录》《高杨氏查讯笔录》,中国第二历史档案馆藏,档案号五九三/870;《许春芳证言》,侵华日军南京大屠杀遇难同胞纪念馆收藏资料。

45. 饮马巷收殓遇难者

饮马巷位于南京中华门镇淮桥西,东起钓鱼台,西至磨盘街。1938 年 1 月 10 日,市民李良金被日军枪杀于该巷财神庙前,后其尸体于 3 月由亲属难民区返家后,就地收殓,予以掩埋。[1]

46. 小百花巷收殓遇难者

小百花巷位于中华门门西,北起璇子巷,南接长乐街与糖坊廊交会处。1937 年 12 月 15 日,市民程永发在该处 12 号家中被日军刺死,后其尸体于 12 月 30 日由亲属购棺就地装殓,停柩门外;1938 年 3 月 11 日,掩埋于中华门外葵花营祖坟。[2]

47. 仁厚里掩埋遇难者

仁厚里位于南京城南雨花门西侧,西起边营,东接老虎头。1937 年 12 月 13 日,市民左少甫与汪姓同住者二人在该处住宅地下室内被日军枪杀,后其尸体由亲属就地收殓,掩埋于巷内。[3]

48. 莲子营收殓遇难者

莲子营位于白鹭洲西南侧,东起骂驾桥,西至今平江府路。1937 年 12 月 12 日,市民陈先志在该处 12 号家中被日军枪杀,其尸体于 20 余日后,由亲属从难民区返回收殓,予以掩埋。[4]

49. 骂驾桥收殓遇难者

骂驾桥位于南京城南白鹭洲南侧。1937 年 12 月 16 日,市民邓嘉镛在该处 6 号住宅门口空地塘边被日军杀死,其尸体至次年春,由亲属于此棺殓,予以掩埋。[5]

50. 赛虹桥收殓遇难者

赛虹桥位于中华门外西侧外秦淮河折向北流拐弯处。1937 年 12 月 15 日,市民刘宝发在该处北乡 12 号之 1 住宅中被日军用刀砍死,其尸体于 20 余日后,由亲属收殓,埋于水西门荒地。[6]

---

1 《李汤氏结文》,中国第二历史档案馆藏,档案号五九三/31。
2 《魏程氏结文》,见中国第二历史档案馆等编《侵华日军南京大屠杀档案》,江苏古籍出版社 1987 年版,第 277—278 页。
3 《左李氏结文》,见上书,第 278 页。
4 《陈先志遇害调查记录》,中国第二历史档案馆藏,档案号五九三/31。
5 《邓嘉镛遇害调查记录》,中国第二历史档案馆藏,档案号五九三/27。
6 《刘李氏讯问笔录》,见中央档案馆等编《南京大屠杀》,中华书局 1995 年版,第 659 页。

51. 赛虹桥掩埋遇难者

1937 年 12 月 13 日,市民李伯余在循相里 131 号住宅内被日军刺死,其尸体由其女收殓后,掩埋于该桥附近。[1]

52. 厨子营收殓遇难者

厨子营位于中华路南段东侧,北起下江考棚,向南一段再转向东至信府河。1937 年 12 月 13 日,市民冷德荣于该处被日军枪杀,其尸体于 1938 年 1 月由亲属就地棺殓,埋于中华门外义冢地。[2]

53. 宝塔根收殓遇难者

宝塔根位于中华门外秦淮河南岸,雨花路之东,因在宝塔山下,故名。1937 年 12 月 13 日,市民郭兆基在该处 105 号住宅内被日军刺死,其尸体由亲属就地收殓,予以掩埋。12 月间,市民刘全才在该处 120 号住宅后被日军枪杀,其尸体由其母亲就地收殓,予以掩埋。[3]

54. 珍珠巷收殓遇难者

珍珠巷位于中华门外窑湾街西南。1937 年 12 月 14 日,市民王克香在该巷自宅内被日军刺死,其尸体由亲属就地收殓,予以掩埋。12 月 15 日,市民戈福祥及其子羊毛子在该处 139 号住宅门前分别被日军枪杀、刺杀而死,其尸体由亲属戈杨氏就地收殓,予以掩埋。[4]

55. 大油坊巷收殓遇难者

大油坊巷位于南京长乐路武定桥南,北起武定桥,南接大膺福巷。1937 年 12 月 13 日,市民尹光保、尹光义、尹光仁三人在该巷 76 号之 1 住宅内被日军枪杀,其尸体由亲属尹王氏就地收殓,予以掩埋。[5]

56. 眼王庙收殓遇难者

眼王庙位于南京南郊谷里地境,牛首山西。1937 年 12 月 14 日,市民童章仪被日军拉夫至该处枪杀;其妻童杨氏在西街 191 号家中因拒奸不从被刺死。后其尸体分别在该庙及西街收殓,埋于荒地内。[6]

1　《陈李氏查讯笔录》,中国第二历史档案馆藏,档案号五九三/870。
2　《冷华氏查讯笔录》,中国第二历史档案馆藏,档案号五九三/870。
3　《郭芝栋查讯笔录》《董刘氏查讯笔录》,中国第二历史档案馆藏,档案号五九三/870。
4　《周金山查讯笔录》《戈杨氏查讯笔录》,中国第二历史档案馆藏,档案号五九三/870。
5　《尹王氏查讯笔录》,中国第二历史档案馆藏,档案号五九三/870。
6　《童月华查讯笔录》,中国第二历史档案馆藏,档案号五九三/870。

57. 石观音收殓遇难者

石观音位于南京中华门内东南城墙边,因附近有石观音庵而得名。1937 年 12 月 13 日,市民柯大财等 20 余人在该处 17 号住宅门口被日军枪击、刀刺而死,后其尸体由柯大财之子柯荣福就地收殓,埋于附近库山地洞中。[1]

58. 窑湾掩埋遇难者

窑湾位于南京中华门外雨花路北端西侧。1937 年 12 月 11 日,市民潘永陶及两名湖北人在沙洲圩被日军枪杀,后该三人尸体均由潘恒福收殓,掩埋于住地附近的窑湾空地。[2]

59. 井二村收殓遇难者

井二村位于南京城南近郊花神庙附近。1937 年 12 月 14 日,村民黄长林在该村13 号住宅中被日军枪杀,后其尸体由其子黄明钰就地收殓,埋于附近山上。[3]

60. 汉中门掩埋遇难者

汉中门位于南京城西汉中路西端,外秦淮河东岸。1937 年 12 月 13 日,市民于锦庭在沙洲圩被日军枪杀,后其尸体由其妻于郑氏就地收殓,埋于该城门旁。[4]

61. 扫帚巷收殓遇难者

扫帚巷位于南京中华门外雨花路东,西起雨花路,东至马家山。1937 年 12 月 13日,市民高锦荣在该巷被日军枪杀,后其尸体由其兄高锦坤就地收殓,予以掩埋。[5]

62. 红土山收殓遇难者

红土山位于南京城南雨花门附近。1937 年 12 月间,市民路洪才的外公、外婆、母亲、两个舅舅、姨娘在该处防空洞被日军杀死,后其尸体由路就地收殓,予以掩埋。[6]

63. 鼓楼医院掩埋遇难者

鼓楼医院位于南京鼓楼广场西南,中山路北段西侧。1937 年 12 月 14 日,市民李连科在中山北路交通岗亭处被日军刺杀身亡,其尸体由友人郁正清、李鸿飞等棺

---

1 《柯荣福查讯笔录》,中国第二历史档案馆藏,档案号五九三/870。

2 《潘恒福查讯笔录》,中国第二历史档案馆藏,档案号五九三/870。

3 《黄明钰查讯笔录》,见中央档案馆等编《南京大屠杀》,中华书局 1995 年版,第 689 页。文中"井儿村"应为"井二村"之误。

4 《于郑氏查讯笔录》,见中央档案馆等编《南京大屠杀》,中华书局 1995 年版,第 696 页。

5 《高锦坤查讯笔录》,见上书,第 698 页。

6 《职工路洪才关于自行收埋亲属尸体的陈述节录》,见孙宅巍编《南京大屠杀史料集》第 5 册《遇难者的尸体掩埋》,江苏人民出版社 2005 年版,第 262 页。

殓,掩埋于该医院大门口土山坡上。[1]

64. 武定门收殓遇难者

武定门位于南京长乐路东端,1929 年开辟,因近武定桥而得名。1937 年 12 月间,市民张志强之兄在该城门附近铁路边被日军刺杀,后其尸体由家人用木板钉棺,就地收殓,埋于城墙边。[2]

65. 西华巷收殓遇难者

西华巷位于南京中山东路逸仙桥东北,南起中山东路,北至竺桥东。1937 年 12 月 13 日,市民朱玉清在此巷家中被日军闯进炸死,其尸体由其女儿、女婿就地收殓,予以掩埋。[3]

66. 积余村收殓遇难者

积余村位于南京西郊江东门西南。1937 年 12 月间,村民郭桂氏之夫在该处为日军刺死,后其尸体由郭桂氏就地收殓,予以掩埋。[4]

67. 衡阳寺收殓遇难者

衡阳寺位于南京东北郊栖霞山西南。1937 年 12 月间,市民郑永福在该处被日军枪杀,后其尸体由村民就地棺殓,埋于钱家渡郑的住处对面山上。[5]

68. 石梁柱掩埋遇难者

石梁柱位于南京下关西南部,南起三汊河北岸大埝,由三汊河河口向北,至南通路。1937 年 12 月间,船民姜根福的母亲在此处芦苇丛中被日军枪杀,怀抱幼子被摔死,后其尸体由姜父就地用木板、柴草草草殓葬于岸边。[6]

69. 仓巷收殓遇难者

仓巷位于南京升州路北侧,南起升州路,北至仓巷桥。1937 年 12 月间,市民陈华珍的姑父在该巷 100 号住宅门口被日军枪杀,后其尸体由家人就地收殓,掩埋于水

---

1 《退休职工郁正清关于自行收埋友人尸体的证言节录》,见孙宅巍编《南京大屠杀史料集》第 5 册《遇难者的尸体掩埋》,江苏人民出版社 2005 年版,第 263—264 页。
2 《职工张志强关于自行收埋亲属尸体的证言节录》,见上书,第 265 页。
3 《李桂珍老人关于自行收埋亲属尸体的证言》,见上书,第 265—266 页。
4 《郭桂氏老人关于自行收埋亲属尸体的证言》,见上书,第 266 页。
5 《郑永英证言》,见"南京大屠杀"史料编辑委员会等编《侵华日军南京大屠杀史料》,江苏古籍出版社 1987 年版,第 459 页。
6 《姜根福证言》,见上书,第 444—445 页。

西门外。[1]

70. 凤凰街收殓遇难者

凤凰街位于南京汉中门外,北临东头湖、中圩坝,南临胡家坝、刘塘。1938 年 1 月 5 日,市民余金亮、余方兴在该街猪行被日军杀害,次日,其尸体由亲属就地收殓,予以掩埋。[2]

71. 武学园收殓遇难者

武学园位于南京洪武路与中正路(今中山南路)之间,南起八条巷,北通东、西武学园。1937 年 12 月间,市民薛世金之母在该处住宅的地洞口被日军砍死,其尸体由薛就地收殓,予以掩埋。[3]

72. 九袱洲掩埋遇难者

九袱洲位于南京浦口顶山地境。1937 年 12 月间,市民杨广生在该洲随庄避难时被日军枪杀,其尸体由其子杨鉴新收殓后,掩埋于该洲。[4]

73. 白鹭洲掩埋遇难者

白鹭洲位于南京武定门内北侧,乌衣巷东、小石坝街南。1937 年 12 月 14 日,市民张玉珍的姐夫在石坝街巷口被日军刺死。次日,其尸体由亲属收殓后,掩埋于该洲。[5]

74. 七家湾收殓遇难者

七家湾位于南京建邺路南侧,西起仓巷,东至辉复巷。1937 年 12 月间,市民伍必成在该巷被日军刺死,尸体由其子就地收殓后,抬至五台山埋葬。[6]

75. 上新河掩埋遇难者

上新河,河名,街区名,位于南京水西门外。街区因水系得名。1937 年 12 月中旬,7 名躲藏于该处村民周长贵家地洞中的难民被日军刺死,其尸体由其各自家人就

---

1 《退休职工陈华珍关于自行收埋亲属尸体的证言》,见孙宅巍编《南京大屠杀史料集》第 5 册《遇难者的尸体掩埋》,江苏人民出版社 2005 年版,第 269 页。

2 《退休职工余金钟关于自行收埋亲属尸体的证言》,见上书,第 269 页。

3 《薛世金证言》,见"南京大屠杀"史料编辑委员会等编《侵华日军南京大屠杀史料》,江苏古籍出版社 1987 年版,第 448 页。

4 《杨鉴新老人关于自行收埋亲属尸体的证言》,见孙宅巍编《南京大屠杀史料集》第 5 册《遇难者的尸体掩埋》,江苏人民出版社 2005 年版,第 270—271 页。

5 徐志耕:《南京大屠杀》,江苏文艺出版社 1994 年版,第 124 页。

6 同上书,第 137 页。

地收殓掩埋。[1]

76. 徐家巷收殓遇难者

徐家巷位于南京升州路南,东起升州路,西至下浮桥。1937 年 12 月 13 日,市民渠刘氏之夫在该巷被日军刺死,其尸体由渠氏就地以薄棺收殓,暂埋原地;次年 4 月清明节时,复移往水西门外下葬。[2]

77. 塘泽掩埋遇难者

塘泽位于南京东郊汤山之南,作厂西侧。1937 年 12 月间,市民芮有道之父被日军抓夫去汤山炮校,后在丁墅被用刀砍死,抛尸塘中。其尸体初由当地村民从池塘捞出,草埋于附近一浅坑内。后于 1938 年 1 月 30 日,由其三个儿子抬回住地塘泽安葬。[3]

78. 罗山咀收殓遇难者

罗山咀位于南京东北郊栖霞地境,摄山东北。1937 年 12 月间,村民陈文焕在该处被日军杀死,其尸体于次日由其妻就地棺殓,初埋唐家窝,后迁埋双塘山。[4]

79. 上法汛收殓遇难者

上法汛位于南京东郊汤山西北,下法汛之南。1937 年 12 月 8 日,村民王义泰在该村附近被日军用刀砍伤后推入水中溺毙,其尸体由其子从水中捞出,就地棺殓,予以掩埋。[5]

80. 小湖山村掩埋遇难者

小湖山村位于南京东郊汤山西北。1937 年 12 月间,村民戴春龙在该村自家门口被日军枪杀,后其尸体由家人收殓,埋于村西。[6]

81. 作厂掩埋遇难者

作厂位于南京东郊汤山东南。1938 年 1 月 22 日,村民高树明之父在汤山菜场

---

1 松冈环编著:《南京战·受害者破裂的心声》,社会评论社 2003 年版,第 315 页。
2 同上书,第 274 页。
3 《芮有道老人关于自行收埋亲属尸体的证言节录》,见孙宅巍编《南京大屠杀史料集》第 5 册《遇难者的尸体掩埋》,江苏人民出版社 2005 年版,第 275 页。
4 《乡民陈宗学关于自行收埋亲属尸体的陈述记录》《乡民陈宗尧关于自行收埋亲属尸体的陈述节录》,见上书,第 275—276 页。
5 《村民王功和关于自行收埋亲属尸体的证言节录》,见上书,第 281 页。
6 《村民戴厚武关于自行收埋亲属尸体的证言节录》,见上书,第 282 页。

附近一个院子里被日军刺死,其尸体由家人抬回住地作厂,予以掩埋。[1]

82. 神家庄收殓遇难者

神家庄位于南京东郊汤山龙尚村。1937 年 12 月 9 日,村民丁小桂子在该村被日军用刀砍死,其尸体由其父收殓后就地掩埋。由于人头被砍下,丁的头发理的是西装头,但找不到,只好随便找了一颗理平顶发的头与尸身一道埋葬。[2]

83. 李府街收殓遇难者

李府街位于南京东部中山门内南侧,北起中山东路,南接吏部街。1937 年 12 月 12 日夜,该街 1 号市民储春香、金宜春、李步超、刘孙氏、储刘氏,2 号市民孙在善、孙宝学、孙徐氏,13 号市民方金山,以及附近市民苏银海、刘庭芝被日军杀死,其尸体当即由市民赵奎元与当地几位老人就地收殓,予以掩埋。1938 年 1 月底,市民方恩寿、赵奎元等人将附近城墙上的 9 具尸体收殓,予以掩埋。[3]

84. 红土桥收殓遇难者

红土桥位于南京升州路中段北侧,安品街与千章巷之间,跨古运渎河上。1937 年 12 月间,在渡船口的渡船上竹工李老头的儿子被日军戳死,并将尸体剖成几块,抛于该桥阴沟内。初,李老头准备收尸,但被日本兵吓走。后其尸体由友人协助收殓,予以掩埋。[4]

85. 汤徐村掩埋遇难者

汤徐村位于南京江北葛塘地境。1937 年 12 月底,该村村民陈祖兴在村内陈墩坝沟边遭日军枪杀,其尸体由家人从现场抬回,在村内掩埋。[5]

86. 板仓村收殓遇难者

板仓村位于南京太平门外岗子村东。1937 年 12 月间,市民滕宝珠的母亲和父亲,在数日内,先后在村内遭日军枪杀。其尸体由家人从避难地江北返回后,就地收殓,予以掩埋。[6]

---

1 《高树明老人关于自行收埋亲属尸体的证言节录》,见孙宅巍编《南京大屠杀史料集》第 5 册《遇难者的尸体掩埋》,江苏人民出版社 2005 年版,第 284 页。

2 《丁庆芳老人关于自行收埋亲属尸体的证言节录》,见上书,第 284—285 页。

3 《退休职工赵奎元自行掩埋难胞尸体的证言节录》,见上书,第 286—287 页。

4 《退休职工方秀英关于自行收埋难胞尸体的证言节录》,见上书,第 287 页。

5 《乡民陈祖有关于自行收埋亲属尸体的证言》,见上书,第 287—288 页。

6 《滕宝珠老人关于自行收埋亲属尸体的证言节录》,见上书,第 288 页。

87. 后宰门收殓遇难者

后宰门位于南京城东明故宫遗址之北。1937 年 12 月底,市民吴秀珍之父在该处住宅内,被日军连刺七八刀身亡,其尸体由邻人收殓后,埋在附近防空洞中。12 月间,市民靳书功在该处香林寺被日军枪杀,其尸体由其孙子与邻人同去收殓,予以掩埋。[1]

88. 金陵神学院收殓遇难者

金陵神学院位于南京汉中路北侧大铜银巷 13 号,时为安全区内难民收容所之一。1937 年 12 月间,市民肖潮思之父在该处难民收容所内被日军杀死。其尸体由其子女在夜间用芦席包裹后,埋在附近竹园中。[2]

89. 三汊河收殓遇难者

三汊河位于南京城西北外秦淮河入江口,东接秦淮河下游,南连清江河。街区因河得名。1937 年 12 月间,市民王学彪在此处被日军枪杀,其尸体于几天后,由家人前来棺殓,予以掩埋。[3]

90. 棉花堤收殓遇难者

棉花堤位于南京西南郊螺丝桥西南,濒临长江夹江边。1937 年 12 月间,日军为埋葬被流弹打死的一匹军马,逼令该处方斗斗、熊顺尧、邓银苟、高来生等九位老人为死马挖坑堆坟,并砍下该九人的人头,置于军马墓前祭奠。后由高来生之子高小春等人,将九具身首异处的尸体收殓,予以掩埋。[4]

91. 鬼脸城收殓遇难者

鬼脸城位于南京西部清凉山西侧,秦淮河东岸。因此段城墙经水流冲刷、自然风化,酷似狰狞鬼脸形状,故名。1937 年 12 月 27 日,市民唐元琴姐夫在此处河对面,遭日军隔河射击身亡。三个月后,其尸体方由家人收殓,予以掩埋。[5]

92. 集合村收殓遇难者

集合村位于中华门外雨花路西侧,赛虹桥南。1937 年 12 月 13 日,市民苏义亭在该处涵洞口被日军枪杀,尸体由其家人就地收殓,予以掩埋;12 月间,市民钮步潮

---

1 《吴秀珍老人关于自行收埋亲属尸体的证言节录》,见孙宅巍编《南京大屠杀史料集》第 5 册《遇难者的尸体掩埋》,江苏人民出版社 2005 年版,第 288—289 页。
2 《肖潮思老人关于自行收埋亲属尸体的证言节录》,见上书,第 289 页。
3 《王桂英老人关于自行收埋亲属尸体的证言节录》,见上书,第 289—290 页。
4 《乡民朱学礼等人关于亲属自行收埋尸体的证言节录》,见上书,第 290 页。
5 《唐元琴老人关于自行收埋亲属尸体的证言节录》,见上书,第 291 页。

在该地附近的防空洞里,与其他四五十名难民一起,被日军用机枪扫死。其尸体由其弟钮步云就地收殓,埋于附近。[1]

93. 建邺路收殓遇难者

建邺路位于南京城南中正路(今中山南路中段)西侧,东起中正路南口,西至莫愁路。1937 年 12 月 14 日,市民武金山之母在该路 31 号棋园茶馆中被日军用刀杀死,其尸体于三天后由武及其叔共同收殓,予以掩埋。[2]

94. 汤林村掩埋遇难者

汤林村位于南京东郊汤山镇旁。1937 年 12 月间,该村村民侯腊英的奶奶遭日军枪击身亡,汤的妻子被日军用棍子打死。该二人尸体,初由其家人分别用衣柜和棺木收殓,安民后又将衣柜中的尸体移入棺内,在村内择地安葬。[3]

95. 管家巷收殓遇难者

管家巷位于南京夫子庙秦淮河南,南起乌衣巷,北至大石坝街。1937 年 12 月 15 日,市民张英华在该巷口被日军枪杀,数日后,其尸体由亲属就地收殓,予以掩埋。[4]

96. 水关桥掩埋遇难者

水关桥位于南京下关今四平路北之晓燕路上,跨外金川河。1937 年 12 月 13 日,市民刘修荣之兄在该地居住处,被日军刀刺、枪击身亡。隔数日,其尸体由其父掩埋于附近。[5]

97. 罗庄掩埋遇难者

罗庄位于南京浦口沿江地境冯墙村。1938 年 2 月间,该村村民袁长林被日军刀砍、枪击身亡,其尸体由家人就地草草掩埋。[6]

---

1 《刘素珍老人关于亲属自行收埋尸体的证言节录》,见孙宅巍编《南京大屠杀史料集》第 5 册《遇难者的尸体掩埋》,江苏人民出版社 2005 年版,第 291 页。
2 《武金山老人关于自行收埋亲属尸体的证言节录》,见上书,第 291 页。
3 《侯腊英口述》,见蒋晓星等编《南京大屠杀史料集》第 38 册《幸存者调查口述续编》(中),江苏人民出版社 2007 年版,第 1112 页。
4 《张王氏呈文》,见中国第二历史档案馆等编《侵华日军南京大屠杀档案》,江苏古籍出版社 1987 年版,第 218 页。
5 《刘修荣口述》,见张连红、张生编《南京大屠杀史料集》第 25 册《幸存者调查口述》(上),江苏人民出版社 2006 年版,第 19 页。
6 《袁发生口述》,见上书,第 292 页。

98. 大定林掩埋遇难者

大定林位于南京东郊麒麟门南。1937 年 12 月 9 日,该村土地庙里的道人老学智被日军枪杀,其尸体由小定林、大定林、后庄头三个村的村民,收殓后埋在庙西"八分地"边上。[1]

99. 大庄掩埋遇难者

大庄位于南京东郊马群地境。1937 年 12 月 11 日,该村村民张前松、张孙氏、张张氏、马黄氏、张前兴及张石荣的爷爷等 6 人被日军枪杀,其尸体由家人张石林等收殓,予以掩埋。[2]

100. 三山街收殓遇难者

三山街位于南京城南中华路中段,北起建康路、升州路交汇口,南接大功坊。1937 年 12 月间,市民陈德寿的父亲在该处承恩寺被日军用刀刺死,其尸体初由街坊熟人用棉被裹置门板上,存放防空洞中,40 余日后,方由家人将其葬于中华门外。[3]

101. 江浦东门掩埋遇难者

1937 年 12 月间,市民程长河逃难到江浦东门被日军枪杀,其尸体由家人就地收殓后,掩埋于附近。[4]

102. 高岗里收殓遇难者

高岗里位于南京中华门内西侧,东起饮马巷,西至绿竹园。1937 年 12 月 13 日,市民杨丙荣在该巷住宅中被日军刺杀身亡,其尸体由家人棺殓后,葬于黄土山。[5]

103. 小营村收殓遇难者

小营村位于六合灵岩地境。1937 年 12 月间,市民张志成在该村被日军枪杀,其尸体由家人趁黑夜收殓,草草掩埋。[6]

104. 安基山收殓遇难者

安基山位于南京东郊汤山北孟塘地境。1937 年 12 月 5 日,日军在此处将罗腿

1　《鲍孝全口述》,见蒋晓星等编《南京大屠杀史料集》第 38 册《幸存者调查口述续编》(中),江苏人民出版社 2007 年版,第 1236 页。

2　《张石林口述》,见张生等编《南京大屠杀史料集》第 39 册《幸存者调查口述续编》(下),江苏人民出版社 2007 年版,第 1597 页。

3　《陈德寿证言》,见朱成山主编《侵华日军南京大屠杀幸存者证言》,社会科学文献出版社 2005 年版,第 156 页。

4　《程福保证言》,见上书,第 266 页。

5　《杨秀英证言》,见上书,第 355 页。

6　《张殿云证言》,见上书,第 363 页。

等 10 多名难民分别用枪击杀与用刺刀刺死。罗腿与另外几名妇女的尸体被当地村民就地收殓,埋在孤山堰同一个坟里。[1]

105. 姚家边掩埋遇难者

姚家边位于南京东郊上峰高庄村。1937 年 12 月 7 日,日军将躲在该村避难的外村人陈起森、陈起旺等 30 余人用刀刺死,并放火焚烧。安民后,村民们回到村里,将遇难者的尸骨集中起来,在村西头挖一大坑,予以掩埋。[2]

106. 刘岗头掩埋遇难者

刘岗头位于南京东郊汤山镇东。1938 年 1 月 24 日,日军将该村村民刘家凤等 42 人押至村后广场上,全部予以枪杀。其尸体于 1 个多月后,方由村民陆续偷偷在夜里草草埋葬。[3]

107. 西庄掩埋遇难者

西庄位于南京东郊汤山地境。1937 年 12 月间,日军在该村将村民皇甫大森等 19 人用刺刀刺死,死尸推入水塘,后由村民予以收殓、埋葬;该村妇女皇甫胡氏被日军枪杀后,其尸体由其儿子予以掩埋。[4]

108. 中解掩埋遇难者

中解位于南京东郊沧波门外。1937 年 12 月间,日军在该村将村民王强富夫妇枪杀。其尸体初用芦席包裹,置于田间;安民后,方由家人予以棺殓,埋于村旁山上。[5]

109. 东解掩埋遇难者

东解位于南京东郊沧波门外。1938 年 1 月底,日军将该村村民李有超枪杀,其尸体由家人埋于村后。[6]

110. 王家边掩埋遇难者

王家边位于句容天王寺南。1937 年 12 月间,日军将该村村民刘胜富等七八十

---

1 《高德树口述》,见费仲兴、张连红编《南京大屠杀史料集》第 27 册《幸存者调查口述》(下),江苏人民出版社 2006 年版,第 1097—1098 页。

2 《陈恩贵口述》,见上书,第 1218 页。

3 《刘兴铭证言》,见朱成山主编《侵华日军南京大屠杀幸存者证言》,社会科学文献出版社 2005 年版,第 14 页。

4 《皇甫志圣口述》,见费仲兴、张连红编《南京大屠杀史料集》第 27 册《幸存者调查口述》(下),江苏人民出版社 2006 年版,第 1250—1251 页。

5 《孙如意口述》,见上书,第 1298—1299 页。

6 《李有华口述》,见上书,第 1298—1299 页。

人绑于板凳上，用锯子从后脖开锯杀死。刘的尸体由其妻收殓后，埋葬于自家坟山。[1]

111. 耿岗村掩埋遇难者

耿岗村位于南京东南郊上坊与淳化间。1937 年 12 月间，日军将该村村民耿兴海、耿兴如等 13 人杀死。耿兴海、耿兴如尸体由其亲属就地收埋。[2]

112. 灵山掩埋遇难者

灵山位于南京东郊仙鹤门外江宁、栖霞交界处。1937 年 12 月 22 日左右，日军将避难于该处观音庙里的 20 余名难民杀死，其尸体由该地村民在庙下挖坑予以掩埋。数日后，该处村民王文展被日军刺死，其尸体由乡亲用高粱杆包起埋于村后。[3]

113. 王后村收殓遇难者

王后村位于南京东郊麒麟门外青龙山西麓，京（宁）杭国道南侧。1937 年 12 月 9 日，日军在该村将 20 余名村民用刺刀刺死。死者王祖荣的尸体，由其妹用被单包裹，放在踏板上，埋于村后老坟中。其他本村死难村民，各由家人予以收埋。此后，外村死难者的尸体，亦由该村村民抬至小山脚下，挖数坑，草草埋葬。安民后，这部分外村死难者的尸体，也有被家人前来挖出运回安葬者。[4]

114. 堆草巷掩埋遇难者

堆草巷位于南京中华门城堡东北，武定桥南，大油坊巷东侧。1937 年 12 月间，该巷市民丁小姑娘遭 13 名日军强奸后，被用刺刀刺死，其尸体由其家人埋于自家花园内。[5]

115. 回回营掩埋遇难者

回回营位于南京中华门外雨花台东南侧，今养回红村。1937 年 12 月间，市民范文卿被日军在扫帚巷口刺死，其尸体由家人掩埋于回回营。[6]

1　《刘勇口述》，见费仲兴、张连红编《南京大屠杀史料集》第 27 册《幸存者调查口述》（下），江苏人民出版社 2006 年版，第 1328—1329 页。

2　《耿顺山口述》，见蒋晓星等编《南京大屠杀史料集》第 37 册《幸存者调查口述续编》（上），江苏人民出版社 2007 年版，第 299 页。

3　《王秀兰口述》，见蒋晓星等编《南京大屠杀史料集》第 38 册《幸存者调查口述续编》（中），江苏人民出版社 2007 年版，第 1217 页。

4　费仲兴：《城东生死劫》，中国工人出版社 2008 年版，第 116—119 页。

5　《范实甫查询笔录》，见中央档案馆等编《南京大屠杀》，中华书局 1995 年版，第 644 页。

6　同上文，见上书，第 645 页。

116. 螺蛳港掩埋遇难者

螺蛳港位于南京中华门外雨花路西侧,窑湾街西。1937 年 12 月间,日军在窑湾街 380 号住宅内将市民王树棠枪杀,其尸体由家人收埋于住宅附近之螺蛳港。[1]

117. 珍珠巷收殓遇难者

珍珠巷位于南京中华门外窑湾街西南。1937 年 12 月 13 日,该巷 139 号市民戈福祥、羊毛子父子在住宅后地洞内,分别为日军枪击和刀刺身亡,其尸体由戈妻戈杨氏就地收殓,葬于学堂附近。12 月 14 日,该巷市民王克香在家中被日军刺死,其尸体由亲属收殓,予以掩埋。12 月 15 日,该巷 38 号市民吴炳真在住宅中被日军刺死,其尸体由其妻吴王氏就地收殓,葬于杨家庙前山上。[2]

118. 中华门掩埋遇难者

中华门位于南京城南中华路南端。1937 年 12 月间,市民毕恒宝、姜兆龙在该城内外地洞内被日军发现后用刺刀刺死,其尸体分别由家人埋于该城门西侧墙拐处。[3]

119. 门西义冢掩埋遇难者

门西义冢位于南京中华门内西侧。1937 年 12 月 13 日,市民李三在中华门附近地洞中被日军发现后枪杀,其尸体由家人收殓后埋入门西义冢。[4]

120. 兵工厂掩埋遇难者

兵工厂位于南京中华门外正学路。1937 年 12 月 14 日,市民季如松夫妇为日军搬运东西后,在该厂附近被枪杀,其尸体由邻居李广居收殓后,就地掩埋。[5]

121. 雨花路收殓遇难者

雨花路位于南京中华门外秦淮河南岸,北起长干桥,南至雨花台。1937 年 12 月 14 日,市民许小坡在该路被日军枪击、刀刺身亡,其尸体由邻人就地收殓后,埋至荒地中。[6]

122. 西街收殓遇难者

西街位于南京中华门外雨花路西侧,东起菜市口,西至小市口西之东端。1937 年 12 月 14 日,市民童杨氏在该街 191 号家中因强奸不从,被日军刺死,其尸体由家

---

1 《王田氏查询笔录》,见中央档案馆等编《南京大屠杀》,中华书局 1995 年版,第 646 页。

2 《戈杨氏查询笔录》《吴王氏查询笔录》,见上书,第 666 页。

3 《毕邱氏查询笔录》《姜王氏查询笔录》,见上书,第 672、673 页。

4 《李张氏查询笔录》,见上书,第 675 页。

5 《李广居查询笔录》,见上书,第 678—679 页。

6 《许刘氏查询笔录》,见上书,第 685 页。

人收殓后埋至荒地中。[1]

123. 下码头收殓遇难者

下码头位于南京中华门外长干桥西,秦淮河南岸。1937 年 12 月 12 日,该处 288 号市民王树有之母在附近地洞中被日军枪杀,其尸体由家人收殓后埋于乱坟中。12 月 13 日,该处 302 号市民宋季德在地洞中为日军枪杀,其尸体由其妻宋蔡氏收殓后埋于荒地;该处 136 号市民臧世奎被日军枪杀,其尸体由亲属收殓后,予以掩埋。[2]

124. 许家湾收殓遇难者

许家湾位于南京南郊沙洲圩地境。1937 年 12 月 15 日,妇女马小凤在该处住宅内,因拒奸被日军刺杀,其尸体由家人收敛后,予以掩埋。[3]

125. 宝塔山收殓遇难者

宝塔山位于南京中华门外雨花路东侧,东起养虎巷,西至北山门。1937 年 12 月 13 日,该处 134 号市民高强科、高锦有父子,在住宅门口被日军枪杀,其尸体由家人高锦坤收敛后,予以掩埋。[4]

126. 膺福街收殓遇难者

膺福街位于南京中华门内镇淮东桥南口,内秦淮东南岸。1937 年 12 月 13 日,该街 39 号裁缝周荣庆之伯母在住宅中被日军枪杀,其尸体由周收殓,予以掩埋。[5]

127. 库山掩埋遇难者

库山位于南京中华门内东侧边营东端。1937 年 12 月 13 日,市民冯天祥、柯根荣在该处被日军枪杀,其尸体由冯兄冯天顺就地掩埋于地洞内。[6]

128. 黄栗墅掩埋遇难者

黄栗墅位于南京东郊汤山古泉村。1937 年 12 月 8 日,村民肖大丫头在该处被日军轮奸致死,其尸体直至安民后,方由村民收殓安葬。[7]

---

1 《童月华查询笔录》,见中央档案馆等编《南京大屠杀》,中华书局 1995 年版,第 685 页。
2 《王李氏查询笔录》《宋蔡氏查询笔录》,见上书,第 693 页。
3 《马又良查询笔录》,见上书,第 697—698 页。
4 《高锦坤查询笔录》,见上书,第 699 页。
5 《周荣庆查询笔录》,见上书,第 700 页。
6 《冯天顺查询笔录》,见上书,第 701 页。
7 费仲兴:《城东生死劫》,中国工人出版社 2008 年版,第 89—92 页。

129. 洪武路收殓遇难者

洪武路位于南京中正路（今中山南路北段）东侧，北起中山东路，南至白下路。1937 年 12 月 13 日，厨师金明亮在该路武曲园茶馆被日军枪杀，其尸体经多日后，方由市民收殓，埋于五台山麓。[1]

130. 玉带巷收殓遇难者

玉带巷位于南京三山街之西，秦淮河东北岸，东起上浮桥，西至渡船口。1937 年 12 月 13 日，市民胡韦氏在该巷 24 号住宅被日军枪杀，其尸体由家人以几块木板钉成薄棺，就地收殓，草草埋葬。[2]

131. 王府巷掩埋遇难者

王府巷位于南京城南集庆路东段北侧，东起船板巷，西接吉祥街。1937 年 12 月 13 日，市民陈秀英之夫在该巷家中被日军用刀杀死，尸体后由家人掩埋于住地附近。[3]

132. 五台山掩埋遇难者

五台山位于南京上海路西，华侨路北。1937 年 12 月 12 日，市民马开华在升州路、糯米巷口被日军枪杀，后尸体由亲属寻得，埋葬于该山。[4]

133. 金华酱油厂掩埋遇难者

金华酱油厂位于南京水西门外二道埂子附近。1937 年 12 月中旬，市民周力强在该厂被日军刺死，尸体由其母与妹妹共同收殓后，埋于附近菜地中。[5]

134. 马府街收殓遇难者

马府街位于南京太平路（今太平南路北段）东侧，东起今长白街，西至太平路。1937 年 12 月 13 日，市民丁正科在该街 38 号家中被日军枪杀，其尸体数日后由家人收殓，予以掩埋。[6]

---

[1] 《金马氏呈文》，见中国第二历史档案馆等编《侵华日军南京大屠杀档案》，江苏古籍出版社 1987 年版，第 174 页。

[2] 《胡伟证言》，见朱成山主编《侵华日军南京大屠杀幸存者证言》，社会科学文献出版社 2005 年版，第 172—173 页。

[3] 《陈秀英证言》，见上书，第 172—173 页。

[4] 《唐克俊结文》，中国第二历史档案馆藏，档案号五九三/50。

[5] 《周秀华证言》，见朱成山主编《侵华日军南京大屠杀幸存者证言》，社会科学文献出版社 2005 年版，第 172—173 页。

[6] 《丁俊杰证言》，见上书，第 172—173 页。

135. 龙潭收殓遇难者

龙潭位于南京东北郊栖霞山东。1937 年 12 月 15 日,市民田朝权在该处中国水泥厂门前被日军杀害,抛尸河内,其尸体由友人王有梗用木板收殓,埋于附近老虎山口。[1]

136. 双圩掩埋遇难者

双圩位于时江浦县永宁地境。1937 年 12 月间,渔民余夕耿在该圩地洞被日军枪杀,尸体由邻人在当地予以埋葬。[2]

137.合班村掩埋遇难者

合班村即五班村,位于南京东北近郊,迈皋桥地境。1937 年 12 月间,市民王文炳在该村被日军刺死,尸体由其亲属掩埋于住地附近。[3]

138. 姚村掩埋遇难者

姚村位于南京南郊西善桥东。1937 年 12 月间,农民陈道发在该村附近池塘边被日军枪杀,尸体掉入池塘中。当场由家人从池塘中将尸体捞回,掩埋于该村。[4]

139. 小赤燕掩埋遇难者

小赤燕位于南京东郊汤山地境。1937 年 12 月 6 日,村民李永树在该处被日军枪杀,其尸体于几日后,由村民就地予以掩埋。[5]

140. 窑山掩埋遇难者

窑山位于南京东郊汤山地境。1937 年 12 月间,村民秦宏宝与其婿张礼江在黄栗墅于右任别墅的地洞口被日军刺死。其尸体于安民后,由家人抬回,埋于汤山附近的窑山。[6]

---

1 《王有梗结文》,见中国第二历史档案馆等编《侵华日军南京大屠杀档案》,江苏古籍出版社 1987 年版,第 229 页。

2 《余建芳口述》,见张连红、张生编《南京大屠杀史料集》第 25 册《幸存者调查口述》(上),江苏人民出版社 2006 年版,第 228 页。

3 《陈庆荣口述》,见张连红、戴袁支编《南京大屠杀史料集》第 26 册《幸存者调查口述》(中),江苏人民出版社 2006 年版,第 668 页。

4 《陈正源口述》,见张生等编《南京大屠杀史料集》第 39 册《幸存者调查口述续编》(下),江苏人民出版社 2007 年版,第 1639 页。

5 《李昌龙口述》,见费仲兴、张连红编《南京大屠杀史料集》第 27 册《幸存者调查口述》(下),江苏人民出版社 2006 年版,第 1123 页。

6 《秦恩禄口述》,见蒋晓星等编《南京大屠杀史料集》第 38 册《幸存者调查口述续编》(中),江苏人民出版社 2007 年版,第 1099 页。

141. 龙尚茅屋收殓遇难者

龙尚茅屋位于南京东郊麒麟门外大连山之北。1937 年 12 月间,村民成奶奶、孙老二、黄老二在该处草堆旁被日军刺死,其尸体于数日后,由各自家人收殓,葬于各家山上。[1]

142. 侯家塘掩埋遇难者

侯家塘位于南京东郊汤山地境,汤山头之北,阳山碑材东南。1938 年 1 月 21 日,村民张国义在该村后山被日军枪杀,其尸体旋由家人暂以被单包裹,浅埋于地,至家人跑反回来后,方用木板重新埋葬。[2]

143. 胡家棚子掩埋遇难者

胡家棚子位于南京东郊上峰地境。1938 年 1 月底,村民李二、李三兄弟俩在该村家中被日军刺死,其尸体由邻人胡远堂之父埋在村中旱塘沟里。[3]

144. 大岗头收埋遇难者

大岗头位于南京东郊上峰镇。1937 年 12 月 7 日,村民张长生在该处被日军刺死,其尸体由家人就地收殓,用两扇门板抬埋。[4]

145. 孟庄收殓遇难者

孟庄位于南京东郊阳山碑材之西、青龙山以北。1937 年 12 月 16 日,村民衡义山、陈冬宝、宋亚表、周三、孙群友、刘小七等 40 余人在该处石灰窑被日军集体枪杀,其尸体由死者家人及村民埋在附近山凹中。[5]

146. 潘村掩埋遇难者

潘村位于南京东南郊东山地境。1937 年 12 月间,该村村民骆桂廷的儿子与媳妇被日军刺死,其尸体由村上老人就地予以掩埋。[6]

147. 郭圩村掩埋遇难者

郭圩村位于南京东郊上峰东南。1937 年 12 月 6 日,村民张生强在该村村前被

---

1 《陈远银口述》,见费仲兴、张连红编《南京大屠杀史料集》第 27 册《幸存者调查口述》(下),江苏人民出版社 2006 年版,第 1180 页。

2 《张家蓉口述》,见上书,第 1191 页。

3 《胡远堂口述》,见上书,第 1192 页。

4 《张才兰口述》,见上书,第 1254 页。

5 《张开宇口述》,见上书,第 1267—1269 页。

6 《骆宝清口述》,见上书,第 1312 页。

日军枪杀,尸体由村民于就地掩埋。[1]

148. 丁家村收殓遇难者

丁家村位于南京东郊麒麟门附近。1937 年 12 月间,村民周广清之二叔在家中被日军枪杀,尸体由其兄收殓,予以掩埋。[2]

149. 上甸村收殓遇难者

上甸村位于南京东郊麒麟镇。1937 年 12 月间,市民丁发炳在该村家中被日军烧死,尸体由家人就地收殓,予以掩埋。[3]

150. 高井村掩埋遇难者

高井村位于南京东郊麒麟门东北,九乡河东侧。1937 年 12 月间,村民葛德林被日军从该村村前地洞中拖出刺死,其尸体当天为村民就地掩埋。[4]

151. 锁金村收殓遇难者

锁金村位于南京东部近郊,玄武湖东。1937 年 12 月间,市民杨有仁及其子谈春山在该村被日军刺死,其尸体由家人用草席裹住,草草掩埋。[5]

152. 夹岗村掩埋遇难者

夹岗村位于南京东南近郊卡子门外、响水河西岸。1937 年 12 月间,村民王长发之父在该村为日军枪杀后焚毁尸体,其尸体由家人抬回家后,趁天黑埋于村中。[6]

153. 黄庄掩埋遇难者

黄庄位于南京东郊马群东北。1937 年 12 月 10 日,该庄村民黄明金的两个奶奶、两个叔叔、婶婶被日军杀死,约 10 天后,其尸体由家人掩埋于村边。[7]

154. 迈皋桥收殓遇难者

迈皋桥位于南京北郊,中央门东北。1938 年 1 月,市民叶长洲由避难地返回该处家中,见邻人严正义、严老七、严启洲、张友林、涂正齐等人被日军杀死,尸体横陈,

---

1　《曾兴法口述》,见蒋晓星等编《南京大屠杀史料集》第 38 册《幸存者调查口述续编》(中),江苏人民出版社 2007 年版,第 1145—1146 页。

2　《王继炳口述》,见上书,第 1191 页。

3　《丁祥忠口述》,同上书,第 1212 页。

4　《葛德贵口述》,同上书,第 1218 页。

5　《谈春余证言》,见朱成山主编《侵华日军南京大屠杀幸存者证言》,社会科学文献出版社 2005 年版,第 407—408 页。

6　《王仕珍、王长发口述》,见张生等编《南京大屠杀史料集》第 39 册《幸存者调查口述续编》(下),江苏人民出版社 2007 年版,第 1559 页。

7　《黄明金口述》,见上书,第 1596 页。

遂助其家人将尸体收殓,予以掩埋。[1]

155. 中庄收殓遇难者

中庄位于南京城北近郊,迈皋桥地境。1937 年 12 月间,市民曹启寿在该村被日军用刀砍死,其尸体由其兄收殓后,初埋尖山,后又迁至老山。[2]

156. 晓庄收殓遇难者

晓庄位于南京城北近郊,迈皋桥北,燕子矶南。1937 年 12 月间,市民黄郎氏及其孙女黄腊红在该处家中被日军枪杀,其尸体由黄郎氏之子以木橱收殓,初埋回子山,后迁葬燕子矶铁石岗。[3]

157. 杨梅塘掩埋遇难者

杨梅塘位于南京北郊,燕子矶东、尧化门北。1937 年 12 月间,市民王安帮在该村被日军枪杀,尸体由家人用马槽收殓,就地埋葬。[4]

158. 北珍珠巷收殓遇难者

北珍珠巷位于南京城南中华门外窑湾街南,西起南珍珠巷,东接义仓巷。1937 年 12 月底,该巷 125 号居民王松泉的父亲和哥哥,分别被日军刺死和枪杀,其尸体由王松泉就地收殓,予以埋葬。[5]

159. 大巷收殓遇难者

大巷位于南京东郊仙鹤门地境。1937 年 12 月间,该处村民施正亭、施年红、黄石沐、黄清明、潘老太、黄老太等 9 人,被日军刺死,并焚烧其尸体。后由村民施明洲将其尸体收殓,予以掩埋。[6]

160. 钟家村收殓遇难者

钟家村位于南京南郊谷里地境。1937 年 12 月间,该村村民胡文英被日军枪杀,尸体由其家人就地收殓,埋于刘家后山上。[7]

---

1 《叶长洲口述》,见张连红、戴袁支编《南京大屠杀史料集》第 26 册《幸存者调查口述》(中),江苏人民出版社 2006 年版,第 683 页。

2 《曹洪炳口述》,见张生等编《南京大屠杀史料集》第 39 册《幸存者调查口述续编》(下),江苏人民出版社 2007 年版,第 1602 页。

3 《黄秀凤口述》,见上书,第 1604—1605 页。

4 《王国民口述》,见上书,第 1609 页。

5 《王松泉证言》,见朱成山主编《侵华日军南京大屠杀幸存者证言集》,南京大学出版社 1994 年版,第 164 页。

6 《施明洲口述》,见张生等编《南京大屠杀史料集》第 39 册《幸存者调查口述续编》(下),江苏人民出版社 2007 年版,第 1628 页。

7 《胡加民口述》,见上书,第 1649 页。

161. 三百户收殓遇难者

三百户位于南京东郊五百户附近。1937 年 12 月间,该处村民季广金在村中为日军枪杀,尸体由其子就地收殓后,初予浅埋,安民后又行棺葬。[1]

162. 寺桥收殓遇难者

寺桥位于南京东郊汤山镇旁。1937 年 12 月九十日间,该处村民李朱氏被日军枪杀后,推尸桥下。安民后,其尸体由其子从该桥桥下收殓,埋于汤山鸡场附近。[2]

163. 汤山头收殓遇难者

汤山头位于南京东郊汤山镇之西。1937 年 12 月间,村民陈长远在该处山上被日军枪杀,尸体由家人从山上拖下,于夜间收殓埋葬。[3]

164. 铁心桥掩埋遇难者

铁心桥位于南京南郊雨花台南,西善桥东侧。1937 年 12 月底,村民姜大福、姜兴春父子从避难地返家,在该桥边将无名尸体 8 具,予以掩埋。[4]

165. 九龙桥收殓遇难者

九龙桥位于通济门外秦淮河上。1937 年 12 月间,13 名躲在该桥附近院子里的难民被日军用刀杀死,其尸体由附近市民埋于三毛公庙旁。[5]

四、 6 个伪政权机构对遇难者尸体的收埋

1. 伪第一区公所收埋尸体 1233 具

日伪统治时期的第一区,位于南京城东南部。在其向伪南京市自治委员会的一

---

[1] 《季陈氏口述》,见张生等编《南京大屠杀史料集》第 39 册《幸存者调查口述续编》(下),江苏人民出版社 2007 年版,第 1739 页。

[2] 《李友钧口述》,见蒋晓星等编《南京大屠杀史料集》第 38 册《幸存者调查口述续编》(中),江苏人民出版社 2007 年版,第 1103 页。

[3] 《周德银口述》,见费仲兴、张连红编《南京大屠杀史料集》第 27 册《幸存者调查口述》(下),江苏人民出版社 2006 年版,第 1195 页。

[4] 《姜兴春口述》,见张连红、戴袁支编《南京大屠杀史料集》第 26 册《幸存者调查口述》(中),江苏人民出版社 2006 年版,第 835 页。

[5] 《陈效虎口述》,见上书,第 859 页。

份工作报告中称,"本月份(1938年2月)掩埋尸体计一千二百三十三具"。[1]

2. 伪第二区公所收埋尸体 27 具

伪第二区位于南京城西南部。在1938年1月28日该区的一份工作报告中写有"函请崇善堂掩埋本区境内遗尸9具"的内容;[2]在其1938年2月份的工作报告中写有"掩埋尸体:先后查得评事街等处,尚有遗尸十八具,暴露未埋,即经随时备函,通知崇善堂掩埋,以维人道,而重卫生。"[3]

3. 伪第三区公所收埋尸体 10 余具

伪第三区位于南京城东北部。在该区1938年一、二月份的工作日报表中,载有请红卍字会、崇善堂、警察厅帮助收埋尸体共10余具的内容。[4]

4. 伪下关区公所收埋尸体 3240 具

下关地区,是日军进行南京大屠杀中的重要屠场。该伪区公所区长刘连祥在向伪南京市自治委员会呈报"各组长工作之前后经过情形"的报告中,叙述了该区宣传组长郑宝和、救济组长王科弟和户籍组长毕正清得日军允许,先后率领伕役百余名,于1937年12月下半月,在下关、三汊河一带掩埋尸体3200余具的过程。该报告称:自1937年12月15日起,郑宝和即与市民沈桂森、妙净和尚开始在下关一带掩埋被害军民尸体。16日,由日军官指定郑宝和、王科弟、毕正清(当日未出工)三人为代表,将所率84名难民编队,"到碇泊场司令部,会见南出先生,蒙司令准发给良民符号八十四张,即开始分班工作。计由中山码头沿江边清扫及将尸体掩埋。是日约埋三四十具。至下午五时,蒙南出先生发给米盐油菜等,即令分别返回住所。次日毕正清同来,而工作如前,至二十五日止。二十六日,因搬运三汊河内及各防空屋内之尸体,尚有四百余具须要掩埋清扫,故是日未到下关。二十七日,仍率难民百余名,复蒙南出先生补发符号二十张。如此每天均到下关,认真努力清扫工作……经手掩埋尸体

---

[1] 《伪南京市自治委员会第一区区公所1938年2月份工作报告》,南京市档案馆藏,档案号1002—19—11。

[2] 《伪南京市自治委员会第二区区公所工作报告》(1938年1月28日),南京市档案馆藏,档案号1002—19—12。

[3] 《伪南京市自治委员会第二区区公所1938年2月份工作报告》,南京市档案馆藏,档案号1002—19—12。

[4] 《伪南京市自治委员会第三区区公所一二月份工作日报表》(1938年1—2月),南京市档案馆藏,档案号1002—19—13。

约三千二百四十具"[1]。

5. 伪南京市政公署督办高冠吾经手收埋尸体 3000 余具

1938 年秋冬至 1939 年初,由伪南京市政公署督办高冠吾经办,在中山门外灵谷寺至马群一带,收埋遗骸 3000 余具。

高冠吾于 1938 年 10 月就任伪南京市政公署督办。此时虽已距南京失陷 10 个月之久,但其仍于城边草丛、山巅、水旁屡见被日军残杀之遗骸,遂共收埋 26 具。后又经村民报告,在中山门外灵谷寺至马群一带,有遗骨 3000 余具,遂复令卫生局派掩埋队前往埋葬,计工作 40 余日,开支 909 元,于灵谷寺东以青砖砌成扁圆形坟墓一座,外粉水泥,坚固而壮丽。高冠吾派员于 1939 年 5 月 28 日前往致祭,并亲立"无主孤魂之碑"一方,其碑文云:"越二月(按:指 1938 年 12 月),村民来告茆山、马群、马鞍、灵谷寺诸地遗尸尤多,乞尽瘗之,乃下其事于卫生局,选夫治具悉收残骨得三千余具,葬于灵谷寺之东,深埋以远狐兔,厚封以识其处。立无主孤魂之碑,且使执事夏元芝以豚蹄只鸡酒饭奠之,俾妥幽魂。"[2]

6. 伪南京市卫生机构收埋尸体 9341 具

从伪南京市自治委员会到伪南京特别市政府的卫生机构,先后称"卫生组""卫生局",专门设有处理死难者尸体的掩埋队。据 1942 年 2 月的《南京市政概况》称:"昭和 13 年(按:即 1938 年)南京自治委员会成立了在当地的公共卫生组织,即作为维持社会慈善事业的市卫生局(时称卫生组),下面有掩埋队(死尸埋葬队),队员(男性)16 名;每月经费(总人件费)288 元,用于南京市的尸体和露棺的埋葬、火葬,以及墓地的修理、施棺。"在 1938 年中,经由伪南京市卫生机构,共掩埋男尸 8966 具、女尸 146 具、孩尸 205 具、尸骨 24 具,合计 9341 具。[3]

---

1 《伪下关区长刘连祥呈伪南京市自治委员会报告》(1938 年 1 月 30 日),南京市档案馆藏,档案号 1002—19—15。

2 高冠吾:《无主孤魂之碑碑文》,见中央档案馆等合编《南京大屠杀图证》,吉林人民出版社 1995 年版,第 160 页之图 478,原拓片影印。

3 《南京市政概况》,1942 年 4 月,见孙宅巍编《南京大屠杀史料集》第 5 册《遇难者的尸体掩埋》,江苏人民出版社 2005 年版,第 338 页。

五、35 宗日军部队对遇难者尸体的处理

1. 日军南京碇泊场司令部对尸体的处理

日军战俘太田寿男的供词,揭开了日军在南京大量毁尸灭迹的内幕。

太田寿男,1896 年生,日本爱媛县松山市人。日军攻陷上海后,太田服务于第二碇泊场司令部,任少佐部员,驻江苏常熟,负责输送攻击南京的部队,及弹药、粮秣。南京失陷后,第二碇泊场司令部移驻南京下关码头附近,又称南京碇泊场司令部。该司令部隶属于华中碇泊场司令部,司令官为铃木义三郎中佐。太田于 1937 年 12 月 15 日由常熟附近的浒浦镇来到南京,并奉命在 16 至 18 日间,与安达少佐各率 400 名运输兵,专门进行输送和处理尸体。经太田寿男直接处理的尸体有 1.9 万具;经安达少佐处理的尸体有 8.1 万具;估计由其他部队投江的尸体有 5 万具。[1]

2. 日军士兵增田六助见证处理尸体 328 具

原日军第 16 师团步兵第 20 联队上等兵增田六助保存的一份《陈中日志》中载:"一、根据西作命第一七〇号,从午前 10 时实施扫荡区域的扫荡,枪杀并埋葬 328 名'败残兵'。"[2]

3. 日军士兵东口义一见证处理尸体 60 具

原日军第 16 师团步兵第 38 联队上等兵炮手东口义一,曾供述了将 10 名中国军人杀害并就地掩埋的情况。他写道:1937 年 12 月 18 日,"按'大队日日命令'在步兵炮小队长的命令下,我——第二分队炮手上等兵指挥某一等兵,按大队本部中西军曹的指示,我以下 9 名在挖掘深 1.5 米、宽 1.2 米、长 2.0 米的埋尸坑时,联队本部教育系某助手及 5 名士兵将用麻绳绑着的抗日军押送到现场。我将一名抗日军的眼睛蒙

---

1 《太田寿男笔供》1954 年,见中央档案馆等合编《日本帝国主义侵华档案资料选编》第 12 辑《南京大屠杀》,中华书局 1995 年版,第 855—865 页。另一位在南京碇泊场司令部服役的军曹梶谷健郎在日记中称,只"清除了千余具尸体",见孙宅巍编《南京大屠杀史料集》第 5 册《遇难者的尸体掩埋》,江苏人民出版社 2005 年版,第 279—280 页。

2 下里正树:《被隐瞒的联队史——20 联队下级士兵看到的南京事件真相》,日本青木书店 1987 年版,第 49 页,原件影印。

起来,并使之坐在坑前。增田大尉举着自己的军刀说:'就这样砍',在 10 名见习士官面前,把他斩首了。其他 9 名抗日军则被见习士官分别斩首。当时,我和其他 9 名在 10 米外的位置担任周围警戒,直接帮助他们砍头,把尸体埋在坑中。"12 月 19 日,在集体屠杀前,预先"挖一个埋尸体的坑(深 1.5 米、宽 2.0 米、长 10 米)",屠杀 50 名战俘后,他并亲手"与浅川一起将 4 名抗日军尸体投入坑中,然后与其余 43 人一起将坑掩埋。"[1]

4. 日军士兵井家又一见证焚烧尸体 161 具

原日军士兵井家又一在日记中,记述了 1937 年 12 月 22 日,在古林寺附近将 161 名中国人屠杀后加以焚烧的情景。他写道:"黑暗中鼓着劲刺杀,刺逃跑的家伙,啪啪地用枪打,一时这里成了地狱。结束后,在倒着的尸体上浇上汽油,点上火,仍活着的家伙在火中动了再杀。后来燃起了熊熊大火,屋顶上所有的瓦片都落了下来,火星四溅。回来的路上回头看,火仍烧得通红。"[2]

5. 日军伍长目黑福治见证抛尸入江 1 万余具

日军第 13 师团山炮兵第 19 联队第 3 大队伍长目黑福治,参加了将幕府山江边集体屠杀 1 万多具尸体抛入长江的行动。他在 12 月 19 日的日记中写道:"分明是休整,却早上 6 时起床。命令我们把昨天枪杀的一万几千人的敌人尸体扔到扬子江里,这活一直干到下午 1 时。"[3]

6. 日军分队长曾根一夫见证抛尸入江约 1 万具

日军上海派遣军上等兵曾根一夫,1937 年 12 月在南京下关以东的长江边,曾亲见日军集体屠杀并抛尸入江的现场。他在现场听到目睹这一行动的士兵说:屠杀过程中,"这一批结束后,又把差不多同样人数的中国人带了过来。这些人进入广场后,就由日本士兵指挥,让他们搬运倒下的尸体,扔到扬子江里去。""虽然我不知道在这个广场杀了多少人,但是从杀人方法和花费的时间来推测的话,我估计大概近一万人吧。"[4]

---

1 《东口义一笔供》1954 年 8 月 21 日,见中央档案馆等编《日本帝国主义侵华档案资料选编》第 12 辑《南京大屠杀》,中华书局 1995 年版,第 886—887 页。

2 《井家又一日记》,见孙宅巍编《南京大屠杀史料集》第 5 册《遇难者的尸体掩埋》,江苏人民出版社 2005 年版,第 396 页。

3 《目黑福治阵中日记》,见王卫星编《南京大屠杀史料集》第 9 册《日军官兵日记与书信》,江苏人民出版社 2006 年版,第 105 页。

4 曾根一夫:《南京屠杀和战争》,见王卫星编、叶琳等译《南京大屠杀史料集》第 61 册《日军官兵日记与回忆》(下),江苏人民出版社 2010 年版,第 513 页。

7. 日军官黑濑市夫见证抛尸入江 500 具

原日军军官黑濑市夫曾目击日军用汽艇将死难者尸体拖入江中的行动。他于1954年作证说:"在南京下关扬子江岸有 500 具弃尸(中国人),由日本军汽艇将其拖入江心。"[1]

8. 日军伍长牧原见证焚尸五六百具

原日军第 16 师团第 20 联队第 3 机枪中队伍长牧原在《阵中日记》中,记录了在汉中门外大批尸体被焚烧的情景。他在 1937 年 12 月 27 日的日记中写道:"午前 8 时出发去'征发'蔬菜,通过汉中门,向长江边前进。在汉中门外的一个地方,五六百中国军人的尸体,被烧得焦黑,重重叠叠堆积着。"[2]

9. 日军士兵冈本健三自述日军焚尸四五百具

原日军士兵冈本健三曾介绍在南京机场附近,将四五百具被屠杀的尸体进行焚烧的情况。他写道:"射击开始,有人抢先夺路而逃。即使逃跑,但因为到处都架有机枪,结果也必然被枪杀。当时估计被杀害的有四五百人。事情结束后,日本军把路轨堆起来,上面放着尸体,下面塞进木柴,浇上汽油后统统焚毁。虽说是烧起来了,但内脏之类的东西很不容易燃烧,总是干冒烟。日本军用棒拨动一下,这些尸体就落到下面的洞里。后来,日本军将路轨挪开,把骨灰等掩埋得干干净净。如果有谁知道是用机枪扫射的,那就情况不妙了,可能就是因为这一点,所以在焚毁尸体后再加以掩埋。屠杀大体上是夜间进行的。有时我们的部队也被拉出来,我也干过焚烧尸体的工作,一直要干到第二天,干到很晚。"[3]

10. 日军士兵外贺关次见证日军强令中国苦力将五六百具尸体填埋

日军第 16 师团曾于太平门施行集体屠杀后,动用本部士兵及南京市民将部分遇难者尸体就地掩埋。其第 30 旅团卫生队担架兵外贺关次在 1938 年 1 月 12 日日记中称:"来到太平门,前几天用担架把患者抬到野战医院去,经过这里所看到的五六百具中国兵尸体,全都不见了,他们已被苦力埋入土中,附近散发着尸体腐烂特有的

---

1 《日本军官黑濑市夫关于南京大屠杀的证言》(1954 年 4 月 4 日),见中央档案馆等编《日本帝国主义侵华档案资料选编》第 12 辑《南京大屠杀》,中华书局 1995 年版,第 891 页。

2 《南京大屠杀图证》编纂委员会编:《东史郎诉讼案与南京大屠杀真相》,人民出版社 1998 年版,第 152—153 页。

3 冈本健三:《参加杭州湾敌前登陆》,见孙宅巍编《南京大屠杀史料集》第 5 册《遇难者的尸体掩埋》,江苏人民出版社 2005 年版,第 408—409 页。

臭味。"1

11. 安全区国际委员会主席拉贝见证日军处理尸体 30 具

安全区国际委员会主席拉贝，见证了日军在清理城市时处理 30 具被屠杀中国士兵的现象。他在 1937 年 12 月 17 日的日记中写道："军政部对面一座挖了防空洞的小山丘脚下躺着 30 具中国士兵的尸体，他们是根据紧急状态法被枪毙的。日本人现在开始清理城市，从山西路广场到军政部已经清理干净。尸体就被草草地抛在沟里。"2

12. 安全区国际委员会主席拉贝见证日军纵火焚烧 124 具尸体

安全区国际委员会主席拉贝，见证了日军在西康路附近焚烧 124 名被屠杀军民的尸体，并将其抛入水塘。他在 1938 年 2 月 7 日的日记中写道："今天上午，红卍字会的两个服务人员带着我和索恩先生到西康路附近的偏僻之地，人们从两个水塘里捞出 124 具被枪杀的中国人的尸体，他们中约一半是平民百姓。日本人用铁丝捆住受害者的双手，架起机枪把他们杀害，然后浇上汽油，纵火焚尸。因嫌焚尸时间太长，他们就把烧得半焦的尸体扔进水塘。"3

13. 安全区国际委员会委员史迈士记述日军焚尸 140 具

安全区国际委员会秘书史迈士在一封致家人的信函中，叙述了日军将 140 名难民屠杀后加以焚烧的恐怖做法。他写道："今天另有一人跑回来，他的脸全部烧坏了，很可能眼睛被烧瞎了。他报告说他们 140 个人被绑在一起，浇上汽油、点火焚烧！太恐怖了！他和前面那个人是否同一组，我们不得而知。被枪毙的那组据说是先浇上汽油再点燃尸体。死里逃生的那个人被压在下面，最后得以跑走……"4

14. 安全区国际委员会委员贝德士报告日军焚烧 200 具尸体

安全区国际委员会委员贝德士，于 1938 年 2 月 3 日签发送交日本使馆的报告中记载，1937 年 12 月 13 日，日军在紫金山附近将 200 名军民射杀后，又在尸体上泼洒助燃液体，加以焚烧。其报告案例第 5 件中称："于是日本兵在所有死尸身上泼洒某

1　《原日军士兵外贺关次关于日军利用中国苦力埋尸的日记节录》，见孙宅巍编《南京大屠杀史料集》第 5 册《遇难者的尸体掩埋》，江苏人民出版社 2005 年版，第 364—365 页。

2　约翰·拉贝：《拉贝日记》，江苏人民出版社、江苏教育出版社 1997 年版，第 198—199 页。

3　同上书，第 590 页。

4　章开沅译：《天理难容——美国传教士眼中的南京大屠杀（1937—1938）》，南京大学出版社 1999 年版，第 300 页。

种酸性液体,然后点火焚烧。"1

15. 国际红十字会南京委员会委员威尔逊记录日军抛尸、焚尸 1 万具

国际红十字会南京委员会委员威尔逊在日记中记录了日军抛尸、焚尸 1 万具的暴行。他在 1938 年 1 月 3 日的日记中写道:"一个 17 岁的男孩讲了这样一件事:在 14 日大约有 1 万名年龄在 15—30 岁的中国人被带出南京城到靠近轮渡码头的长江边,在那里日本兵用野战炮、手榴弹和机关枪向他们开火,大部分尸体被抛进了江里,有一些被堆起来焚烧,而有三个人侥幸地逃脱了。这男孩估计这 1 万人中大约有 6000 人是被俘的军人,而 4000 人则是平民。"2

16. 国际红十字会南京委员会委员魏特琳记录日军焚烧 60—100 具尸体

1937 年 12 月 22 日,日军将 60—100 名难民用卡车运往金陵寺南面的小山谷中,用机枪射杀后,复将尸体拖入一草房中,放火将尸体与房子一同烧毁。国际红十字会南京委员会委员魏特琳在 12 月 23 日的日记中写道:"住在我们东院的邻居孙说,昨晚有 60—100 人,大多数是年轻人,被日本人用卡车运到金陵寺南面的小山谷里,用机枪打死,然后把尸体拖入一间房子里,连同草房一起烧掉。"3

17. 中国审判战犯军事法庭判定日军在草鞋峡焚烧、抛尸 5.7 万余具

中国审判战犯军事法庭判定:日军于 1937 年 12 月 18 日在草鞋峡江边,将 5.7 万余军民,"用机枪悉予扫射后,复用刺刀乱戳,最后浇以煤油,纵火焚烧,残余骸骨悉投于江中"4。

18. 中国审判战犯军事法庭判定日军在汉中门外焚烧尸体 2000 余具

中国审判战犯军事法庭判定:日军于 1937 年 12 月 15 日在汉中门外,将 2000 余名军民,"分别捆扎,用机枪扫射,其已死及受伤者,复用木柴汽油焚烧"5。

19. 首都地方法院调查表载日军在煤炭港抛尸入江数万具

首都地方法院检察处书记官陈光敬,于 1945 年 12 月 5 日对石岩等被集体屠杀的调查表中,记载有日军在煤炭港抛尸数万具的暴行。该调查表称:1937 年 12 月 16 日上午,日军在鼓楼五条巷 4 号难民区中,将石岩等青年难民捕至大方巷一广场。

---

1 章开沅:《南京大屠杀的历史见证》,湖北人民出版社 1995 年版,第 85 页。
2 章开沅编译:《天理难容——美国传教士眼中的南京大屠杀(1937—1938)》,南京大学出版社 1999 年版,第 455 页。
3 明妮·魏特琳:《魏特琳日记》,江苏人民出版社 1999 年版,第 208 页。
4,5《军事法庭对战犯谷寿夫的判决书及附件》,中国第二历史档案馆藏,档案号五九三/870。

"时至黄昏,计该广场上被捕青年有数万之众,除选择衣履不周者数百人以机枪惨杀于附近池塘外,其余悉为掳走⋯⋯其后据一逃回青年云:'敌将彼等押至下关煤炭港地方,用绳绑起,即以机枪惨杀后推入扬子江中,彼当时系应声而倒,故足部负伤。'"[1]

20. 伪南京特别市政府社会局职员吉承炽报告日军将 3 名市民枪杀后焚烧

1937 年 12 月间,日军将宝塔根 183 号市民许家楼、郭永昌、郭兆基枪杀后,复将其尸体扛入住宅内,连同草房 8 间一并焚毁。伪南京特别市政府社会局职员吉承炽,于对市民郭芝栋请求救济案的调查签报中称:"经查,该民之表兄许家楼、子郭永昌、侄郭兆基均于本京沦陷时,在中华门外宝塔根一八三号被日军枪杀后,复将其尸扛入该民所居草屋内纵火将三尸及草房八间全部焚毁。"[2]

21. 太平门遇难同胞纪念碑记录日军焚烧尸体 1300 具

太平门遇难同胞纪念碑由南京市人民政府于 2007 年 12 月建立。该碑碑文记录有日军焚烧尸体 1300 具的暴行。碑文曰:"1937 年 12 月 13 日,第十六师团三十三联队六中队等侵华日军部队在南京太平门附近,将约 1300 名放下武器的中国官兵及无辜的市民集中起来,周围用铁丝网围住,用事先埋好的地雷炸、机枪扫射,再浇上汽油焚烧。"[3]

22. 市民王秀英见证日军埋尸几千具

家住江东门的市民王秀英,目击了日军在江东门屠杀几千被掳军民,并强抓民工前去埋尸的景况。她在一篇证言中说:日军在江东门集体屠杀几千被掳军民后,"这些尸体被掩埋在军法处对面,我父亲也被抓去埋尸,手臂上戴上红袖章,埋尸的有七八十个人。我父亲干了一天,就带着我们躲到乡下子圩里去了,我们就躲在自己挖的防空洞里"[4]。

23. 市民陈福宝见证日军处理尸体 36 具

市民陈福宝见证,日军有时还在屠杀时,利用被杀者先挖坑,然后把人杀死,就地

---

1 《石岩等在大方巷池塘被日军集体屠杀的调查表节录》,见中国第二历史档案馆等编《侵华日军南京大屠杀档案》,江苏古籍出版社 1987 年版,第 111—112 页。

2 《南京特别市政府社会局职员吉承炽关于日军焚尸灭迹的签报节录》,南京市档案馆藏,档案号 1003 - 3 - 1232。

3 《太平门遇难同胞纪念碑碑文》,见孙宅巍著《南京大屠杀真相》,南京出版社 2016 年版,第 381 页。

4 《王秀英证言》,见朱成山主编《侵华日军南京大屠杀幸存者证言》,社会科学文献出版社 2005 年版,第 45 页。

埋在自己挖好的坑里。1946年7月26日,他在远东国际军事法庭作证时陈述了自己的亲身经历:

"当南京屠城时,我只是十三四岁的玩童,日本军队满街在捉壮丁,搜到了我,便把我和其他的所谓壮丁绑在一起,结果我们被拉到城外的一块广场上,我和我的同伴,一共三十九个人,日本人连续杀了卅六个人,结果留了三个没杀,却罚我们用铁锹挖洞[坑],埋葬那死了的卅六个尸首,于是我一锹锹的挖,但是一个满脸胡子的'皇军',嫌我力气小,挖得太慢,把我身子一抬就掼在地上,我被掼得吐了好几口鲜血,半死半活的躺在地上。日本人又把那二个挖洞的杀了,留下了我便扬长走了,我等到夜深人静才偷偷的离开广场。"[1]

24. 市民龚玉昆见证日军迫令7名被俘人员自行挖坑然后进行屠杀

1937年12月29日,日军在三汊河令7名被俘中国士兵各自挖一坑,后枪杀其中6人,又令第7名将该6人的坑填平。市民龚玉昆陈述:"农历十一月二十七日,我被日本兵赶到有恒面粉厂楼上。在楼上我看到,日本兵在三汊河抓到七个中国兵,叫他们各自挖一个坑,日本兵用枪打死六个,倒在坑里,叫第七个中国兵,把前六个人的坑填平后,日本兵叫他'开路'。这个人是七个人中的唯一幸存者。"[2]

25. 商民王海亭陈述日军将3具尸体与房屋一并烧毁

世界游戏场位于夫子庙旁贡院街。1937年12月13日,日军将位于夫子庙旁贡院街世界游戏场职员高凤鸣、王凤栖,茶役郑培良、尹少棠、张少岩杀死后,又将尸体与房屋一并焚毁。商民王海亭在呈文中称,日军侵入南京后,"茶役等被其屠杀,尸体骨骸毁于火中,踪迹无存"[3]。

26. 退休职工邵荣奎见证日军将300多具尸体抛入江中

1937年12月间,日军在江心洲将300余名难民用机枪射杀,复将其尸体推入江中。退休职工邵荣奎回忆说:"在江心洲我亲眼看见日军将我同胞三百多人用机枪打死后,把尸体推入江中。"[4]

---

1 《南京市民陈福宝在远东国际军事法庭陈述日军在南京市内屠杀市民情形》,见中央档案馆等编《日本帝国主义侵华档案资料选编》第12辑《南京大屠杀》,中华书局1995年版,第844页。

2 《龚玉昆证言》,见"南京大屠杀"史料编辑委员会等编《侵华日军南京大屠杀史料》,江苏古籍出版社1987年版,第431页。

3 《王海亭呈文》,南京市档案馆藏,档案号14-2511-9。

4 《邵荣奎证言》,见朱成山主编《侵华日军南京大屠杀幸存者证言集》,南京大学出版社1994年版,第124页。

27. 村民劳广寿见证日军处理尸体 600 余具

汤山镇李家庄村民劳广寿见证,汤山镇上的一个广东人赵基尧,为日军处理了600 余具尸体。劳广寿回忆说:"他在汤山帮日本人埋死人,埋了 600 多个。日本人就说:'给你金票新古。'给他的钱有一个古的,也有两个古的。死人都埋在汤山的山凹子里。"[1]

28. 村民汪命荣见证日军焚烧四五十具尸体

1937 年 12 月间,日军将江心洲四五十名难民用刀杀死后,先就地在尸体上堆上木筏子焚烧,后又运至清凉山附近集中焚烧。村民汪命荣陈述:"那些人被杀死后,身上被堆了木筏子,烧了一阵子,尸体后来被运到清凉山附近焚烧了。"[2]

29. 村民余宗方见证日军指挥村民抬埋 300 余具尸体

1938 年 2 月间,日军迫令陆郎附近农民,将被其屠杀的 300 多名难民的尸体予以抬埋。村民余宗方陈述:"1938 年正月,日本人在陆郎杀了 300 多个从南京跑反过来的老百姓。然后,他们让我们去抬尸体。"[3]

30. 村民李献金见证日军将 60 多具尸体焚烧、填埋

村民李献金见证,1937 年 12 月 5 日,日军在施来庵焚烧了 60 多具被残杀的军民尸体,并强迫村民填埋这些被焚烧后的尸体。他说:"在施来庵有 60 多具尸体被焚烧,有中央军也有老百姓。鬼子叫村里的张和廷等 18 人把尸体拖到一起挖坑埋了。"[4]

31. 村民邱荣贵见证日军将 1000 多具尸体抛入河中

江东门村民邱荣贵见证,1937 年 12 月 15 日,日军将 1000 多名难民枪杀后,抛尸于江东河中,填成一座"尸桥"。他说:"我看见有一千多名难民被日军从监狱里绑出来,从江东桥头一直排到凤凰街,每隔几步就有一个日军,他们手持刀枪,只听日军军官一声嚎叫,日军就用刺刀往这些无辜的中国难民身上乱刺,上千名中国人倒在血泊

---

1 《劳广寿口述》,见费仲兴、张连红编《南京大屠杀史料集》第 27 册《幸存者调查口述》(下),江苏人民出版社 2006 年版,第 972 页。

2 《汪命荣口述》,见张连红、戴袁支编《南京大屠杀史料集》第 26 册《幸存者调查口述》(中),江苏人民出版社 2006 年版,第 858 页。

3 《余宗方口述》,见蒋晓星等编《南京大屠杀史料集》第 37 册《幸存者调查口述续编》(上),江苏人民出版社 2007 年版,第 420 页。

4 《李献金口述》,见蒋晓星等编《南京大屠杀史料集》第 38 册《幸存者调查口述续编》(中),江苏人民出版社 2007 年版,第 1015 页。

之中。随后这些人都被拉到江东河中去铺一个由死人垒起的'桥'。"[1]

32. 市民史荣禄见证日军抛尸入江 2 万余具

市民史荣禄见证了日军在长江边大窝子屠杀 2 万名军民,并让一部分被屠杀者先行抛尸入江的暴行。他说:"十二月的一天,我亲眼看到日本兵把很多'中央军'和平民百姓从下游笆斗山赶到老虎山下的大窝子集中起来。那里的两百亩江滩,都站满了解除武装的'中央军'和无辜的百姓。这时日本兵把外围的'中央军'的绑腿带解下来,把绑腿带连结起来,防止跑掉。然后,他们以升日本旗为号,三挺机枪,交叉进行扫射,把手无寸铁的'中央军'和无辜者全部射死。有没死的,日本兵就用刺刀捅。第二天日本兵又继续赶,把中国人赶到大窝子后,叫他们把头一天杀死的尸体抬去丢在大江里,然后又把这些中国人扫射死。这样连续屠杀了三天,被枪杀的'中央军'和无辜者约二万余人。"[2]

33. 市民王恒山见证日军焚烧尸体 96 具

市民王恒山在救助了一位从焚尸现场逃出的中国士兵后,了解到日军在汉中门外二道埝子殷德标宅中,将 100 余名被屠杀者予以焚烧的暴行。他说:"(12 月)十五日晚九时,敌人口令一下,一群鬼子以刺刀乱戳,刺杀后再用煤油浇在尸体上发火焚烧。"结果有 96 人被杀死,并被焚尸,仅有 7 人受伤逃出未死。[3]

34. 市民张有仁见证日军将 200 多具尸体抛入江中

从中山码头屠场逃回之市民张有仁称:被从安全区大方巷搜去之 200 余名难民,"次日用汽车装至下关中山码头,当时就拣下十余人,余者完全用机枪扫射后将尸体推入江中,所拣下之人用原车装回中岛部队,留作奴役,本人逞[趁]夜间跳墙逃回。"[4]

35. 市民苗学标见证日军将 300 多具尸体扔进水塘里

市民苗学标见证,1937 年 12 月 14 日,日军在莫愁湖附近,将 300 多名青年难民

1 《邱荣贵证言》,见朱成山主编《侵华日军南京大屠杀幸存者证言集》,南京大学出版社 1994 年版,第 15 页。
2 《史荣禄证言》,见"南京大屠杀"史料编辑委员会等编《侵华日军南京大屠杀史料》,江苏古籍出版社 1987 年版,第 408 页。
3 《南京临时参议会致内政部函》(1946 年 11 月 2 日),见中央档案馆等编《日本帝国主义侵华档案资料选编》第 12 辑《南京大屠杀》,中华书局 1995 年版,第 384 页。
4 《市民徐康氏呈文》1945 年 12 月 22 日,见中国第二历史档案馆等编《侵华日军南京大屠杀档案》,江苏古籍出版社 1987 年版,第 71 页。

用机枪射杀后,又强迫市民将这些尸体扔进水塘里。他说:"十二月十四日上午,我被日本兵抓到莫愁湖对面许歪头鸭毛栈外,我一看空地上已有好几百人被抓来,几个日本兵端着枪看守着。后来又来了些日军,一个一个地摸被抓的人的头、肩、手、腿各部。他们叽叽咕咕的说着话,把摸过的人分为两边站。一直折腾到下午四点多钟,将拣出来的三百多人说成是中国兵,用机枪扫射杀死。射杀以后,叫我们这一边的人把死尸扔进塘里。"[1]

---

1 《苗学标证言》,见"南京大屠杀"史料编辑委员会等编《侵华日军南京大屠杀史料》,江苏古籍出版社 1987 年版,第 440—441 页。

第六编

南京大屠杀中遇难的 77 名中国军警

一、52 名军人

1. 唐鹤程

教导总队营长警卫员,被俘后于 1937 年 12 月 17 日在草鞋峡江边遭日军机枪射杀。[1]

2. 侯德全

教导队军医学员,19 岁,南京人,家庭住址仙鹤门,1937 年 12 月遇难。[2]

3. 和允桂

军人,19 岁,南京人,家庭住址仙鹤门,1937 年 12 月遇难。[3]

4. 黄长贵

军人,18 岁,南京人,家庭住址仙鹤门,1937 年 12 月遇难。[4]

5. 和允涛

军人,18 岁,南京人,家庭住址仙鹤门,1937 年 12 月遇难。[5]

6. 赵汝熅

交通兵第 2 团卡车司机,1937 年 12 月 17 日在汉西门外为日军以机枪射杀。[6]

7. 石岩

军人,39 岁,扬州人,1937 年 12 月 16 日与其他被掳军民数百人,在大方巷池塘被日军以机枪射杀。[7]

8. 陈肇委

军人,31 岁,广东人,1937 年 12 月 16 日与其他被掳军民数百人,在大方巷池塘

1　徐志耕:《南京大屠杀》,昆仑出版社 1987 年版,第 116 页。

2—5《南京市第十区仙鹤镇殉难市民暨遗族生活状况调查表》,见中国第二历史档案馆等编《侵华日军南京大屠杀档案》,江苏古籍出版社 1987 年版,第 258 页。

6　《赵秀英为其兄赵汝熅等被日军集体屠杀致南京市政府呈文》,见上书,第 63 页。

7　《石岩等在大方巷池塘被日军集体屠杀的调查表节录》,见上书,第 111—112 页。

被日军以机枪射杀。[1]

9. 胡瑞卿

军人，23岁，无锡人，1937年12月16日与其他被掳军民数百人，在大方巷池塘被日军以机枪射杀。[2]

10. 汪斌

宪兵，1937年12月15日，在挹江门外被日军以机枪射杀。[3]

11. 周连云

宪兵，1937年12月15日，在挹江门外被日军以机枪射杀。[4]

12. 蔡凤金

军人，1937年12月间遇难。[5]

13. 戈长发

军人，27岁，1937年12月间在大光路185号遇难。[6]

14. 胡贵林

老虎山炮台台长，1937年12月20日在老虎山被日军枪杀。[7]

15. 刘达德

军人，1937年12月间在下关被日军集体枪杀。[8]

16. 陆茂恕

第58师通讯排长，1937年12月间在下关遇难。[9]

17. 史世忠

军人，1937年12月间在大光路185号为日军枪杀。[10]

18. 王德福

军人，家庭住址雨花台10号，1937年12月10日在羊巷地洞内被日军砍杀。[11]

1,2《石岩等在大方巷池塘被日军集体屠杀的调查表节录》，中国第二历史档案馆等编《侵华日军南京大屠杀档案》，江苏古籍出版社1987年版，第111—112页。

3,4《查讯证人潘恒福等笔录》，见中央档案馆等编《南京大屠杀》，中华书局1995年版，第691页。

5 朱成山主编：《南京大屠杀遇难者名录》第1册，南京出版社2007年版，第10页。

6 同上书，第129页。

7 同上书，第170页。

8 同上书，第288页。

9 同上书，第326页。

10 同上书，第418页。

11 同上书，第481页。

19. 肖炳芳

宪兵教导团团长,1937 年 12 月 13 日遇难。[1]

20. 薛棠

少尉军医,1937 年 12 月 13 日遇难。[2]

21. 张景发

军人,1937 年 12 月上旬句容沦陷之初,于句容东葛墟被日军枪杀。[3]

22. 俞海修

南京保卫战守军士兵,28 岁,句容黄梅前塘潘家边人,1937 年 12 月 6 日被日军枪杀。[4]

23. 李华新

乌龙山炮台士兵,1937 年 12 月间于准备逃往江北避难时,在江中心被日军抓住,用狼狗将其活活咬撕肢解而死,并抛尸江中。[5]

24. 曹金生

军人,32 岁,南京人,家庭住址孝陵镇,1937 年 12 月间遇难。[6]

25. 常培亮

军人,49 岁,家庭住址宝塔山,在南京大屠杀中遇难。[7]

26. 陈德全

军人,44 岁,家庭住址岳家巷 3 号,1937 年 12 月 14 日被日军杀害。[8]

27. 崔玉金

狮子山炮台士兵,邳县人,家庭住址四所村 44 号,1937 年 12 月 17 日在狮子山炮

1　朱成山主编:《南京大屠杀遇难者名录》第 1 册,南京出版社 2007 年版,第 581 页。

2　同上书,第 617 页。

3　《吴景富口述》,见费仲兴、张连红编《南京大屠杀史料集》第 27 册《幸存者调查口述》(下),江苏人民出版社 2006 年版,第 1316 页。

4　《陈世江口述》,见上书,第 1326 页。

5　《刘仁金口述》,见张生等编《南京大屠杀史料集》第 39 册《幸存者调查口述续编》(下),江苏人民出版社 2007 年版,第 1610 页。

6　姜良芹、吴润凯编:《南京大屠杀史料集》第 48 册《遇难同胞名录》第 1 册,江苏人民出版社 2007 年版,第 89 页。

7　同上书,第 119 页。

8　同上书,第 167 页。

台被日军枪杀。[1]

28. 范洪富

军人,18 岁,南京人,家庭住址孝陵镇,1938 年 1 月遇难。[2]

29. 傅奎年

军卫士,23 岁,南京人,家庭住址孝陵镇,1937 年 12 月间遇难。[3]

30. 胡延福

军人,江宁县人,家庭住址横溪许呈村,1937 年 12 月间遭日军枪杀。[4]

31. 黄嘉祐

上新河工程营军医,18 岁,镇江人,1937 年 12 月 16 日在上新河金寿公所遭日军枪杀。[5]

32. 金寿彭

看护士兵,32 岁,南京人,住所汉西门,1937 年 12 月 13 日在汉西门遭日军枪杀。[6]

33. 刘传发

军务,29 岁,南京人,1937 年 12 月间被日军残害受伤致死。[7]

34. 刘达德

军人,1937 年 12 月间在下关被日军集体枪杀。[8]

35. 芦义堂

宪兵,29 岁,南京人,住址西街 174 号,1937 年 12 月 12 日在珍珠巷空地被日军

---

1 姜良芹、吴润凯编:《南京大屠杀史料集》第 48 册《遇难同胞名录》第 1 册,江苏人民出版社 2007 年版,第 468 页。

2 姜良芹、吴润凯编:《南京大屠杀史料集》第 49 册《遇难同胞名录》第 2 册,江苏人民出版社 2007 年版,第 648 页。

3 同上书,第 725 页。

4 同上书,第 1042 页。

5 同上书,第 1076 页;朱成山主编:《南京大屠杀遇难者名录》第 1 册,南京出版社 2007 年版,第 180 页。

6 姜良芹、吴润凯编:《南京大屠杀史料集》第 49 册《遇难同胞名录》第 2 册,江苏人民出版社 2007 年版,第 1262 页。

7 姜良芹、吴润凯编:《南京大屠杀史料集》第 50 册《遇难同胞名录》第 3 册,江苏人民出版社 2007 年版,第 1681 页。

8 同上书,第 1685 页。

枪杀。[1]

36. 陆福兴

军政部职员,27 岁,住址一枝园 49 号,1937 年 12 月 14 日在鼓楼大方巷广东新村被日军枪杀。[2]

37. 穆范梁

后方医院护士兵,43 岁,1937 年 12 月 15 日在太平街 5 号被日军刺死。[3]

38. 尚德仁

嘉兴航空站书记,25 岁,住于华新巷 1 号,1937 年 12 月 16 日在难民区内遭日军杀害。[4]

39. 王锦明

军人,22 岁,在南京大屠杀中遇难。[5]

40. 吴德盛

海军部,46 岁,宝应县人,住址干长巷 53 号,1937 年 12 月 12 日在集合村南岳行宫被日军枪杀。[6]

41. 徐老四

军人,40 多岁,江宁县人,家庭住址横溪许呈村,1937 年 12 月间被日军枪杀。[7]

42. 张永贵

军人,46 岁,1937 年 12 月 13 日在上元门河边被日军杀害。[8]

1 姜良芹、吴润凯编:《南京大屠杀史料集》第 50 册《遇难同胞名录》第 3 册,江苏人民出版社 2007 年版,第 1869 页。
2 同上书,第 1883 页。
3 姜良芹、吴润凯编:《南京大屠杀史料集》第 51 册《遇难同胞名录》第 4 册,江苏人民出版社 2007 年版,第 2109 页;朱成山主编《南京大屠杀遇难者名录》第 2 册,南京出版社 2007 年版,第 365 页。
4 姜良芹、吴润凯编:《南京大屠杀史料集》第 51 册《遇难同胞名录》第 4 册,江苏人民出版社 2007 年版,第 2318 页。
5 姜良芹、吴润凯编:《南京大屠杀史料集》第 52 册《遇难同胞名录》第 5 册,江苏人民出版社 2007 年版,第 2937 页。
6 姜良芹、吴润凯编:《南京大屠杀史料集》第 53 册《遇难同胞名录》第 6 册,江苏人民出版社 2007 年版,第 3237 页;朱成山主编的《南京大屠杀遇难者名录》第 2 册(南京出版社 2007 年版)第 543 页中称为"被日军刀杀"。
7 姜良芹、吴润凯编:《南京大屠杀史料集》第 53 册《遇难同胞名录》第 6 册,江苏人民出版社 2007 年版,第 3548 页。
8 姜良芹、吴润凯编:《南京大屠杀史料集》第 54 册《遇难同胞名录》第 7 册,江苏人民出版社 2007 年版,第 4338 页。

43. 朱长有

军人,68 岁,南京人,住址宝塔山,1937 年 12 月间在宝塔山被日军枪杀。[1]

44. 朱又明

军事委员会训练总监部妇女军训助教,女,26 岁,1937 年 12 月 25 日在下关二板桥被日军击伤后死亡。[2]

45. 李荣洲

总理陵园警卫大队下士卫士,1937 年 12 月 14 日在二条巷被日军杀害。[3]

46. 郭培光

总理陵园警卫大队下士卫士,1937 年 12 月 14 日在二条巷被日军杀害。[4]

47. 游英

总理陵园警卫大队下士卫士,1937 年 12 月 14 日在二条巷被日军杀害。[5]

48. 赵致广

总理陵园警卫大队下士卫士,1937 年 12 月 14 日在二条巷被日军杀害。[6]

49. 温燕

总理陵园警卫大队下士卫士,1937 年 12 月 15 日在鼓楼二条巷被日军杀害。[7]

50. 郑世泉

总理陵园警卫大队下士卫士,1937 年 12 月 15 日在南京安全区被日军杀害。[8]

51. 陈贤

总理陵园警卫大队下士卫士,1937 年 12 月 15 日在南京安全区被日军杀害。[9]

52. 丁国辉

第 103 师参谋处准尉司书,贵州省普定县马官人,在南京大屠杀中遇难。[10]

---

1 姜良芹、吴润凯编:《南京大屠杀史料集》第 55 册《遇难同胞名录》第 8 册,江苏人民出版社 2007 年版,第 4673 页。
2 同上书,第 4760 页。朱成山主编的《南京大屠杀遇难者名录》第 3 册(南京出版社 2007 年版)第 803 页中称朱遇难时间为 1937 年 12 月 15 日。
3—9 苏艳萍:《抗战中的中山陵》,江苏人民出版社 2017 年版,第 71 页。
10 田兴翔:《南京大屠杀脱险记》,见张连红编《南京大屠杀史料集》第 3 册《幸存者的日记与回忆》,江苏人民出版社 2005 年版,第 424 页。田文中称丁身前职务为"副官处中尉书记";中国第二历史档案馆等编《南京保卫战殉难将士档案》第 784 页称其职务为"准尉司书"。现从"殉难将士档案"说。

二、 25 名警察

1. 汪永寿

南京警察局第五局警长,1937 年 12 月 16 日在汉西门外城墙被日军用机枪射杀。[1]

2. 丁通

警士,1937 年 12 月 15 日在小党家巷 16 号被日军枪杀。[2]

3. 黄正生

警士,1937 年 12 月间,在安德门分驻所被日军以机枪射杀。[3]

4. 陈松林

警察,1937 年 12 月 13 日在江东门遇难。[4]

5. 陈学东

警察,1937 年 12 月间在五条巷遇难。[5]

6. 贺如涛

警察厅局长,1937 年 12 月间遇难。[6]

7. 李贵华

警察,1937 年 12 月间在草场门遇难。[7]

8. 祁瑞珍

警察,41 岁,1937 年 12 月 16 日在大行宫警察局为日军枪杀。[8]

9. 施震青

警察,40 多岁,1937 年 12 月间在水西门为日军枪杀。[9]

10. 杨功勋

警察,首都警察大行宫第一局一等巡长,55 岁,1937 年 12 月 15 日在中山路司法

---

1 《汪永庆陈述其弟汪永寿被日军拉至汉西门外枪杀的结文》,见中国第二历史档案馆等编《侵华日军南京大屠杀档案》,江苏古籍出版社 1987 年版,第 65 页。

2,3 《军事法庭对战犯谷寿夫的判决书及附件》,中国第二历史档案馆藏,档案号五九三/870。

4 朱成山主编:《南京大屠杀遇难者名录》第 1 册,南京出版社 2007 年版,第 52 页。

5 同上书,第 60 页。

6 同上书,第 161 页。

7 同上书,第 246 页。

8 朱成山主编:《南京大屠杀遇难者名录》第 2 册,南京出版社 2007 年版,第 380 页。

9 同上书,第 413 页。

学校难民收容所被日军枪杀。[1]

11. 朱文斌叔叔

警察,1937 年 12 月间在三汊河被日军枪杀。[2]

12. 陈炳权

警察,40 岁,1937 年 12 月 16 日从五台山被带到中华门枪杀。[3]

13. 陈国权

警界,37 岁,1937 年 12 月间在挹江门遇难。[4]

14. 程伯龄

警察,44 岁,1937 年 12 月 16 日在薛家巷司法院难民区遇难。[5]

15. 黄正生

警界,30 岁,安徽和县人,住于安德门分驻所,1937 年 12 月 21 日在城内被日军枪杀。[6]

16. 刘松宝

警士,39 岁,1937 年 12 月间在江浦县被日军枪杀。[7]

17. 刘锡俊

警局录事,31 岁,住所朝天宫 38 号,1937 年 12 月间遇难。[8]

18. 刘先振

警士,39 岁,江宁县人,1937 年 12 月 16 日在下关中山码头遭日军枪杀。[9]

---

1 朱成山主编:《南京大屠杀遇难者名录》第 2 册,南京出版社 2007 年版,第 629—630 页。

2 朱成山主编:《南京大屠杀遇难者名录》第 3 册,南京出版社 2007 年版,第 800 页。

3 姜良芹、吴润凯编:《南京大屠杀史料集》第 48 册《遇难同胞名录》第 1 册,江苏人民出版社 2007 年版,第 133 页。

4 同上书,第 219 页。

5 同上书,第 428 页。朱成山主编:《南京大屠杀遇难者名录》第 1 册(南京出版社 2007 年版)第 68 页称,程自薛家巷司法院难民区被抓至汉中门杀害。

6 姜良芹、吴润凯编:《南京大屠杀史料集》第 49 册《遇难同胞名录》第 2 册,江苏人民出版社 2007 年版,第 1113 页。朱成山主编:《南京大屠杀遇难者名录》第 1 册(南京出版社 2007 年版)第 187 页称其身份为警士,安徽合肥人。

7 姜良芹、吴润凯编:《南京大屠杀史料集》第 50 册《遇难同胞名录》第 3 册,江苏人民出版社 2007 年版,第 1768 页。

8 同上书,第 1783 页。

9 同上书,第 1784 页。

19. 汪敬鑫

警士,住址水西门外大王庙 18 号,1937 年 12 月间被日军枪杀。[1]

20. 王诚谦

警察,1937 年 12 月间在难民区内遭日军枪杀。[2]

21. 魏广银

警察,1937 年 12 月间在草场门遇难。[3]

22. 徐本池

警察,1937 年 12 月间在草场门遇难。[4]

23. 杨班长

警察,1937 年 12 月间遇难。[5]

24. 张玉清

警察,31 岁,安徽人,住址珍珠桥庆华旅馆,1937 年 12 月 13 日在珍珠桥被日军枪杀。[6]

25. 赵善成

一等警士,49 岁,南京人,住址珍珠桥庆华旅馆,1937 年 12 月 14 日在难民区内高家酒馆被日军枪杀。[7]

---

1 姜良芹、吴润凯编:《南京大屠杀史料集》第 52 册《遇难同胞名录》第 5 册,江苏人民出版社 2007 年版,第 2761 页;朱成山主编:《南京大屠杀遇难者名录》第 2 册,南京出版社 2007 年版,第 468 页。

2 姜良芹、吴润凯编:《南京大屠杀史料集》第 52 册《遇难同胞名录》第 5 册,江苏人民出版社 2007 年版,第 2817 页。

3 同上书,第 3193 页。

4 姜良芹、吴润凯编:《南京大屠杀史料集》第 53 册《遇难同胞名录》第 6 册,江苏人民出版社 2007 年版,第 3502 页。

5 同上书,第 3691 页。

6 姜良芹、吴润凯编:《南京大屠杀史料集》第 54 册《遇难同胞名录》第 7 册,江苏人民出版社 2007 年版,第 4357 页。

7 姜良芹、吴润凯编:《南京大屠杀史料集》第 55 册《遇难同胞名录》第 8 册,江苏人民出版社 2007 年版,第 4454 页。

第七编

南京沦陷前后的 41 座难民收容所

一、 安全区内与隶属于安全区的 30 座难民收容所

1. 陆军学校（陆军学院、陆军大学）难民收容所[1]

又称"第三难民收容所"，所长赵承奎，位于安全区内鼓楼医院南、中山路西侧，由安全区国际委员会管理。1937 年 12 月 17 日时，有难民 3500 人。12 月 31 日国际委员会委员米尔斯与国际红十字会南京委员会秘书福斯特等人前往检查时，获得的情况为：该收容所有难民 3200 人，分成 27 个小组，每个小组设组长 1 人。约 1/3 的难民自行解决伙食，2/3 的难民膳食由国际委员会供给。收容所每天向难民分发 10 袋大米（每袋大米为 125 斤）。检查者认为，该收容所"一般情况是令人满意的"，收容所的领导为维持秩序作出了努力，但卫生设施还需大力改进，难民的膳食习惯应改为喝粥。

12 月中旬，该收容所先后有 3 人被杀，10 名妇女被强奸，250 余名男子被抓走，并被日军士兵抢去 400 套医院用被以及钱与行李。

2. 兵库署（军械库）难民收容所[2]

又称"交通部旧厦难民收容所"，所长陆成美，位于安全区内华侨路慈悲社，由安全区国际委员会管理。1937 年 12 月 17 日时，有难民 10000 人。12 月 31 日米尔斯、福斯特等人前往检查时，获得的情况为：该收容所有难民约 8000 人，其中有 3000 人无偿领取米粥，2400 人膳食自理，大部分难民自己做饭。检查者认为，该收容所无偿米粥的分配不够公平，卫生状况很糟糕，组织和领导工作有待改进。1938 年 1 月 22 日时，该收容所有难民 12000 人。安全区国际委员会称，该处难民"是城市最贫困的人口"，该所的"管理难度最大"。

---

1 约翰·拉贝：《拉贝日记》，江苏人民出版社、江苏教育出版社 1997 年版，第 223—225、232、332—334、378 页；中国第二历史档案馆等编：《侵华日军南京大屠杀档案》，江苏古籍出版社 1987 年版，第 319 页；张生等编：《南京大屠杀史料集》第 12 册《英美文书·安全区文书·自治委员会文书》，江苏人民出版社 2006 年版，第 287 页。

2 约翰·拉贝：《拉贝日记》，江苏人民出版社、江苏教育出版社 1997 年版，第 334—336、483 页；章开沅编译：《天理难容——美国传教士眼中的南京大屠杀（1937—1938）》，南京大学出版社 1999 年版，第 472 页。

3. 德中俱乐部（德国俱乐部）难民收容所 [1]

所长赵德荣，地点不详，由安全区国际委员会管理。1937 年 12 月 17 日时，有难民 500 人。1937 年 12 月 31 日米尔斯、福斯特等人前往检查时，获得的情况为：该收容所有难民 444 人，每天免费分发 2 袋大米。检查者认为，"这个收容所的难民不论在膳食方面还是在居住方面都得到了良好的照顾"。

4. 贵格教会传教团难民收容所 [2]

所长张公生，地点不详，由难民自行组织，受到安全区国际委员会的帮助与监护。1938 年 1 月 1 日米尔斯、福斯特等人前往检查时，获得的情况为：该收容所有难民 800 人，每天免费分发 2 袋大米，每个家庭自己做饭。该处常常遭到日本士兵的抢掠，妇女经常遭到强奸。检查者认为，收容所的卫生状况不符合卫生规定。

5. 汉口路小学难民收容所 [3]

所长郑大成，位于安全区内汉口路，由安全区国际委员会管理。1937 年 12 月 17 日时，有难民 1000 人。1938 年 1 月 1 日米尔斯、福斯特等人前往检查时，获得的情况为：该收容所有难民 1400 人（以前曾有 1500 人），每天有 4 袋大米供给分配，每个家庭自己做饭。检查者认为，难民对领导是满意的，但由于难民携带的财物较多，使收容所更显拥挤，须督促难民注意清洁。

12 月下旬，计有 10 名日军官兵到该收容所来，强奸 6 名妇女，被奸最小者仅 13 岁；7 名日军前来索要烟酒，并偷盗 3 辆自行车、1 辆人力车。

6. 金陵大学附中难民收容所 [4]

所长姜正云，位于安全区内中山路西侧，由安全区国际委员会管理。1937 年 12 月 17 日时，有难民 6000—8000 人。1938 年 1 月 3 日米尔斯、福斯特等人前往检查时，获得的情况为：该收容所有难民 11000 人（以前曾有 15000 人），分为 40 个小组，并设有救护队、检查组、消防队，全体难民均已登记。每天免费向穷人发放 10 袋大

---

1 约翰·拉贝：《拉贝日记》，江苏人民出版社、江苏教育出版社 1997 年版，第 336—337 页；张生等编：《南京大屠杀史料集》第 12 册《英美文书·安全区文书·自治委员会文书》，江苏人民出版社 2006 年版，第 287 页。
2 约翰·拉贝：《拉贝日记》，江苏人民出版社、江苏教育出版社 1997 年版，第 337—338 页；张生等编《南京大屠杀史料集》第 12 册《英美文书·安全区文书·自治委员会文书》，江苏人民出版社 2006 年版，第 395 页。
3 约翰·拉贝：《拉贝日记》，江苏人民出版社、江苏教育出版社 1997 年版，第 245、288—289、338 页。
4 同上书，第 412、354—355、502 页。

米,出售给有钱人 2 袋大米。有一个中心厨房,收拾得干净整齐。检查者认为,"收容所组织良好,领导有条不紊"。

1938 年 1 月 17 日,该收容所一名妇女因对施暴日军士兵自卫,被用刺刀杀死。

7. 高家酒馆 55 号难民收容所 [1]

所长凌恩忠,位于安全区内中山路西侧,由安全区国际委员会管理。1938 年 1 月 3 日福斯特等人前往检查时,获得的情况为:该收容所有难民 770 人,分成两组安置,每天向 500 名难民免费发放约 1 袋大米,收容所所长希望每天能够得到 2 袋大米。检查者认为,"收容所领导得尚可,地方小而拥挤,卫生规定应更好地得到遵守。"

8. 军用化工厂（军事化学商店）难民收容所 [2]

所长汪成斋、孔平良,位于安全区内大方巷,由安全区国际委员会管理。1937 年 12 月 17 日时,有难民 4000 人。1938 年 1 月 3 日米尔斯、福斯特等人前往检查时,获得的情况为:该收容所有难民约 2800 人,全体难民均已登记。因为有难民去为日军司令部充当苦力,因而该收容所受到日本军方特别的保护。收容所每天得到 6 袋大米,凭配给证分发,每人每天可分得 12 盎司大米。检查者认为,"收容所组织良好,工作出色"。

9. 山西路小学难民收容所 [3]

所长王有成,位于安全区内北端,由安全区国际委员会管理。1937 年 12 月 17 日时,有难民 1000 人,后增加至 1500 人。1938 年 1 月 3 日米尔斯、福斯特等人前往检查时,获得的情况为:该收容所有难民约 1100 人,每天可得到 3 袋大米,免费分发给全体难民,每个家庭自己做饭。检查者认为,"收容所很拥挤,很脏",应当促使难民食用稀饭。

10. 华侨俱乐部（华侨招待所）难民收容所 [4]

所长毛青亭,位于安全区内中山北路西侧,由安全区国际委员会管理。1937 年 12 月 17 日时,有难民 2500 人。1938 年 1 月 3 日米尔斯、福斯特等人前往检查时,获得的情况为:该收容所有难民 1100 人,没有每天固定的大米分配量,有时一天能提供

---

1 约翰·拉贝:《拉贝日记》,江苏人民出版社、江苏教育出版社 1997 年版,第 358 页。

2 同上书,第 355—357 页;张生等编:《南京大屠杀史料集》第 12 册《英美文书·安全区文书·自治委员会文书》,江苏人民出版社 2006 年版,第 287 页。

3 约翰·拉贝:《拉贝日记》,江苏人民出版社、江苏教育出版社 1997 年版,第 357—358、483 页。

4 同上书,第 348 页;张生等编:《南京大屠杀史料集》第 12 册《英美文书·安全区文书·自治委员会文书》,江苏人民出版社 2006 年版,第 287 页。

3—5 袋大米,几乎所有的难民都在屋里做饭。检查者认为:"房屋很黑暗、肮脏、通风极差。到处堆放着垃圾和废物。""担任领导的人们看来无能,文化程度低。"检查者希望"找几个有点文化的人担任这个收容所的领导工作"。

11. 司法学校难民收容所 [1]

又称法学院难民收容所,所长佟燮臣,位于安全区内中山路西侧,由安全区国际委员会管理。1937 年 12 月 17 日时,有难民 500 人。1938 年 1 月 4 日米尔斯、福斯特等人前往检查时,获得的情况为:该收容所有难民 528 人,有 1/3 来自南京以外的地区,其中大多数来自上海。每天收到 3 袋大米,绝大多数人可免费得到大米。每天约有 30 人去为日本人干活,因此收容所享受到日本军事司令部的特别庇护。检查者认为:"收容所每天打扫,保持清洁。""收容所组织和领导工作做得好。""看来领导得好,难民满意。"

12. 西门子洋行难民收容所 [2]

所长韩湘琳,位于安全区内国际委员会主席拉贝在小粉桥 1 号的宅院内,由安全区国际委员会管理。1938 年 1 月 4 日米尔斯、福斯特等人前往检查时,获得的情况为:该收容所有难民 602 人,生活在遍布整个院内的草棚里,每天收到 3 袋大米,无偿地分配给全体难民,难民所得大米的份额明显比别的收容所多。检查者认为,这里空间狭小,造成了居住的困难。

日军士兵曾多次翻墙进入该收容所,企图强奸妇女,动手抢劫汽车和财物。这些暴行,多次被拉贝阻止。

13. 金陵大学蚕厂(蚕桑系)难民收容所 [3]

原所长王兴龙,后因王被怀疑为中国军人而为日本人逮捕,由金哲桥(音)代理所长。位于安全区内鼓楼四条巷之西侧、东西向金银街之北面,由安全区国际委员会管理。1937 年 12 月 17 日时,有难民 4000 人。1938 年 1 月 4 日米尔斯、福斯特等人前往检查时,获得的情况为:该收容所有难民 3304 人。每天能够收到 4—8 袋大米,每 2 人每天可以得到 1 升米,大部分米是由难民购买的。难民们普遍抱怨大米的分配不够公平。检查者认为,"不论房屋里面还是外面的卫生设施都不够"。检查者建议,

---

1 约翰·拉贝:《拉贝日记》,江苏人民出版社、江苏教育出版社 1997 年版,第 349—350、208 页。

2 同上书,第 349、378 页。

3 同上书,第 259、290、350—351 页;张生等编:《南京大屠杀史料集》第 12 册《英美文书·安全区文书·自治委员会文书》,江苏人民出版社 2006 年版,第 287 页。

"雇佣一个较有能力的有责任心的人担任收容所的领导"。

1937 年 12 月 18 日、22 日间,该收容所计有 10 名妇女被强奸,最小被奸者只有 13 岁,有 4 名男子为保护妻子被刺伤。

14. 农业学校难民收容所[1]

又称农科作物系或农村师资训练学校难民收容所、第一难民收容所,所长沈家禹,位于安全区内广州路北面,由安全区国际委员会管理。1937 年 12 月 17 日时,有难民 1500 人。1938 年 1 月 4 日米尔斯、福斯特等人前往检查时,获得的情况为:该收容所有难民 1658 人,设有一个救护队和一个小组长委员会。每天收到 2—3 袋大米,分配时为免发出双份,实行三重控制,每个成年人每天可得到 1 听(香烟听,约合 1 杯)米,儿童减半,每个家庭自己做饭。检查者认为,"收容所领导得好。难民看来满意。收容所领导很有能力,很有成绩。"

1937 年 12 月 18、19 日间,该收容所计有 13 名妇女遭日军强奸。

15. 圣经师资训练学校难民收容所[2]

所长郭俊德,地址不详,由安全区国际委员会管理。1937 年 12 月 17 日时,有难民 3000 人。1938 年 1 月 4 日米尔斯、福斯特等人前往检查时,获得的情况为:该收容所有难民 3400 人,常常受到日本士兵的抢劫和骚扰,这里 70％的妇女被强奸过。每 2 天收到 5 袋大米,大多数难民有能力支付米钱。检查者认为,"收容所一般状况良好,领导得力"。1 月 16 日时,该收容所有难民 4000 人。

1937 年 12 月下旬,该收容所计有 53 名妇女遭日军强奸或被抢走,最小被奸者年仅 12 岁;被抢走 11 条被子、100 元钱以及衣服、食品,还抢走了部分属于外国人的行李。

16. 金陵神学院难民收容所[3]

所长陶忠亮,位于安全区内汉中路北、上海路东侧,由安全区国际委员会管理。1938 年 1 月 4 日福斯特等人前往检查时,获得的情况为:该收容所有难民 3116 人,每天收到 2 袋大米,以供分配,老年妇女与寡妇可免费得到大米,其他难民须凭配给证

1　约翰·拉贝:《拉贝日记》,江苏人民出版社、江苏教育出版社 1997 年版,第 351—352、208、229—230、232—233 页。

2　同上书,第 259—260、288—289、309、352—353 页;〔英〕田伯烈著,杨明译:《1937:一名英国记者实录的日军暴行》,湖北人民出版社 2005 年版,第 62 页。

3　约翰·拉贝:《拉贝日记》,江苏人民出版社、江苏教育出版社 1997 年版,第 353 页;中国第二历史档案馆等编:《侵华日军南京大屠杀档案》,江苏古籍出版社 1987 年版,第 309—310 页。

购买。有 3/4 的难民是贫穷的。

1937 年 12 月 15 日,商民萧作梅在收容所内,遭乱刀戳毙。

17. 金陵大学(宿舍)难民收容所 [1]

所长齐兆昌,位于安全区内鼓楼西南,由安全区国际委员会管理。1937 年 12 月 17 日时,有难民 1000 人;至 20 日,难民达 8972 人。1938 年 1 月 5 日米尔斯、福斯特 等人前往检查时,获得的情况为:该收容所有难民 7000 人,收容所每天得到 25—30 袋大米及 3 吨燃煤,以供应粥厂。粥厂每天两次出售稀饭,每杯 3 个铜板。约有 1/3 的难民买粥;男人们在白天来收容所为其家属递送食物。检查者对收容所大米的分 发工作有所怀疑,建议国际委员会对此进行仔细检查。

1937 年 12 月 15 日、27 日,日军士兵在该收容所共强奸 33 名妇女,有的妇女被 奸 6 次之多;12 月 16 日,7 名日军士兵在此强奸了一批妇女。

18. 大学图书馆难民收容所 [2]

所长梁开纯(音),位于安全区内金陵大学校园,由安全区国际委员会管理。1937 年 12 月 17 日时,有难民 2500 人。1938 年 1 月 5 日米尔斯、福斯特等人前往检查时, 获得的情况为:该收容所有难民约 3000 人,不从国际委员会领取大米,以前难民由金 陵大学粥厂供给膳食,但 4 天前该粥厂已停止对这里难民的供应。难民中有人吸食 鸦片、赌博和参与抢劫,人们时常发生争吵。检查者认为,"这个收容所中有很大一部 分相当粗野的人","楼内肮脏、拥挤"。检查者建议,"采取某些措施把坏分子清除出 收容所","应该采取相应的措施为收容所中的贫困者提供大米"。

1937 年 12 月 15 日,7 名日兵在该收容所拖走 7 名妇女,其中 3 名被当场强奸。 12 月 20 日,日军将 3000 名难民集中到网球场上,进行"良民登记"。300 名被欺骗 承认是军人的难民,分两批被送往汉中门外刺死或押往一大厦中用火烧死。

19. 金陵女子文理学院难民收容所 [3]

所长明妮·魏特琳,位于安全区内汉口路南侧,由安全区国际委员会管理。1937

1 约翰·拉贝:《拉贝日记》,江苏人民出版社、江苏教育出版社 1997 年版,第 217、309、364—365 页;王勇 忠:《南京大屠杀时期的金凌大学所难民收容所》,载《抗日战争研究》2008 年第 4 期。

2 约翰·拉贝:《拉贝日记》,江苏人民出版社、江苏教育出版社 1997 年版,第 187、365—366 页;"南京大 屠杀"史料编辑委员会、南京图书馆编:《侵华日军南京大屠杀史料》,江苏古籍出版社 1985 年版,第 188—189 页。

3 约翰·拉贝:《拉贝日记》,江苏人民出版社、江苏教育出版社 1997 年版,第 366—367 页;南京师范大学 南京大屠杀研究中心主编:《魏特琳传》,南京出版社 2001 年版,第 137—141 页。

年 12 月 17 日时,有难民 4000 人,后逐渐增加至 1 万人。1938 年 1 月 5 日米尔斯、福斯特等人前往检查时,获得的情况为:该收容所有难民约 5000—6000 人,几乎全都是妇女和儿童,只有极少数男性老人。平均每天得到 12 袋大米,由中国红十字会领导的公共厨房做饭,免费向 350 名难民供给米饭,其他难民须以每杯 3 个铜板的价格买饭;另有 1000 名难民靠亲属送来食品。检查者认为,"收容所的领导是出色的"。

该收容所尽管有魏特琳等人出色的领导和勇敢的保护,但还是屡屡发生日军的性暴力事件。1937 年 12 月 17 日,有 12 名姑娘被日军抢走;24 日,又有 21 名女子被日军抢走。

20. 五台山小学难民收容所 [1]

所长张易里(音),位于安全区内上海路西侧,由安全区国际委员会管理。1938 年 1 月 5 日米尔斯、福斯特等人前往检查时,获得的情况为:该收容所有难民 1640 人,不从国际委员会领取大米,难民从红卍字会得到配给的粥。检查者认为,"收容所领导得很好"。

1937 年 12 月 17 日,该收容所多名妇女被日军带走,遭通宵强奸;19 日,1 名日军欲强奸 19 岁孕妇李秀英,遭勇敢反抗,李被身刺 30 余刀,胎儿流产;23 日,该处又有 1 名女子遭强奸,并有日军前来抢劫。

21. 南京语言学校难民收容所 [2]

又称华言学校难民收容所,位于安全区内广州路北侧小桃源,由安全区国际委员会管理。1937 年 12 月 17 日时,有难民 200 人。1938 年 3 月 19 日,该收容所 19 岁女子吴荷元遭日军强奸。

22. 司法部难民收容所 [3]

位于安全区内广州路以北、中山路西侧,由安全区国际委员会管理。1937 年 12 月 14 日时,有难民 1000 人。是日,日军将难民 400—500 人,捆绑拖走枪杀。这里剩

---

1 约翰·拉贝:《拉贝日记》,江苏人民出版社、江苏教育出版社 1997 年版,第 220、258、289、354 页。

2 张生等编:《南京大屠杀史料集》第 12 册《英美文书·安全区文书·自治委员会文书》,江苏人民出版社 2006 年版,第 287 页;孙宅巍:《澄清历史——南京大屠杀研究与思考》,江苏人民出版社 2005 年版,第 444—445 页。

3 约翰·拉贝:《拉贝日记》,江苏人民出版社、江苏教育出版社 1997 年版,第 176 页;张生等编:《南京大屠杀史料集》第 12 册《英美文书·安全区文书·自治委员会文书》,江苏人民出版社 2006 年版,第 287 页;章开沅编译:《天理难容——美国传教士眼中的南京大屠杀(1937—1938)》,南京大学出版社 1999 年版,第 471—472 页。

余的难民也于 12 月 17 日被驱赶出来,致使该收容所空置。故该收容所被国际委员会称为"失败的难民营"。

23. 最高法院难民收容所 [1]

位于安全区内山西路广场南端、中山北路西侧,由安全区国际委员会管理。该收容所"几乎被军队(日军)扫荡一空,剩余的人也于 12 月 17 日被驱赶出来",致使该收容所空置。这里与司法部难民收容所一道,被安全区国际委员会称为"失败的难民营"。

24. 鼓楼西难民收容所 [2]

所长李瑞亭,位于安全区内鼓楼西,具体位置不详,由安全区国际委员会管理。在 1938 年 1 月 13 日至 20 日间,曾有 6 名日本士兵强奸了这里的 7 名妇女。

25. 双塘难民收容所 [3]

又称美国长老会布道团难民收容所、教堂和长老会传教团学校难民收容所,所长陈罗门,位于南京城西南隅,由美国长老会传教团的一所学校、一座教堂和一些附属建筑物组成,受到安全区国际委员会的帮助和监护。该收容所居住的难民曾达 2000 人。1938 年 1 月 4 日米尔斯等前往检查时,获得的情况为:该收容所有难民 1000 人,许多人只是晚上前来住宿。这里 2/3 的难民自行解决膳食,其余的难民身无分文,十分贫困。该收容所常被日本士兵抢掠,妇女常遭强奸。米尔斯检查后,于 5 日向该处提供了 3 袋大米,并表示力求今后每两天向该收容所提供相应数量的大米。

在 1 月 6 日至 11 日间,计有 60 名日军士兵 26 次来该收容所骚扰难民。

26. 鼓楼四条巷难民收容所 [4]

位于安全区内鼓楼四条巷。1937 年 12 月 16 日,日军将该收容所难民张义魁等 50 余人集体枪杀。

27. 陶谷新村 7 号难民收容所 [5]

位于安全区内上海路陶谷新村 7 号,原为国军第 10 军驻京办事处。南京沦陷时,这

1　张生等编:《南京大屠杀史料集》第 12 册《英美文书·安全区文书·自治委员会文书》,江苏人民出版社 2006 年版,第 287 页;章开沅编译:《天理难容——美国传教士眼中的南京大屠杀(1937—1938)》,南京大学出版社 1999 年版,第 471—472 页。

2　约翰·拉贝:《拉贝日记》,江苏人民出版社、江苏教育出版社 1997 年版,第 521—522 页。

3　同上书,第 379 页。

4　《谷寿夫战犯判决书附件关于集体屠杀部分统计节录》,见中国第二历史档案馆等编《侵华日军南京大屠杀档案》,江苏古籍出版社 1987 年版,第 133 页。

5　张连红编:《南京大屠杀史料集》第 3 册《幸存者的日记与回忆》,江苏人民出版社 2005 年版,第 471—474 页。

里有难民 200 人。1937 年 12 月 16 日曾有 2 名日军士兵来此强奸 2 名少女未遂。

28. 宁海路 25 号难民收容所[1]

位于安全区内宁海路 25 号,中国红十字会南京分会城内办事处即设于此。该会并在此开设一专收妇孺难民的收容所。

29. 平仓巷 6 号难民收容所[2]

位于安全区内平仓巷 6 号,中国红十字会南京分会在此开设一专收妇孺难民的收容所。日军士兵于 1937 年 12 月 18 日在此偷走一头猪。

30. 广州路 83 号、85 号难民收容所[3]

位于安全区内广州路 83 号、85 号,住有 540 名难民,拥挤不堪。从 12 月 13 日至 17 日间,该收容所多次遭到三五成群的日本士兵的搜查和抢劫,难民的首饰、钱财、手表和各类衣物"被抢劫一空";已有 30 多名妇女被强奸。

二、 安全区外及地点不明的 11 座难民收容所

1. 卫青里(音)难民收容所[4]

地址不详,由难民自行组织,建于一座大宅中,有难民数百人,受安全区国际委员会的帮助和监护。

2. 栖霞寺难民收容所[5]

位于南京东北郊栖霞山北千佛岩脚下,1938 年 1 月中旬有难民 1 万余人,最多时达 2.4 万人,多为附近地区农民。仅 1938 年 1 月 4 日至 19 日间,日军便在该收容所枪杀 3 名农民,强奸 23 名妇女,抢走 9 头耕牛、11 头毛驴和大量粮食,并放火焚烧附近的许多房屋。

1　《中国红十字会南京分会致南京市政公署督办任援道呈文(1938 年 7 月 14 日)》,南京市档案馆藏,档案号 1002—2—1024。

2　同上。《南京安全区国际委员会搜集的日军暴行记录(1—470 件)》,见孙宅巍:《南京大屠杀真相》,南京出版社 2016 年版,第 144 页。

3　约翰·拉贝:《拉贝日记》,江苏人民出版社、江苏教育出版社 1997 年版,第 212 页。

4　《南京国际救济委员会报告》,见章开沅编译《天理难容——美国传教士眼中的南京大屠杀(1937—1938)》,南京大学出版社 1999 年版,第 471 页。张连红等著《南京大屠杀国际安全区研究》(江苏人民出版社 2022 年版)第 40 页称,该难民收容所位于鼓楼广场西侧,应称为"维庆里难民收容所"。

5　约翰·拉贝:《拉贝日记》,江苏人民出版社、江苏教育出版社 1997 年版,第 470、566—567、657 页。

3. 江南水泥厂难民收容所 [1]

位于南京东北郊栖霞山东侧江南水泥厂厂区之北侧与南侧两片。1937 年 12 月 28 日时有难民 4000 人；此后人数不断增加，至 1938 年 2 月 3 日时有 6000 人，3 月 13 日时达 2 万多人。该收容所由江南水泥厂代理厂长、德国人京特和丹麦人辛德贝格创立、领导和管理，树有德国和丹麦国旗，以保护难民不受侵犯。收容所内设有小医院，为附近受伤难民医治伤病。1938 年 2 月中旬，安全区国际委员会委员、国际红十字会南京委员会主席马吉曾来此处考察，并拍摄现场影片。

4. 和记洋行难民收容所 [2]

位于下关长江边，有难民 7000 人，由安全区国际委员会委员、英商希尔兹支持建立。安全区国际委员会于 1937 年 12 月上旬，拨给中国红十字会南京分会 600 袋大米，以供在该收容所及江边一带施粥。

1937 年 12 月 14 日，日军冲进该收容所，将数千难民押至煤炭港江边；15 日夜，被掳难民悉数遭机枪射杀，中有避难于该收容所的首都电厂 44 名职工。

1937 年 12 月底，曾由世界红卍字会南京分会副会长许传音，给该收容所送去安全区国际委员会配发的 1200 余斤大米。

5. 宝塔桥难民收容所 [3]

位于下关煤炭港东侧，有难民 7000 人，被称为"无人管理的、最糟糕、最苦难"的难民收容所。1937 年 12 月底，曾由世界红卍字会南京分会副会长许传音，给该收容所送去安全区国际委员会配发的 1200 余斤大米。

6. 慈幼院难民收容所 [4]

位于下关三汊河地区、三汊河河流之西侧，有难民 6000 人。该收容所与宝塔桥难民收容所一起被称为"无人管理的、最糟糕、最苦难"的难民收容所。1937 年 12 月 17 日，日军在该处及三汊河放生寺集体枪杀平民四五百人。12 月底，曾由世界红卍字会南京分会副会长许传音，给该收容所送去安全区国际委员会配发的 1200 余斤大米。

---

1 约翰·拉贝：《拉贝日记》，江苏人民出版社、江苏教育出版社 1997 年版，470 页；戴袁支：《1937—1938：人道与暴行的见证——经历南京腥风血雨的丹麦人》，江苏人民出版社 2010 年版，第 86—87 页。
2 尹集钧：《1937，南京大救援——西方人士和国际安全区》，文汇出版社 1997 年版，第 252—253 页。
3 同上书，第 252—255 页。原文中的"王塔桥"似应为"宝塔桥"。
4 同上书，第 252—255 页；中国第二历史档案馆等编：《侵华日军南京大屠杀档案》，江苏古籍出版社 1987 年版，第 133 页。

7. 城东南游乐地难民收容所 [1]

位于南京城东南隅,有难民 1 万余人。该收容所许多难民住于露天,卫生条件极差,被国际红十字会南京委员会委员麦卡勒姆称为"几乎无人管理的难民营"。据麦卡勒姆了解:红十字会在此处设有粥厂,但因米、煤困难,不能保证每天供应一次稀饭。日军经常来这里抢劫财物,强奸妇女。麦卡勒姆曾用自己运粮的卡车偷偷将该处 20 多名妇女运送到金陵女子文理学院难民收容所。

8. 老人堂(养老院)难民收容所 [2]

位于城东南剪子巷。1938 年 1 月 2 日米尔斯前往视察时,获得的情况为:该收容所有难民约 500 人,内有 30 余名儿童。南京市政府撤离前曾给这里留下部分大米和燃煤,但至今已差不多用尽。米尔斯认为,新的市政当局应当承担这里的管理工作,"对失去父母的儿童,应该给予,或者说应该规定给予特别的照顾,因为把儿童留在养老院里是不合适的"。

9. 杨将军巷难民收容所 [3]

位于鼓楼广场东南、中山路东侧之杨将军巷。1938 年 2 月 26 日,伪第三区区公所呈请伪南京市警察厅,将该收容所防空壕内的尸体掩埋。

10. 葛塘难民收容所 [4]

位于六合县葛塘镇,有难民 2000 名。该收容所难民曾向安全区国际委员会提出需要救济的请求。国际委员会于 1938 年 2 月 14 日在《关于形势的内部报告》中称,已经收到该处难民要求救济的请求,并表示,那里"遭受了严重的战争损害","十分需要南京给予救济"。

11. 石山区(音)难民收容所 [5]

位于江宁县石山区(音)。其难民代表皮德侯(音)、常以新(音)、高塔彪(音)、史

1　尹集钧:《1937,南京大救援——西方人士和国际安全区》,文汇出版社 1997 年版,第 127 页。

2　约翰·拉贝:《拉贝日记》,江苏人民出版社、江苏教育出版社 1997 年版,第 326—327 页。

3　《伪第三区区公所 1938 年 2 月份工作报告节录》(1938 年 3 月 2 日),见孙宅巍编《南京大屠杀史料集》第 5 册《遇难者的尸体掩埋》,江苏人民出版社 2005 年版,第 306 页。

4　约翰·拉贝:《拉贝日记》,江苏人民出版社、江苏教育出版社 1997 年版,第 657 页。

5　尹集钧:《1937,南京大救援——西方人士和国际安全区》,文汇出版社 1997 年版,第 261 页;《江苏省江宁县石山区(音)难民代表向德国民(音)先生,丹麦辛(音)先生和马(音)先生的呈文》,载《抗日战争研究》1991 年第 2 期,第 177—178 页。戴袁支:《1937—1938:人道与暴行的见证——经历南京腥风血雨的丹麦人》(江苏人民出版社 2010 年版)第 261 页称,经实地调查采访,石山区应为江宁县摄山区;其写信难民代表皮德侯应为梅墓村村民毕德和。

家西(音)曾于1938年2月致信在江南水泥厂停留的德国人、丹麦人,揭露日军在此屠宰耕牛2000多头,放火烧毁村庄房舍,有刘新才(音)等46名村民被屠杀,程刘氏(音)等32名妇女被拐骗、强奸。他们在信中希望获得帮助,迅速离开临时避难的难民营,于"近期内返回家园"。

第八编

南京安全区国际委员会报告与记录的 599 件日军暴行

一、 原件编有序号的 470 件日军暴行[1]

1. 12 月 15 日,安全区卫生委员会第二区的 6 名街道清扫工在他们位于鼓楼的住所里被闯进的日本士兵杀害,另外一名清扫工被刺刀严重刺伤,日本士兵没有任何明显的理由! 如上所述,这些人是我们安全区的雇员。

2. 12 月 15 日下午 4 时,在金陵女子文理学院门口附近,一辆载有大米的卡车被日本士兵抢走。

3. 12 月 14 日夜晚,安全区第二区的全体居住人员被赶出房子,然后被洗劫一空。第二区区长本人被日本人抢劫过两次。

4. 12 月 15 日夜晚,7 个日本士兵闯进金陵大学图书馆大楼,拖走 7 名中国妇女,其中 3 名妇女被当场强奸。

5. 12 月 14 日夜晚,许多人向我们诉说,日本士兵闯进中国居民的房子,强奸或强行拖走妇女。安全区内由此产生恐慌。昨天数百名妇女搬进了金陵女子文理学院的几栋建筑物,我们委员会的 3 名美国先生昨天夜里整夜守候在学院,保护那里的 3000 名妇女和儿童。

6. 12 月 14 日,30 名显然没有军官带队的日本士兵搜查了大学医院和女护士的寝室,医院的职员们遭到了有组织的抢劫。被偷走的物品有:6 支自来水笔、180 元现钞、4 块表、2 卷医院的绷带、2 只手电筒、2 双手套和 1 件毛线衣。

7. 昨天,即 12 月 15 日,不论是收容所、公共场所,还是大学建筑物内,从各个方面都传来报告,日本士兵在各个地方强行闯入,多次抢劫中国难民。

8. 12 月 15 日,美国大使馆遭破门盗窃,若干小物件丢失。

9. 12 月 15 日,日本士兵翻越金陵女子文理学院的后墙,砸开一扇门,闯入学院

---

[1] 1—426 件,选自《拉贝日记》;427—444 件(缺 441 件),分别选自《侵华日军南京大屠杀史料》中田伯烈著《外人目睹中之日军暴行》与徐淑希纂《安全区档案》(节译);441 件选自美国国家档案馆保存《安全区档案》英文原件,杨夏鸣译;445—460 件,选自美国耶鲁神学院图书馆保存资料(编号为 RG10BOX102 Folder867),孙路译;461—470 件,选自章开沅编译《天理难容——美国传教士眼中的南京大屠杀(1937—1938)》中史迈士的《现状记述》(1938 年 3 月 21 日)。所有人名、地名,均按本书正文采用之译名作了规范化调整。引文略有修改。

的医学系。由于该系在 12 月 13 日就已经将可移动的物品全部转移,所以没有东西被窃。

10. 12 月 14 日中午,日本士兵闯入铜银巷的一所房屋,强行拖走 4 名姑娘,强奸了她们,2 小时后将她们放回。

11. 我们在宁海路的米铺于 12 月 15 日的下午遭到了日本士兵的搜查,他们买走 3 袋米(3.75 担),只支付了 5 元钱。米市的现行价是每担 9 元,这样,日本军队共欠国际委员会 28.75 元。

12. 12 月 14 日夜晚,11 名日本士兵闯入铜银巷的另一所房屋,强奸了 4 名中国妇女。

13. 12 月 14 日,日本士兵闯进美国女传教士格雷斯·鲍尔小姐的住所,抢走一双皮手套,喝掉了桌子上的所有牛奶,然后又用手把糖罐全部掏空。

14. 12 月 15 日,日本士兵闯入美国医生 R. F. 布雷迪的车库(双龙巷 1 号),打破福特汽车的一块窗玻璃,然后又带来 1 名机械师,试图发动汽车。

15. 12 月 15 日,日本士兵闯进汉口路的一个中国居民住家,强奸了一名年轻妇女,强行拖走 3 名妇女。其中 2 名妇女的丈夫跟在日本士兵的后面追赶,结果这 2 名男子被这些日本士兵枪杀。

16. 12 月 15 日,一名被刺刀刺伤的中国人来到大学医院。他报告说,日本士兵将他和另外 5 名中国男子从安全区抓走,要求他们往下关运送弹药;到达下关后,他们 6 人都被日本士兵用刺刀戳杀,只有他一人幸免于难,来到了金陵大学医院接受治疗。(威尔逊大夫)

17. 根据在福建路 6 号德国公司何中记(音译)联合公司工作的王郁辉(音译)先生的报告,12 月 15 日早晨 8 时左右,好几个日本士兵闯到他那里,抓住他,将他在德国机构注册的工作证轻蔑地扔在地上,而且还扯下了德国国旗。日本人强迫他将物资运到军官学校,塞给他一张纸条后将他放走,纸条上证明他完成了交付给他的工作。在回家的路上,走到珠江路时,他被其他日本士兵无端地从背后击中两枪。他现在正躺在大学医院,愿意作进一步的陈述(我一块儿带来了他浸满血迹的工作证。——拉贝)。(麦卡勒姆)

18. 12 月 15 日夜间,一批日本人闯进小桃园旁边的金陵大学的大楼里,强奸了 30 名妇女,其中有些妇女遭强奸达 6 次之多。(索恩)

19. 12 月 15 日,一名中国人来到大学医院。他报告说,他背着 60 岁的叔叔到安

全区的时候,日本人开枪打死了他的叔叔,他自己也因此而受伤。(威尔逊大夫)

20．12 月 16 日夜间,7 名日本士兵闯进美国大学[1]的楼房里,砸碎窗户玻璃,抢劫难民,由于大学方面不能提供手表和姑娘,他们便用刺刀刺伤了好几名大学职员,他们同时还强奸了楼房内的一批妇女。(贝德士博士)

21．12 月 16 日夜间,日本士兵闯入大学由美国人居住的两栋房子,一栋房子里的一扇门被打破。在其他暂时由中国职员居住的美国人的住处,日本士兵也以极端非礼的方式强行闯入。(贝德士博士)

22．12 月 16 日夜间,日本士兵在金陵大学附近殴打了多名安全区警察,并要求他们从难民群中为其寻找姑娘。

23．12 月 16 日,日本士兵在五台山附近强行抓走了 14 名红卍字会的役工。(菲奇)

24．12 月 16 日,日本士兵从红卍字会(中国的一种慈善机构,类似于德国和美国的红十字会)粥厂的役工手中抢走了一个用来烧饭的铁锅,并将锅中的米饭倒在地上。

25．12 月 16 日,日本士兵偷走阴阳营徐氏奶场的两头奶牛并抓走两名男子。(菲奇)

26．12 月 16 日,日本士兵将 40 名佩戴我方袖标的志愿工人强行从位于赤壁路 9 号的住所中赶走,并且不允许他们携带行李和被褥等用品,我们的两辆卡车也同时被抢走。(菲奇)

27．12 月 16 日,日本士兵闯入我方卫生委员会总稽查位于牯岭路 21 号的住所,偷走 1 辆摩托车、5 辆自行车和 1 个垃圾桶。(菲奇)

28．12 月 16 日 16 时,日本士兵闯入莫干路 11 号,强奸了那里的妇女们。(菲奇)

29．12 月 16 日,日本士兵试图偷走大学医院的救护车,被约翰·马吉牧师(安全区美国委员)及时制止。(马吉)

30．12 月 16 日,四处游荡的日本士兵 5 次闯入史迈士博士位于汉口路 25 号的住宅,找寻姑娘。(里格斯)

31．12 月 13 日,我查看了德国孔斯特—阿尔贝斯公司位于中央路的房子,中国

1　指金陵大学,为美国基督教会在南京办的大学。

士兵早已撤离这个地区,这里一切正常。我在 12 月 15 日中午再次来到这里时,发现房门是敞开的,所有的门都被砸开,窗户被破坏,房间里的东西都被搜查过,抢走了哪些东西已经无从查实。(克勒格尔)

32. 12 月 17 日,日本士兵从停在沅江新村 6 号住所前的克勒格尔先生的汽车里偷走一部蔡司-伊康牌 6×9 相机。(克勒格尔)

33. 12 月 17 日,日本人闯进珞珈路 5 号,强奸了 4 名妇女,偷走 1 辆自行车、被褥用具和其他物品。当哈茨先生和笔者来到这栋房子的时候,他们迅速地跑走了。(克勒格尔)

34. 在陵园路 11 号博尔夏特和波勒的住所遇见了日本士兵。这栋悬挂着德国国旗并贴有德国大使馆证明的房子已被闯入者翻遍。我赶到的时候,日本士兵正在发动博尔夏特先生的汽车,见我来了,他们便丢下了汽车。但是在 12 月 17 日他们还是偷走了博尔夏特先生的汽车。在我 12 月 15 日第一次去的时候,一名日本军官给我留下了一张名片。12 月 16 日,这栋房子又遭到了其他日本士兵的洗劫。(克勒格尔)

35. 12 月 16 日约 11 时,一名日本军官请求我为电厂和水厂重新开工一事提供咨询。这时我向这名日本军官指出,在我们这会儿会谈期间,我的汽车停在大门外面(中山北路 244 号)没人看守,很有可能会被偷走。结果会谈结束后,我和 3 名日本军官离开屋子时,汽车果真不见了,同时不见的还有好几本书和 4 罐汽油。12 月 17 日上午 11 时左右,我在西门子洋行办事处的附近发现了我的汽车,我没花很大的周折就让日本士兵把属于德国财产的汽车归还了我。(克勒格尔)

36. 今天下午,12 月 17 日 4 时,一名中国平民在我们位于大方巷的房子附近被 3—4 名日本士兵枪杀。住在这所房子里的除了我以外还有 3 个外国人,他们是 E. H. 福斯特牧师先生、波德希沃洛夫先生和齐阿尔先生。(马吉)

37. 12 月 17 日,在我的小桃园住处后面的一栋小房子里,一名妇女遭强奸并被刺伤。如果她今天能得到医治的话,或许还有救。这名妇女的母亲由于头部被击而受重伤。(拉贝)

38. 12 月 17 日,两名日本士兵爬过围墙,试图闯进委员会主席拉贝的私人住宅,当时拉贝正巧在家。见到拉贝出来,日本士兵从原路退了回去。他们声称是为了搜寻中国士兵。(拉贝)

39. 12 月 17 日有人报告说,在金陵女子文理学院对面田祥(音译)先生家的附近

(第二条街),日本士兵犯下了强奸暴行。(王)

40. 12 月 17 日,一名年轻姑娘在琅玡路(珞珈路 25 号对面)上被拖到一栋房子里遭强奸。(王)

41. 12 月 17 日,一名年轻姑娘在司法部大楼附近遭强奸后被刺伤下身。(王)

42. 12 月 17 日,一名 40 岁的妇女在仙府洼(音译)被强行拖走后遭强奸。(王)

43. 12 月 17 日,在三元巷附近有两名姑娘遭多名日本士兵强奸。(王)

44. 12 月 15 日晚,多名日本士兵强行进入三条巷的一座房子,强奸了相当数量的中国妇女。(王)

45. 12 月 17 日,许多妇女被从五台山小学强行带走,遭到了通宵的强奸,第二天早晨才被释放。(王)

46. 12 月 17 日,吴家花园内两名中国人遇害,两名妇女被强行拖走,之后便音讯全无。(王)

47. 12 月 16 日晚 8 时,两名日本军官和两名日本士兵闯进干河沿 18 号,将房内的男子全部赶走。几名妇女得以逃脱,没能逃脱而留下的妇女遭强奸。其中一名日本士兵将内衣忘在了房子里。提供报告的人名字叫吴仙琴(音译),30 岁,她本人也遭强奸。(王)

48. 12 月 17 日,住房委员会第四区稽查员王有成报告,日本士兵天天闯进他在徐府巷 4 号的家,大肆抢劫。他的妻子和两个儿子逃到了金陵女子文理学院,他的母亲和三儿子留了下来。王也感受到了危险,所以自己也不得不离开家。(菲奇)

49. 12 月 17 日上午 11 时,日本士兵来到安全区的警察总部检查。在检查的过程中,一个名叫常清亮(音译)的厨房佣人遭逮捕并被抓走。此人的的确确是平民百姓,没有任何过失,也从未当过兵。我们请求贵方放了他。(安全区警察总部印章)

50. 12 月 17 日上午 11 时,日本士兵闯进我家搜查,他们抓走了我的儿子姚蜀旗(音译)(第四警察局副局长)和我 19 岁的外孙女杨旺聪(音译)。(签名:姚清思,山西路 105 号)

51. 12 月 16 日,我们一位官员马普英(音译)先生在前去安全区蚕厂(金陵大学)通知要进行搜家时,被日本士兵逮捕,虽然他带有证明他是难民收容所稽查官员的袖标和证章。另外,我们办公室一位姓王的男勤杂工也被抓走。(签名:吴国京,第六区工作人员)

52. 12 月 17 日,两名日本士兵闯进我在莫干路 9 号的住房,抓走了我的儿子、儿

媳妇和我的姨妈。(王霈三)

53. 12月17日下午3时,3名姑娘在大方巷的难民收容所先后被日本士兵强奸。在同一所房子里的另外一个妇女被枪弹击中,受重伤。(大方巷难民收容所)

54. 12月18日17时,10名日本士兵偷走了我们医疗站100名难民和职员以及医疗站站长马森(音译)先生的所有铺盖用品和其他财产。(菲奇)

55. 12月18日晚上,450名妇女逃到我们的大楼内寻求保护,并在院内露天过夜。她们中的许多人都曾经遭到过日本士兵的强奸。(菲奇)

56. 12月18日16时,日本士兵在颐和路18号向一个中国人索要香烟。由于香烟没有及时递给他们,该中国人被日本士兵用刺刀劈中头部(脑浆外溢)。受伤者现在大学医院,已经没有保住生命的希望。(菲奇)

57. 12月16日,7名16—21岁的姑娘被从陆军大学的宿舍抓走,其中5个人被放了回来。根据姑娘们12月18日的报告,她们每天遭强奸6—7次。12月17日,日本士兵在夜晚11时爬过围墙抓走两名姑娘,过了半个小时后,将她们放回。(单渊宽)

58. 12月18日,拉贝先生报告,15名日本士兵闯进他的家。爬过围墙的日本士兵中有几个拔出刺刀逼向他的助理,抢走了他的钱和一些文件。钱是从他的西装内口袋中掏出来的。被抢劫物品的详细清单已经交给日军少佐Y.永井。拉贝先生是德国公民,而且在其住宅基地的四角插了4面标有卐字的旗帜,因此少佐发出命令(该命令贴在拉贝的院门上),严格禁止所有日本士兵进入拉贝先生的房子。尽管如此,仍然有2名日本士兵在当天闯进拉贝先生的房子。在晚上大约6时左右,拉贝发现了他们,这2名士兵中有一人半身赤裸,正图谋强奸一名中国姑娘。拉贝先生喝令日本士兵离开院子,而且必须是从哪儿进来还从哪儿出去,也就是从围墙爬出去。

在这前一天,日本士兵从拉贝先生的家里偷走了一辆价值300元的汽车。偷车事件发生在他不在家的时候,日本士兵没有留下像模像样的借车字据,只是留下了一张用蹩脚的英文书写的纸条,内容是"感谢你的赠送! 日本皇军,K.佐藤"。(拉贝)

59. 日本军官Y.永井少佐到安全区负责人拉贝先生位于小桃园的家中拜访时,拉贝先生的一个中国邻居赶来呼救,有4名日本士兵闯进他的家,正在强奸留在家里的一名妇女。永井少佐斥责了这名士兵,打了他几个耳光,然后将他赶了出去。另外3名日本士兵在见到少佐进来时早已溜之大吉。(拉贝)

60. 哈茨先生报告说,他于12月19日11时30分,在我们总部隔壁院子的防空洞里发现了 2 名日本士兵,他们正准备强奸防空洞内的妇女。当时洞内共有 20 名妇女,听到妇女们的呼救声,哈茨先生将日本人赶出了洞。(哈茨)

61. 12 月 19 日上午 10 时,我和贝德士博士以及菲奇先生向田中先生通报完日本士兵的暴行后,去了大学附中,打算了解一下昨天夜里那个地方的情况。我们发现,昨天夜里有 3 名姑娘被拖走,其中的一名在门房就遭到了 3 个日本士兵的轮奸。当我们朝大门走去准备离开校园时,珀尔·吴-布洛姆莱小姐出现在大门口,她的身后跟着 3 名日本步兵,还有一个军曹骑在马上。我们试图挡住日本士兵,并要求布洛姆莱小姐上我们的汽车,那名日本军曹对此表示反对,并企图用马挡住我们的去路。但是他那匹没用的马害怕我们的汽车,所以我们成功地通过了大门,并带着布洛姆莱小姐来到日本大使馆,我们向日本大使馆询问,在城市的什么地方能将布洛姆莱小姐安全地安置下来。布洛姆莱小姐是在美国念的大学,掌握 ω—β—x 密码。最后她自己决定到大学医院去做辅助工作。(史迈士)

62. 12 月 18 日,陆军大学的难民收容所传来以下报告:12 月 16 日,有 200 名男子被强行带走,回来时仅剩 5 人。12 月 17 日和 18 日又分别有 26 名男子和 30 名男子被带走。被偷走的财物有:钱、行李、一袋米和 400 套医院的被子。一名 25 岁的中国男子遭杀害,一名老妇遭严重殴打倒地,20 分钟后死亡。(单渊宽)

63. 12 月 18 日,在宁海路,日本士兵抢走了一个中国小男孩的半桶柴油,将他殴打一顿,并强迫他为他们拎这个桶。

日本士兵在平仓巷 6 号偷走了一头猪。另外 5 名日本士兵赶走了一批小马。

在颐和路 12 号,日本士兵先将住在里面的男性难民全部驱赶出去,然后强奸了剩下的 7 名姑娘。

一个茶馆老板的 17 岁的女儿被 7 名日本士兵轮奸并死于 12 月 18 日。

昨天晚上 6—10 时之间,3 名日本士兵强奸了 4 名姑娘。

一名老年男子报告,他的家在莫干路 5 号,他的女儿遭到了多名日本士兵的残酷强奸。

日本士兵昨天夜里从金陵女子文理学院强行拖走 3 名姑娘,并对她们进行了强奸。这几名姑娘今天早上回到了陶谷新村 8 号,身心状况非常悲惨。

在平安巷,一名姑娘被日本士兵强奸致死。

在阴阳营多次发生强奸和抢劫事件。(马思华)

64. 12 月 18 日,广州路 83 号和 85 号的房子里一共挤有约 540 名难民。

从 12 月 13 日到 12 月 17 日,这里的房子每天要遭到三五成群的日本士兵的抢劫和骚扰好几次,今天,也就是 12 月 18 日,那里遭到了前所未有的掠夺。年轻妇女每天晚上都被卡车拉走强奸,直到第二天早晨才被放回来。到目前为止,有 30 多名妇女和姑娘遭到蹂躏,妇女、儿童的哭喊声彻夜不停。这几栋房子里的状况已经无法用语言描述。(翻译签名:韩湘琳)

65. 12 月 18 日,约下午 6 时以后,3 名日本士兵从琅玡路 11 号偷走一辆属于德国人齐姆森的福特汽车。(签名:孔清发)

66. 我们的一位负责人报告一件发生在安全区以外的事件:昨天我得到消息说,小道格拉斯·詹金斯先生(美国大使馆三秘)的住所被洗劫,一个佣人被杀,于是我立即赶往位于马台街 29 号的这栋房子,我确认这则报告完全属实。住所内一片狼藉,佣人的尸体躺在佣人房间里,其他佣人都已经逃走,没有任何人留下来看守这所房子。12 月 19 日。(菲奇)

67. 12 月 19 日,我的司机李文元一家 8 口,住在珞珈路 16 号(德国人的住房,有安全保护证明,而且门上还挂有卐字旗),在 8 时 30 分的时候遭到了日本士兵的洗劫,全部财产掠夺一空,他所拥有的东西全部被抢走,有 7 箱衣物、两篓家庭用具、6 床羽绒被、3 顶蚊帐、吃饭用的碗碟和 50 元现钞。这个家庭现在一贫如洗,连一床睡觉的被子都没有。(菲奇)

68. 3 名日本士兵昨天闯入我们委员会 6 名领导成员位于宁海路 21 号的住所,偷走了一双手套、一双便鞋,还有剃须刀和蜡烛。第二天,也就是 19 日,中午时分,又有 2 名日本士兵闯了进去,偷走 3 床被子、一套蓝色精梳毛料西装和一个装有个人债券的小箱子。(菲奇)

69. 第八区卫生总稽查孟财多(音译)先生 12 月 19 日报告,他的位于北平路 59 号的房子昨天和今天分别被日本士兵袭扰了 6 次和 7 次。12 月 17 日,有 2 名姑娘在这所房子里遭强奸,今天又有 2 名姑娘遭强奸,其中一人被严重摧残,估计可能没有活下去的希望。今天,这里还有一名姑娘被强行拖走。住在这栋房子里的难民都遭到了抢劫,被抢走的有钱、手表和其他值钱的小东西。该报告由哈茨先生和签字者检查核实。(菲奇)

70. 今天下午 3 时 30 分左右,一些酩酊大醉的日本士兵闯进红卍字会主席陶先生的位于莫干路 2 号的住宅,撬开了陶家的好几只箱子。我和施佩林先生及时赶到制止了这场很有可能是有预谋的抢劫。(菲奇)

71. 12 月 19 日下午 5 时许,一年轻男子在母亲的陪同下被送到了我们总部,日本士兵无缘无故用刺刀刺他的胸部。菲奇和史迈士博士 2 位先生在前往日本大使馆递交一份日本士兵暴行报告(16—70 号)时,将这位年轻人带往大学医院。(菲奇)

72. 12 月 19 日,农科作物系(金陵大学一部分)的一个工人被日本士兵抢走 10 元钱,在前一天他已经被日本士兵抢走 2.5 元钱。下午,房子里有 2 名妇女被日本士兵强奸,晚上又有 5 名妇女被日本士兵强奸。(高)

73. 12 月 19 日下午 3 时,一日本士兵闯入鼓楼医院(大学医院),当麦卡勒姆先生和特里默大夫要求他离开医院时,他竟然朝他们开枪,幸亏子弹打偏了。(麦卡勒姆)

74. 12 月 18 日,贝德士先生在金陵大学小桃园,也就是他办公室所在地的一栋房子里发现一日本士兵,问他来干什么,他便用手枪威胁贝德士博士。(贝德士)

75. 12 月 19 日 16 时 45 分,贝德士博士被喊去平仓巷 16 号,这座房子里的难民几天前被日本士兵赶了出去(里格斯先生、史迈士博士和斯蒂尔先生目睹了这起事件)。日本人刚刚洗劫了这所房子,并在三楼纵火。贝德士博士试图灭火,但无法扑灭,整栋房子被彻底烧塌了。(贝德士)

76. 12 月 19 日 18 时,6 名日本士兵趁黑爬过拉贝先生在小桃园住宅的院墙。当拉贝用手电筒照射其中一人时,此人用手枪对准拉贝,但是没有开枪,可能是他心想,枪杀一名德国人不会给他带来好结果。拉贝喝令所有 6 名日本士兵从院墙爬进来的地方再原路爬出去。他们试图让拉贝给他们打开大门,但是拉贝拒绝给他们这个面子,因为他们是在没有得到他的允许的情况下踏上他的宅基的。(拉贝)

77. 12 月 19 日 18 时,我们的一位职员喊贝德士博士、菲奇先生和史迈士博士到属于金陵大学的汉口路 19 号房子里,去驱赶正在里面强奸妇女的 4 名日本士兵。他们发现日本士兵在妇女们藏身的地下室里。日本士兵被赶走后,这所房子里的所有妇女和儿童都被转移到了金陵大学的几栋主楼里。这一夜,有日本领事馆警察的守卫。(贝德士博士,菲奇,史迈士博士)

78. 12 月 20 日早晨 7 时 30 分,里格斯先生走过汉口路 28 号时,人们向他报告,由于所有的妇女都已经转移到了金陵大学,所以昨天夜里在那里拼命找女人的日本士兵出于报复枪杀了一名中国人,用刺刀将一人刺成重伤,另外 3 人受轻伤。(里格斯)

79. 12 月 20 日,在前往宁海路 5 号总部的路上,拉贝的汽车被一名日本士兵拦住。拉贝强烈要求这个日本士兵尊重他汽车上的德国卍字旗以及国社党领导人徽章（它表明拉贝是德国国社党地区小组组长）。拉贝放大嗓门，语气非常激烈。这名日本士兵最后允许他通行。（拉贝）

80. 12月20日早晨7时，麦卡勒姆先生在大学医院值完夜班回家的路上，碰到了许多正在逃往大学的妇女儿童。来自不同城区的3个家庭向他报告说，昨天夜里他们从家里被赶了出来，日本士兵放火烧毁了他们的房子。（麦卡勒姆）

81. 12月20日凌晨3时，尽管大门口有一名日本领事馆警察站岗，仍然有2名日本士兵闯进金陵女子文理学院的500号楼，强奸了2名妇女。（特维内姆）

82. 12月18日下午4时许，日本士兵出现在湖南路516号的中国工程开发公司，索要外籍房主的名片，由于我们没有名片，他们便立即拿走了我们房子上的旗子。后来又来了多名日本军官和士兵，强行打开钱柜和一些皮箱。〔张海裕，黄凌（音译）——门房〕

83. 12月16日，我在峨嵋路7号的房子遭抢劫，门被砸开，箱子被撬开。一辆1934—1935年产的、车号为1080的道奇车和一大批其他物品被偷走，被盗物品清单正在开列。（许传音）

84. 12月20日，卫生委员会第八区多名官员的衣服和被褥被抢走。由于没法在自己的办公室待下去，他们请求安置在总部或委员会其他官员那里，以便能在没有阻拦、没有威胁的情况下继续工作。（沈玉书牧师，委员）

85. 12月20日，日本士兵多次闯入中山路209号德士古公司，偷走被褥、鞋子、地毯和家具，砸碎许多窗户玻璃，撬开钱柜。停在房子下面房间的金陵摩托车公司的3辆汽车被弄走，下水道工程公司的一个钱柜也被撬开，一块表和许多其他物品被偷走。（张平遥——门房）

86. 12月17日，Y. H. 邵（基督教青年会行政秘书处）家的3个姑娘被强行从陆军大学拉出来，然后被拖到国府路，遭日本士兵强奸，到午夜时分才被放回。（陈新裕〈音译〉，基督教青年会行政秘书处）

87. 12月20日，阴阳营47号的房子被抢劫7次，一大批珍贵物品被盗走，昨天日本士兵再次闯进，偷走了3元钱，并找寻妇女。幸好没有发生强奸事件，但是房子里的所有住户均遭到抢劫。自那以后，就再也没有人敢在这栋房子里逗留较长时间了。（陈新裕，基督教青年会行政秘书处）

88. 12月19日午夜12时，2名日本士兵闯进农科作物系的21号房间，企图强奸

屋内的妇女。由于这家的先生会讲日语,他的妻子才免遭凌辱。(第六区,第一难民收容所)

89. 12 月 18 日,日本士兵从安置有 100 多名难民的金陵大学农科作物系将 4 名妇女抢走了一整夜,并强奸了她们,第二天早晨她们才被放回。12 月 19 日,又有 2 名妇女被强行拖走,同样的厄运降临到了她们的头上,但是这一次到第二天早晨,也就是 12 月 20 日的时候,只回来了一名妇女,另外一名妇女至今下落不明。(第六区,第一难民收容所)

90. 12 月 20 日,有一位双目失明的理发师被送进了大学医院。12 月 13 日日本人进入城南的时候,他正抱着他的孩子,日本人向他要钱,由于他没有钱,日本人就开枪击中了他的胸部。(威尔逊大夫)

91. 12 月 20 日,城南一家帽店的老板也同样被日本人开枪击中了胸部,日本人向他要钱,并且对得到的数额不满意,还想要得更多,但是这位店主再也拿不出来了,因为他已经把他所有的钱都给了日本人。这位受伤者今天被大学医院收治。(威尔逊大夫)

92. 12 月 20 日,2 名日本士兵今天从金陵大学红卍字会粥厂的会计处抢走了 7 元钱。(里格斯)

93. 12 月 20 日下午 2 时 30 分,菲奇先生打算到我们的汽车修理工家去接 2 名妇女,把她们送到大学去,这时修理工跑了过来,报告说日本人发现了他家的那 2 名妇女,正准备强奸她们。我们立即朝平仓巷 13 号赶去,发现门房里有 3 个日本士兵和那 2 名妇女,2 名妇女的身上已经没有衣服。我们要求日本士兵离开这所房子。有 2 个人立即听从了我们的话,但是第三个日本士兵则开始检查我们的门房,看他是否曾经当过兵,他检查了门房的手、后背和脚。这个时候,2 名妇女已经穿上了衣服,我们用菲奇的车把她们送到大学,使她们脱离了危险。(菲奇,威尔逊大夫,麦卡勒姆,史迈士博士)

94. 12 月 17 日夜间,11 名中国妇女被日本士兵强行从金陵女子文理学院的难民收容所里拖走,与此同时一支日本搜索队在一名日本军官的带领下强迫金陵女子文理学院的全体职员在学院门口排列成行,让他们在那儿站了有一个多小时。这个军官撕掉了由另外一支日本部队开具的此难民收容所已被搜查过的证明。(魏特琳)

95. 12 月 17 日,居住在金陵女子文理学院难民收容所的一个难民的儿媳妇在她的房间里遭到强奸,该学校一名教师的女儿被日本士兵拖走。(魏特琳)

96. 日本士兵违法地闯进了5栋住房(系工作人员的)并进行了抢劫,这5栋房子挂有美国国旗,此外大门上还张贴有美国大使馆财产证明。5栋中有1栋多次遭到洗劫,有3扇门已经被打破。(魏特琳)

97. 12月17日上午8—9时,保罗·特维内姆夫人位于鼓楼头条巷3号的私人车库里一辆汽车被偷走。这是一辆奥斯汀7型汽车,深蓝色,发动机号230863,底盘号229579,车牌号1492(特维内姆夫人目前在金陵女子文理学院临时帮忙,每天都可以在学校找到她)。(特维内姆)

98. 12月20日,19时30分,一名怀孕9个月的17岁少妇遭两名日本士兵强奸,21时,出现临产阵痛。午夜时分婴儿出生,少妇今天早晨才被送进医院,因为人们晚上不敢上街。婴儿情况良好,母亲处于歇斯底里状态。(威尔逊大夫)

99. 12月20日下午,日本士兵闯进汉口路5号住宅,该房的主人是J. H. 丹尼尔,大学医院的院长。住宅大门上贴有日语布告。日本人进入楼上的房间,弄来2名妇女强奸,在房间内达3小时之久。地下室内的3辆自行车被偷走。丹尼尔博士先生不在期间,这所房子由威尔逊大夫居住。(威尔逊大夫)

100. 12月21日13时15分,威尔逊大夫在大学的女生寝室发现一名日本士兵,他要求这名士兵离开这所房子,但是遭到了手枪威胁。过后威尔逊大夫在街上遇见了这名日本士兵,后者见到威尔逊,就把手中的枪上了膛。(威尔逊大夫)

101. 12月20日下午3时,3名日本军官闯入汉口路小学难民收容所办公室,工作人员试图通过翻译和日本军官交谈,但是被赶出办公室。日本军官就在这间办公室里,在光天化日之下,强奸了2名妇女。(郑大成,难民收容所负责人)

102. 12月20日,日本士兵闯进我们委员会成员舒尔彻-潘丁先生的家,该房现由马吉牧师、波德希沃洛夫先生和齐阿尔先生合住,波德希沃洛夫正在发电厂帮助恢复发电,齐阿尔的工作也如此,他目前正在帮日本大使馆修理汽车。日本士兵当着马吉先生接待的所有中国朋友的面强奸了多名妇女。这所房子里的客人都是美国圣公会具有良好素养的基督教家庭,他们对日本人的这种行为感到震惊。(汤,金陵神学院系主任)

103. 12月20日晚上10时,2名日本士兵闯进陈浪波(音译)先生位于鼓楼新村的住房,爬到妇女们的床上。陈先生叫来了曾经在日本大使馆工作过的孙先生,孙先生好言相劝才使日本人离开。(许传音)

104. 12月20日下午4时,4名日本士兵在我们总部旁边的江苏路23号的房子里,先是端着手枪把所有的男人逼到另一个房间,然后强奸了 3 名妇女。这些妇女后来夜里逃到了我们总部,但是这些士兵今天早上又来要女人。今天下午 4 时 30 分,又有 2 名日本士兵闯进住房,强奸了另一名妇女。当其中的一个男子上前阻拦时,一个士兵朝他开枪,幸好子弹卡壳没有射出。(王)

105. 12 月 21 日,今天下午,有 100 多名住在我们总部旁边的妇女因为昨天夜里被日本士兵强奸来到我们这里请求保护和安置。我们把先到我们这里的妇女们送到了金陵大学。(王)

106. 12 月 20 日夜间,安全区分区负责人在北平路 60 号的地方(中英文化协会附近)遭抢劫,其恶劣程度前所未有。(许传音)

107. 12 月 21 日下午 3 时,施佩林被叫到了莫干路 8 号。他到达那里时,2 个日本士兵逃走了,第三个日本士兵正和一个姑娘在一个关闭的房间里。施佩林敲门后,门打开了,这个日本士兵将衣服整理好,然后在施佩林的要求下跑走了。(施佩林)

108. 12 月 21 日下午 3 时 30 分,施佩林被叫到颐和路 19 号,在那里他看见了 2 个正在抢劫的日本士兵。施佩林走进房子后,日本士兵扔下了他们抢夺的东西逃走了。(施佩林)

109. 12 月 21 日下午 2 时 30 分,施佩林抓到了 2 个正在施密特公司的哈蒙先生家抢劫的日本士兵。士兵看见施佩林后,丢下抢来的东西逃走了。施佩林将曾经在上述德国公司工作过的 2 名妇女和 2 名男子妥善地安置到了自己的家中。(施佩林)

110. 12 月 21 日下午 5 时,施佩林从莫干路 6 号的房子里赶走了 2 名醉醺醺的日本士兵。这 2 名日本士兵佩带黄色领章,声称是来寻找自行车灯的。这已经是施佩林先生第二次从这所房子里赶走日本士兵了。(施佩林)

111. 12 月 21 日施佩林先生跟着上述 2 名日本士兵,阻止了他们进入莫干路 19 号。(施佩林)

112. 12 月 21 日凌晨 4 时 50 分,一名日本士兵爬过我们总部的院墙,试图将一名妇女诱骗到防空洞中。施佩林跟踪了这名闯入者。据那位妇女讲,这个日本士兵以前到这所房子来已经有 2 次了。(施佩林)

113. 12 月 20 日下午 4 时,4 名武装日本士兵闯入第六区的房管处办公室,偷走了衣物。离开房子时,他们强迫一名佩戴安全区袖标的工人为他们拿抢来的东西。(吴国京)

114. 12 月 19 日,下午 2 时许至天黑前,位于汉口路 23 号、并贴有禁止日本士兵入内的日语布告的里格斯住宅,已被日本士兵6次闯入并抢劫。第二天晚上,也就是12月20日,这座房子已经遭到15次袭扰和抢劫。(里格斯)

115. 12月19日下午,一名日本士兵在美国学校(五台山)试图强奸一名怀有6个半月身孕的19岁的中国女子,当女子反抗时,日本士兵手执匕首或是刺刀向她袭击。该女子胸部和脸部有19处刀伤,腿上也有数处刀伤,下身有一个很深的刀伤,胎儿的心跳已经听不见。该女子目前被安置在大学医院。(威尔逊大夫)

116. 12月19日凌晨3时,日本士兵扯下委员会的牌子,从门窗强行进入普陀路7号和9号无人居住的楼上和楼下的房间,抢走了一部分属于房主的东西。上午10时,又有4名士兵对这几间房子进行了搜查,他们把凡看得上眼的东西全拖走了。(签名:18名被安置在这栋房子里的难民)

117. 12月19日,据金陵大学蚕厂的难民收容所报告,昨天晚上8时到今天凌晨1时,共有8名妇女被强奸,其中一人被刺刀刺伤,还有4名试图保护自己妻子的男子也被刺刀刺伤。妇女被强行拖走,以后则是单独回来的。(吴国京,第六区)

118. 12月19日晚上6时,颐和路6号,6名妇女被7名日本士兵强奸,其中2名妇女被刺刀刺伤。之后,日本士兵又在门房用煤油灯将2床被子点燃。(杨冠频)

119. 12月20日上午9时,宁海路25号红十字会的3楼,1名寡妇和4名年轻姑娘被日本士兵强奸。(杨冠频)

120. 12月20日,我姐姐32岁,住在阴阳营47号,3个月来,她的下身长有一个瘤子,行动起来极为不便。每天都有日本士兵来企图强奸她,到目前为止在她的哀求下都放过了她。鉴于她的病情不断恶化,同时也害怕日本士兵的暴行,我请求菲奇先生用自己的车将我的姐姐送到大学医院。具名人:朱绅益(音译)。(菲奇满足了他的请求)

121. 12月20日晚上8—10时,日本士兵3次来到设在圣经师资培训学校的难民收容所,每次都强行拖走3个姑娘。(里格斯)

122. 12月21日,早上8时来了7名日本士兵,要求提供45名苦力和姑娘。下午2时,来了4名日本士兵找姑娘。下午3时30分,来了6名日本士兵和1名军官,强迫我们向他们提供10名姑娘,结果他们抢走了4名姑娘。(圣经师资培训学校难民收容所,里格斯)

123. 12月22日,原邮局职员施望杰(音译)今天早晨报告,存放在邮局的许多装包裹和信件的袋子被日本士兵抢走了。(史迈士博士)

124. 12 月 21 日晚 8 时,在圣经师资培训学校的难民收容所,有 7 名妇女被日本士兵强奸。(王明德)

125. 12 月 21 日下午 5 时,日本士兵抢劫了圣经师资培训学校难民收容所内的属于外国人的许多行李。(王明德)

126. 12 月 21 日,晚 11 时,3 名携有手枪和刺刀的日本士兵爬过宁海路 2 号红卍字会后院围墙,殴打了日语翻译郭原森,将他的妻子拖到佣人房间强奸了 3 次。红卍字医院的院长孔钦欣(音译)先生腿部受伤。佣人和红卍字会的 11 名孤儿被逼到一间侧房不准出声。以后又有另外 3 名日本士兵通过大门进入,问院内有无日本军人。有人告诉他们,里面正有日本士兵在强奸妇女,于是他们便检查所有的房间寻找那 3 名闯入者,但是没有找到,因为那 3 人早已越过后院墙溜走了。这 3 个人刚走,又有 3 个日本人越过院墙爬了过来。他们同郭先生交谈了几分钟,捐给红卍字会 3 元钱。郭先生告诉他们,他的妻子被 3 名日本兵强奸了,他们便要求郭先生带他们去发生强奸的房间。到了那里,那几个士兵也要姑娘。郭先生告诉他们,房间里已经没有女人了。这帮恶魔便端着刺刀开始搜查所有的房间,最后他们发现了郭先生的儿媳妇,强奸了她,然后骂骂咧咧地走了。(由红卍字会提供)

127. 12 月 22 日中午 12 时 30 分,在汉口路 7 号一栋贴有日语布告的金陵大学大楼的底层,菲奇先生、贝德士先生和史迈士先生遇见了 3 名日本士兵,并阻止了他们拖走抢来的各种物品的企图。

128. 12 月 22 日 12 时 45 分,菲奇先生、贝德士先生和史迈士先生在汉口路 5 号同样贴有日语布告的另外一栋大学的房子里遇见了 2 名日本士兵。

129. 12 月 22 日下午 1 时,还是这 3 位先生在汉口路 8—10 号的小学内也发现了日本士兵,这座小学的大门口也贴有禁止士兵入内的日语布告。

130. 自 12 月 14 日以来,北秀村 1 号、4 号、6 号和 8 号的房子天天遭到日本士兵的袭扰。开始的时候他们要钱,以后就拿走了所有他们看中的衣物和箱子,他们每天来 3—9 次。12 月 20 日,6 号有 6 个姑娘被强奸。12 月 21 日,8 号有 1 名妇女被强奸。(第七区办公室,1937 年 12 月 22 日)

131. 12 月 21 日下午,莫干路 6 号的房子遭到 2 名日本士兵的洗劫。(第九区负责人)

132. 12 月 21 日下午 6 时,4 名日本士兵抢劫了宁海路 40 号的房子。(第九区负责人)

133. 12月21日，4名日本士兵轮奸一名17岁的姑娘长达2小时之久，然后又把她拖走。（第九区负责人）

134. 12月22日上午9时—下午1时，普陀路7号的房子3次被抢劫，每次有3—4名日本士兵参与抢劫。国际委员会的7块牌子被扯掉。（杨冠频）

135. 12月22日下午1时，8名日本士兵爬过院墙进入宁海路25号，偷走的各种手表、钱财等价值约40多元，还有2辆自行车。（杨冠频）

136. 12月22日下午4时30分，4名日本士兵闯进宁海路4号的房子，企图强奸一名16岁的姑娘。当日本士兵企图将这个姑娘骗到房间里时，姑娘跑开了。日本士兵便要用刺刀刺她，由于菲奇和克勒格尔先生出现，姑娘才得以逃脱。这2位先生到的时候，外面的一个士兵发出了信号，其他4个人便都跑走了。（菲奇，克勒格尔）

137. 12月22日，菲奇先生、史迈士博士先生和贝德士博士先生把一些日本士兵从汉口路5号住宅中赶出去，从而防止了在那里的2名妇女遭强奸。在此之后，威尔逊大夫于下午2点认定，在过去的1小时里没有日本士兵进入这所房子。为了安全起见，事后他把这2名妇女安置在大学里。当他从那里返回时，楼上的房间里又有了3名日本士兵。他向一个带了2名士兵路过这里的日本宪兵呼喊。该宪兵本人不愿进去，他派这2名士兵进屋子，经过士兵反复强烈的敦促，这3名入侵者才离开了屋子。（威尔逊大夫）

138. 12月22日，里格斯的住所今天又遭洗劫，住所里的2名妇女被强奸。晚上又闯进了日本士兵，他们强奸了一名53岁的妇女。（里格斯）

139. 12月13日，一名11岁的小姑娘同父母亲站在一个防空洞的入口处观看日本人进驻。一名日本士兵用刺刀将父亲刺死，将母亲枪杀，用刺刀猛击小姑娘的手臂，致使其肘关节伤残。该女孩因无兄弟姐妹，故一星期后才被送往医院。（威尔逊大夫）

140. 12月23日，施佩林先生报告说，他今天3次把在莫干路7号房子里骚扰妇女的日本士兵赶出去（然而他承认，有2名日本哨兵在山西路巡逻，他估计该市区的局势因此而好转）。（施佩林）

141. 12月21日，这一天有一名孕妇和一名年仅13岁的姑娘遭强奸，夜间2个妇女被拉走。抢劫整天都在发生，甚至床上用品也被偷走。一只放有结婚礼品、新旧字画轴的筐子同样也被抢走了。但总的说来，在日本宪兵队的告示张贴之后，局势有些好转。（五台山小学难民收容所）

142. 12 月 22 日下午 2—4 时,闯进一些士兵,抢走了 11 条被子和较大一笔钱,总共约 100 元。(圣经师资培训学校)

143. 12 月 22 日,4 名带着刺刀的日本士兵闯进收容所索要香烟。难民立即进行了一次小型捐款,买了 7 听香烟给他们。有人把前一天从这些士兵那儿得到的 5 元钱还给了他们。难民们之所以这样做,是因为这些士兵威胁要焚烧这栋房子。后来来了 3 名带枪的日本士兵索要酒。有人给他们买了 2 大壶酒,4 名难民按照士兵们的命令把酒抬走了。另外 3 名日本士兵偷了 3 辆自行车并让 3 名难民把它们运走,其中只有一名难民事后返回。还有 4 名日本人盗了一辆人力车。另有士兵闯进难民收容所,但未造成损失。(汉口路小学难民收容所)

144. 12 月 23 日,这里人们继续遭到日本士兵的抢劫。一名喝醉了酒的士兵强奸了一名妇女,打伤了一名难民的头。日本士兵三四次闯进来劫走妇女。(五台山小学难民收容所)

145. 12 月 23 日晚 8 时 15 分,7 名日本士兵劫走了 4 名姑娘。12 月 24 日早上 9 时,日本士兵 3 次闯进我们这里骚扰难民,每次有日本士兵 3—4 人,下午 2 时,他们抢走了衣服、钱和食品。(圣经师资培训学校难民收容所)

146. 12 月 23 日,下午 3 时,2 名日本士兵闯进汉口路小学难民收容所进行抢掠,其间他们遇到了校工黄小姐,把她强奸了。这个事件当即报告了日本宪兵队特务处,该处派来几名警察,因那 2 名日本士兵在这期间已逃跑,警察就把姑娘带到办公室作为证人加以审问。同一晚上,另外一些日本士兵闯入难民收容所,强奸了王女士的女儿。晚上 7 时,又闯进 3 名日本士兵,强奸了 2 名年轻姑娘,其中一名才 13 岁。(郑大成,汉口路小学难民收容所所长)

147. 12 月 24 日,4 名日本士兵在颐和路 6 号从马先生领导下的救护队中强行拉走 12 名中国苦力。(菲奇)

148. 12 月 24—25 日间夜晚,7 名日本士兵闯入圣经师资培训学校难民收容所,并在那里滞留了一整夜。25 日早晨 9 时和下午 2 时,分别闯进 4 名和 3 名日本士兵,他们抢走衣服和钱,强奸了 2 名姑娘,其中一名才 12 岁。(圣经师资培训学校难民收容所)

149. 12 月 25 日上午 10 时,我们委员会的成员里格斯先生在汉口路被日本稽查队的一个军官拦住并殴打。(见里格斯先生 12 月 25 日的特别报告)

150. 12 月 25 日,日本士兵从金陵大学胡家菜园 11 号的院子里偷走 2 头水牛。

（里格斯）

151. 12月22日,2名日本士兵在金陵大学蚕厂难民收容所强奸了一名13岁的姑娘,其母亲想阻止对她女儿的奸污而被打伤。同一难民收容所中的另一名28岁的妇女也被强奸。12月23日,清晨4时,日本士兵在强行抢拉2名姑娘时被制止。士兵随即逃跑。（H. K. 吴,警官）

152. 12月25日下午3时,一些日本士兵偷走了2辆大型消防车上的车轮。安全区消防队有4辆消防车和12台水泵,但在过去的10天里,几乎所有的车轮都被日本士兵拿走。剩下来的除一台水泵以外,其余的不是无法使用就是没有轮子。（Y. H. 雍,警察所长）

153. 12月25日,15岁的姑娘李小姐被日本军官和2名士兵从鼓楼新村的住所劫走。（许传音）

154. 12月26日下午4时,一名13岁的姑娘在陈家巷6号被3名日本士兵强奸。（王）

155. 12月26日下午1时30分,一个日本军官闯进大学医院,他要求把正在干活的勤杂工交给他使用。鲍尔小姐对拉走勤杂工之事提出抗议,但该勤杂工还是跟这个军官走了,因为他担心鲍尔小姐会吃亏。虽然这名勤杂工3个小时之后返回了,但医院遭受了缺少人员的损失。尤其是因为鲍尔小姐必须看护好医院门诊部,以防日本士兵抢劫,因此带走正在值班的人员等于是对医院工作的严重干扰。（威尔逊大夫）

156. 12月24日,日本士兵把金陵大学农学院的美国国旗取了下来。（贝德士和米尔斯）

157. 12月27日,日本士兵闯进金陵大学农学院,拆除一所用白铁皮盖起的建筑。（贝德士博士）

158. 夜里11—12时之间,3个日本士兵乘坐一辆汽车闯进大学大门,并称受司令部的派遣执行检查。门卫被强行制止未能发出警报,并被迫陪他们去寻找姑娘。3个姑娘被这些士兵强奸(其中一个才11岁),其中一个被拉走。（贝德士博士）

159. 12月26日,这一天有多组三四人为一组的士兵7次闯入圣经师资培训学校,从经过前面无数次抢掠还剩有一点东西的人们那儿抢走衣服、食品和钱。他们强奸了6名妇女和一个12岁的姑娘。夜里,由12—14人组成的人数较多的士兵队伍4次闯入,他们强奸了20名妇女。（米尔斯牧师）

160. 12 月 27 日晚上 11 时,米尔斯先生被从大学喊到汉口路 7 号(这所房子是大学的),在那里他遇到一个日本士兵,该士兵手中的手枪保险已经打开。米尔斯委托一个佣人到大学去叫一个在那里进行登记工作的宪兵队军官,但这个士兵不让这样做,并让米尔斯离开这所房子。米尔斯回头看时,发现这个士兵在几个戴着日本臂章的中国人的陪同下,正带走一个住在这所房子里的姑娘。到了大学,米尔斯先生找来了宪兵队的一名军官。这名军官在他的要求下立即上路到汉口路上的那所房子去,在半路即汉口路的拐弯处遇到了一辆载着宪兵的汽车,这名军官征用了这辆汽车。因为有人记下了陪同那个日本士兵的中国人戴的臂章标志,所以知道这个士兵所属的分队。这支分队住在南洋旅店,这名日本宪兵队军官找到了这个旅店。在那里人们给他的解释是,经理要一个"小丫头"(小佣人),但是在此期间有人找到了一个小姑娘比这个士兵带来的更合适。这个士兵带来的姑娘(20 岁)年龄太大了,因此让这个士兵送回去了。米尔斯先生对这种招募女佣的方式提出了抗议。当米尔斯回去的时候,这名姑娘还没有返回。因此他又一次到南洋旅店,但是得到的答复是:他们不愿意同这件事再有任何牵连,他们正在忙别的事情。然而当米尔斯第二次回去时,这个姑娘在此期间返回了。(米尔斯)

12 月 28 日 9 时,有关上面提到的这起事件,可以满意地报道,不论是宪兵队还是师团司令部均尽了努力来调解这起事件。日本军事当局就这起事件向中国人和米尔斯先生均表示遗憾。因此,这起事件被看作令人满意地解决了。(米尔斯)

161. 一个为德国人服务的中国人昨天被日本士兵用刺刀刺死在靠近江南公司的一所房子里。这名中国人不愿让日本人强奸这所房子里的多名老年妇女,为此不得不付出了生命的代价。(里格斯)

162. 昨天,路过首都饭店的 3 个中国人中有一人被日本士兵用刺刀和枪弹打死在该饭店门前,他们指控他是中国军人。

163. 12 月 30 日晨,4 名中国人经过估衣廊时遭到日本士兵开枪射击,其中一人当场死亡,另一人伤势非常严重,医生怀疑他不能痊愈。他目前正在大学医院。(威尔逊大夫)

164. 12 月 30 日 12 时 15 分,2 个日本士兵开着一辆黄色汽车闯入北平路 69 号中英文化协会大楼,拉走了米超常(音译)家的 12 岁的女儿。(史迈士)

165. 12 月 25 日下午 3 时,一些日本士兵闯入峨嵋路 7 号许传音博士家,劫走钢琴一架、衣服数件。(菲奇)

166. 12 月 27 日下午,在宁海路 33 号我们的住宅里,闯入 3 个日本士兵,他们砸开了 6 只箱子,劫走了一些贵重物品。所有这些物品都是我的雇主陈先生的。(赵子常〈音译〉,门卫)

167. 12 月 27 日下午 1 时,5 个日本士兵和一个随从闯入汉口路小学,想拉走两名姑娘。正当他们把这两名姑娘往街上拉时,被正在巡逻的几名日本宪兵抓住,这 5 个士兵和一个随从被逮捕。(郑大成,汉口路小学难民收容所所长)

168. 12 月 27 日下午 3 时,3 个手持刺刀戴着黄领章的日本士兵闯入华侨路 5 号我家,要强奸我 18 岁的妻子,但被几名日本宪兵制止,宪兵把他们带走了。(难民:屠培英〈音译〉)

169. 12 月 30 日下午,两个日本士兵闯入北平路 64 号意大利大使馆一名官员的住宅,偷走 100 元钱,并且企图拉走两名姑娘。在她们的恳求下,其中一名姑娘被放了,但另一名身穿毛皮里子衣服名叫尚雪珠(音译)的 16 岁姑娘被拉走。这两个士兵在屋里滞留期间,另有两个士兵把守着大门。(施佩林)

170. 12 月 29 日夜间,被派来作哨兵的一个日本士兵闯入我们大楼的一个房间,强奸了一名姑娘。在这之前的 12 月 27 日,这些哨兵中就有一人喝醉酒后表示了要姑娘的念头。福井先生 12 月 29 日被告知了这起事件,他答应在 12 月 30 日夜间撤换这些哨兵。此后,如同我们感激地看到的那样,再也没有发生骚扰。(索恩,圣经师资培训学校)

171. 1938 年 1 月 1 日下午 3 时,当施佩林先生经过宁海路和广州路拐弯处时,看到从一所房屋里逃出一个老年妇女。当施佩林走进这所房屋时,一个日本士兵正从这所房屋里跑出来。施佩林发现另外一个赤身裸体的士兵同一个刚被强奸的半裸的姑娘在卧室里。施佩林在给予这个士兵必要的时间穿好衣服之后,便把他赶跑了。(施佩林)

172. 1 月 1 日晚上 9 时,日本士兵乘坐卡车出现在拉贝先生小桃园的住宅前面要拉姑娘。因为他们被禁止进入院子和住宅,他们就继续朝大学附中开去。(拉贝)

173. 1 月 1 日下午,3 个日本士兵闯入金陵女子文理学院楼内,其中一个到竹园里追踪一名姑娘,该姑娘便向魏特琳小姐呼救。魏特琳小姐及时赶到,从而制止了一起强奸事件。魏特琳小姐还看见了另两名日本士兵,他们自称是宪兵队的。(魏特琳)

174. 1 月 1 日下午 1 时 40 分,两个日本士兵闯入珞珈路 17 号福斯特牧师的住所强奸了一名姑娘,殴打了另一名反抗的姑娘。两个多星期里,外国人第一次离开这所房子,也就是说这个事件是在没有外国人看护这所房子仅有的两个小时里发生的。当时,福斯特牧师同菲奇先生吃饭去了。他得到报告后,就立即同菲奇先生和马吉先生驱车返回,并把这两名姑娘送往了大学医院医疗。(菲奇)

175. 1 月 1 日下午 4 时,3 个日本士兵在汉口路 11 号属于大学的一所房子(美国辖区)里强奸了一名 14 岁的姑娘。同一所房子里的一名妇女跑向大学大门口喊宪兵(日本军警),但是宪兵行动缓慢,到得太迟了。(贝德士)

176. 1938 年 1 月 2 日,10—11 时之间,一个日本士兵闯入陈家巷 5 号刘培坤的住所,声称要对该住房进行检查。当他看到刘的妻子时,便向她提出一连串有关该住房情况的问题。当刘的妻子开始回答这些问题时,屋里的其他人示意她离开,因为他们注意到这个日本人试图把她引到另一个房间去。当她准备脱身时,她的男人刘培坤过来骂了这个日本人几句并朝他脸上打去,该日本人随即离开了这所房子。然后,刘妻为丈夫和 5 个孩子做午饭。下午 4 时这个士兵又来了,这次带了一把手枪,要寻找刘,刘此时藏身在厨房中,邻居们纷纷请求他饶恕刘,有几个人甚至给日本士兵下跪,但都没有用,都没有能制止他。该士兵一找到刘,就朝他肩膀上打了一枪。当 4 时 30 分人们喊许传音博士去的时候,刘早已死亡。约翰·马吉随后赶到,他证实了这个情况。(许和马吉)

177. 1938 年 1 月 2 日 15 时,施佩林和菲奇先生被喊往宁海路 13 号的住宅,4 个日本士兵闯进那里企图抢掠和奸污妇女。当这些日本士兵看到施佩林先生戴着黑色卐字样的臂章时,便喊着"德国人,德国人"跑开了。(施佩林)

178. 1938 年 1 月 3 日,一名现安置在大学医院的妇女报告说,1937 年 12 月 30 日她同其他 5 个妇女一起被从铜银巷 6 号骗出去,据说是为给日本军官洗衣服,日本士兵把她们带到西郊的一所屋子,她们根据情况判断认为是一所日本军队医院。在这里,白天她们的确必须洗衣服,而每到晚上她们都要被反复强奸,年纪大些的妇女一个晚上被强奸 10—20 次,而年轻漂亮一点的妇女则被强奸多达 40 次。1 月 2 日,两个日本士兵把我们的女病人拖到一所偏僻的校舍,用刺刀总共戳了她 10 下,4 刀戳在她的脖颈上,脖颈肌肉直至脊椎被戳穿,一刀戳在手关节上,一刀戳在脸上,4 刀戳在背上。这个妇女虽然预计会康复,但脖颈却不能弯曲了。这两个日本士兵以为她死了便弃置了她。但是她被别的日本士兵发现,他们看到她的惨状便把她送到几个中国朋友那儿,这些中国人后来把她送到了医院。(威尔逊大夫)

179. 1月3日,一个尚未成熟的14岁的姑娘,因遭强奸伤势重得只能通过医生的细心医治和护理才有可能康复。(威尔逊大夫)

180. 1月8日夜里,五六个日本士兵闯入沈举人巷22号的房屋强奸妇女并用手枪枪杀了几个中国人。(报告人:李女士,32岁)

181. 同夜,4个日本士兵敲高家酒馆45号房屋的大门要求进入,由于人们没有立即满足他们的要求,他们就用手枪射击。3个妇女被强奸。(报告人:袁家3名妇女:21岁、25岁和29岁,地址同上)

182. 1月7日,2个日本士兵企图强奸一名年轻姑娘,要制止这一罪行的张福熙(音译)被刺死。(慈悲社7号)

183. 1月8日下午6时,3个日本飞行员在华侨路4号强奸一名姓高的18岁姑娘,并用手枪向四处乱射。

184. 1月9日,一名老年男子从安全区回对过山去看自己的房子,以确认是否能搬回去。他到家时,发现他房子大门口有3个日本士兵。这3个日本士兵二话没说就朝他开枪,打伤了他的双腿。这名男子目前在大学医院。(威尔逊大夫)

185. 1月9日早上,克勒格尔先生和哈茨先生看到一个中国平民被一个日本军官和一个日本士兵赶到安全区内山西路旁边一个池塘里处死的情景。克勒格尔和哈茨到那里时,这个男子跟跟跄跄地站在薄冰层破碎的齐臀深的池水中,奉军官的命令,日本士兵趴倒在一个沙袋后面开始射击。第一枪击中男子的肩膀,第二枪没有打中,第三枪才把他打死。(报告人:克勒格尔、哈茨)

我们当然无权对日本军队合法的处决提出抗议,但是这种处决方式无疑是欠妥的、残酷的。此外,我们想利用这个机会再谈一谈我们在同日本大使馆先生们的私人交谈中经常探讨的一个问题。池塘受尸体的污染大大减少了或者说破坏了安全区内的水源。这种状况的危险性在长时间的缺水时期尤其必须指出,特别是因为城市自来水管恢复得很少。

186. 1月9日下午3时左右,米尔斯牧师先生和史迈士博士先生前往双塘视察那里的收容所,同时也为了查实有关城区(城市西南区)的局势是否允许居民返回。他们到达时遇到一个怀里抱着一个孩子的妇女,她刚刚遭到了3个日本士兵的强奸。(报告人:史迈士、米尔斯)

有关双塘难民收容所的特别报告几天前由米尔斯牧师作出。

187. 1月9日夜里,日本宪兵队的一个岗哨从汉口路25号史迈士博士先生住宅里拉走一名妇女,并从另一所房子里拉走第二名中国女子。正要返回汉口路 23 号自己住所的里格斯先生碰见了这个岗哨,并且被他用刺刀威胁。(见贝德士博士先生和里格斯先生的特别报告)

188. 今天早上,两个按照规定由日本人登记了的中国人(马和殷)动身前往地处汉西门的马的住房去探望马失明的母亲。邻居告诉他们,她被日本兵打死了,他们看到的是她的尸体。在返回安全区的路上,他们被日本士兵拦住。日本士兵抢走他们的衣服,然后用刺刀戳他们,并把他们扔进了一条沟里。但是这两个中国人只有一人死了,另一个人苏醒了过来,爬出了沟。看到这一情形有同情心的同胞给了他衣服,因此他得以回到蚕厂。朋友们用一张床把他从那儿抬到了我们总部。菲奇先生张罗着把他送进了鼓楼医院。(受伤者向吴先生报告)

189. 1 月 14 日,日本士兵从汇文女子中学外国教师住宅里偷走两张床及床上用品。(贝德士)

190. 1 月 14 日,一家难民从大学附中回到自己住处。途中他们办理了登记证件,将它们贴在自己大门上,据说可免受日本士兵的骚扰。然而他们到家后才 1 个小时,5 个日本士兵即闯入他们的住房,逐出所有男子,对数名妇女进行了强奸。1 月 15 日这家人又回到中学居住。(贝德士)

191. 1 月 16 日,吉先生报告说,一些妇女从金陵女子文理学院回家,被日本士兵强奸,后来她们搬到金陵大学去住,因为她们羞于回到金陵女子文理学院朋友们那里。

192. 1 月 16 日上午 8 时许,有几辆卡车载着日本士兵来到金陵大学图书馆,他们要找工人和 6 个会烧饭的女子。佣人带给他们 6 个女子,她们准备着一道乘车走,但日本士兵不要她们,嫌她们年纪太大了。他们要的是年轻女子,并说次日早晨再来接她们。1 月 16 日晚上,日本兵来后又走了,因为没有哪个女子愿意跟他们去。17 日上午 8 时,又有 2 辆卡车和 2 辆载着军官的车子开来,从蚕厂带走一些男子和 7 个女子。当时在场看到全过程的贝德士博士承认,这些男子和女子(其中还有一名年轻女子)是自愿一起走的。(贝德士博士)

193. 1 月 16 日早晨,里格斯先生在城西南吉祥街 68 号房子旁发现一张布告,布告上要求市民返回自己家里去。就在这贴着布告的房子对面有两堆房屋废墟,日本人在昨天夜里先是把两所房屋的看门人痛打一顿赶走,然后纵火烧了房屋,这就是有人认为的对返回的难民十分安全的地区。布告现放在平仓巷 3 号供人观看。

194. 1 月 16 日下午,W. P. 米尔斯牧师到双塘,查明上星期六和星期日是那里的难民受到日本兵折磨最深重的两天,日本兵接连不断地来强奸妇女。米尔斯牧师在那里逗留时遇见两个日本士兵,以后将详细报告。

195. 1月17日,金陵大学附属中学难民收容所中的一位妇女和家中的一名男子回到自己城南的原住处,这个地区刚刚开放。一名日军士兵闯入屋内,欲对该妇女施暴。她自卫的时候被该日本兵用刺刀杀害。(贝德士)

196. 1月19日,日本领事馆警官高玉来到大学附中物色6名洗衣女工。同往常一样,他被告知,如果有妇女自愿报名,我们没有意见。可高玉提出,只有年轻妇女才在考虑范围之内。当被问及为何要年轻妇女而不是更适于洗衣的其他人时,答复是:她们还得长得漂亮。(贝德士)

197. 1月20日,一群住在大学附中的人去升州路买米,途中遭日军士兵拦截,钱被抢走。

198. 1月19日,一位与福斯特先生及我合住在同一栋房子里的尼姑说,她昨天获悉,她的叔父(姓朱,65岁)在去日本人指定地点买米的途中遭多名日本士兵抢劫并被刺死。此事约发生在一星期前,其叔父外出未归,当时无人知晓他发生了什么事。(马吉)

199. 1月20日,马吉先生报告说,中国伤兵在外交部红十字医院每天只能得到3碗稀粥,其中一名伤兵向一名日本军官(或一名医生?)抱怨,这名军官便揍了他一顿。伤兵继续表示抗议,日本兵便把他带出去用刺刀刺死。(马吉)

200. 又有妇女从金陵女子文理学院的难民收容所被人带走。(魏特琳)

201. 1月20日,有3名妇女从金陵神学院被人带走。(索恩)

202. 1月18日,中华路基督教女中的一架钢琴被盗,窃贼是穿过院墙上的窟窿把钢琴搬走的(所谓的"钢琴穿墙事件")。(麦卡勒姆)

203. 1月20日15时,2名日军士兵闯入基督教女中的寝室。他们离开后,一名校工在房间里发现了点燃的纸。(麦卡勒姆)

204. 1月25日,难民收容所魏报告:

在此我向您递交一份被强奸妇女的清单以及一根日军士兵丢下的皮带。

时 间	年 龄	备 注
1月13日14时	16岁	2名士兵强奸了该少女。
1月13日14时	37岁	该妇女被一名士兵强奸。
1月13日21时	27岁	该妇女被一名士兵带走,次日才被放回。
1月19日20时	37岁	该妇女被一名士兵强奸。

1 月 20 日晚	13 岁	该女孩被一名士兵强奸。
1 月 20 日晚	48 岁	同一名士兵又强奸了该妇女。
1 月 20 日晚	36 岁	还是这名士兵又强奸了该妇女。从下午至次日早上,该士兵奸污了 3 名女性。他于早上 5 时离开时丢下了随身携带的皮带。

签字盖章:李瑞亭,鼓楼西难民收容所负责人。

205. 1938 年 1 月 25 日 16 时许,一名姓罗的中国女孩(她和母亲及兄弟住在安全区的一个难民收容所里)遭一名日军士兵开枪射击,命中头部致死。这名女孩 14 岁。这起事件发生在距离古林寺(难民区边缘的一座知名的寺庙)不远的农田里。这名女孩在兄弟的陪同下忙着在农田里摘蔬菜,此时一名日军士兵出现并欲对其施暴。女孩惊恐之下起身逃走,于是被日本兵击毙。子弹从这名女孩的后脑射入,从额头穿出。(欧内斯特·H. 福斯特)

206. 1 月 25 日晚上 9 时,一名持枪的日本兵闯入阴阳营 49 号我的住所,强奸了我 18 岁的女儿。当时我想找您报告此事,但日本人不让我离开。我家有 6 口人,儿子和女婿已去了汉口,家里连我只有 4 名妇女。撇开我女儿被奸污不谈,如果这种事情继续发生,那么区内所有的妇女将处于危险之中。因此,我请求贵委员会作为慈善机构就此事件向日本大使馆提出抗议。(签名:贾箫鸣)

207. 昨天下午(1 月 27 日)午饭后,大学(鼓楼)医院的负责人麦卡勒姆先生被人叫去,让他把闯入医院后面寝室的 2 名日军士兵请出来。当两名日本兵从房子的后门出去的时候,麦卡勒姆向他们指了指那儿的美国国旗。他们被激怒了,并命令他跟他们走。他答应了,以为这样就能跟着进日军司令部。可走了约 100 码后,其中一个士兵让他返回。麦卡勒姆说道:"不,我陪你们走。"随后这名士兵便拔出刺刀并威胁要刺死他。见麦卡勒姆不理睬,他便向麦卡勒姆先生的下巴猛地刺去,后者为了不致送命随即把头向后一仰,可脖子上还是留下了一个伤口。另一名士兵见状便把他的同伴带走了。聚集在鼓楼医院门口的老百姓正在寻求帮助,就在这时他们发现了一名日本领事馆警察,他正开车经过。于是这名警察把麦卡勒姆先生带上车并追踪这 2 名士兵到了下一个街角,下车规劝了这 2 名士兵并记下了他们的名字。他还说,他会将此事告知日本大使馆。这时特里默大夫先生赶到这里,他正准备去美国大使馆通报此事。(事后麦卡勒姆先生向美国大使馆递交了一份书面报告。)

当天下午,这名领事馆警察在医院里就此事件向麦卡勒姆先生表示遗憾。晚上,他又带着2名宪兵来到平仓巷3号,向麦卡勒姆先生再一次了解了此事的全部细节。(根据麦卡勒姆先生致史迈士博士的一份报告)

208. 1月24日14时,有人请求福斯特先生、波德希沃洛夫先生及马吉先生去保护一名妇女。一名日本士兵欲强奸该妇女并用刺刀威胁她。这3位先生说,当我们赶到时,那名日本兵已逃走了,但丢下了刺刀,因为他发现我们在尾随他。我们把刺刀交给委员会作进一步处理。这起事件发生在距我们住处不远的英台村(音译)1号,就在安全区内。(签名:欧内斯特·H. 福斯特、约翰·G. 马吉、波德希沃洛夫。地址:英台村1号,大方巷)

(注:我把刺刀交给了美国大使馆的阿利森先生,后者将它面交福井先生,并同时通报了此事。此事后交由宪兵调查。——史迈士)

209. 1月24日23时,2名别着浅色袖章的日军士兵闯入胡家菜园11号的一家农具商店,他们用武器威胁该店主并搜了他的身。随后他们拖走了他的妻子,强奸了她,2小时后才将她放回。(注:这起事件涉及私闯民宅、以军用武器相威胁、劫持和强奸。)门上的日本布告被撕去。里格斯及贝德士2位先生后开车带着这名妇女去寻找强奸现场。她指着通向小粉桥32号的那条路,这里正是日本宪兵区队部。贝德士博士先生于是在美国大使馆提出正式抗议,因为这件事是在金陵大学的地段上发生的。1月26日下午,2名日本宪兵、一名翻译及高玉先生为调查此事,与里格斯及阿利森先生一起去了该农具店以及日军宪兵区队部。这名妇女得去日本大使馆接受讯问,可她在那里被拘留了28小时,直至1月27日20时30分才被放回。她讲述了如下情况:她提供的一楼至二楼间的台阶数目不对,在描述当时现场的铺盖以及照明情况时也说错了,因为她把煤油灯说成了电灯。此外,她也说不清楚被带走的具体时间(商店里愤怒的群众所提供的时间和她说的不一致)。因此认定,强奸不是发生在那所房子里,并由此推定不是日本宪兵所为,而是一些在此期间已经受到惩罚的普通士兵所为。

既然已经认定此事不在日本宪兵区队部发生,那么这起举报以及美国大使馆的抗议便当然地被视为反日宣传。(在平仓巷3号,高玉先生及其翻译向贝德士博士和里格斯先生证实了这个情况。——里格斯、贝德士)

210. 1月21日夜间,2名日军士兵在高家酒馆44号搜寻妇女,幸好这家的妇女前一天去了金大附中。这2名士兵便向人勒索香烟和钱。由于这家人很穷,他们便去了隔壁一家。在这家他们碰上了 2 名妇女,随后竟当着她们丈夫的面将其强奸。1 月 22 日,这 2 名士兵又带着 2 名同伴笑着站在这家门前。(索恩)

211. 1 月 25 日下午,鼓楼医院收治了一名中国妇女。夫妇 2 人住在难民区圣经师资培训学校附近的一个草棚里。12 月 13 日,日本兵带走了她的丈夫,她被带至城南某处,并拘禁在那里。她每天被强奸 7—10 次之多,只有夜间才让她睡一会儿。可能因为她已患病,情况很糟,5 天前被放回。她已身染 3 种性病:梅毒、白浊和下疳,这几种病非常厉害,极易传染,她在短时间内便患上这些疾病。她在获释之后立即回到了安全区。(威尔逊)

212. 1 月 29 日下午,一年轻妇女从一个难民收容所出来,前往莫愁路买面粉,途中被日本兵拖上一辆驶往夫子庙的卡车,车上还有约 20 名被抓的姑娘。据她说,她被分给了日军军官。一名中国佣人见她在哭泣,出于同情给她出了个主意,让她逃脱厄运。在军官们吃饭的时候,她把手指伸进喉咙使自己呕吐,于是军官们便将其赶出房间。她便利用这个机会逃走,终于在次日凌晨 2 时赶回难民收容所。(贝德士)

213. 1 月 29 日,3 名妇女在金陵中学[1]南边的安乐里被日本兵强奸。(贝德士)

214. 1 月 29 日,8 名收容在金陵中学里的难民在莫愁路遭日本士兵抢劫。

215. 1 月 28 日晚 9 点,日本兵闯入中山东路路边的天明浴室(日本特务机关办公室的东面,日军驻扎区内),向 3 名勤杂工勒索钱财,并开枪射击,2 人受重伤,另外一人被打死。该浴室是应日本人的要求由自治委员会主持开业的,日军曾许诺予以特别保护。(史迈士)

216. 1 月 30 日下午,一名日本兵闯入铜银巷 1 号和 3 号院里(美国人住宅区,分别是弗兰克·普赖斯和汉德尔·李的住宅)搜寻妇女。因为没有找到,他便穿过马路,从圣经师资培训学校拖出了一名妇女。这时有一队宪兵经过此处,当即将他逮捕,并将该士兵和妇女带走。(米尔斯)

217. 1 月 30 日下午 4 时 20 分,我从住处乘车去平仓巷教堂,正欲拐进汉口路时,我被 50 多位中国老百姓拦住,他们告诉我说,一日本兵把一名中国妇女拖进了离司法部不远的薛家巷 4 号。我立即被这群人领到那里,我发现这所房子已被抢劫一空,地上到处是各种各样的碎片。第一间房里没人,第二间房里停着一口棺材,隔壁的房里堆着稻草和杂物,该日本士兵就在地上正欲强奸那名妇女。他企图阻止我走

1　此为"金陵大学附中"之简称。下同。

进房间,我拽着他的手臂,硬是把他拖到了走廊上。当他看见守候在大门口的这群中国人和我的汽车时,便夺路而逃,消失在邻家住宅的废墟里。此时这名妇女也离开了,我继续开车前往教堂。(拉贝)

218. 1月31日,据麦卡勒姆先生说,他在日本宪兵队看到了19架钢琴。中华女校(基督教女子中学)失窃的3架钢琴,在这里发现了2架。还有2架是从城南中华路的基督会教堂窃得的。他还发现了一架自家的钢琴,另外一件乐器也由于他的详细描述而物归原主。(麦卡勒姆)(注:前不久麦卡勒姆先生被一名日本兵刺伤颈部,现已痊愈。)

219. 据约翰·马吉先生说,城南有一户人家,共计13口人。1月13日、14日两天,日本兵将这家的11人杀死,妇女都被奸污后杀死。只有2个孩子保全性命,这2个孩子讲述了这一悲剧。(马吉)

220. 1月30日下午5时,一日本士兵闯入大学附中要女人,一位工人求他放弃这种想法。他走了,但从相邻的一所房子里拖出一个妇女,正好被宪兵撞着。宪兵要抓他,但直到叫来第二个宪兵帮忙才把他抓住押走。(贝德士)

221. 1月31日上午11时,一位24岁的姑娘从西门子难民收容所回家(广州路46号),为她的叔叔准备午饭。一日本士兵尾随其后,手持刺刀威胁她,如果她不想找死,就把身子给他。(拉贝)

222. 1月30日,要求难民离开难民收容所的通告发布后,被安置在蚕厂的一家人返回了位于二条巷30—35号的住所。当天晚上,3个日本士兵捣毁后院篱笆闯了进去,他们围着房子绕了一圈,敲打前门。因为没有让他们进屋,他们就砸开大门,扭亮电灯,命令居民起床,他们谎称是"稽查队"。其中一人持刀,一人携枪,一人徒手。他们花言巧语向住户解释说,不用害怕,他们不会动其一根毫毛,并命令男人们继续睡觉。然后,他们搜查屋子,掠夺钱财。身带佩刀的日本兵奸污了年仅12岁的少女,其余2人轮奸了一个老妇。直至半夜,他们才离开这所房子。这家人于1月31日重新返回了安全区。(里格斯)

223. 2月1日早晨6时30分,一群妇女聚集在大学门前,向即将回国的贝德士博士先生恳求,不要让她们回家。一位原被安置在大学的妇女因害怕难民收容所关闭后家中的床上用品会丢失,就与两个女儿于昨天返回西华门家中。晚上,日本兵闯进她家,要对其女施暴。两个姑娘极力反抗,即被日本兵用刺刀刺死。妇女们说:"与其我们回家被人杀死,还不如留在这里,等到2月4日日本人来驱赶我们,被他们杀

死在难民收容所好了。"（贝德士）

224. 1 月 30 日下午 5 时，几百名妇女聚集在一起，请求索恩先生想办法，不要强迫她们在 2 月 4 日返回原来的住处。她们说："如果我们回家后反遭抢劫，受到凌辱，甚至无辜被害，那么回家干什么？ 你们至今一直在保护我们，但是不能半途而废，帮人帮到底！"一位 62 岁的老妪回到汉西门家中后，当晚就有日本兵闯入要强奸她。她说她年纪太大了，日本兵就用棍棒戳她。幸运的是她死里逃生，重新回到了难民收容所。（索恩）

225. 1 月 29 日，一位妇女回到黄泥巷 30 号家中，她家再次遭到抢劫，日本兵用刺刀威胁她，要她设法弄到女人。

226. 1 月 30 日 11 时，两位小姑娘回到竹丝巷的家中，被两个日本兵奸污了。[1]

227. 2 月 1 日下午 2 时 30 分，一个孩子跑进我们的屋子，告诉我和福斯特先生，日本兵闯进了他们的家，并对妇女进行骚扰。我们跑向这所位于华侨大厦附近的房子，有人把我们带到卧室，看到门锁着。我们敲门，无人开门，于是我们破门而入，发现屋内有两个日本兵，一个坐在床上，另一个躺在床上，边上躺着一位姑娘。一个日本兵立刻跳起来，抓起皮带和手枪，穿过墙洞撒腿就跑。另一个喝得酩酊大醉，不能很快逃脱，我们不得不帮他穿上裤子。因为他的皮带丢了，他只得用两只手拎着裤子。我们帮他通过墙洞，到了外面街上他还想和我们握手，以示感谢。福斯特先生先走一步，他去叫宪兵来，而我陪这个日本士兵走了一程，在上海路和中山路的交叉口，我们把这个醉鬼交给两名日本哨兵。遗憾的是，我们听说，在我们到达之前，这位姑娘已被强奸了。（马吉）

228. 1 月 29 日，一位 42 岁的妇女返回位于通济门的家，她一到家就被一日本士兵抓住。他把她拖进一所空房子里强奸了。于是，她现在又住回到蚕厂来。

229. 1 月 31 日，一位 30 岁的妇女回到中华门里家中，她说，一日本士兵闯进她家要女人。

230. 1 月 29 日，一位 22 岁的妇女（其丈夫被日本人用刺刀刺伤，于前天去世）回到三牌楼 2 号的家中后，3 次遭日本士兵强奸。

231. 1 月 30 日，一位 45 岁的妇女回到南门附近的家中后，有 4 个日本士兵闯入她家中，把她家洗劫一空，向她要女人。因她无法为他们弄到女人，就惨遭毒打，她的

1　章开沅著《南京大屠杀的历史见证》（湖北人民出版社 1995 年版）第 94 页称，该女孩家住此巷 2 号。

登记证也被抢走了。

232. 陈王氏,28岁,于1月29日返回原来住处,半路上,她和另一个妇女被3名日本士兵拦住,他们要她俩跟他们走。尽管她们下跪求饶,但仍被拖进一家商店,陈王氏被他们强奸了3次。

233. 1月28日,张杨氏,37岁,回到家中后,两次遭日本士兵强奸。[1]

234. 1月31日,倪冯氏,一位17岁的年轻女子,回家后正在井边淘米,一日本士兵向她袭来,打翻米篓,把她拖到桑田,肆意强奸。

235. 1月30日,姚彩珍(音译),一位16岁的少女,与她母亲一起前往鼓楼医院探视病人。在鼓楼附近,两个日本士兵把她摔倒在地,在光天化日之下强奸了她。

236. 1月30日,徐秦氏,一位36岁的妇女,正同丈夫以及几个邻居一道回家,走到长白街太平巷时,她被两个日本士兵拖进屋子,遭到强奸。

237. 1月30日,江刘氏,一位27岁的少妇,与其公公回到自己的家。1月31日22时,两个日本士兵闯进她家,幸好她已躲藏起来,未被发现。

238. 1月28日,魏陈氏,一位45岁的妇女,与一位女邻居一起回家,被一日本士兵抓住。他要把她拖走,另一位具有同情心的士兵救了她,而她的女邻居却被强奸了。

239. 1月28日,高思伟(音译),一名24岁的青年男子,为日军特务机关干了几天活,一日本士兵盗走了他5元钱和登记证。

240. 周陈氏,36岁,于1月30日返回位于通济门附近的住所,遭到两个日本士兵的强奸。

241. 秦王氏,一位22岁的少妇,于1月23日被日本士兵从安全区的难民收容所中拉了出去,至今未归。

242. 白吴氏,27岁,1月28日回家后遭到两个日本士兵的强奸。

243. 1月28日,刘尹氏,42岁,回到门东附近的家中,午夜时分,一些日本士兵闯入她家要女人。

244. 1月29日,秦马氏,35岁,回到北门桥的家中后遭到强奸。

245. 1月28日,张卫氏,一位20岁的年轻女子,回家后遭到两个日本士兵的强奸。

---

1 章开沅著《南京大屠杀的历史见证》(湖北人民出版社1995年版)第95页称,该案件发生于1月23日。

246. 1 月 28 日,徐朱氏,32 岁,回家后遭到一个日本士兵强奸,她丈夫的衣服被盗走。

247. 秦方氏,36 岁,家住通济门附近,在回家途中遭到两个日本士兵的强奸,其房屋被焚烧。

248. 1 月 29 日,姚王氏,34 岁,在回家途中被两个日本士兵强奸。

249. 1 月 29 日,13 岁的姑娘蔡家英(音译)与其母亲回到马台街家中,被两个日本士兵强奸了。

250. 1 月 30 日,朱张氏,40 岁,回到新巷桥附近的家中,被两个日本士兵强奸。

251. 1 月 29 日,吴殷氏,19 岁,刚分娩 4 天就遭一日本士兵强奸。

252. 朱姚氏,46 岁,1 月 29 日在回家途中被日本士兵阻拦,他们向她要女人。

253. 王张氏,43 岁,1 月 25 日回到新桥家中遭日本士兵强奸,丈夫被他们用刺刀刺死。

254. 1 月 31 日夜里,2 个日本士兵闯入天妃巷一人力车夫家中,要他为他们找姑娘。他陪他们到螺丝街,告诉他们说找不到姑娘,他们就把他痛打一顿。(米尔斯)

255. 46 岁的妇女潘乐泽(音译)从蚕厂的难民收容所回到国府路西侧的家中后,日本士兵蜂拥而来找姑娘,因此她又回到了难民收容所。

256. 1 月 30 日,一姑娘在返回位于国府路住处的路上,遭到 2 个日本士兵的袭击。他们把她拖进一间空屋轮奸,因此她又回到难民收容所。

257. 1 月 30 日,一位 44 岁的妇女在返回大中桥住处的途中,遭到日本士兵的袭击。他们把她拖进一间空屋强奸,她不得不又回到了蚕厂难民收容所。

258. 1 月 30 日,一男子回到申家巷家中,日本士兵前来找他要年轻姑娘,因此他又回到了安全区。

259. 1 月 29 日,许陈氏,42 岁,回到她热河路的住处后,被 2 个日本士兵强奸。

260. 1 月 30 日,欧戴氏读了自治委员会的通告后,想带着 2 个女儿回到门西饮马巷的家中。途中被 3 个日本士兵阻拦,他们抢走了她身上的所有现金,共 3.20 元,她只得返回难民收容所。

261. 1 月 28 日,丁李氏回到西华巷的住处。在家中,她看到日本士兵正逼迫她 70 岁的老母为他们找姑娘,于是她赶紧返回难民收容所。

262. 1 月 28 日,苏茂盛(音译)先生在返回升州路 171 号住所的途中被日本士兵抢走了 42 元钱,他们只给他留下 3 角钱。他的房子被烧毁。

263. 1月28日早上,6个日本士兵闯进国府路64岁的苏卢氏家中,强迫一家6口人挤进一个屋子。他们翻箱倒柜,洗劫一空,连最后的一点小钱1.40元也都被他们抢走。因此,苏老太请求返回难民收容所。[1]

264. 2月1日晚上11时,3个日本士兵越过金陵神学院的院墙,从一草棚里拖出一个姑娘,姑娘逃脱了并大声呼救。难民收容所里的难民被惊醒,慌忙跑出草棚,大声喊叫,迫使日本士兵翻墙而逃。(索恩)

265. 1月31日,李王氏报告说,几天以来(即1月28日以来),日本士兵再三骚扰位于后宰门321号的她的住所。房东刘文龙(音译)的太太拒绝为他们找姑娘,他们就把她打伤。李太太急忙躲进防空洞才免遭残害,她请求允许她留在难民收容所。

266. 1月29日,这一天,日本士兵以米、面换鸡鸭为借口引诱一些妇女和姑娘到老米仓,把她们强奸了。周必清(音译)亲眼目睹了这一切。

267. 1月31日,马清仁(音译)报告说:我见到自治委员会的通告后,偕同全家回到原来的住处,但不得已又要离家而去,因为日本士兵每天都来骚扰,要钱、要女人。

268. 1月31日晚上,顾吴氏回到安品街千章巷13号家中取粮食,她一到家就遭日本士兵强奸、抢劫。她立即返回难民收容所。

269. 1月30日,水西门一家宜兴商店老板姚先生回到店里,遇见一个日本士兵,他强迫姚交出钱来。姚生活宽裕,这个士兵就多次上门要钱,并向邻居打听姚的去向,可是姚已经回到了难民收容所。

270. 杨中林(音译)的兄弟杨中惠(音译)和母亲杨何氏在雨花路80号经营一家茶馆。1月29日他们被日本士兵杀害了。杨中林闻讯回家查看情况,半路上,在中华门遇到日本士兵,他们抢走了他的全部钱财。

271. 1月29日,刘洪泰(音译)回到小王府园35号家中整理他微薄的家产,3个日本士兵闯入他家要女人。他回答说,家里没有女人。他们就抢走了他仅剩的2.40元钱。

272. 1月29日,齐文修(音译)先生回到大王府巷24号家中,日本士兵闯进来,问他家中是否有姑娘。他回答说没有,他们就抢走他6元钱和1斗米,用刺刀挑破他的衣服,幸好他未受伤,后来就逃走了。

273. 1月31日,日本士兵多次骚扰位于三茅宫13号罗马天主教堂后面的曹家,

---

1 章开沅著《南京大屠杀的历史见证》(湖北人民出版社1995年版)第98页称,该老妇家住国府路247号。

搜寻姑娘。

274. 1 月 28 日,日本士兵闯进白下路 10 号陈家要女人。陈先生的女儿躲在地下室,而陈先生的一笔现金却被全部抢走,约 200 多元钱。

275. 1 月 30 日,4 个日本士兵闯进山西路大方巷 6 号某难民家,要强奸他 14 岁的女儿。在她父母的哀求下日本兵才放弃这歹念。

276. 1 月 30 日,2 个日本士兵闯进上海路 46 号,强奸了一个寡妇,宪兵来时,他们已逃之夭夭。

277. 1 月 30 日下午 1 时 30 分,3 个日本士兵闯入慈悲社 2 号闵先生家,把男人都赶出屋,对妇女们肆意奸淫,居民们纷纷要求返回难民收容所。

278. 1 月 30 日,3 个日本士兵闯入豆菜桥 30 号,抢劫了房主的财物,强奸了他的姨妈,她半个月以前才生了孩子。

279. 1 月 31 日早晨,一个日本士兵闯入同仁街 18 号,盗走了居民才买来用以储存的蔬菜。

280. 1 月 29 日,一位女难民回到朝天宫西街 47 号自己家看看,刚刚到家,就有日本士兵闯了进来,幸好她及时躲到了柴火堆里。经邻居哀求,士兵才离开了她家。过了三五个小时,又有 4 个士兵来搜查她家,幸运的是,他们也没有发现她。

281. 1 月 28 日,3 个日本士兵闯入大纱帽巷 1 号宋先生家,抢走了屋内所有的衣物,强奸了一个少女。第二天,他们又来要女人,因家中没有女人(她们都回到了金陵女子文理学院难民收容所),他们火冒三丈,举枪四射。

282. 1 月 29 日,在内桥一家当铺对面,一个 20 岁的姑娘被日本士兵强行拉到一条小巷内。

283. 据 2 月 1 日的报告,家住天青街 384 号的 50 多岁的周寡妇被日本士兵拉去强奸。这天,士兵们还把她扣留下,强迫她为他们做饭。

284. 1 月 29 日 18 时,日本兵冲进东瓜市 8 号要花姑娘。

285. 1 月 30 日,张华福(音译)服从自治委员会的命令,回到他张公桥 22 号的家……(下文缺)

286. 1 月 30 日,一个日本士兵闯入汉口路 132 号要姑娘,被告知没有时,他火冒三丈。幸运的是,无人被他伤害。

287. 1 月 29 日晚上 8 时,5 个日本士兵(其中只有 3 个身穿军装)闯入慈悲社 11 号,用刺刀对准马良慈(音译)的胸膛,胁迫她随他们走。其丈夫和嫂子也受到刺刀的威胁,他们把刺刀架在她丈夫的头上。但是,一切威胁都是徒劳的。

288. 1月30日19时,一个日本士兵持手枪闯进上海路115号,抢走现金12元。

289. 1月30日早上,4个日本士兵闯入莫愁路13号杨先生家,搜遍所有房间。当他们看到一年轻姑娘(杨的女儿)的照片时,要求一位住在那儿的老妇把这姑娘带来。老妇不从,他们暴跳如雷,但是她沉着冷静,摆脱了困境。

290. 1月30日上午11时,一位小姑娘离开金陵女子文理学院难民收容所,回到朝天宫黄鹂巷19号家中。4个日本士兵闯进她家,轮奸了这个10多岁的孩子。

291. 1月31日早晨,几个日本士兵闯入东瓜市一居民家,企图拉走并强奸2个姑娘。人们把宪兵叫来的时候,他们早已逃之夭夭。

292. 1月30日晚上,在五台山永庆巷被拉走了2个姑娘。

293. 1月28日傍晚,2个日本士兵闯入江苏路的草棚找姑娘。他们没找到,一气之下用刺刀对一个六旬老人的左肩戳了一刀。

294. 1月29日晚上,3个日本士兵在一名妇女的私宅轮奸了该妇女。

295. 1月29日晚上,3个日本士兵在珠江路一住宅轮奸了一名妇女。

296. 1月29日傍晚,3个日本士兵闯入古林寺9号强奸了一名20岁的姑娘。

297. 1月29日晚上,阴阳营71—1号的一位妇女被日本士兵强奸。

298. 1月29日晚上,阴阳营43号、44号、45号和46号遭日本士兵洗劫,他们抢走了钱财,强奸了妇女。在44号那一家,4个日本士兵轮奸了一位妇女,并毒打她丈夫。

299. 1月30日早晨,在四象桥太平旅店,一位妇女被日本士兵拖到门口当场杀害。

300. 1月31日,一位妇女在广州路被2个日本士兵轮奸。

301. 1月31日,在彩霞街"崔记水产店"附近的一条小巷里,一位50多岁的中年妇女和一个12岁的小姑娘被日本士兵强奸。

302. 1月31日,在鼓楼二条巷,一个12岁的小姑娘遭到强奸。

303. 1月31日,在四象桥,一位年逾60的老妇被强奸后,被刺刀戳进阴道致死。

304. 1月31日,一位为红十字会服务的老人(他先前在金陵大学难民收容所的粥厂工作过)要回下关的家中(于1月28日向亲戚借了些必要的行李),走到中山北路和三牌楼的交叉路口时,其全部行李被日本士兵抢走。

305. 1月30日,难民李望才(音译)和李山日(音译)回到新桥住所,日本兵先后到他们家搜查 10 余次,索要钱财和姑娘,并打了他们五六次。

306. 1 月 28 日早晨 6 时,一个日本士兵闯进卫清里(音译)7 号住宅,登上二楼,砸开房门要找女人。因未找到而离去。

307. 不久前,在三牌楼火车站,一位 60 多岁的老妇遭到强奸达十余次。

308. 2 月 1 日中午,2 个日本士兵闯入珞珈路 21 号住宅,肯定不怀好意。居民们纷纷逃到隔壁 23 号一欧洲人居住的院内,请求他把日本人赶走。

309. 2 月 3 日,今天上午 9 时,一位 18 岁名叫蔡晓喜(音译)的年轻男子离开难民收容所回家,走到四象桥时,因没有立即向日本士兵行鞠躬礼,被这位士兵用刺刀捅了一刀。今天中午,他回到我们这里接受医生治疗。(米尔斯)

310. 2 月 1 日中午,在颐和路东头站岗的 2 个哨兵翻查沈先生的口袋,抢走了 6 元钱。(马吉)

311. 2 月 2 日早上 7 时半左右,53 岁的刘宋氏在宁波同乡会的后屋被 2 个日本士兵轮奸了。

312. 2 月 1 日晚上 10 时,20 岁的苏王氏在阴阳营 49 号被 4 个日本士兵轮奸了。

313. 2 月 1 日,在西康路,萧先生被 4 个日本士兵抢走了 5 元钱。

314. 2 月 1 日下午 5 时许,刘先生在古林寺附近琅玡路,被 4 个日本士兵抢走了 3.70 元钱。

315. 2 月 1 日中午时分,张先生在古林寺附近被日本士兵抢走了 8 角钱。(这些在安全区西部发生的事件表明,这些农民每天上下工要克服多大困难。)

316. 2 月 2 日早上 8 时,冯先生去下江考棚登记,11 时回到西华门三条巷 100 号家中,半小时后一日本士兵闯入他的住宅。此时,正巧邻居高先生及其儿媳在冯家作客。这个日本士兵不怀好意,因冯先生略通日语,把他打发走了。高先生事后回到干河沿。

317. 2 月 1 日上午 9 时,王先生返回北门桥 15 号家中。他正在收拾屋子,突然闯进来一个日本士兵,向他要姑娘,他回答说没有。于是,这个日本兵转向王先生的孙子,问他的母亲在哪里,孩子支吾不答,他就让小孩领他到隔壁屋子,仍然没有发现女人,他给了孩子 1 角钱就走了。

318. 2 月 2 日,江先生要返回位于新门口的住所,在云南路和中山北路交叉处的一个街角,遇见了五六个日本士兵。他们强迫他把餐具挑到挹江旅馆。他办完事后正要回家,在铁道部附近又碰到两个日本士兵,要他把大米扛到上元门。他遵命完成任务后,时间已晚,不得不放弃回家的想法。

319. 2月2日,张先生,46岁,曾在难民收容所住过,1月11日受雇于日本小桥部队。2月2日上午8时许,他在去部队的途中,在云南路丁家桥遇见10多个日本士兵,他们胁迫他搬运大量重物。他向他们出示了小桥部队颁发给他的证件,以证明他为日本军队工作的合法身份。可是,他们撕毁了证件,殴打他,逼迫他从命。

320. 2月1日,王先生在回家途中的珠江路附近的小纱帽巷,遇到了两个日本士兵,他们抢走了他1.12元钱。

321. 2月2日,陈先生和苗先生于1月30日前往中山东路的东面牌楼,安排2月2日回厂事宜。抵达工厂时,看到4个日本士兵正在搬运印刷机和其他机器。日本兵不让他们进入厂房,他们别无他法,只得返回难民收容所继续等待。2月2日清晨,他们再次来到工厂,发现工厂里有很多日本士兵。哨兵要他们出示证件和图章,向他们索要女人,最后还抢走了陈先生18元、苗先生12.80元钱。这两位先生身无分文,只得重新返回难民收容所。

322. 2月2日下午,朱先生想返回位于建康路的家中,他与他的朋友同行。他们到达铁管巷时受到5个日本士兵的阻拦,他们不得不听从日本士兵的命令,为他们工作到深夜。从此,他们再也不敢有试图回家的想法。

323. 2月2日,马太太回到光华东街的住所,刚一到家,日本士兵就从她家前门和后门蜂拥而入,向她要姑娘。幸好姑娘们及时躲藏在床底下,没被发现。日本士兵顺手拿走了5个盆碗和10根蜡烛。

324. 2月2日下午3时,4个日本兵闯入王府巷包先生的家找姑娘,当他们得到否定的答复时,悻悻离去。

325. 2月2日下午2时,日本士兵穿墙闯入朱家苑一居民家中,搜遍全屋找姑娘,好在妇女们躲藏起来没被发现,他们于2时30分离去。

326. 2月1日下午1时,3个日本士兵强奸了止马村的一位29岁的妇女。

327. 2月1日下午1时,3个日本士兵闯入鼓楼附近五条巷某人家中,拉走了一个十来岁的小姑娘。在1月28日就已有3个日本士兵来过一次,并强奸了2名妇女。

328. 2月2日下午3时,3个日本士兵闯入七家湾某人家中找姑娘,该家主妇从后门逃走,他们拿了4个盆走了。

329. 2月1日10时,一日本士兵闯入门东转龙巷某人家中,问一个11岁的男孩哪里有姑娘。孩子说没有,他就使劲打了孩子两个耳光,并抢走了一个盛满热水的铜壶离去。

330．2 月 3 日上午 10 时左右,七八个日本士兵闯进白下路江先生和江太太的家中(此时他们已回家),命令江先生出去,企图对他太太施暴。当他们看到江先生带着国际委员会的袖章时,悻悻而去。

331．2 月 2 日 10 时许,马先生的太太走近中华门时被日本士兵抓住,遭到强奸。

332．1 月 31 日,63 岁的李太太回到她长乐路的家中,她第一次在自己家中睡觉,晚上七八点钟,日本士兵闯入她家索要钱财。她交出全部现金后,于第二天清早逃回难民收容所,幸运的是,她未受到伤害。

333．1 月 31 日,三牌楼区模范马路一草棚内住着一位 71 岁的老妪。当天晚上 8 时,两个日本士兵爬上棚顶,窃听屋内是否有姑娘。老妇听到响声走出门来,此时,日本士兵从屋顶上跳下来,闯进屋内要姑娘,老妇回答说没有,便遭到毒打。然后,他们想扒她的裤子,老妇极力反抗,于是,他们从地上捡起一个硬器猛砸她的头部,致使她头上出现一个大血瘤。最后,他们扬长而去。(马吉)

334．圣公会通讯员陆先生住在大方巷广东新村基督教徒住宅区。1 月 29 日,他在三牌楼和外交部之间的狮子桥受到日本士兵的阻拦和搜身,身上仅有的 10 枚 1 角钱全被抄走,他们连他朋友的口袋也翻了个底朝天,拿走了 4 角钱。(马吉)

335．魏先生在理发店理好发后回家,途中受到 3 个日本士兵的袭击,他们把他拖进竹林,抢走他身上的 3.80 元钱和 7 包香烟。

336．1 月 29 日,李太太带着儿子回到四条巷的家中,3 个日本士兵闯入她家,抢走她 5 角钱。母子俩立即返回难民收容所。

337．1 月 29 日下午,姚先生回到张府园的家中,同一天,几个日本士兵闯入他家,抢走他 2 箱火柴。1 月 30 日,又有一批日本士兵前来,剥下全家老小包括 80 多岁老母的衣服,并搜寻钱币,一无所得。与此同时,邻居翟先生家被劫走 3.50 元。2 月 1 日,又来了 3 个日本士兵,他们以同样方式搜查钱财。于是,姚家打算返回难民收容所。

338．1 月 31 日早晨,王太太正好回家,3 个日本士兵闯入她家要女人。因为家中没有姑娘,他们就用刺刀威逼她,想抢她的钱财,不过一无所得。王太太在受此遭遇后只得重返难民收容所。

339．1 月 29 日中午,门东膳福街一家豆腐店开门营业,1 月 31 日晚 10 时,4 个日本士兵闯进该店,抢走店主的全部收入,共20多元。

340. 1月30日早晨,4个日本士兵(其中3人身穿军服)闯进阴阳营49号王先生家,从他的口袋里抢走了1元钱。傍晚,他们撬开后门入内,再次骚扰,幸好妇女们从前门逃走,在外面躲藏起来。

341. 日本士兵一而再,再而三地闯入建邺路30号,找寻姑娘,抢走了最好的食品。

342. 1月31日傍晚,一个日本士兵不怀好意地闯入吉兆营41岁的罗太太家,幸好家中还有几个男人,罗太太才免遭凌辱并得以逃脱。日本兵用枪托殴打这些男人,并拿走了放在桌上用于买米的1元钱。

343. 1月27日晚8时,4个日本士兵闯入华安里某家,偷走了一枚金戒指,用刺刀威胁并奸污了24岁及21岁的吴家姐妹(见受到侮辱的姐妹俩来信)。1月29日,这些日本士兵再次前去骚扰,要姑娘。

344. 1月29日,黄泥岗朱太太家遭到日本士兵的抢劫,日本士兵用刺刀威逼她提供年轻姑娘。

345. 1月30日,日本士兵洗劫了石鼓路蔡福安(音译)家,强奸了一位妇女。

346. 1月27日,日本士兵抢走了家住中山东路的钱太太的行李。

347. 1月30日,叶太太在金陵神学院被日本士兵强奸了。

348. 1月27日,一日本士兵在扫帚巷强奸钱太太未遂。

349. 1月28日,2个日本士兵在评事街强奸汪太太未遂。

350. 1月29日,绫庄巷的马小姐家遭劫。

351. 1月30日上午11时,两个日本士兵从扫帚巷邵先生家中拉出两位年轻姑娘强奸。

352. 1月29日,一个日本士兵手持刺刀闯进黄泥岗裴连世(音译)先生家,要年轻姑娘。

353. 1月29日,一位39岁的黄陈氏在彩霞街被日本士兵强奸达十多次。

354. 1月20日,31岁的陆倪氏在彩霞街整整一天受到日本士兵的强奸,现在她身心受到严重摧残。

355. 1月29日傍晚,日本士兵闯入平安巷林太太的家,掠夺了她的衣服和其他物品。

356. 1月30日傍晚,3个日本士兵手持刺刀袭击太平桥的莫太太家,向她要年轻姑娘。

357. 1 月 29 日傍晚,日本士兵手持刺刀袭击石鼓路的张太太家,向她要年轻姑娘。

358. 1 月 28 日,日本士兵来到柳叶街的王秦氏家抄家、搜钱、要女人。

359. 1 月 27 日傍晚,日本士兵闯入止马营余言模(音译)先生家,向他索要被褥和现钱。

360. 1 月 28 日傍晚,日本士兵查抄了朱太太家,抢走了被褥、衣服和现钱。

361. 1 月 27 日傍晚,沈太太在东钓鱼巷遭到了 3 个日本士兵的围攻,他们向她要年轻姑娘。

362. 1 月 30 日傍晚,周太太遭劫,日本士兵掠走了她的现钱和被褥。

363. 1 月 28 日,于太太在评事街被抢,日本士兵抢走了她的被褥和其他物品。

364. 1 月 28 日,在绫庄巷,日本士兵抢走了刘太太的 1 元钱,向她要姑娘,把她吓得要命。

365. 1 月 29 日上午,日本士兵在评事街向马强林(音译)要姑娘。

366. 1 月 29 日,58 岁的何太太回到回龙街的住所,她两次遭到日本士兵的强奸,不得已又回到难民收容所。

367. 1 月 30 日,家住公园路的周太太 3 次遭到日本士兵的强奸。

368. 1 月 29 日,21 岁的杨太太在船板巷遭到 3 个日本士兵的轮奸。

369. 2 月 2 日,家住光华路的邱爱贤(音译)女士被日本士兵偷走了衣服和一只盆。

370. 2 月 2 日下午 2 时,2 个日本士兵手持刺刀闯入王府巷王先生的家,要姑娘。王先生告诉他们家中没有姑娘,即挨一顿毒打。

371. 2 月 1 日,汪先生报告说,下午 5 时半,有 3 个日本士兵闯入天目路他家中要姑娘。当时,他太太正好躲在厨房,未被发现。那几个日本士兵从他身上掏走 8.60 元钱后走了。

372. 2 月 3 日,白太太回到她西石坝街的家中,她出门刷洗马桶时遇到了 3 个日本士兵,他们企图把她拉走。她就跪倒在地,求饶说,她要照顾疾病缠身的婆婆。房东证实白太太说的是实话,他们则进屋察看,确认该女子没有说谎,其婆婆确实卧病在床,这才放过了她。(按上拇指指印)

373. 2 月 3 日早晨,刘太太回家,通过西华门二条巷孙园(音译)正门时,遭到了

3个日本士兵的袭击。她被拖进一座洋房里遭到强奸,其衣服被刺刀挑成碎片。(按上右手食指指印)

374. 2月3日,秦太太回到中华门麦糖街(音译)的家中,到家门口时,一日本士兵阻止她入内。他企图把她拉走,对她施暴。她一再要求不要碰她,日本士兵才松手放开她,走之前却打了她。(按上右手食指指印)

375. 2月3日,马太太回家途中,在同仁街某屋前被3个日本士兵抓住,他们把她拖进一间空屋进行轮奸。(按上右手食指指印)

376. 2月1日,戴太太在回家途中在梅楼街被2个日本士兵抢走了一个银耳环。(按上右手食指指印)

377. 2月3日,陈先生在返回东关头家的途中,遇2个日本士兵,他们向他要姑娘。他回答说没有,他们就用刺刀把他的大腿刺伤。(按上左手食指指印)

378. 1月30日,陈太太回家途中,在石坝街遭到3个日本士兵的袭击,他们把她拖进"恒茂酱园"(音译),对她轮奸后才放她走。(按上右手食指指印)

379. 1月31日中午,3个日本士兵闯入萨家湾附近盐仓桥李先生家,向他要姑娘。他回答说"没有",他们拿了1元钱后才走。

380. 2月1日,在华侨路的一条小巷里,日本士兵抢走了张青梅(音译)7.90元和30枚铜板。

381. 2月1日,单璜荷(音译)前去下江考棚办理登记手续,在璇子巷被日本士兵抢走了3.30元和15枚铜板。

382. 2月1日,吴金生(音译)回他光华门外的家,到家时,7个日本士兵把一个老妇拖到他跟前,强迫他俩性交,而他们站在一旁哈哈大笑。

383. 2月1日,孙贵新(音译)返回唱经楼的家,途中被劫走7.60元。

384. 2月2日,易李氏回到她申家巷东头的住所,当天夜里,日本士兵闯进屋子,企图强奸她。

385. 2月2日,易张氏在饮马巷遭到2个日本士兵的轮奸。

386. 2月2日,乔凡云(音译)回家途中在市政府大厅前遭到日本士兵的拦截,被抢走5.30元和十几个铜板。

387. 2月2日,马老太太回到家中后,日本士兵前来骚扰,向她要姑娘。

388. 2月3日,吴罗氏回她户部街的家,路遇日本士兵,他们企图强奸她,幸好她得救了,免遭其难。

389. 1 月 28 日,刘李氏在九王村(音译)遭到日本士兵威逼,他们强行向她索要钱财。

390. 1 月 29 日,张马氏在"明星戏院"后面的四象桥遭到日本士兵的强奸。

391. 1 月 29 日,李费氏在黑廊巷遭到 2 个日本士兵的强奸。

392. 1 月 29 日,在珠江路宪兵团门前,日本士兵用匕首胁迫蔡罗氏交出她的 2 枚银戒指。

393. 1 月 29 日,在珠江路宪兵团门前,日本士兵用匕首要挟李张氏,抢走了她的银戒指。

394. 1 月 29 日,一日本士兵手持匕首,在鱼市街附近追赶梅李氏,她好不容易逃脱了。

395. 1 月 29 日,在三省里,3 个身带匕首的日本士兵向刘品源(音译)索要钟表和钞票。

396. 1 月 30 日,赵邱氏在瓦青桥(音译)遇到一日本士兵,他把她拖到旁边的小巷子,对她搜身要钱。

397. 1 月 30 日,杨陈氏已回到贵标(音译)的家中,夜间闯进一日本人,他用匕首威胁她,逼她交出现钱并强奸了她。

398. 1 月 30 日,张王氏刚回到中华门外的家,日本士兵就闯进来索要钱财并强奸了她。

399. 1 月 30 日,王江氏在红寺庙被日本士兵搜身要钱,还遭到一顿毒打。

400. 1 月 29 日,魏金生(音译)报告说,下午 2 时,2 个日本士兵闯入他天目路家中,一个把守大门,另一个上楼强奸了他嫂子。他母亲对日本士兵下跪求饶,却被他们摔倒在地,他们还用刺刀威胁她。

401. 1 月 29 日上午 10 时,阴阳营的陈先生报告说,2 个日本士兵闯入他家要姑娘,他母亲恳切哀求,才使他们平静下来。最后,日本人抢走了 1 元多钱。

402. 1 月 29 日晚上 8 时,2 个身着便装的日本士兵来到豆菜桥的马家要姑娘。他们说,他们只需要一夜,第二天一早即可送回。他们答应给马家送米、送钱、送衣服。尽管马家人苦苦求饶,他们还威胁说第二天早上再来。

403. 1 月 30 日,几个日本士兵闯入七家湾附近小礼拜寺的秦先生家,企图强奸一个 10 岁的小姑娘,经秦先生苦苦哀求,他们才放过这个孩子。

404. 1 月 30 日,家住虎踞关的胡太太做饭时,遭到日本士兵的袭击,要不是她母亲及时相救,她准被强奸。

405. 1月29日,几个日本士兵闯入某家,企图污辱家中仅10岁的小姑娘,经她父亲一再哀求,他们才放过这个女孩。可他颈上被捅了一刀,孩子也遭一顿打。

406. 1月30日上午11时,两个日本士兵闯进高家酒馆苏先生家,他是1月25日刚搬到这里的。日本士兵向他要姑娘,遭到拒绝,他们就用刺刀胁迫他,抢走了他的手表和一枚金戒指。

407. 2月5日晚上7时30分,5个日本士兵闯进天竺路麦梁氏家,翻查男人的口袋索要钱物,并企图强奸麦太太,但未能得逞,麦太太逃脱了。

408. 2月5日晚上7时40分,2个日本士兵闯进颐和路池迟氏的家,抢走5元钱,还想强奸妇女,好在她们逃跑了,幸免于难。

409. 2月5日上午8时,2个日本士兵闯入夫子庙附近瞻园路的艾李氏家,她是2月3日回到家中的。此时,酒店里的男人们都被拉去做工去了,于是,日本人把艾太太拖进屋里,房门反锁长达10分钟,他们逼迫她脱光衣服,她可是10天前才分娩,孩子夭折了。屋里的另一个名叫冯何氏的妇女故意撒谎说,她4天前才生了孩子,孩子一出生就死了,这才未遭蹂躏。日本士兵临走时威胁说,他们还要再来,看看她是否说的是实话。

410. 2月5日上午10时,四五个日本士兵闯入黄泥岗的王刘氏家中,向她要姑娘和女孩子。傍晚5时,又来了一批日本士兵,他们猛烈敲门,要强行进屋。王刘氏和家人从后门逃走了。他们是按要求于2月4日回到家中的。

411. 2月4日,魏特琳小姐报告说,有8个中国人为日本人干了七八天活,所得报酬是一张印有1908年2月7日日期的德国纸币,面值为100马克。这张钞票当然已无价值,被入档保存。(魏特琳)

412. 2月4日下午4时,3个日本士兵(其中2人全副武装)闯入(宁海路以东的)华新巷某家,索要钱财和姑娘。屋内的老妇们吓得跑走,躲过了这些士兵。

413. 2月4日下午,冯太太想带孩子回跑马巷的家,当他们经过富民坊时,受到2个日本士兵的袭击。他们把她拖进防空洞,想对她施暴,孩子大喊大叫,把他们撵跑了。

414. 2月3日早晨,吴先生携带全家回到他在龙蟠里的家中,一个日本士兵两次闯进他家,几乎掠走了他的全部行李。后来,这个日本兵又来了,把男人们都赶到屋外,扒光一个已婚妇女的衣服,强奸了她。

415. 2 月 3 日下午 5 时,3 个日本士兵闯入大中桥附近尚书巷某家,把女主人怀抱的婴儿甩在一旁,把她强奸后,狂笑着离去。

416. 宋曹氏报告说,她离开安全区后,在水西门被日本岗哨拦截,他们对她进行搜身,拿走了 3.80 元钱。穿过城门后,她又被日本士兵拖进防空洞。他们正要强奸她时,迎面走来一位 30 来岁的妇女,于是,他们强奸了这位少妇,而她逃回了城里。

417. 2 月 4 日,3 个日本士兵闯入西门太平桥杜太太家,想要强奸她。当她听到声音时,急忙钻到织布机后面躲藏起来。日本士兵搜寻 30 分钟未果,然后离去。杜太太又回到了难民收容所,亲自报告了这件事。

418. 2 月 3 日晚上 8 时,4 个日本士兵翻越北平路某家院墙,抢走史先生 1 元钱、陶先生 3 元钱,两次强奸了赵太太和刘太太。

419. 2 月 3 日晚上 8 时,3 个日本士兵闯进北平路的另一家,抢走了金先生 2.20 元、胡先生 2.50 元和杜先生 1.40 元钱。

420. 2 月 3 日下午 1 时,刚回到家中的 23 岁的姚罗氏就遭到日本士兵的强奸。

421. 2 月 2 日早上,王玉林(音译)正和妻子一起返回住所,路遇一辆载有 3 个日本士兵的卡车,卡车猛然刹住,士兵们纵身跃下,抢走了王先生的提箱,逼迫其妻登上汽车。幸好王太太挣扎着从卡车上跳了下来,才免受其难。然而,行李丢了。

422. 2 月 2 日,王杨氏回到她和平门外蟠龙山的家中。当天上午 11 时,4 个日本士兵闯入她家要强暴她,她即下跪求饶。他们狠狠打了她一顿,抢走了 10 元钱才放手。王太太害怕日本士兵再次侵扰,带着孩子回到了难民收容所。

423. 2 月 2 日,24 岁的谢钱氏在返回下关住所的途中遭到日本士兵的袭击,他们把她拖进一间屋子进行强奸。获释后,她在城门外又遭到三四个日本士兵的骚扰,巧遇一个日本海军军官解救了她。在红卍字会的帮助下,她又返回了难民收容所。

424. 2 月 1 日中午,6 个难民离开难民收容所,回到位于西玉壶坊的家中,一个日本士兵闯了进来,四处张望 。他还叫来一个同伙,把这些才回家的人洗劫一空。他们用刺刀胁迫,抢走了 8.30 元和几个铜板。

425. 2 月 7 日,星期一早上,我们收到一份报告。报告说,前一天,即 2 月 6 日下午近 5 时,有 4 名中国人(3 男 1 女)在百子亭后面遭到日本士兵的杀害。临近中午,一位受害者的邻居来到我们办公室,证实了这条消息的准确性。同一天下午近 4 时半,一位姑娘来到我们办公室,请求我们帮助,因为受害妇女正是她母亲。她母亲前几天才回到家中,身上揣着全部现钱,姑娘希望能在母亲尸体上找到这些钱。

拉贝先生和米尔斯先生立即跟她来到现场,发现 4 具尸体躺在血泊之中,详见下列草图:

1 号是一位老人,他是第一个被杀害的;

2 号是赶去救护的妇女;

3 号、4 号是想去抬走受伤人员的两名男子;

长方形表示用来抬人的门板。

报告说,这位老人拿了两把椅子,走在铁丝网旁边的小路上,被日本士兵拦住,当场被杀害。估计这位陪同老人的妇女看到他还没有死,只是受了伤,于是叫来两个男人,要他们用门板(作担架用)把他抬走。当这位妇女和两位男人来到老人身旁时,他们 3 人都被枪杀。

因当天时间已晚,不能采取任何措施,米尔斯和拉贝先生回到办公室,决定第二天早上向自治委员会报告此事。

第二天 2 月 8 日,星期二早上,自治委员会告诉我们说,他们对此事已有耳闻,并向特务机关作了汇报。我们决定再次亲临现场,看看是否可以再敦促做些什么。德国大使馆的罗森博士正巧在我们办公室,他与我们同往。

罗森博士、拉贝、施佩林和史迈士博士先生发现,一大清早,红卍字会就把尸体搬至附近的小坟丘上,地上和门板上的血迹还清晰可见,门板和椅子尚未搬走。现场位于水塘附近,水塘四周是小园地,园地上新挖了两条垄沟,说明已为春播耕翻了土地。现场离最近的马路约 200 码,离最近的日本士兵营地还要远些。事件发生的时候,日本士兵正路经那条马路。现场附近或园地后面小山坡上遇难者的草棚里没有发现士兵。

惟一留守本区的农民说,这一天,许多返回住所的中国人都在地里干活,看到这一枪杀事件后,个个胆战心惊,后来,他们一一离开了。

我们的先生们报告说,那 4 具被安放在坟丘上的尸体,有几具已裹上了草席。那位老人头发花白,那位妇女双手沾满鲜血。前面提到的那位农民还报告说,那两把椅子是受害的老人从附近的一间茅草棚里搬出来的。

南京,1938 年 2 月 9 日

426. 2 月 5 日上午,一日本士兵闯入汉西门 56 号曹曾氏的家中,企图强奸她。因该楼的其他居民向日本宪兵报告,他才不得不放弃歹念。下午 5 时许,这个日本士兵再次侵扰,用刺刀把曹太太的脸划伤,她被送进大学医院急救。当时处理曹太太伤口的威尔逊大夫说,她伤势很重,他担心她颅骨骨折,她已处于半昏迷状态。

427. 2 月 5 日下午 7 时,两日兵越墙偷入颐和路 25 号二层楼房,将该处男子全部集中,不准走动,并搜劫现金和其他物品。计有:袁君戒指一只,现洋 10 元;徐君现金 15 元,印有街名的空白纸;刘君现金 1.3 元;乐君现金 1 元。接着该日兵去隔壁家劫走现金 5000 元。当时他们身穿大衣,腰挂手枪。(马吉博士记录)

428. 2 月 7 日,12 岁的幼女半夜被奸污,她是于昨天才和父母重返大方巷家中的。今天她的父亲又把她送回收容所。她的下体发肿,不能行动。

429. 2 月 4 日,58 岁的王卢氏,回城北太平桥家,四五名日本兵闯进该家,先将屋里男子全部赶出……

430. 2 月 5 日,一个日本兵闯入西华门附近大中桥陈姓(译音)住宅,索取姑娘。因室内并无姑娘,该日本兵乃鸡奸十七八岁的青年。

431. 2 月 5 日上午,西北角的陈女士报告,3 个日本兵闯进她那里要姑娘。当天下午,这群日本兵又乘卡车来,车停在门外,车上装有妇女 10 多人,日兵要陈女士参加,经陈恳切请求后,才被释放。

432. 2 月 5 日,一妇女回家途中,由金陵女子大学至香铺营。当她抵达家门时,一日本兵立即闯进,向他要姑娘。由于没有姑娘,她害怕,开始逃走,日兵一把抓住她,扭伤了她的脖子。她在极端恐惧的心情下,终于又回到难民营了。

433. 2 月 4 日,谭先生回到南湖街家中时,一个日兵闯来,向他要姑娘,由于没有姑娘,日兵就痛打了谭先生的母亲。这样,谭先生又回到难民营了。

434. 2月5日,一位老奶奶在利录福(译音)遇一日兵,企图强奸她,把她痛打一顿。

435. 包先生报告说,当他回小铜银巷家时,在路上看见一年轻妇女同她的弟弟一块在街上走着。这时,一日本兵前来,假装友好姿态,送她一点糖果和纸烟,诱这女子跟他走,被她立即拒绝,日兵就强迫她并痛打她的弟弟。

436. 2月5日,3个日本兵闯入三牌楼郑姓(音译)老妪家中,一人把守大门,两人轮流奸污。这老妪已经六十多岁了。事后,一个日本兵还强迫老妪以舌舐拭阳具上的秽物。她的孙儿因为哭泣不已,被戳两次。

437. 2月6日下午3时,5名日本兵在扬州路越墙偷进肖姓屋里,该家一妇女立即藏身于室内沙发背后,她的姐夫则站在沙发前面,对日兵说"这里无姑娘"。日兵即以刺刀向他连刺两刀,幸而只把衣服刺破了。不料,当晚该日兵竟第二次前来,在屋里到处搜查,未获结果,才扬长而去。

438. 2月7日上午9时,3个持枪日本兵在小西门闯进一家,日兵看见一个女的,立即围着吻她,企图迫使她进后房里。这时她母亲的婶母跪下苦苦哀求,日本兵才对该女松了手。但日本兵走时说,还要再来的。她们在极端恐惧的情况下,都跑回难民营了。

439. 2月6日,一通讯员的女儿回家吃午饭,刚吃罢饭,闯进四个日本兵,该女迅即从边门逃出了。就在这一天夜里,日兵不断地敲门。当这位通讯员开门时,日兵竟问他"那姑娘往那(哪)里跑了?"通讯员回答"不在家"时,日兵即威胁他……痛打他。此后该女返回难民营了。

440. 2月6日下午,韩姓妻子,年48岁,昨天回家的,被两日兵轮奸。次日即返回难民营了。

441. 52岁的陈李氏在6号[1]与其12岁的女儿返回南门的家,并平安地过了一晚。但第二天(7号)大约下午4时来了一名日本兵,坐了一会,便走了。大约在5时来了2名带枪的日本士兵,看到陈李氏的女儿后,日兵想强奸她,但她从房子的后面逃走。陈李氏吓坏了,哀求原谅。这2个日本兵用枪托打她的头。她们在8号早上返回了难民营。

442. 2月2日,乡人挑菜入城,在光华门附近,为日本兵所拦阻,叫他双膝跪落,

---

1 指1938年2月6日。

并索"花姑娘"。日本兵又叫他丢下篮,他略一迟疑,即被枪柄击断腿骨。他走了两天才能够达到医院。

443. 2 月 2 日,鼓楼医院里有一位做马口铁桶的工人,每天照例回城南的家。这次回去走在街上,几名日兵抓住他的翻领,把他甩倒在路边,被摔伤了。(威尔逊)

444. 2 月 6 日,据一个受伤者来院报告,他在光华门外给日军服役一月,得工资 3 元,因为部队开拔,始恢复自由。他和几个朋友在宁海路上拾取若干空麻布袋,适为山顶上的日本兵所见,命令他们转身。他们转身后走了 40 步路,一颗子弹击中他的左臂,伤势甚重,非锯去不可。

445. 2 月 3 日,郭袁氏回到楼子巷的家。在井边,她遇见两个日本兵。当时,她手上抱着小女儿,还有一位瞎眼老妇人和她在一起。这些日本兵把她们 3 人带到一间房间里并强奸了她。她们后来回到难民营。2 月 6 日,她又回家,在井边又遇见两个日本士兵,他们企图强奸她,但在她的哀求下放过她,让她走了。她又回到难民营。

446. 2 月 13 日,陈先生在他回青石关(音译)的家时,遇见 3 个日本士兵向他要花姑娘。他尚未回答,日本兵就开枪并打伤他的左腿。

447. 2 月 12 日,马春松(音译)在他从青石关的家回来的路上,遇见 3 个日本士兵。他在一边给他们让路。然后在没有任何原因的情况下,日本士兵向他开枪并将他原地打死。难民营在调查后发现这是事实。

448. 2 月 13 日,王马氏,36 岁,在她的柴蒲坊(音译)的家中,有 2 个日本士兵冲进她的家,翻遍她家中的每个角落,并试图强奸她。她跑出房间,被日本兵追赶至巷子尽头时,被遇到的一位军事警察搭救。日本士兵跑开了。

449. 2 月 12 日,3 个日本兵闯进唐蒯氏(音译)家的卧室,要花姑娘。他们看见床单下有个女人,他们就准备施暴。家中的男人过来一边告诉日本兵女人有疾病,一边叫人在屋外大叫救命。然后日本兵就跑开了。

450. 2 月 21 日午夜时分,5 个日本士兵猛敲金陵大学的大门。里面没有人应答,他们便来到汉口路的尽头,溜进一户姓胡的人家敲门。没有人应答他们就绕到窗前用刺刀乱捣。有个女人对他们大声呵斥。日本兵又继续骚扰了一个小时,然后才离开了。

451. 2 月 14 日下午 3 点,一个叫邵楚冲(音译)的人在经过复成桥时被 5 个日本人(其中 3 人是武装士兵,另外 2 人穿便装)带走搬东西。在到达兴善(音译)医院附近时,他们假装要看他的安住证,借故抢了他的 91 块钱。

452. 2月13日大约凌晨1时,8—9个日本士兵来到位于金陵大学后门的崔家。他们先是凶猛地敲大学的门,没有人开门,他们就来到后面一户难民家的小房子前。他们用刺刀强迫主人开门并要"花姑娘"。当被告知这家没有时,士兵们说"不行","有""有"。屋里的人坚持说这里没有年轻姑娘。最后,士兵们听见有人说他们要报告此事,才离开。

453. 2月15日,2个日本兵闯进70岁的余翟氏(音译)的家,并强迫家人为他们寻找姑娘。这家人无法满足他们的要求,于是士兵们强奸了老人的40岁的媳妇。在他们干完后,又搜了她的身,并拿走5元钱。这家人后来回到难民营。

454. 2月19日,两个男人和一个女人来到总部报告说,前一天晚上,有4个日本兵来到他们位于二条巷的家。一个士兵在门外观察,其余3个士兵带着一个妇女进屋。他们撞开房门索要钱财。屋里的人跪下向他们祈求,但是他们向儿子和叔叔开了枪。我们已将这两个受伤的人送到了大学医院。

455. 2月18日,一个52岁的店主被两个日本兵强迫为他们挑担子。因为店主挑不动,士兵就向他开了枪。子弹穿过他的脖子,打碎了他一边的下巴骨。情况很严重。(威尔逊)

456. 2月18日,一个住在大学里的18岁的女孩,在日本兵进城不久后被一个日本兵强奸了,她到医院来做检查,得知她逃过了性病,但却怀孕了。她想知道她该怎么办。(威尔逊)

457. 2月24日,昨天有一个年轻的男孩和一群人在莫愁路附近的黄鹂巷排队买面粉。有一队值勤的日本巡逻队叫人们离开。看见人群没有迅速离开,他们向人群开了一枪,打死了一个40岁的妇女,伤到了另一位妇女的腿,并且严重地打伤了这个年轻男孩的脚。(威尔逊)

458. 2月24日,大学农场(太平门外)的食物紧缺,他们需要那些不要钱,只要一点食物就愿意工作的工人。(贝德士)

459. 2月28日上午,一个住在陆军学校的方姓妇女和家人在长江路上,有一个日本兵叫她让开并用刺刀刺在她的后背上。可以清楚地看见刺刀穿过她的身体从前胸穿出。她被送到医院5分钟后死亡。(威尔逊)

460. 3月1日,日本人在铁道外的长江路开了家面粉店。他们开始只拿出十几袋面粉来卖,大约有2,000多人聚集前来购买面粉,面粉很快卖完了。日本人命令剩下的人快离开。为了强制执行他们疏散的命令,他们打了一个女孩的头,杀死一个人,用刺刀从后背刺穿一位妇女使她在到达医院后很快死亡,并严重地伤害了第四个人。这第四个人屁股上有 8 英寸深的刺刀伤,腹部被踢造成腹部瘀伤和小肠破裂,需要手术(布雷迪医生),这位妇女情况严重,我们希望她能康复。(威尔逊)[1]

461. 3 月 4 日。秣陵关一个 54 岁农民在 2 月 13 日被日本兵索要几条牛、驴和女人,邻居们都跑了,日本兵把这个农民捆起来,离地面 3 尺将他吊起,然后在下面燃火烧他。他的下腹、生殖器和胸部严重烧伤,头部和脸部的毛发也烤焦了。有个士兵提出抗议,因为他年纪大了,并且把火拿开,还扯掉农民烧着的衣服。日本兵走了,大约一个小时以后,其家人回来把他解下。

462. 3 月 9 日晚 8 时,日本兵来到珠江路黄先生家,要他带着找女人。他不同意,于是一个日本兵用刺刀捅他,刺穿左腹股沟,刺入皮肉 1.5 英寸。他跳转身,用右手推开刺刀,手亦因此被刺伤。他逃跑,日本兵追赶,但他毕竟奋力跑掉了。刺刀幸好没有触及动脉。(因为害怕日本兵回来,与他相关的两家合共 12 个人迁移到金大附中)。

463. 3 月 10 日约在晚上 8 点钟,5 个身着蓝色和黄色制服的日本兵来到门市(音译)蔡先生的家。两个兵在外警戒,其他三人进屋要钱。全家跪下乞求宽免。这三个士兵在房门前面放一个木梯。用绳子把丈夫拴在梯上,把他吊在那里。他们继续搜索这个家庭,拿走一张 5 元钞票,一个 10 仙日本铜币,3 枚中国两角银币,一张纸币和一个铜板。在翻遍衣柜和箱子以后,他们拿走一件皮袍、一件妇女冬衣和一台留声机。离开时,他们猛刺蔡的大腿六次、肩膀两次,最后枪击头部,他立即死去,他们还把跪在地下的蔡李氏的头部刺了几下,并刺王姓大腿两次,然后他们走了。

464. 3 月 11 日,一个妇女在邻居小屋里被两个日本兵强奸。

465. 3 月 15 日,一个姓张的人,47 岁,住汉西门,早上 7 时走近朱寿巷(音译)时,被流弹击中头部。他被送往医院治疗,但到达后不久就死了。

466. 3 月 17 日晚 10 时,6 个日本兵闯入一个姓高的 40 岁农民的家,他住在后宰门。他们要高找女人。高回答说他没有女人,也找不到女人。于是他们就用刺刀多

1　章开沅编译《天理难容——美国传教士眼中的南京大屠杀(1937—1938)》(南京大学出版社 1999 年版)第 347 页所载,第 460 件暴行内容为:"2 月 27 日下午大约 4 点钟,蔡基兰(音译)及其父停留在名叫 Sa Chou Wei Kao Chiao 地方的一座房屋边,离南京水西门外大约 8 至 10 里,屋子里有一些妇女。看见日本兵走近,妇女便跑走。日本兵来了,问女人在哪里,并且要孩子及其父带他们去找。父子拒绝了,于是一个日本兵开枪击中孩子的腿,伤得很厉害。目前他正在大学(医院)接受治疗。"

次猛戳他的身躯和颈部,并且砍他的头。他逃跑,但刚到门口就倒下了,血流如注。他从此再没站起来。看见他已被杀死,这些日本兵迅速离去。

467. 3月19日下午3时半至4时之间,一个日本兵在金大华言学校难民营强奸一个19岁少女。贝德士博士于4时05分到达,但他走近这个日本兵时,后者挥动刺刀粗野地说,"要姑娘"。但贝德士把他赶走。这个日本兵毫无酒醉迹象。

468. 3月19日夜晚,一男一女爬过(金大)附中难民营院墙时被抓住。告诉他们不能进来,他们说这个女人晚上已被强奸过两次,他们不能回家。

469. 3月20日晚9时半,我们邻近5个贫穷家庭被日本兵抢走283.30元。

470. 3月19日,我们一个职员的叔父被日本兵押走,因为他穿卡叽布裤子。施佩林救了他。

二、 原件未编有完整连续序号的 129 件日军暴行

1. 一个17岁的男孩讲述了这样一件事:在(12月)14日大约有1万名年龄在15—30岁的中国人被带出南京,到了靠近轮渡码头的长江边。在那里,日本兵用野战炮、手榴弹和机关枪向他们开火。大部分尸体被抛向江里,有一些被堆起来焚烧,有三个人想方设法逃跑了。这男孩估计这1万人中大约有6000人是被俘的军人,而4000人则是平民。男孩胸部中了一枪,但不严重。[1]

2. 12月14日,士兵撕毁美国国旗和张贴在农经系(小桃园)大门上的(美国)使馆布告,抓走教师与助手,而且不等找来钥匙就打开几座门。

3. 12月15日,上述地点士兵数次前来(金陵大学校园),从收容于此的难民身上抢走现金与其他物品,也抢走女人。

4. 12月15日,在我们的新图书馆,收容了1500个平民。其中有4个妇女在校园被强奸,3人被抢走,再未回来;一人被抢走,但在邻近贵馆处被日本宪兵释放。士兵此类活动,给这些家庭及其邻里乃至这一地区带来莫大的痛苦与恐怖。今天上午

---

1 章开沅编译:《天理难容——美国传教士眼中的南京大屠杀(1937—1938)》,南京大学出版社1999年版,第455页。

我接到报告,在难民区其他地方有百余起类似暴行。那些案件目前不属于我的工作范围,我之所以提到,无非是说明作为贵馆近邻金大的问题,乃是日军抢劫、奸淫给平民造成巨大灾难之一例。[1]

5. 12 月 15 日,日本士兵第三次闯入金陵大学图书馆大楼。他们在房屋里强奸了 4 名妇女,他们带走了 2 名遭强奸后被释放的妇女,且有 3 人没有再回来(原文如此)。有 1500 名难民在那栋大楼里躲避。[2]

6. 12 月 15 日下午大门(按:指德侨民罗德住宅高楼门 7 号)已经敞开,显然是从里面砸开的,住宅大门已被打坏,所有上锁的房门同样均被强行打开。我在那里发现 3 个日本兵正在分拣偷盗的物品。我走进去对他们说,这是德国人的房屋。他们便丢下整捆东西走掉了。

7. 12 月 15 日我发现 4 个日本士兵,其中有 1 个军曹正忙着从房子(按:指德侨民博尔夏特、波勒、迈尔等人住宅)里把东西搬出来,其中有马靴、衣服、餐具、钟表和被褥等等。我追上了已经走到半路的 2 个士兵,劝说他们放下东西。这个军曹还报了自己的名字。全部上锁的门均已被强行打开,所有的柜子、木板箱和普通箱子,包括佣人的箱子也都打开了。

8. 12 月 15 日中午我发现房子(按:指德侨民孔斯特—阿尔贝斯公司位于中央路392 号房屋)被砸开了,窗子被砸破,所有上锁的房门均被强行打开,柜子和箱子包括佣人的箱子也都打开了。在我到达时,5 个日本士兵正穿过后面的竹篱笆离去,这儿的竹篱笆已被砸坏并被踩倒过。

9. 15 日下午我第二次去察看(按:指德侨民林德曼、增切克和布瑟位于中央路沉江新村住宅)。看门人还在,但他受到了粗暴对待和痛打,日本兵还逼迫他帮忙搬走抢劫来的东西。这 3 所德国人的房屋都被砸开,搬走了很多东西,2 辆汽车没有了,看门人的财物也被抢走。

10. 16 日,我发现两所房子(按:指德侨民施特雷齐乌斯和福伊格特-R 位于上海路 11 号和 13 号住宅)均被砸坏并被抢劫。施特雷齐乌斯先生家的佣人们 15 日找过我,向我报告第一次遭破门抢劫的情况,后来他下决心搬了出去。我在二楼看到一

---

1 第 2、3、4 件来源于章开沅编译:《天理难容——美国传教士眼中的南京大屠杀(1937—1938)》,南京大学出版社 1999 年版,第 7 页。内容取自安全区国际委员会委员贝德士致日本使馆函。
2 《南京的恐怖状态(1)》,见张连红、陈谦平编《南京大屠杀史料集》第 31 册《英国使领馆文书》,江苏人民出版社 2007 年版,第 561 页。

个日本士兵正在捆扎一包东西,他在我的强烈要求下才离开,留下了那包东西,并且是穿过后面的篱笆出去的。正当我还在楼上和佣人忙着收拾东西的时候,又来了两个士兵,大声呼喊佣人,用刺刀进行威胁。我站到他们中间,叫他们尽快离开。这所房子在我16日到达时已经被洗劫过,比较好的东西都已拿走,全部饮料瓶的瓶颈都被打掉,罐头被砸开,丢在地上,餐室里肮脏不堪。

11. 福伊格特-R的屋子,在16日时只被日本士兵拿走少量财物,但我在23日去察看时,发现一切都已被砸开和砸坏。

12. 根据佣人16日的报告,我又察看了该房子,发现许多木板箱已被砸开,物品被偷走。[1]

13. 12月16日,30余名妇女在农经系大院内遭到大批日本士兵的反复强奸。当天夜里,日本士兵回到图书馆大楼内,通过刺刀的威逼来索要金钱、手表和女人。几名妇女在屋里被强奸,守门人遭到毒打,因为他没有为日本士兵准备姑娘。[2]

14. 12月16日,一个原18师[3]士兵前来,他所属第3团业已投降缴械,但日本人决心杀死他们,他的两个伙伴被杀死,他装死,头负轻伤跑出来。

15. 12月16日,一个中国农民来了,问我们是否可以到5公里外他的村庄。我们去了,发现一个青年农民的头几乎被砍掉,我们给以初步医药处理,并把他送到这里以便护理。他的家属告知经过。12月13日,他和家人来到我们的难民营要求庇护。两天以后,他和其他一些人回本村取粮,碰上几个日本士兵正搜寻中国士兵。他们硬说这个青年农民是士兵,所以应该处死,他们本想用刀劈下他的脑袋,但他的外衣领子高而且厚,稍许承受了刀劈的力量,日本人丢下他让他自行死去。这个青年农民于1938年元旦死亡。[4]

16. 昨(12月16日)夜士兵不断来到我们收容大批难民的图书馆,以刺刀强索钱财、手表和妇女。人们已无钱财和手表,过去两天已被抢过多次,这些士兵打破窗户并且粗暴地推搡他们。我们有位职员在这种情况下被刺刀戳伤。

17. 昨(12月16日)晚我们几所挂有美国国旗和张贴使馆布告的美国人住宅,被

---

1 第6—12件来源于《礼和祥行克·克勒格尔先生的报告》(1938年1月11日),见约翰·拉贝《拉贝日记》,江苏人民出版社、江苏教育出版社1997年版,第446—449页。

2 《南京的恐怖状态(1)》,见张连红、陈谦平编《南京大屠杀史料集》第31册《英国使领馆文书》,江苏人民出版社2007年版,第561页。

3 南京保卫战中无此番号部队,疑为第88师或第48师之误。

4 第14、15件来源于章开沅著《南京大屠杀的历史见证》,湖北人民出版社1995年版,第84—86页。

附近游荡的士兵闯入,有些被闯入数次。这些住宅包括我们三位美国同事正在居住的房屋。我们郑重请求你们作一比较,这些行动只是发生在南京大量居民家里的小小事例,而贵国政府官员的通告则声称关切中国的公共福祉以及保护外国财产。

我们不愿强调私人事务,提出另外两个事例,目的仅在于说明无约束的士兵狂野放纵的程度。昨天我们一位美国同事被一个干坏事的军官殴打,晚间我和另一美国同事被一喝醉酒的持枪士兵从床上拖起来。

18.(12 月 17 日)在图书馆,一如在这一地区其他地方,昨夜有多名妇女被士兵奸污。

19.(12 月 17 日)士兵殴打我们(金陵大学收容所)的门卫,因为他没有为士兵准备姑娘以供蹂躏。[1]

20. 12 月 17 日,一些士兵闯进金大附中。一名受惊吓的孩子被日本兵用刺刀刺死,另一人受重伤。8 名妇女遭到强奸。士兵们日日夜夜地翻墙进入大楼,结果造成难民们情绪异常激动而不能控制,他们 3 夜无法入睡。[2]

21. 12 月 17 日,许特尔特先生的汽车被从德国大使馆偷走。我和哈茨先生与一位日本领事馆官员正巧都在附近,使我们得以在最近一条街的拐弯处把那些强盗当场抓住,很困难地而且费了许多口舌才把那辆车又要了回来。[3]

22. 昨(12 月 17 日)夜,大学(指金陵大学)的一位中国教员的住宅被捣毁,他的两位亲属被强奸。一所难民营里的两位大约 16 岁的女孩被强奸致死。

23. 在金大附中有 8000 难民,昨(12 月 17 日)晚日本兵翻墙进去十次,抢劫食物、衣服,并强奸妇女直到他们满足。他们用刺刀捅死了一个小男孩。

24.(12 月 18 日)上午,我(威尔逊)花了一个半小时为一个 8 岁男孩做了缝补手术,他被刺了五刀,其中一刀刺穿了他的肚子,一部分腹膜流了出来。我想他能存活。[4]

25. 12 月 18 日,一个中国伤兵被带来,他告诉我们下列故事。他是南京模范师士兵,12 月 13 日他和另外 8 个士兵投降日军,被俘 3 日,没饭吃也没水喝。然后他们

1　第 16—19 件来源于章开沅编译《天理难容——美国传教士眼中的南京大屠杀(1937—1938)》,南京大学出版社 1999 年版,第 8—9 页。

2　《南京的恐怖状态(1)》,见张连红、陈谦平编《南京大屠杀史料集》第 31 册《英国使领馆文书》,江苏人民出版社 2007 年版,第 561 页。

3　《爱德华·施佩林致罗森的报告》(1938 年 1 月 22 日),见张生编《南京大屠杀史料集》第 6 册《外国媒体报道与德国使馆报告》,江苏人民出版社 2005 年版,第 393 页。

4　第 22、23、24 件来源于章开沅编译《天理难容——美国传教士眼中的南京大屠杀(1937—1938)》,南京大学出版社 1999 年版,第 442 页。

与另外大约 200 个士兵和平民,被迫步行到城外紫金山附近,在那里被排成 3 个长长的行列用机枪扫射。这个士兵假装被击中倒下,射击停止后又装死。于是日本兵在所有尸体身上泼洒某种酸性液体,然后点火焚烧,这个士兵的腿也被泼有这种液体。暴行进行时已近薄暮,当日本人结束这一切时天已昏黑,所以这个士兵乘黑爬开并来到这里。至今伤处未愈,这是酸液造成极为疼痛并难以治疗的创伤。[1]

26. (12 月 18 日)晚上将近 8 时的时候,3 名日本士兵从(大学)医院的一个后门闯入,放肆地在医院的走廊里跑来跑去。医院 65 岁的护士海因兹小姐接待并陪同了这些闯入者,尽管海因兹小姐一再声明她的手表属于私人财产,他们仍然抢走了她的手表。此外被偷走的还有 6 块怀表和 3 支钢笔。3 人中有 2 人离开了医院,而另外一人则不知跑到什么地方去了。

晚上 9 时 15 分的时候医院方面得知,剩下的那个日本士兵强行闯进了护士的寝室。我(威尔逊)对这间房进行了检查,发现这个日本士兵和 6 个护士在房间里。当我赶到时,其中有 3 名护士已经被强奸。全体护理人员对此感到极大的震惊。[2]

27. (12 月 18 日)干河沿金大附中。一个恐怖至极的儿童被刺刀戳死,另一个重伤垂死。8 个妇女被强奸。我们的几位同事,试图为这些可怜的人送点食物并加以照料,被士兵们无缘无故地殴打。士兵不分昼夜,多次爬过围墙。三天来,许多人无法睡眠,出现一种歇斯底里的恐惧。如果这种恐惧与失望导致被士兵强暴的妇女的抗拒,将要造成毁灭性的屠杀,而你们的当局将为此承担责任。美国国旗被(日本)士兵无故撕毁。

28. (12 月 18 日)金银街养蚕室两个妇女被强奸。

29. (12 月 18 日)胡家菜园 11 号农具院有两个妇女被强奸。

30. (12 月 18 日)汉口路 11 号,本校职员住宅中,两个妇女被强暴。

31. (12 月 18 日)汉口路 23 号,本校职员住宅中,一个妇女被强奸。

32. (12 月 18 日)农业经济系(小桃园)的妇女多次惨遭蹂躏,全部逃走。今天上午我(贝德士)到此处查看,6 个(日本)士兵向我逼近,其中一人不断手扣扳机以手枪

1　章开沅:《南京大屠杀的历史见证》,湖北人民出版社 1995 年版,第 85 页。
2　约翰·拉贝:《拉贝日记》,江苏人民出版社、江苏教育出版社 1997 年版,第 214—215 页。

对着我,而我无非是客气地问他曾否在这里发现任何问题。[1]

33. 前天(12 月 19 日)在(五台山)小山坡上,一位已经怀孕六个半月的 19 岁姑娘,企图反抗两个日兵的强奸。她面部被砍了 18 刀,腿上也有几处刀伤,腹部有很深的一个刀口。[2]

34. 委员会成员经过仔细调查,确认了 12 月 19 日夜间在安全区内发生的火灾及其损失情况。

日本士兵纵火点燃了平仓巷 16 号的房子。施佩林和安全区消防队的一名官员赶往火灾现场,但是无法救火,因为我们的水泵和所有的消防器材都在几天前被日本士兵抢走了。同一天,在中山路和保泰街路口的街角有一栋房子被烧毁,晚上在国府路的方向也观察到了一系列火灾。[3]

35. 12 月 20 日下午 5—6 时,菲奇先生和史迈士博士前往保泰街,顺太平路向南来到了白下路,他们发现整个一条街停满了日军军用卡车和汽车,日本人正在卸车。从珠江路南面小河开始一直到白下路,他们碰到了数支由 15—20 名士兵组成的日军小分队,有些小分队看来像是在小头目的监督下观察着街道两边燃烧的房子,有些则从商店里向外搬商品。菲奇和史迈士还看到了士兵在一些商店里纵火取乐。

他俩接着朝中华路走去,在那里看到了同样的情况。基督教青年会房子的北半部已燃起了大火,毫无疑问,火是从房子内部点燃的,因为房子的外面并没有着火。日本哨兵对这两位先生毫不理会。

36. 12 月 20 日晚上近 9 时的时候,克勒格尔和哈茨两位先生驱车顺着中正路来到白下路,然后打算向东去中华路,这时日本哨兵拦住他们不让向南行驶。基督教青年会的房子此时早已被全部烧毁。从太平路向北行驶时,他们清点了一下,除了以前被烧毁的房子,街道两侧共发生了约 10 起火灾。向西转向中山东路时,他们看见东海路和国府路的街角燃起了大火。到达中山路和珠江路路口时,他们看见珠江路的北面有一处大的火灾。这时,又有一支巡逻队拦住他们不让东行。街上到处都是日军士兵,人数很多,但他们根本不打算去救火,反倒是有许多人在拖走货物。[4]

1　第 27—32 件来源于章开沅编译《天理难容——美国传教士眼中的南京大屠杀(1937—1938)》,南京大学出版社 1999 年版,第 9—10 页。
2　同上书,第 446 页。
3　约翰·拉贝:《拉贝日记》,江苏人民出版社、江苏教育出版社 1997 年版,第 250 页。
4　第 35、36 件来源于上书,第 250—251 页。

37. 昨天(12月20日)士兵再次闯进汉口路5号家中,在那里逗留了三个小时,尽管他们军方的日语布告贴在大门上,禁止他们入内。当人们力言此处没有妇女时(在地下室有几名妇女),他们走出门,看到一个女孩,就把她抓到楼上蹂躏了三个小时。这里有三个士兵。他们离开时,姑娘穿着一件病人的冬天外套,其他值钱的东西都被他们抢走。我(威尔逊)的显微镜昨天也被拿走了。[1]

38. 昨天(12月20日)美国小学(五台山)的美国国旗再次被士兵扯落并践踏。士兵威吓工役及其他人说,如果有谁再升此旗则立即处死。[2]

39. (12月21日)下午我(威尔逊)给一位13岁的可爱的小姑娘打了石膏。当日本人13日进城时,她和她的父母亲正站在防空洞入口处看着他们走过来。一个士兵过来用刺刀捅死她父亲,又开枪杀了她母亲,并砍开了小姑娘的肘部,导致穿破骨折。她没有亲属,整整一周没人送她到医院。她在想当她不得不离开(医院)时,她能做些什么,她的双亲都被杀害了。[3]

40. (12月21日)今天下午士兵从我们图书馆抓走7个人,其中包括我们自己的职员。没有指称他们犯罪或者是士兵(中国),抓去只是强迫充当劳工,此举完全无视你们的布告。

41. (12月21日)在邻近你们使馆的头条巷4号,下午有一妇女被两个士兵奸污。难道这就意味着少数卫兵正在恢复秩序?

42. (12月21日)正当我(贝德士)今天与您在使馆晤谈时,我自己的房屋第4次被劫掠。本校其他7所房屋于今日遭劫,还有一些房屋数次被闯入。

43. (12月21日)大群士兵在军官指挥下有计划地放火,使数千民众无家可归并失去恢复正常生活与工作的希望。他们(指日兵——译者)全日继续如此干,没有任何收敛的迹象。

44. (12月21日)双龙巷大学(鼓楼)医院大门今天被打坏,尽管上面贴有贵馆布告。在医院其他地方,有些士兵正在盗窃一辆救护车,一个美国人及时阻止此种丑行。

45. (12月21日)我(贝德士)亲自掌握今天下午5起士兵抢走食物与卧具的案例,通常需要难民作为劫掠物品的搬运者。

1,3 章开沅编译:《天理难容——美国传教士眼中的南京大屠杀(1937—1938)》,南京大学出版社1999年版,第446—447页。
2 同上书,第12页。

46. (12 月 21 日)在安乐里我们的教会学校,我(贝德士)回复红十字会急救站一个电话,感谢他们为 3 个晚间被索取妇女、钱财的日兵打伤的难民治疗。有一个妇女昨晚在那所房屋的楼上被强奸。当我进去的时候,有两个士兵正在洗劫此处。从事医务工作而且人品很好的人士说,昨晚在高家桥(Kao Chia Chin,音译)58 号,两名妇女被奸污……(省略号为原件所有)

47. (12 月 21 日)我(贝德士)从五台山南部的几百家穷人的草屋回来,有人说昨晚的情况略好于以往,另一些人则说情况更糟,日本兵仍然四处搜寻妇女,抢劫钱财,夺走车夫赖以为生的人力车。

48. 昨(12 月 21 日)晚 10 时,4 个士兵乘摩托车来到大学校门。一个士兵用刺刀阻止看门人去找(日本)领事馆警察劝他们离开。今天上午 10 时以前,士兵进入校园 5 次,撕毁宪兵通知。

49. 昨(12 月 21 日)夜 7 个士兵进入金陵女子神学院[1]寻找并奸污妇女。

50. 昨(12 月 21 日)夜金大农经系(小桃园)被士兵骚扰,大量门户损毁。两天以前士兵拿去钥匙,他们抓走工役至今未放。

51. 今(12 月 22 日)晨将近 5 点,金大图书馆的 7 个男人突然被抓走。士兵破门而入,尽管有宪兵目睹一切。下午以前,士兵横暴之至,没有任何人敢给以警告。稍后士兵又抓走另一个男人。昨天从此地抓走的 7 个人,其中包括我们的职员,自此毫无音信。如此恐怖与危险,已不可能找到承担日常事务的工人。

52. 今(12 月 22 日)晨士兵继续进入校园宿舍包括美国人住房抢劫。

53. 我和我的 3 个同事,今天(12 月 22 日)上午分别到几条街道办事,没有看到一个宪兵。我们知道有宪兵,但为数极少且过于宽容,所以很难维持纪律。

54. (12 月 22 日)用卡车有计划地抢劫,继之以焚烧。这就使得无家可归、贫困失业的民众与日俱增。

55. (12 月 22 日)据报告,(日本)士兵公然在宪兵注视下进入几处难民营搜索妇女与金钱。

56. 今天(12 月 22 日)上午,士兵一如往常多次闯入金大蚕桑系。其中一人喝醉了,抓了 3 个难民喝酒,到处偷窃,在难民群中抢劫并开枪 3 次。

57. (12 月 22 日)想必您会对一位可靠的邮局职员的陈述感到兴趣,大量信件已

1　南京当时并无此学校,疑为金陵女子文理学院之误。

被游荡的士兵拆开,不知道有多大损失。这些信件,既有寄往国内的,也有寄往国外的,在前此作战的日子里未曾寄出,为安全计保存于邮政总局(齐望之、钱祥录、Chi Wang Chieh,Chien Kyang Lu,音译,似为上述邮局职员姓名)。[1]

58. 12月23日,一个年轻士兵负伤两处前来求医,一处伤很严重(颅骨破裂),他告诉我们下列故事。他原是87师一个连长的传令兵,12月13日战事进行时,他发现自己单独呆在太平门附近的无人地区,突然遇到日军。他投降了,保管的文件被没收。一个士兵用佩剑刺他的头部和颈部数次,他失去知觉倒下。恢复知觉后,发现自己是孤零零地并且还能走路。藏匿10天以后,趁黑夜来到这里。[2]

59. (12月23日)就在此刻日本兵强行进入校园,抢走为难民供应大米的卡车。

60. (12月23日)我校蚕桑系一带平均每天发生十起以上强奸或抓走妇女案件。

61. (12月23日)日本士兵仍然日以继夜进入我们的住宅,蹂躏妇女并偷走他们需要的东西。此处所指住宅,包括美国人正居住者,一如其他住所。

62. (12月23日)日本士兵经常撕掉贵国宪兵张贴的告示。

63. 今(12月23日)晨我校(金陵大学)一位美国职员被一个日本军官殴打,后者突然逼近他,试图扯掉贵国使馆发给的袖章。

64. (12月23日)上面没有提到的(金陵大学)建筑物,每天也有日本士兵无视贵方告示而多次进入,以抢劫、搜寻妇女。[3]

65. 今天(12月25日)早晨10时许,里格斯先生在汉口路29号看见多名日本士兵,并且听到有一个妇女在喊叫。这名年纪约25—30岁的妇女指着自己,示意里格斯先生过去。一个士兵在身后拽她,其余士兵在房子里。当这名妇女够到里格斯的手臂时,士兵放了她,和其他同伙一起离开了。这名妇女是出来买东西的,日本士兵抓住她的时候,她正在半路上。她的丈夫4天前被日本人抓走,至今没有回来。这名妇女请求里格斯把她送回汉口路陆军大学的难民收容所。[4]

66. 我直到12月26日才有机会察看这两所房子(按:指中山门外苜蓿园33号施梅林住宅和苜蓿园6号埃克特住宅)。这两所房子遭到了严重抢劫。施梅林的房子

1 第40—57件来源于章开沅编译《天理难容——美国传教士眼中的南京大屠杀(1937—1938)》,南京大学出版社1999年版,第11—13页。
2 章开沅:《南京大屠杀的历史见证》,湖北人民出版社1995年版,第85—86页。
3 第59—64件来源于章开沅编译《天理难容——美国传教士眼中的南京大屠杀(1937—1938)》,南京大学出版社1999年版,第13—14页。
4 约翰·拉贝:《拉贝日记》,江苏人民出版社、江苏教育出版社1997年版,第274—275页。

里虽然有许多东西扔到了院子里，但家具还都在。有几个房间被弄得像马厩。埃克特的房子里几乎已没有家具。一张长沙发的套子被扯下来，部分地板被撬开了。[1]

67. 昨天(12 月 26 日)下午，在上海路农业专修科学校(阴阳营)，一个士兵割断(旗杆)绳索，取走美国国旗。

68. 昨(12 月 26 日)夜 11 至 12 时之间，3 个日本人乘一辆摩托车来到金大正门，自称系司令部派来检查。他们强行阻止门卫报警，并且抓住他，随即发现并强奸 3 个妇女，其中一个仅 11 岁，另一个被他们带走。

69. 游荡士兵继续抓男人为他们服劳役，导致更多恐惧与非必要的不便。例如，昨天(12 月 26 日)一个士兵坚持要从医院带走一个工人；我们的仆役与门卫有数人被拉走。

70. 昨天(12 月 26 日)有三四成群的士兵，他们 7 次来(圣经师资培训学校)抢衣服、食物和钱财，而这些难民早已被抢得所剩无几。他们强奸了 7 个妇女，包括一个 12 岁的女孩。晚间大群士兵，从 12 到 14 个，4 次前来，共强奸了 20 个妇女。

71. 我们的多处宿舍，每天有士兵进入，搜索妇女、食物与其他物品。例如，今(12 月 27 日)晨一小时内就有两处房屋被闯进。

72. (12 月 27 日)从金陵女子神学院[2]索取妇女。锏银巷(Chien Ying Hsiang)，此地被贵方士兵严重骚扰已久，我(贝德士)记得您(指日本使馆官员)许诺给以特别保护，但并无宪兵在这里出现。[3]

73. 昨天(12 月 27 日)我们有一例病人，如果他讲述的事是真实的话，那么我可以把它写进(黑色)幽默大全了。他是下关电话大楼的一名工人，正在金大避难。他出去到街上找他的一个朋友，被一些日本兵抓住，领到一个地方，那里有几百个人，也都是从金大来的……据这位病人所言，这几百人被领到了城西的山丘，用作练习拼刺刀的目标。他不知道有多少人生还。他身上有 5 处刀伤，其中一刀刺进了腹腔。我(威尔逊)在手术时注意到他的肠子被刺穿，但在腹腔里只发现了一些发黑的血。刺刀几乎刺向他腹部正中间，但稍稍偏了一下，刺进了下面的腹腔，伤着了一些血管，但

1　约翰·拉贝：《拉贝日记》，江苏人民出版社、江苏教育出版社 1997 年版，第 449 页。

2　南京当时并无此学校，疑为金陵女子文理学院之误。

3　第 67—72 件来源于章开沅编译《天理难容——美国传教士眼中的南京大屠杀(1937—1938)》，南京大学出版社 1999 年版，第 13—14 页。

没刺破肠子。如果腹腔伤势不是很严重的话,身体有可能复元。[1]

74. 12月30日,两个日本军人,其中一个显然是军官,来到地处汉西门凤凰村58号上述公司(按:指美国德士古石油股份有限公司)的仓库门前,用手枪逼王(按:指该公司仓库勤杂工王庆荣)打开由他守护的房屋的门,劫走两辆汽车以及德士古石油公司职员的40箱个人财物和100加仑汽油。他们还扯下美国国旗踩在脚下,后来把它烧了。然后他们试图逼王在一张1000多元的收据上签字。他拒绝这样做,于是被捆绑带走,直到第二天他最终表示愿意签字后才允许回家,并且受到威胁,如果他把这件事泄露出去就杀死他及其全家人。他10岁的女儿和他的姑母遭到日本士兵强奸。[2]

75. 今天(12月30日)早上一位穿着考究的中国商人,冒险走出了安全区,想去看看他家和商店里的情况。他和三个伙计经过桂兰(Kuilan)教堂时,一群日本兵无缘无故地向他们开了枪。其中一个伙计被击中,他被抬到医院,腹部有四英寸的小肠挂在伤口外面。子弹从左腹部射进,穿过了右腹部。

76. 一位40岁左右的妇女住进了医院,他讲述了下面的故事。12月31她被日本人从难民营中带走,名义上是给日本军官洗衣服,共有六名妇女被带走。他(她)们白天为日军洗衣服,晚上则被他们强暴。她们中有五个人每晚要受到10—20次强奸,而另一个由于年轻漂亮,每晚大约要被强奸40次。第三天,两个日本兵将我们的这位病人从住地带到一个偏僻的地方,他们想砍掉她的头,其中一个砍了她四刀,但只削掉了她的颈背部到脊背的全部肌肉,她的背部、面部和前臂还有六处刀伤,当她这样躺在地上时,另一个日本兵(?——译者原注)发现了她,并将她移到一个安全的地方,她有可能恢复。

77. (1938年1月1日)下午,一个尼姑被抬到医院,她两周前穿破骨折。日本人进城时她和其他三个人躲在防空洞里,日本兵进入防空洞,一个士兵向防空洞深处开了火,其他三个人被打死,她的伤口严重感染,病情很重。[3]

78. (1938年)1月2日,一个46岁中国妇女由其丈夫送来,他告知经过如下。

---

1 第67—72件来源于章开沅编译《天理难容——美国传教士眼中的南京大屠杀(1937—1938)》,南京大学出版社1999年版,第451页。

2 约翰·拉贝:《拉贝日记》,江苏人民出版社、江苏教育出版社1997年版,第345页。

3 第75、76、77件来源于章开沅编译《天理难容——美国传教士眼中的南京大屠杀(1937—1938)》,南京大学出版社1999年版,第452—455页。

他与妻子有两个儿子，一个 16 岁，一个 11 岁，家在靠近南京公路汉桥（Hangchow，音译）的村庄。12 月 10 日，丈夫和长子被日军抓走充当夫役，妻子和幼子留在家中。12 月 12 日夜晚，4 个日本兵来到她家，醉醺醺地找年轻女人，由于未能找到而大发雷霆，枪杀她的幼子，刺刀戳伤她的左腿靠近膝部，骨头被破坏，然后士兵放火烧她的房屋。她总算逃出火焰，露宿数天无法移动，直至她的丈夫独自回来，大儿子不知道在什么地方。丈夫无法帮助她，她得不到任何医疗。大约在元旦那天，听说可以在我们这里得到援助，她的丈夫就求得其他几个农民帮忙把她抬到这里。但此时伤口已严重感染，我们爱莫能助，她于 1 月 19 日死亡。

79. 1 月 3 日，中国士兵来了，两个原属 87 师，一个原属 58 师，两人受伤。他们告知经过。12 月 15 日他们被日军俘虏，他们和其他数百俘虏被排列在南京下关江边用机枪处决，这三个人逃脱枪弹并且装死，晚间爬走并且发现一个堑壕并保存几枚手榴弹。元旦那天，3 个日本兵走进他们的堑壕，发现自己已入陷阱。他们抛出手榴弹，炸死两个日本兵，然后逃跑，终于到达这里。[1]

80. 1 月 4 日：一辆载着日本士兵的卡车驶来，他们掠走了 9 头牛，并勒令中国人为其宰杀，以便把牛肉运走。与此同时，他们放火焚烧邻近的房屋以消磨时光。

81. 1 月 6 日：从河上来了很多日本士兵，他们抢走了难民的 1 头毛驴，并抢走了 18 个铺盖卷。[2]

82. 1 月 6 日（双塘难民收容所）：

13:50　3 个日本士兵拉走并强奸一名妇女。

14:10　一个日本士兵带走 3 个中国人去干活。

14:30　4 个日本士兵来收容所四处乱看，20 分钟后离开。

15:25　3 个日本士兵带走 10 个中国人去干活。

16:10　3 个日本士兵把一名妇女拉到一所大门外面但仍属于收容所的小屋里强奸。

16:40　2 个日本士兵闯入收容所找姑娘，找了 15 分钟后离去。

17:05　3 个日本士兵闯入大楼，把所有物品扔得乱七八糟，20 分钟后离去。

18:35　2 个日本士兵要求 2 个难民为他们弄到姑娘，当这 2 个男子拒绝他们的

1　第 78、79 件来源于章开沅著《南京大屠杀的历史见证》，湖北人民出版社 1995 年版，第 86—87 页。

2　第 80、81 件来源于栖霞山寺庙《以人类的名义致所有与此有关的人》，见约翰·拉贝《拉贝日记》，江苏人民出版社、江苏教育出版社 1997 年版，第 566 页。

要求时遭到了殴打。

23:00　3个日本士兵翻越围墙,抓到2名妇女并把她们拉走。[1]

83. 1月7日(双塘难民收容所):

10:00　一个日本士兵闯进收容所四处乱看,10分钟后离去。

10:15　一个带着武器的日本士兵来寻找姑娘,但未能如愿而离去。

10:30　3个日本士兵来拉姑娘,没有拉到,但是拿跑了门卫的棉鞋,给他留下了他们的旧鞋。

10:50　一个日本士兵闯进大楼,把所有物品扔得乱七八糟,10分钟后离去。[2]

84. 1月7日:日本士兵强奸了一位妇女和一个年仅14岁的少女,抢走了5个铺盖卷。[3]

85. 1月8日(双塘难民收容所):

15时25分:2个日本人"光顾",带走一个中国人去干活。

15时50分:中岛部队和惩罚队的2个日本人"光顾",撕下我们各个门上的公告。[4]

86. 1月8日和9日:有6位妇女被日本士兵强奸。他们像往常一样闯进寺庙,寻找最年轻的姑娘,用刺刀威逼她们就范。[5]

87. 1月9日(双塘难民收容所):

14时:3个日本人"光顾",从教堂大厅拖走一个中国女子。[6]

88. 1月9日下午2:00,三个日本人前来,在营里[7]找人们要钱,要妇女。一小时后拖走一名姓潘的已婚妇女。从一名姓刘的难民身上抢走两角钱,抢走另一姓匡的人的臂章和徽章。[8]

89. 1月10日,来了一个中国老农,肩部与右手被刺刀戳伤。他说,当天清晨许多日本兵到他的村庄索取猪、鸡,他告诉他们已被抢劫一空,于是一个日本兵从他背

1　约翰·拉贝:《拉贝日记》,江苏人民出版社、江苏教育出版社1997年版,第384—385页。

2　同上书,第385页。

3,5　栖霞山寺庙:《以人类的名义致所有与此有关的人》,见约翰·拉贝《拉贝日记》,江苏人民出版社、江苏教育出版社1997年版,第566页。

4,6　约翰·拉贝:《拉贝日记》,江苏人民出版社、江苏教育出版社1997年版,第441页。

7　指双塘难民营。

8　章开沅编译:《天理难容——美国传教士眼中的南京大屠杀(1937—1938)》,南京大学出版社1999年版,第275页。

后开了一枪,击毙另一站在他后面的农民。[1]

90. 1 月 10 日下午 3:10,两个日本人前来,拖走一名姓陈的已婚妇女。

91. 1 月 10 日下午 3:12,两个日本人前来,拖走一名姓陈的女孩。

92. 1 月 11 日下午 1:30,三个日本人前来,拖走姓秦和姓范的两名已婚妇女。

93. 1 月 11 日下午 4:30,三个日本人前来,拖走了一名姓潘的已婚妇女。[2]

94. 1 月 11 日:有 4 名妇女被强奸。喝得酩酊大醉的日本士兵在寺庙内胡作非为,他们举枪乱射,击伤多人,并损坏房屋。

95. 1 月 13 日:又来了许多日本士兵,他们四处搜寻并掠走大量粮食,强奸了一位妇女及其女儿,然后扬长而去。[3]

96. 1 月 14 日,一个中国老农前来求助。他说明经过,当天早晨几个日本兵来到他家要花姑娘,他为他们提供酒、烟,他们接受了。但他无法找到花姑娘,而日兵仍然坚持索要;他跪下说明实在找不到,于是日兵开始射击,两枚子弹击中,一枚穿过肺部,一枚穿过生殖器。

97. 1 月 14 日,一个五六岁小孩被送来,他的父亲说明原委。日本兵到他们村里抢掠食物,由于抓不住鸡,便用手榴弹炸鸡,一枚手榴弹在这个儿童附近爆炸,使他全身严重炸伤,炸掉一只眼睛,等等。由于伤势严重,感染恶化,我(史迈士)决定用摩托车把他带到南京中山门。我们被禁止进城,我恳求卫兵替我把孩子送进医院,仍遭拒绝,只有遵命离开。但我仍不死心,绕城行至太平门,快速行经岗哨,未受阻拦,终于来到美国大学医院,威尔逊医生为孩子治疗。

98. 1 月 14 日,一个农民与上述儿童在同一时间、同一地点被击伤左手。

99. 1 月 15 日,一个中国青年头部负伤,来此求助。他说 12 日他在公路上走路时被日本兵抓住,命令他找花姑娘,由于找不到,被日兵打伤。

100. 1 月 15 日,来了一个农村孩子,由于耳聋,他写下了经过。他在行经田野时被击中,一枚子弹穿过左臂,或许是由于公路上的日本兵曾喝止他。[4]

101. 1 月 15 日:许多日本士兵蜂拥而来,把所有年轻妇女赶在一起,从中挑

1　章开沅:《南京大屠杀的历史见证》,湖北人民出版社 1995 年版,第 87 页。

2　第 90—93 件来源于章开沅编译《天理难容——美国传教士眼中的南京大屠杀(1937—1938)》,南京大学出版社 1999 年版,第 276 页。事发地点均在双塘难民营。

3　第 94—95 件来源于栖霞山寺庙《以人类的名义致所有与此有关的人》,见约翰·拉贝《拉贝日记》,江苏人民出版社、江苏教育出版社 1997 年版,第 566 页。

4　第 96—100 件来源于章开沅著《南京大屠杀的历史见证》,湖北人民出版社 1995 年版,第 87—88 页。

出 10 人,在寺庙大厅对她们大肆奸淫。一个烂醉如泥的士兵晚些时候才到,他冲入房内要酒喝、要女人。酒是给他了,但是拒绝给他女人。他怒火冲天,持枪疯狂四射,杀害了 2 个男孩后扬长而去。在回到火车站的路上,他又闯进马路边的一间房子,杀害了一位农民 70 岁的妻子,牵走了一头毛驴,然后纵火把房屋烧了。[1]

102. 1 月 16 日,一个中国农民左臂弹伤,大约是在 1 月 12 日被抢劫。[2]

103. 1 月 16 日:继续抢劫、奸淫。

104. 1 月 18 日:盗走了 3 头毛驴。

105. 1 月 19 日:日本士兵大闹寺庙,砸坏门窗和家具,掠走 7 头毛驴。[3]

106. 1 月 20 日,一个中国商人前来。他说,今天早晨,两个日本兵到他家寻找妇女未获,用刺刀戳伤他的脸部数处。

107. 1 月 21 日,送来一个中国农民。他说,1 月 13 日他从我们的难民营回家取米,在离村约 3 英里处突然被日兵无理枪击,一枚子弹从臀部上方贯穿全身,伤及生殖器,无法行走,他在向难民营的路上爬了几天几夜,在极其悲惨的情况下被寻找他的亲戚发现,脚趾、膝盖和双手的皮肉残破露骨,显然是由于在冻硬的土地上爬行(过久)。

108. 1 月 23 日,一个中国农民前来求助并告知经过。1 月 22 日下午,几个日本兵到他家强索煤油未获,便命他搬集大量柴草置于屋内,还要他自己点火,整个房屋烧垮,日兵旁观大笑,离开前以刺刀捅穿他的面部,敲落几枚牙齿,割伤脸、唇。[4]

109. 1 月 22 日 23 时,3 名日军士兵出现在外交部医院的 3 楼过道上寻找姑娘。由于她们都躲了起来,所以没有找到。

110. 1 月 23 日凌晨 4 时,又有一名日军小个子士兵出现在(外交部医院)3 楼的过道上,他的肩章上有一颗星,手执刺刀,皮带上别着左轮手枪。他叫来了医院的勤杂工,逼迫他去寻找姑娘。勤杂工非常害怕,因为他发现了这名士兵手上和刺刀上的血迹。当他走出房间时发现了医院里另一名勤杂工的尸体,看起来是被这名士兵杀

---

1 栖霞山寺庙:《以人类的名义致所有与此有关的人》,见约翰·拉贝《拉贝日记》,江苏人民出版社、江苏教育出版社 1997 年版,第 566—567 页。

2 章开沅:《南京大屠杀的历史见证》,湖北人民出版社 1995 年版,第 88 页。

3 第 103—105 件来源于栖霞山寺庙《以人类的名义致所有与此有关的人》,见约翰·拉贝《拉贝日记》,江苏人民出版社、江苏教育出版社 1997 年版,第 567 页。

4 第 106—108 件来源于章开沅著《南京大屠杀的历史见证》,湖北人民出版社 1995 年版,第 88—89 页。

害的。于是他领着这名士兵上了 4 楼,在后者的威胁下,打开了几个女护士的卧室门。屋里有 5 个姑娘,她们应声赶紧穿上衣服。房门一打开,其中 3 个马上逃进厕所并将门反锁。其余 2 个姑娘没有逃掉,于是日本兵便向她俩扑去。她们此时也发现了士兵手上和刺刀上沾有血迹,于是便迷惑他,让他跟她们进后面的房间。那儿住着常泽德(音译)大夫,姑娘们希望他能保护并救得了她们。当士兵看见里屋里有张床时非常满意。这时常大夫走了过来,同时也看清日本兵手上和刺刀上沾满了血。此时他也意识到了危险,于是扯下袖章,证明他是国际红十字会的医生。日本兵一把夺过袖章扔在地上。医生随后在一张纸上写道:"请您明天来,我们会考虑您的愿望。"日本兵答道:"你们的人在上海杀了我 1500 个朋友,如果你现在不满足我的愿望,我就杀了你。明天我就要回上海了。"医生拿上衣服穿好,说道:"这些姑娘都病了,跟我走,我替你找几个长得漂亮的。"于是日本兵放了这两个姑娘,随着医生穿过许多房间,最后进了一间男人住的房间。日本兵掀起了一张床上的被子,当发现床上躺的是一名男子时火冒三丈。隔壁房间住的是妇女,日本兵想打碎玻璃门,把她们弄到手。医生提醒他,这样会把手弄伤的。他想想也就作罢了。[1]

111. 1 月 24 日,一个中国难民手部负伤来此。昨天几个日本兵到他家索取鸡子,他作手势表示没有,日本兵便用手枪向他射击。[2]

112.(1 月)25 日我(按:指美国驻南京大使绾三等秘书阿利森)接到报告说,前一天晚上大约 11 时,带着武器的日本士兵强行闯入金陵大学的农具车间,在搜查在那里的一个中国人后,带走一名中国妇女。两小时后,那名中国妇女回来,她报告说被强奸了三次。1 月 25 日下午,里格斯和美国教授 M. S. 贝茨博士与这位妇女交谈,她说她能够辨认出自己被带去的地方,原来这个地方是以前天主教神父的住所,现在被日本士兵占用。[3]

113. 1 月 25 日,几个日本兵于 1 月 23 日乘船循江上岸,寻找年轻妇女,在一家室内发现一个 65 岁老妇,由于在她家找不到年轻姑娘,离开前开枪向她射击,一枚子弹(碎片)布满右踝。有人曾为她初步治疗,据说是一个原中国海军水手,第二天被送来这里。[4]

1　第 109—110 件来源于约翰·拉贝《拉贝日记》,江苏人民出版社、江苏教育出版社 1997 年版,第 498—499 页。

2,4　章开沅:《南京大屠杀的历史见证》,湖北人民出版社 1995 年版,第 89 页。

3　杨夏鸣编:《南京大屠杀史料集》第 63 册《美国外交文件》,江苏人民出版社 2010 年版,第 406 页。M. S. 贝茨即安全区国际委员会委员贝德士。

114. 本月(1月)25日晚上,一个14岁少女紧贴着施特内的房子边上出去拿蔬菜,落到了日本人的手中,当她从他们那里逃走时,被枪弹击中头部打死了。

115. 本月(1月)26日,负责本地一家医院的老传教士麦考伦因为要求两个闯进去的日本人从后面离开这家医院,脖子上被刺刀刺成轻伤。[1]

116. 1月26日送来一个64岁中国老农。他在(1937)12月16日被日本兵击伤右腿,骨头完全折断。

117. 1月27日,一个年轻的中国农民被送来,他一直住在我们的难民营,昨天他回村取粮,不知何故受到日军攻击,用刀砍他,头、臂、手和身体左侧受重伤。[2]

118. 1月29日,圣公会通讯员陆光伟(音译)在外交部和三牌楼之间的狮子桥受到日本士兵的阻拦和搜身,搜遍全身才发现10枚1角钱。他们掠其所有,还翻开他朋友的口袋,拿走了4角钱。(马吉)[3]

119. 1月31日,叶金木(音译),男,年龄不详,据此人说,他在石婆婆巷和丹凤街交界处的街上发现了一大滩血。经打听后得知,昨天有3个人在回家的途中被日本兵杀害。[4]

120. 2月1日,顾吴氏,女,年龄不详:我住在安品街旁的千章巷13号。昨天晚上我回家拿米,刚到家就被日本兵强奸。他们还抢了我的东西,我就赶紧回到了难民收容所。[5]

121. 2月1日中午,在颐和路东头站岗的日本士兵搜查沈先生的口袋,抢走了他身上的6元钱。

122. 2月1日下午2时许,在山西路警察局附近,一位姑娘被拉进岗亭,遭扣留达2个小时。这事被一个住在对面草棚的名叫陆朝治(音译)的男子和一个和尚看见了。离开岗亭时,她泣不成声地回答和尚说,她在那里被扣留了2个小时。[6]

123. 许传音博士传来消息说,昨天(2月6日)夜里在玄武湖附近的城墙内,有4

---

1 第114—115件来源于《1938年1月22日的南京形势》,见张生编《南京大屠杀史料集》第6册《外国媒体报道与德国使馆报告》,江苏人民出版社2005年版,第390页。

2 第116—117件来源于章开沅著《南京大屠杀的历史见证》,湖北人民出版社1995年版,第89页。

3 约翰·拉贝:《拉贝日记》,江苏人民出版社、江苏教育出版社1997年版,第565页。

4 《来自金陵大学的报告(自中文译出)》,见上书,第545页。

5 同上书,第547页。

6 第121—122件来源于上书,第565页。

名中国人被日本士兵枪杀。原因据说是：一位上了年纪的男人去取藏匿在他家附近的人力车时被枪杀，他妻子及其他两个亲戚赶去救护，也被打死。[1]

124. 2月13日，6名日本兵闯入离这里西南方向数英里远的一个小镇，照例强奸妇女，抢夺财物。镇上的男人们组织起来进行抵抗，杀死了3个日本兵。剩下3个士兵逃了出去，但很快又随几百人的队伍返回该镇。他们在该镇外面拉起一道警戒线。300名居民，每6人或8人为一组，全部被捆绑起来，扔进结冰的河水中。随后，日本士兵摧毁了这座小镇，没有留下一堵墙。[2]

125. 2月19日：在中央大学附近，一个日本士兵杀死了金陵大学一位职员的亲属。

126. 2月21—22日的夜里，一名士兵在唱经楼的一家建筑材料商店里强奸了一名妇女。当他醒来时发觉那个妇女逃走了，便发火用枪打死了一个站在附近的中国人。

127. 2月22日：里格斯先生的工厂里和农业学校里被日本士兵拉走了两个人。[3]

128. 2月27日下午大约4点钟，蔡基兰（音译）及其父停留在名叫 Sa Chou Wei Kao Chiao 地方的一座房屋边，离南京水西门外大约8至10里，屋子里有一些妇女。看见日本兵走近，妇女便跑走。日本兵来了，问女人在哪里，并且要孩子及其父带他们去找。父子拒绝了，于是一个日本兵开枪击中孩子的腿，伤得很厉害。目前他正在大学（医院）接受治疗。[4]

129. 2月27日，日本人似乎宣布将要出售一些面粉（这些是他们得到的战利品中的一部分），约2000人聚在一起准备购买。日本鬼子只有100袋面粉，并很快就没有了踪影。他们让那些没买到的人赶快走开，并用刺刀来使这一命令得到执行。一名青年妇女向后退，结果下腹被刺中。她被送到医院后仅活了5分钟左右。第二人是昨天进医院的，屁股被刺刀刺伤，下腹被一名日本士兵踢得严重瘀肿。第三位今天送过来的时候，一节肠子被刺刀刺了2个洞。[5]

1　第121—122件来源于章开沅著《南京大屠杀的历史见证》，湖北人民出版社1995年版，，第590页。

2　《读者文摘记录日军暴行》，见张生编《南京大屠杀史料集》第6册《外国媒体报道与德国使馆报告》，江苏人民出版社2005年版，第200页。

3　第125—127件来源于约翰·拉贝《拉贝日记》，江苏人民出版社、江苏教育出版社1997年版，第694页。

4　章开沅编译：《天理难容——美国传教士眼中的南京大屠杀（1937—1938）》，南京大学出版社1999年版，第347页。书中将此件列为编有连续序号之第460件案例。

5　《读者文摘记录日军暴行》，见张生编《南京大屠杀史料集》第6册《外国媒体报道与德国使馆报告》，江苏人民出版社2005年版，第200—201页。美国耶鲁神学院图书馆收藏资料中，将此案例编入有序编号之第460件案例，但将时间写为1938年3月1日。

第九编

25 座遇难者纪念碑

一、中华人民共和国成立前建立的 3 座纪念碑

1. 草鞋峡无主孤魂碑

该碑由世界红卍字会南京分会于 1937 年 12 月在草鞋峡南京大屠杀遇难同胞丛葬地建立。全碑为一长方体墓碑形条石，立于江边一座硕大的土堆丛葬墓前。碑文为：

民国廿六年草鞋峡无主孤魂墓 1

是为南京大屠杀遇难同胞纪念碑中最早建立的一座。现纪念碑已毁，仅存抗战胜利后 1946 年拍摄的墓碑照片。

2. 灵谷寺无主孤魂碑

该碑位于南京东郊灵谷寺东。1939 年春，由伪南京市政督办高冠吾收集东郊灵谷寺、马群一带遇难者骸骨 3000 余具，以青砖砌成一座直径 32 英尺、高 10 英尺的扁圆形水泥坟墓。墓前立有一黑色墓碑，名为"无主孤魂之碑"。高氏亲撰碑文，文曰：

中华民国二十七年十月，余奉命董京市。惟时去南京事变将及一载，城闉、丛莽、山巅、水溪有遗骨焉。余既收残骸于城上，得二十有六，而瘗之。越二月，村民来告茆山、马群、马鞍、灵谷寺诸地遗尸尤多，乞尽瘗之。乃下其事于卫生局，选夫治具，悉收残骨得三千余具，葬于灵谷寺之东，深埋以远狐兔，厚封以识其处，立无主孤魂之碑，且使执事夏元芝以豚蹄、只鸡、酒饭奠之，俾妥幽魄。呜呼！诸君遭时丧乱，膏血肉于荒原，寄骸骨于丘陇，为军为民，为男为妇，为老为稚，有后无后，举莫能知。人生憯痛，莫大于生无所养、死无所丧，况暴骨无依如诸君者。虽然死生有命，修短有数，洵如达人之论，彭殇可齐，随化俱尽。盖人之所争者，不在久暂之岁月，而在不朽之德业与精神也。余既怜而瘗诸君，又以为诸君告。2

该墓因建筑简陋，又经常年风雨浸蚀，加之南京伪政权苦于工费短缺，不克修缮，于 1941 年秋冬崩毁，其碑亦不存。现仅存碑文拓片。

1　曹必宏等编：《南京大屠杀史料集》第 28 册《历史图像》，江苏人民出版社 2006 年版，第 277 页。
2　中央档案馆等编：《南京大屠杀图证》，吉林人民出版社 1995 年版，第 160 页之图 478，原影印拓片。

3. 首都电厂殉职工友纪念碑

该碑于 1947 年 4 月,由扬子电气股份有限公司为南京大屠杀中遇难的 45 名首都电厂工人所建。其纪念物为一根高耸的纪念旗杆,与作为旗杆基础的"殉职工友纪念碑"。纪念旗杆与纪念碑立于电厂门口的花圃之中,纪念碑上刻有 45 位遇难职工的姓名。碑文曰:

> 中华民国二十六年八月,沪战爆发,十一月终,首都濒危撤退,本厂奉命维持供电,员工志愿留守者逾百人。迨十二月十三日晨一时,日军已攻破光华门发电所,留守人员因环境危急,不得不停止送电。翌晨六时,率领工友往煤炭港英商和记洋行避难。翌日敌军驰至搜查,乃被驱至江边拘禁,同时被逮捕者已达数千人,既遭风霜之威胁,又忍饥渴之痛苦,历二昼夜,本厂得救者仅五人。迨十五日夜,敌用机关枪扫射而死,我工友殉难者四十五人,受伤而未致命者二人。[1] 总经理潘铭新命建纪念旗杆,并勒碑石,将殉难工友之姓名铸列于上,以志不忘。爰为文记。[2]

该纪念旗杆与纪念碑于 1951 年 6 月被拆除,于工厂生活区重建"死难工人纪念碑",重拟碑文。2000 年 7 月,该"死难工人纪念碑"再迁至工厂厂区大门附近。

二、 1985 年后建立的 19 座公立纪念碑

1. 挹江门丛葬地纪念碑

该纪念碑于 1985 年 8 月在挹江门外绣球公园内,由南京市人民政府建立。纪念碑设于一正方形多级花岗岩墓冢之最高一级,其正面刻有"侵华日军南京大屠杀遇难同胞挹江门丛葬地纪念碑"字样,背面为碑文,文曰:

> 挹江门附近,是侵华日军南京大屠杀中我遇难同胞尸骨丛葬地之一。从一九三七年十二月至一九三八年五月,南京崇善堂、红卍字会等慈善团体先后六批,共收死难者遗骸五千一百多具,埋葬于挹江门东城根及其附近之姜家园、石榴园等地。特立此碑,以志其事,藉慰死者,兼励后人,牢记历史,振兴中华。

---

1 孙宅巍:《南京大屠杀真相》,南京出版社 2016 年版,第 372 页。
2 肖振才、顾茂富著:《纪念碑下——侵华日军南京大屠杀遇难同胞丛葬地田野调查》,江苏人民出版社 2021 年版,第 179 页。

2. 中山码头遇难同胞纪念碑

该碑于 1985 年 8 月在下关中山轮渡码头与 1 号码头沿江路边,由南京市人民政府建立。纪念碑底座为三层红色台阶,碑身呈立体三人字型,寓意 30 万同胞被屠杀。其正面有一圆形大花环,内刻"侵华日军南京大屠杀中山码头遇难同胞纪念碑"字样。背面为碑文,文曰:

> 中山码头乃侵华日军南京大屠杀遗址之一,当时避居国际安全区之青壮难民,在此惨遭杀害者,共达万人以上。其中,一九三七年十二月十六日傍晚,日军从避居于原华侨招待所之难民中,捕获所谓有"当兵"嫌疑者五千余人,押解于此,用机枪集体射杀后,弃尸江中。十二月十八日,日军又从避居于大方巷之难民中,搜捕青年四千余名押解于此,复用机枪射杀。在此先后,日军还于毗近之南通路北麦地和九甲圩江边,枪杀我难民八百余人。悲夫! 其时码头顿成鬼域,同胞悉罹枉死,其情惨矣! 呜呼,政闇国弱,何可安全? 欲免外侮,惟赖自强。今虽时殊势异,仍当"前事不忘"。爰立此碑,勖勉后人:牢记历史,振兴中华。

3. 煤炭港遇难同胞纪念碑

该碑于 1985 年 8 月在煤炭港河汉口桥头上,由南京市人民政府建立。纪念碑为一黑色长方形大理石块,上书碑文,立于粉灰色水泥底座上,底座中间斜放着一只汉白玉雕成的白色花圈。纪念碑全称为"侵华日军南京大屠杀煤炭港遇难同胞纪念碑",碑文曰:

> 煤炭港系侵华日军南京大屠杀主要遗址之一,一九三七年十二月十七日,日军从各处搜捕我已解除武装之士兵及平民三千余人,拘禁于煤炭港下游江边,以机枪射杀;其伤而未死者,悉被押入附近茅屋,纵火活焚致死,内有首都电厂职工四十五人,即死于此难。兹值中国人民抗日战争胜利四十周年,特立此碑,悼念死者,永诫后人,铭念历史,振兴中华。

4. 草鞋峡遇难同胞纪念碑

该碑于 1985 年 8 月在幕府山北麓山脚下,面对长江,由南京市人民政府建立。纪念碑为白色机枪子弹壳型,底座为紫红色,碑高 12.13 米,寓意 1937 年 12 月 13 日日军占领南京,并开始实施南京大屠杀。碑身正面竖刻"侵华日军南京大屠杀草鞋峡遇难同胞纪念碑"字样,碑文刻于底座之正面,文曰:

> 一九三七年十二月十三日,侵华日军攻占南京后,我逃聚在下关沿江待渡之

大批难民和已解除武装之士兵,共五万七千余人,遭日军捕获后,悉被集中囚禁于幕府山下之四五所村。因连日惨遭凌虐,冻饿致死一批;继于十八日夜悉被捆绑,押解至草鞋峡,用机枪集体射杀。少数伤而未死者,复用刺刀戳毙;后又纵火焚尸,残骸悉弃江中。悲夫其时,屠刀所向,血染山河;死者何辜,遭此荼毒?追念及此,岂不痛哉?!爰立此碑,谨志其哀。藉勉奋发图强,兼资借鉴千古。

5. 燕子矶遇难同胞纪念碑

该碑于 1985 年 8 月在燕子矶公园内江边石矶山顶,由南京市人民政府建立。纪念碑呈长方形,竖立于三角型亭中。碑亭三角型顶下由 3 根石柱支撑,寓意日军屠杀30 万同胞。碑正面刻有"侵华日军南京大屠杀燕子矶江滩遇难同胞纪念碑"字样,背面刻有碑文,文曰:

> 一九三七年十二月,侵华日军陷城之初,南京难民如潮相率出逃,内有三万余解除武装之士兵暨两万多平民,避聚于燕子矶江滩求渡北逃。讵遭日舰封锁所阻,旋受大队日军包围,继之以机枪横扫,悉被杀害,总数达五万余人。悲夫其时,横尸荒滩,血染江流,罹难之众,情状之惨,乃世所罕见。追念及此,岂不痛哉?!爰立此碑,永志不忘,庶使昔之死者,藉慰九泉;后之生者,汲鉴既往,奋志图强,振兴中华,维护世界之和平。

6. 东郊丛葬地纪念碑

该碑于 1985 年 8 月在中山陵风景区东南西洼子村,由南京市人民政府建立。纪念碑设于三层平台之顶层的一多角圆型墓冢上,墓碑斜卧。墓碑前为一约 50 米长之水泥墓道,道中竖立一结构简洁的框式门楼。纪念碑正面与门楼横梁上均刻有"侵华日军南京大屠杀遇难同胞东郊丛葬地"字样,碑背面刻有碑文,文曰:

> 一九三七年十二月,侵华日军疯狂实施南京大屠杀。我东郊一带,惨遭杀害之无辜同胞,尸蔽丘陇,骨暴荒原,因久无人收,而至腐烂腥臭。迨至翌年四月,始由崇善堂等慈善团体从事收殓。计于中山门外至马群镇一带收尸三万三千余具,就地掩埋于荒丘或田野。越数月,察及于丘垄丛莽间尚遗其余,故时或恶气四溢。一九三八年十二月,复经伪市政督办责成其卫生局,又于马群、茆山、马鞍、灵谷寺等处,收集死难者遗骨和残骸三千余具,丛葬于灵谷寺之东。嗣于一九三九年一月,立"无主孤魂墓碑"为志。考其碑文拓片犹在,惜乎原碑已湮没无存。爰特重立此碑,以示悼念,且告方来。

7. 江东门遇难同胞纪念碑

该碑原应建立于江东门"万人坑"附近,后因已在此处建立侵华日军南京大屠杀遇难同胞纪念馆,遂不再专门立碑,只将其碑文镌刻于馆内鹅卵石广场路边的一块小型石块上。碑文曰:

一九三七年十二月十六日,日军将已被解除武装之中国士兵和平民万余人,囚禁于原陆军监狱院内,傍晚押至江东门,藉放火焚烧民房照明,骤以轻重机枪向人群猛烈扫射,受害者众声哀号,相继倒卧于血泊之中。遗尸枕藉,盈衢塞道,直至蔽满江东河面,且抛露风日之下,久无人收,情至惨烈。迨逾数月,因天暖尸腐,始由南京慈善团体收尸万余具,掩埋于就近之两大土坑内,故称"万人坑"。爰立此碑,藉志其哀,悼念死者,兼勉后人,热爱祖国,奋发图强,反对侵略战争,维护世界和平。

8. 普德寺丛葬地纪念碑

该碑于1985年8月在雨花台烈士陵园左侧原普德寺遗址,由南京市人民政府建立。纪念碑由两块相向、对称的高大灰色碑体组成,中有长方形刻字碑块连接。其碑体状如一双巨手合十,寓意后人对遇难者的悼念。刻字碑正面刻有"侵华日军南京大屠杀遇难同胞普德寺丛葬地纪念碑"字样,背面有碑文,文曰:

一九三七年十二月侵华日军南京大屠杀惨案,震惊寰宇。血沃钟山,水赤秦淮,我无辜同胞不幸遇难者逾三十万人。普德寺系我遇难同胞尸骨丛葬地之一,经南京红卍字会先后埋葬于此者共达九千七百二十一具,故亦称"万人坑"。附录其年月及埋尸记载如下:

一九三七年	
十二月二十二日	葬二百八十具
十二月二十八日	葬六千四百六十八具
一九三八年	
一月三十日	葬四百八十六具
二月二十三日	葬一百零六具
三月二十五日	葬七百九十九具
四月十四日	葬一千一百七十七具
五月二十六日	葬二百一十六具

六月三十日　　　　　　葬二十六具

七月三十一日　　　　　葬三十五具

八月三十一日　　　　　葬十八具

九月三十日　　　　　　葬四十八具

十月三十日　　　　　　葬六十二具

兹值中国人民抗日战争胜利四十周年，特此刻石纪念，旨在告慰死者于地下，永励后生于来兹：不忘惨痛历史，立志振兴中华。

9. 上新河遇难同胞纪念碑

该碑于 1985 年 8 月在上新河棉花堤江边，由南京市人民政府建立。纪念碑设于一多棱圆形墓冢之平顶上，由红色底座托竖一黑色大理石墓碑。碑之正面刻有"侵华日军南京大屠杀上新河地区遇难同胞纪念碑"字样，背面为碑文，文曰：

一九三七年十二月，侵华日军攻占南京后，我大批解除武装之士兵和群集上新河一带之难民，共二万八千七百三十余人，悉遭日军杀害于此处。日军屠杀手段极其残酷，或缚之以溺水，或积薪而活焚，枪击刀劈，无所不用其极，对妇女乃至女童，均先强奸而后杀害，惨绝人寰，世所罕见，致使尸积如山，血流成河。劫后，湖南木商盛世征、昌开运两先生目睹惨状，于心不忍，曾由私人捐款收埋一批遗尸。嗣于一九三八年一月至五月，又经南京红卍字会在上新河一带收埋死难者遗尸计十四批，共八千四百五十九具。

分记如下：

一月十日　　　　　葬于黑桥九百九十八具。

二月八日　　　　　葬于太阳宫四百五十七具。

二月九日　　　　　葬于二道埂八百五十具。

二月九日　　　　　葬于江东桥一千八百五十具。

二月九日　　　　　葬于棉花堤一千八百六十具。

二月十四日　　　　葬于中央监狱附近近三百二十八具。

二月十五日　　　　葬于观音庵空场八十一具。

二月十六日　　　　葬于凤凰街空场二百四十四具。

二月十八日　　　　葬于北河口空场三百八十具。

二月二十一日　　　葬于五福村二百一十七具。

三月十五日　　　　葬于甘露寺空场八十三具。

三月二十三日　　　葬于甘露寺空场三百五十四具。

四月十六日　　　　葬于贾家桑园空地七百具。

五月二十日　　　　葬于黑桥五十七具。

前事不忘,后事之师,爰本此旨,特立此碑,藉慰死者,兼勉后人,爱我中华,强我祖国,反对侵略,维护和平。

10. 汉中门遇难同胞纪念碑

该碑于 1985 年 8 月在汉中门外秦淮河边桥头,由南京市人民政府建立。纪念碑设于三面由雕花柱墙围成的正方形碑基之中,在灰色水泥底座上立有方形字碑,其正面刻有"侵华日军南京大屠杀汉中门外遇难同胞纪念碑"字样,背面为碑文,文曰:

一九三七年十二月十五日下午,避难于国际安全区之本市平民和已解除武装之军警共二千余人,遭日军搜捕后,被押赴汉中门外,用机枪扫射杀害,其伤而未死者或乱刀补戳,或纵火活焚。尸骸蔽野,惨绝人寰。至次年二月十一日、十八日两天,始由慈善团体南京红卍字会收殓得遗骸共一千三百九十五具,掩埋于汉中门外广东公墓及二道埂子一带。悲夫,今人孰料于此熙来攘往之地,曾是往昔日军肆虐之场,而有众多同胞罹难于此者乎?!爰立此碑,以志其事,庶我国人牢记惨史,毋忘国难,居安思危,奋发图强,同心同德,振兴中华。

11. 清凉山遇难同胞纪念碑

该碑于 1985 年 8 月在时华东水利学院(今河海大学)校园内,由南京市人民政府建立。纪念碑设在三层红色台阶之上,由 3 个白色人字形曲线柱托起一只刻有"居安思危"四字的古鼎。寓意南京大屠杀遇难者 30 万人,并告诫人们决不能让南京大屠杀历史悲剧重演。碑身正面刻有"侵华日军南京大屠杀清凉山遇难同胞纪念碑"字样,背面刻有碑文,文曰:

一九三七年十二月,侵华日军制造了震惊中外的南京大屠杀事件,我数以千计的无辜同胞在本院境内,即清凉山附近之原吴家巷、韩家桥等地遇难。为纪念死者,激励后人,振兴中华,维护和平,特立此碑。

12. 北极阁遇难同胞纪念碑

该碑于 1985 年 8 月在鼓楼北极阁山南麓山脚下,由南京市人民政府建立。纪念碑为白色弧形墙体,墙前平台上置有3个圆形石块,并筑有花台,寓意30万同胞遇难,向遇难者献花致意。其上部镶嵌长条形黑色大理石,上以金字书写"侵华日军南京大屠杀北极阁附近遇难同胞纪念碑"字样,右下方镶嵌红色大理石,上书碑文,文曰:

> 一九三七年十二月,侵华日军屠杀我南京同胞达三十万众。仅此北极阁毗近之处,惨遭杀害者即达两千余人。其时,鼓楼至大石桥,北门桥至唱经楼,太平门、富贵山及蓝家庄等地,伏尸残骸,盈街塞道;涂膏凝血,触目生哀。翌年一、二月间,罹难同胞之遗骸经南京崇善堂收殓,丛葬于此山之麓及近山之城根等处。爰立此碑,永志不忘,藉勉后人,奋发图强,振兴中华,国运其昌。

13. 正觉寺遇难同胞纪念碑

该碑于1987年12月在武定门正觉寺遗址,由南京市人民政府建立。纪念碑设于多级台阶的平台之上,文字碑与底座为上下对称的长方体,中有突出薄型平台托承。文字碑正面刻有"侵华日军南京大屠杀正觉寺遇难同胞纪念碑"字样,背面为碑文,文曰:

> 一九三七年十二月十三日,侵华日军在武定门正觉寺,将该寺僧人慧兆、德才、宽宏、德清、道禅、刘和尚、张五、源谅、黄布堂、晓侣、慧璜、慧光、源悟、能空、倡修、广祥、广善等十七人集体枪杀;与此同时,日军还在中华门外将尼姑真行、灯高、灯光等杀害。兹值侵华日军南京大屠杀事件五十周年,特立此碑,悼念死者,永诫后人,铭念历史,振兴中华。

14. 五台山丛葬地纪念碑

该碑于1988年7月在五台山体育场西南角树丛中,由南京市鼓楼区人民政府建立。纪念碑设于五级台阶平顶墓冢上,碑体与碑座为分开斜卧于台阶上之两块红色自然条石,碑体刻有"侵华南京大屠杀遇难同胞五台山丛葬地纪念碑"字样,其中"纪念碑"3个红色大字为南京大屠杀幸存者王如贵手书,碑座上刻有碑文,文曰:

> 在侵华日军南京大屠杀血腥事件中,五台山一带是我受害同胞尸骨丛葬地之一。据崇善堂、红卍字会等慈善团体埋尸记录记载,于一九三七年十二月至一九三八年二月,曾在此先后四批埋葬我被害同胞尸骨共二百五十四具。特立此碑,以志悼念。

15. 金陵大学难民收容所及遇难同胞纪念碑

该碑于 1996 年 5 月在南秀村南京大学天文台旁边,由南京大学承建。纪念碑设于三级半圆形台阶之顶部,由方型毛石砌成,上端镶嵌长条黑色大理石,上书"侵华日军南京大屠杀金陵大学难民收容所及遇难同胞纪念碑"字样,中部镶嵌长方形黑色大理石,上书碑文,文曰:

> 一九三七年十二月,日军侵占南京时,留在南京的外侨代表,为了收容我未及撤离的大批难民,以原金陵大学等处为中心,在城内设立了"国际安全区"占地约三点八六平方公里,内设二十五个难民收容所,收容难民约二十五万人,其中,原金陵大学校园本身就是较大的难民收容所之一,收容难民多达三万余人。

> 原金陵大学附近,也是侵华日军对我遇难同胞实施集体屠杀的场所之一。一九三七年十二月二十六日,日军以办理难民"登记"为由,将避难于原金陵大学图书馆内之两千余名难民,迫令集中在网球场上(现该地已建为地质实验楼),从中搜捕了三百余名青壮年,驱至五台山及汉中门外悉加杀害。

> 原金陵大学校园范围内,也是我遇难同胞尸骨丛葬地之一。据当时慈善团体红卐字会埋尸资料记载:一九三八年一、二月间,该会曾先后在城北各处收殓,于金银街原金陵大学农场及阴阳营南秀村埋葬遇难者尸体达七百七十四具。五十年代,南京大学在南秀村建设天文台时,还曾掘出过这批尸骨。

> 前事不忘,后事之师。今立此碑,永志哀痛,藉慰死者,兼勉后人:自强不息,振兴中华。

16. 花神庙丛葬地纪念碑

该碑于 2001 年 12 月在中华门外功德园入口右手处,由南京市人民政府、雨花台区人民政府建立。纪念碑为一自然太湖假山石,立于四方形水泥底座之中。山石正面刻有"侵华日军南京大屠杀遇难同胞花神庙地区从葬地纪念碑"字样,在青灰色水泥底座正斜面书写碑文,文曰:

> 1937 年 12 月 13 日南京沦陷后,侵华日军即进行血腥大屠杀,尸横遍地,惨不忍睹。南京红卐字会和崇善堂两慈善团体,自 1937 年 12 月 22 日至 1938 年 4 月 18 日止,在中华门外雨花台、望江矶、花神庙一带共掩埋遇难同胞尸体 27239 具。南京市民芮芳缘、张鸿儒、杨广才等组织难民 30 余人,于 1938 年 1 至 2 月的 40 余日内,在花神庙一带,掩埋中国军民尸体 7000 余具,其中难民尸体 5000

余具,军人尸体 2000 余具。特立此碑,悼念遇难同胞,永志不忘历史,振兴中华。

17. 仙鹤门遇难同胞纪念碑

该碑于 2007 年在东郊云盘山脚下仙鹤门村,由玄武区城建局建立。纪念碑设于一由泥土堆成的大坟包前,为断裂分开的两块巨型石块,正面磨平,左侧自然状石块用中、英、日三种文字刻有"侵华日军南京大屠杀仙鹤门遇难同胞纪念碑"字样,右侧梯形状石块上书碑文,文曰:

> 1937 年 12 月 13 日,侵华日军攻占南京东郊马群、仙鹤门一带,俘获我抗战官兵及民众 15000 余人。同年 12 月 18 日,日军分散多处将 4000 多名手无寸铁的平民和俘虏集体屠杀。翌年春,仙鹤村附近尚有大批尸体横躺在村外麦地里。据当地居民谭庆瑞、和允兴、仇兴中、和允州、盛文金等共同回忆,1938 年春,村民们曾自发将遇难同胞的尸骨,分别就近掩埋于一座"大坟"内。此座"大坟"内掩埋尸体约七百具。特立此碑,以志纪念。

18. 太平门遇难同胞纪念碑

该碑于 2007 年 12 月在紫金山脚下、玄武湖东岸之太平门附近,由南京市人民政府建立。纪念碑呈自然巨石型,其正面刻有"侵华日军南京大屠杀太平门遇难同胞纪念碑"字样,背面为碑文,文曰:

> 1937 年 12 月 13 日,第十六师团三十三联队六中队等侵华日军部队在南京太平门附近,将约 1300 名放下武器的中国官兵及无辜的市民集中起来,周围用铁丝网围住,用事先埋好的地雷炸、机枪扫射,再浇上汽油焚烧,次日,日军复对尸体检查,对濒死者用刺刀补戳致死,太平门集体屠杀中无一中国人幸存。

> 值此南京大屠杀事件发生 70 周年之际,为悼念在太平门附近无辜的中国遇难者,侵华日军南京大屠杀遇难同胞纪念馆、旅日华侨中日友好交流促进会、日本纪念南京大屠杀遇难者 60 周年全国联络会、日本"铭心会"南京访华团联合在此建碑,祭祀遇难者魂灵,铭记历史教训,并告知中日两国青少年,绝不让历史悲剧重演。

19. 鱼雷营遇难同胞纪念碑

该碑早在 1985 年就已拟好碑文,并将刻有碑文的碑石立于侵华日军南京大屠杀遇难同胞纪念馆的凭吊广场上。但由于该碑预拟位置在金陵造船厂内,而该厂因厂区建设规划迟迟未定,故纪念碑长期未能正式建立。2015 年 12 月,在南京大屠杀死难者国家公祭日前夕,该碑正式建成。该碑位于金陵造船厂东北角近江边滩涂处,在一块横卧的花岗岩石上,正反面均刻有相同的花圈图案与碑文,碑宽 5 米,高 1.5 米。碑文曰:

> 一九三七年十二月十五日夜,侵华日军将被其搜捕之我市平民和已解除武装之守城官兵九千余人,押至鱼雷营,以机枪集体射杀。同月,日军又在鱼雷营、宝塔桥一带再次杀害我军民三万余人。死难者之遗骸,直至次年二月,犹曝露于军营码头等地,惨不可睹。后由红卍字会就地掩埋,仅二月十九日、二十一日、二十二日三天,埋尸即达五千余具。惨史难忘,忆往志慨,特立此碑,正告方来。

三、 21 世纪后建立的 3 座民间纪念碑

1. 抗日粤军烈士墓碑

该碑于 2000 年 12 月在中央门外张王庙 40 号广东山庄墓园中,由广东山庄建立。纪念碑设于七级台阶之上的椅状墓园椅背处。墓地正中矗立一方尖形柱状墓碑,上书"抗日粤军烈士墓"字样,背处镶有一长方形黑色大理石,上书碑文,标题为"先伤后亡,惊怒吾邦。无以厚葬,是为国殇",碑文曰:

> 一九三七年,爆发震憾(撼)中外"八一三"淞沪抗战之役。我粤健儿浴血奋战,伤亡甚为惨烈。伤者多留医南京城内八府塘后方医院。是年十二月十三日,日寇攻陷南京,留医伤者均遭屠杀,其后由广东同乡会率人草草掩埋于山庄内。公元二〇〇〇年七月,为弘扬中华民族精神,振奋后人,经广东山庄理事会研究,筹资重建烈士陵园以慰先驱。
>
> 抗日粤军无名烈士永垂不朽。

据广东山庄负责人介绍,该墓园中共埋葬了 74 具抗日粤军烈士的遗骨,包括南京空袭中被炸身亡的 50 余名住院伤兵,及南京城陷后遭日军屠杀的近 20 名伤兵。对于这批惨遭杀害的遇难官兵,广东同乡会每年都要举行公祭。抗战胜利后,粤军部队曾专程前来祭扫,并立有"抗日烈士之墓"的碑刻。1997 年,复将在南京大屠杀中遇难官兵的 74 具遗骨加以清洗、消毒,重新归葬一处。2000 年 12 月,重建烈士墓园,并立"抗日粤军烈士墓"碑。可以认为,该纪念碑是南京大屠杀遇难同胞纪念碑中

唯一一座遇难军人纪念碑。

2. 湖山村遇难同胞纪念碑

该碑于 2005 年 8 月在汤山湖山村,由该村村民自发捐款建立。纪念碑呈祖宗牌位型,通体为灰白色大块瓷砖,上有琉璃瓦顶,下有长方形底座。64 位遇难者姓名刻于背面。碑正面在镶嵌的黑色条石上,刻有红色"以史为鉴碑"碑名及碑文,文曰:

> 民国廿六年冬日初四(一九三七年十二月六日),日军侵入湖山,村民流离失所,生灵涂炭,家破人亡,痛不欲生。
>
> 据不完全统计,先后有六十四人遇难(大多死于南京沦陷前后),十五家绝户,二百多间房屋被焚。
>
> 中国军队曾在棒槌山、岘山等地抗击入侵,许多官兵阵亡。沦陷后,新四军在此依靠人民,坚持敌后抗战,直到胜利。
>
> 前事不忘,后事之师,为纪念遇难和阵亡同胞,增强爱国情怀,立志振兴中华,呼吁制止侵略战争,保卫世界和平,特立此碑。

该碑与西岗头遇难同胞纪念碑,同为由民间集资自建之南京大屠杀遇难同胞纪念碑。

3. 西岗头遇难同胞纪念碑

该碑于 2005 年 12 月在汤山西岗头,由西岗头全体村民集资建立。纪念碑设于六级台阶的平台之上,有两级底座,碑身为黑色高大墓碑型大理石,正面刻有"侵华日军南京大屠杀西岗头遇难同胞纪念碑"字样,背面为碑文,文曰:

> 一九三八年二月八日(农历正月初九),本村被日军集体枪杀的二十二人中,仅有陈万有一人死里逃生。死亡二十一人:李小三、李永华、李克俭、金怀生、赵小三、周正根、陈广林、陈广泉、陈万松、陈万夏、陈万宽、陈朝良、莫庆文、莫庆武、裔建昌、裔景华、裔景富、曹友恒、董老大、外地二人。另外,还有被日军枪杀及迫害致死的十六人:李克本、李连才、刘贤春、吴宝才、陈治富、陈广寿、陈广聚、陈万慧、陈道法、莫庆元、张在寅、裔建和、刘方氏、裔景妹、陈朱氏及女儿。
>
> 当时全村仅有四十二户,遇难者除外地二人外,本村共计三十五人,被烧房屋九十一间又二十六间厢房,损失粮食、衣、被、禽、畜等不计其数,损失惨重。为了教育子孙后代、勿忘国耻、牢记悲惨的历史教训、弘扬爱国主义、团结奋斗、振

兴中华,值此抗日战争胜利六十周年之际,本村全体村民,自发捐款,建立此碑,以慰亡灵。

该碑与湖山村遇难同胞纪念碑,同为由民间集资自建之南京大屠杀遇难同胞纪念碑。

主要参考资料

一、档案、文献、回忆录

1. 中国第二历史档案馆馆藏档案。

2. 南京市档案馆馆藏档案。

3. 侵华日军南京大屠杀遇难遇难同胞纪念馆馆藏资料。

4. 台北"国史馆"馆藏档案。

5. 美国耶鲁神学院图书馆保存资料。

6. 日本亚洲历史资料中心馆藏档案。

7. 中国第二历史档案馆、侵华日军南京大屠杀遇难遇难同胞纪念馆编《南京保卫战殉难将士档案》第1—10册，南京出版社2007年版。

8. 朱成山主编《南京大屠杀遇难者名录》第1、2册，南京出版社2007年版。

9. 马振犊等编《南京大屠杀史料集》第2册《南京保卫战》，江苏人民出版社2005年版。

10. 张连红编《南京大屠杀史料集》第3册《幸存者的日记与回忆》，江苏人民出版社2005年版。

11. 孙宅巍编《南京大屠杀史料集》第5册《遇难者的尸体掩埋》，江苏人民出版社2005年版。

12. 张生编《南京大屠杀史料集》第6册《外国媒体报道与德国使馆报告》，江苏人民出版社2005年版。

13. 王卫星编《南京大屠杀史料集》第8册《日军官兵日记》，江苏人民出版社2005年版。

14. 王卫星编《南京大屠杀史料集》第9册《日军官兵日记与书信》，江苏人民出版社2006年版。

15. 王卫星、雷国山编《南京大屠杀史料集》第11册《日本军方文件》，江苏人民出版社2006年版。

16. 张生等编《南京大屠杀史料集》第12册《英美文书·安全区文书·自治委员会文书》，江苏人民出版社2006年版。

17. 张建宁等编《南京大屠杀史料集》第23册《南京大屠杀市民呈文》，江苏人民出版社

2006 年版。

18. 胡菊蓉编《南京大屠杀史料集》第 24 册《南京审判》，江苏人民出版社 2006 年版。

19. 张连红、张生编《南京大屠杀史料集》第 25 册《幸存者调查口述》（上），江苏人民出版社 2006 年版。

20. 张连红、戴袁支编《南京大屠杀史料集》第 26 册《幸存者调查口述》（中），江苏人民出版社 2006 年版。

21. 费仲兴、张连红编《南京大屠杀史料集》第 27 册《幸存者调查口述》（下），江苏人民出版社 2006 年版。

22. 曹必宏等编《南京大屠杀史料集》第 28 册《历史图像》，江苏人民出版社 2006 年版。

23. 张连红、陈谦平编《南京大屠杀史料集》第 31 册《英国使领馆文书》，江苏人民出版社 2007 年版。

24. 王卫星编，叶琳等译《南京大屠杀史料集》第 32 册《日本军方文件与官兵日记》，江苏人民出版社 2007 年版。

25. 王卫星编，叶琳等译:《南京大屠杀史料集》第 33 册《日军官兵回忆》，江苏人民出版社 2007 年版。

26. 蒋晓星等编《南京大屠杀史料集》第 37 册《幸存者调查口述续编（上）》，江苏人民出版社 2007 年版。

27. 蒋晓星等编《南京大屠杀史料集》第 38 册《幸存者调查口述续编》（中），江苏人民出版社 2007 年版。

28. 张生等编《南京大屠杀史料集》第 39 册《幸存者调查口述续编》（下），江苏人民出版社 2007 年版。

29. 姜良芹、吴润凯编《南京大屠杀史料集》第 48 册《遇难同胞名录》第 1 册江苏人民出版社 2007 年版。

30. 姜良芹、吴润凯编《南京大屠杀史料集》第 49 册《遇难同胞名录》第 2 册江苏人民出版社 2007 年版。

31. 姜良芹、吴润凯编《南京大屠杀史料集》第 50 册《遇难同胞名录》第 3 册江苏人民出版社 2007 年版。

32. 姜良芹、吴润凯编《南京大屠杀史料集》第 51 册《遇难同胞名录》第 4 册江苏人民出版社 2007 年版。

33. 姜良芹、吴润凯编《南京大屠杀史料集》第 52 册《遇难同胞名录》第 5 册江苏人民出版社 2007 年版。

34. 姜良芹、吴润凯编《南京大屠杀史料集》第 53 册《遇难同胞名录》第 6 册江苏人民出版社 2007 年版。

35. 姜良芹、吴润凯编《南京大屠杀史料集》第 54 册《遇难同胞名录》第 7 册江苏人民出版社 2007 年版。

36. 姜良芹、吴润凯编《南京大屠杀史料集》第 55 册《遇难同胞名录》第 8 册江苏人民出版社 2007 年版。

37. 王卫星编、刘军等译《南京大屠杀史料集》第 56 册《日军文献》（上），江苏人民出版社 2010 年版。

38. 王卫星编、刘军等译《南京大屠杀史料集》第 57 册《日军文献》（下），江苏人民出版社 2010 年版。

39. 王卫星编，何慈毅、李斌、等译《南京大屠杀史料集》第 58 册《〈东京日日新闻〉与〈大阪每日新闻〉报道》，江苏人民出版社 2010 年版。

40. 王卫星编、叶琳等译《南京大屠杀史料集》第 61 册《日军官兵日记与回忆》（下），江苏人民出版社 2010 年版。

41. 曹大臣编、罗文文等译《南京大屠杀 史料集》第 62 册《日军第六师团官兵回忆》，江苏人民出版社 2010 年版。

42. 杨夏鸣编《南京大屠杀史料集》第 63 册《美国外交文件》，江苏人民出版社 2010 年版。

43. 中国第二历史档案馆编《抗日战争正面战场》（上），江苏古籍出版社 1987 年版。

44. 中央档案馆等编《南京大屠杀》，中华书局 1995 年版。

45. 中国第二历史档案馆等编《侵华日军南 京大屠杀档案》，江苏古籍出版社 1987 年版。

46. "南京大屠杀"史料编辑委员会等编《侵华日军南京大屠杀史料》，江苏古籍出版社 1987 年版。

47. 全国政协文史资料研究委员会《南京保卫战》编审组编《南京保卫战》，中国文史出版社 1987 年版。

48. 江苏省政协文史资料委员会等编《腥风血雨——侵华日军暴行录》，1995 年印。

49. 张慧卿编《南京保卫战历史文献（1937—1949）》，南京出版社 2019 年版。

50. 廖利明编《南京保卫战文史资料》，南京出版社 2019 年版。

51. 凌曦、唐恺编《南京保卫战中方报纸报道（1937—1938）》，南京出版社 2020 年版。

52. 章开沅编译《天理难容——美国传教士眼中的南京大屠杀（1937—1938）》，南京大学出版社 1999 年版。

53. 中央档案馆等编《南京大屠杀图证》，吉林人民出版社 1995 年版。

54. 杨克林、曹红著《中国抗日战争图志》，香港天地图书有限公司、香港新大陆出版有限公司 1992 年版。

55. 朱成山主编《侵华日军南京大屠杀幸存者证言》，社会科学文献出版社 2005 年版。

56. 朱成山主编《侵华日军南京大屠杀幸存者证言集》，南京大学出版社 1994 年版。

57. 朱成山主编《南京大屠杀辞典》（上、下），南京出版社 2006 年版。

58. 约翰·拉贝《拉贝日记》，江苏人民出版社、江苏教育出版社 1997 年版。

59. 〔美〕明妮·魏特琳著、南京师范大学南京大屠杀研究中心译《魏特琳日记》，江苏人民出版社 2000 年版。

二、著作

1. 张宪文主编《南京大屠杀全史》（上、中、下），南京大学出版社 2014 年版。

2. 孙宅巍主编《南京大屠杀》，北京出版社 1997 年版。

3. 孙宅巍著《澄清历史——南京大屠杀研究与思考》，江苏人民出版社 2005 年版。

4. 孙宅巍著《南京保卫战史》，南京出版社 2014 年版。

5. 孙宅巍著《南京大屠杀真相》，南京出版社 2016 年版。

6. 张连红、孙宅巍主编《南京大屠杀研究：历史与言说》，江苏人民出版社 2014 年版。

7. 张生等著《南京大屠杀史研究》（上、下），凤凰出版社 2015 年版。

8. 秦孝仪主编《中华民国重要史料初编—对日抗战时期》第 2 编第 2 册，台北中国国民党中央委员会 1981 年编印。

9. 谭道平著《南京卫戍战史话》，东南文化事业出版社 1946 年版。

10. 张连红等著《南京大屠杀国际安全区研究》，江苏人民出版社 2022 年版。

11. 章开沅著《南京大屠杀的历史见证》，湖北人民出版社 1995 年版。

12. 戴袁支著《1937～1938：人道与暴行的见证——经历南京腥风血雨的丹麦人》，江苏人民出版社 2010 年版。

13. 费仲兴著《城东生死劫》，中国工人出版社 2008 年版。

14. 胡博、王戡著《碧血千秋 抗日阵亡将军录》，武汉大学出版社 2013 年版。

15. 徐志耕著《南京大屠杀》，江苏文艺出版社 1994 年版。

16. 苏艳萍著《抗战中的中山陵》，江苏人民出版社 2017 年版。

17. 尹集钧著《1937，南京大救援——西方人士和国际安全区》，文汇出版社 1997 年版。

18. 〔日〕洞富雄著，毛良鸿等译《南京大屠杀》，上海译文出版社 1987 年版。

19. 〔英〕田伯烈著，杨明译《1937：一名英国记者实录的日军暴行》，湖北人民出版社 2005 年版。

20. 〔日〕松冈环编著《南京战·受害者破裂的心声》，社会评论社 2003 年版。

后 记

　　当我欣慰地完成本书的编著工作时，深感它的问世，有太多的单位和人们为此作出了可贵的努力和付出，值得我为之表示崇高的敬意和衷心的感谢。

　　国家记忆与国际和平研究院将本书列为重点研究课题，中共南京市委宣传部副部长、侵华日军南京大屠杀遇难同胞纪念馆馆长周峰先生对本课题的立项和研究，给予了热情的鼓励和肯定；研究院院长、南京大学人文社会科学荣誉资深教授张宪文先生对本课题的内容和运作，给予了亲切的指导和推动。江苏省社会科学院历史研究所是我长期工作的单位，叶扬兵所长、张慧卿副所长对本书的写作和出版，给予了积极的支持和帮助。江苏省人民出版社王保顶社长以独到的眼光和对作者的高度信任，决定将此书推向社会；汪意云编审为本书的出版付出了艰辛的劳动。中共江苏省委党史工作办公室吴逮隆副主任，在百忙中为本书审稿，对本书的价值给予充分肯定。我的挚友，江苏省历史学会副会长、江苏省中国近现代史学会副会长杨颖奇研究员，对本课题的立意和运作，予以鼎力支持。哈鸣同志帮助进行了资料的搜集和整理。

作者
2023 年 8 月